U0747625

服务国家特殊需求中国传统服饰文化的
抢救传承与设计创新博士人才培养项目
专项建设基金支持

# 中式服装品牌
# 与消费行为研究
## ——案例与实证

Research
on Chinese Clothing Brand
and Consumption Behavior
—Case and Empirical Study

主编　赵平

副主编　王秋月　赵萌

中国纺织出版社

# 内容提要

从 2010 年至今，北京服装学院传统服饰抢救传承与设计创新研究团队，围绕中式服装产业发展课题，立足中式服装产业，以中国传统服饰消费文化与当代消费者认同为主要研究方向开展了系列研究。对当下中式服装市场发展现状进行了分析梳理，并对典型的中式服装品牌进行案例研究。同时，开展了消费者传统服饰文化认同领域的相关研究，梳理当下中国消费者传统服饰文化认同现状，对消费者传统服饰文化认同概念进行界定，构建了传统服饰文化认同的测量量表并进行实证检验，研究团队还针对传统服饰文化认同的影响因素进行了探讨和分析。

本书图文并茂，呈现了典型中式服装品牌的分析、消费者访谈的主要观点和传统服饰文化认同相关研究的统计结果，对了解和研究中式服装产业具有较高的学术价值与应用价值，适合相关从业人员、研究者以及广大爱好者阅读与参考。

## 图书在版编目（CIP）数据

中式服装品牌与消费行为研究：案例与实证／赵平主编 .
-- 北京：中国纺织出版社，2019.1
ISBN 978-7-5180-5156-4

Ⅰ . ①中… Ⅱ . ①赵… Ⅲ . ①服装工业—商业品牌—关系—消费者—行为分析—研究—中国 Ⅳ . ① F426.86 ② F713.55

中国版本图书馆 CIP 数据核字（2018）第 136859 号

---

策划编辑：李春奕　　责任编辑：杨　勇　　特约编辑：苗　苗
责任校对：楼旭红　　责任设计：何　建　　责任印制：王艳丽

---

中国纺织出版社出版发行
地址：北京市朝阳区百子湾东里 A407 号楼　邮政编码：100124
销售电话：010—67004422　传真：010—87155801
http://www.c-textilep.com
E-mail：faxing@c-textilep.com
中国纺织出版社天猫旗舰店
官方微博 http://weibo.com/2119887771
北京华联印刷有限公司印刷　各地新华书店经销
2019 年 1 月第 1 版第 1 次印刷
开本：787×1092　1/16　印张：17.75
字数：343 千字　定价：88.00 元

---

凡购本书，如有缺页、倒页、脱页，由本社图书营销中心调换

# 序

作为新时期的当代大学，担负起优秀传统文化传承、创新的责任，发挥文化创造、文化辐射、文化引领的作用，服务于中华民族的伟大复兴，是必要的社会担当。

适逢北京服装学院获批服务国家特殊需求中国传统服饰文化的抢救传承与设计创新博士人才培养项目实施五周年之际，2017年年初，中共中央办公厅、国务院办公厅印发了《关于实施中华优秀传统文化传承发展工程的意见》，正如其中论述这一宏大工程的重要意义时所指出的："实施中华优秀传统文化传承发展工程，是建设社会主义文化强国的重大战略任务，对于传承中华文脉、全面提升人民群众文化素养、维护国家文化安全、增强国家文化软实力、推进国家治理体系和治理能力现代化，具有重要意义。"

多年来，北京服装学院以传承和弘扬中国传统服饰文化为己任，积极推动相关领域的学术研究和设计创新应用，分别在中国传统服饰文化研究方面，依托我院民族服饰博物馆在传统服饰的科学保护、修复及传统工艺抢救方面，在借鉴和吸收传统服饰文化精髓基础上的中国传统服饰设计创新研究方面展开了积极的探索与研究。

本书主编赵平教授是北京服装学院服务国家特殊需求中国传统服饰文化的抢救传承与设计创新博士人才培养项目的导师之一，自2012年以来，与其指导的博士和硕士研究生团队一起，围绕如何提升中国传统服饰文化的当代消费者认同这一课题开展了系列研究，为研究中国传统服饰文化的优秀遗产如何与当代时尚设计需求相结合、与当代的生活方式相结合提供了思路。这与《关于实施中华优秀传统文化传承发展工程的意见》中提到的"坚持以人民为中心的工作导向"的指导思想一致，也是北京服装学院作为行业特色大学坚持发挥专业特色推动行业发展建设工作的具体体现。

未来北京服装学院将以服务国家特殊需求中国传统服饰文化的抢救传承与设计创新博士人才培养项目为带动，将服装、服饰及相关艺术设计专业纳入其中，以中国传统文化尤其是服饰文化为理论指导，打造承载行业传统、彰显时代精神、体现中国特色、契合大学发展要求的优秀大学，为推进中华民族伟大复兴和中国特色社会主义文化传承发展工程做出更多贡献。

2018年5月于北京服装学院

# 前言

北京服装学院2012年获批服务国家特殊需求中国传统服饰文化的抢救传承与设计创新博士人才培养项目，主要分为中国传统服饰文化研究、中国传统服饰的传承研究、中国传统服饰设计创新研究三个研究方向。作为该培养项目博士生导师之一，笔者与所指导的博硕研究生团队一起，于2012年开始，以中国传统服饰消费文化与当代消费者认同方向为主要研究方向，紧紧围绕"当代消费者传统服饰文化认同"这一关键课题开展了一系列定性、定量的探索性研究。

本书为该系列研究的阶段性成果汇总，共分为三篇，上篇对中式服装行业、主要品牌以及部分品牌的产品特色等进行了概述和比较分析，选取了八个国内外具有一定知名度与影响力的中式服装品牌进行案例研究，分别梳理其发展路径与核心竞争优势。在品牌选择方面，团队选取了从时间维度上传承下来的中华老字号品牌——内联升和瑞蚨祥，选取了代表不同地域维度的中式服装品牌——天意、木真了（北京）和吉祥斋（深圳），选取了具有国际知名度的夏姿·陈和上海滩，还关注到互联网成长起来的本土代表品牌裂帛。

中篇为2016年研究团队开展的关于中式服装消费行为的定性访谈和定量问卷调查分析总结。定性访谈选取北京、上海两个城市六组48名消费者，围绕其对中国传统服饰记忆的来源、对传统服饰感知及中式服饰消费偏好内容开展半结构性访谈，以定性研究的视角，分类归纳总结来自消费者的真实反馈；定量问卷调查选取北京、上海、广州、深圳四个城市共计2181名消费者，研究其对中式服装的消费行为包括对中式服装的基本认知、消费特点和品牌意识等基本现状。

下篇由六篇有关中式服装消费行为实证研究论文所组成，是研究团队四年多来基于"当代消费者中国传统服饰文化认同"课题开展的系列研究，包括中国传统服饰文化认同测量量表的构建、生活方式对中式服装消费行为影响的研究、Influence of Consumer Lifestyle on the Cultural Identity of Traditional Chinese Costume、大学生中国传统服饰文化认同与自我意识的关系研究、怀旧心理对中国传统服饰文化认同的影响研究、传播媒介形式和诉求对大学生中国传统服饰文化认同影响的实验研究共六篇。

希望本书的部分结论能够为企业界和学术界带来启发和思考，希望更广泛的人民群众关注中华优秀传统服饰文化，提高大众传承中华优秀传统文化的认同感与参与感。

2017年年初，由中共中央办公厅、国务院办公厅印发了《关于实施中华优秀传统文化传承发展工程的意见》，其中多处涉及传统服饰文化传承与发展的时代意义、工作方向与具体内容，为研究团队接下来的工作指明了方向。

本书涉及的系列研究从立项实施到撰写出版，得到了文化部、北京市教委、北京服装学院中国传统服饰文化的抢救传承与设计创新博士人才培养项目专项建设基金的支持，在此表示感谢！

在本书案例的撰写过程中，研究团队实地考察了内联升、瑞蚨祥、天意、木真了、吉祥斋、裂帛等品牌公司，并得到这些公司的大力支持，获得了宝贵的一手资料；在四城市中式服装消费者行为调查中得到央视市场研究公司和上海循环信息科技有限公司（问卷星）的大力协助；同时本书还引用和参考了诸多国内外学者的研究观点和相关资料，并在书中作了标注，在此一并表示感谢！

尽管在课题研究和本书的撰写过程中，我们尽了很大努力，但系统研究中式服装品牌、中式服装消费者行为以及对传统服饰文化的认同等还是第一次，无论在理论上、实践上，还是研究方法上，仍有许多值得深入探讨的问题，本书的不足和局限或许是显而易见的。衷心希望同行和读者提出宝贵意见和建议。

编著者
2018 年 6 月

# 目录

# 上篇：
# 中式服装品牌案例

Part One
Case of Chinese Style Clothing Brand

# 中式服装品牌概况

赵萌 赵平 编写　赵平 审校

目前,对"中式服装"还没有很严格的界定。"中式服装"可以理解为款式、面料、装饰中运用中国传统设计元素的服装;也可以理解为带有明显"中国元素"或平面结构裁剪方式或服装风格韵味的一类服装。"中国元素"指中国本民族所特有的装饰、工艺、面料、款式、色彩等特点。"中国元素"主要包括:具有中国特色的面料,如桑蚕丝、织锦缎、丝绸等;中国色彩,如青、红、皂、白、黄五正色;富含深远寓意的图案文字,如花卉、动物和一些有吉祥寓意的纹样;还包括中国服装特色款式,如旗袍、马褂、中山装等;中式服装传统制作工艺,如织、染、绣、绘、镶、嵌、滚、拼、补等;此外如盘扣、立领、对襟、偏襟等这些传统服装细节,是否在现代服装中运用,也是判定是否为中式服装的标准之一。

也有将中式服装称为"唐装"的,指以清朝中期的马褂改良而来的服饰,特征是立领,泛指中式服装。唐装一般以真丝、织锦缎等为主要面料。之所以称为"唐装",一种说法是因为西方国家称"中华街"为"China Town",英文发音很像"唐"于是译为"唐人街",于是就把这些华人街的"唐人"所穿的中式服装叫做"唐装"。根据中国证监会颁布的《上市公司行业分类指引》(2012年修订),唐装行业隶属于"C-18 纺织服装、服饰业"。

本文目的不是做中式服装和唐装异同的学术探讨,而是从现代产业和市场角度,将两者看作为同一类服装产品,即具有中国传统样式和风格特征的一类服装,广义上也包括具有中国少数民族样式和风格特征的服装。并将这一类服装企业和品牌所组成的行业看作是中式服装(唐装)行业。

## 一、中式服装行业概况

### (一)唐装产能

北京智研科信咨询有限公司编撰的《2014—2019 年中国唐装行业运营态势与未来发展趋势报告》对我国唐装行业的现状和发展趋势进行了比较系统的分析。以下数据如无特别说明,均来自智研科信的报告。

2013 年,我国唐装行业产能约 3000 万件(套)。图 1 所示为 2010—2014 年我国唐装行业产能情况,可以看出呈逐年递增趋势。智研科信预测未来几年随着我国经济和文化的崛起,唐装行业的规模将快速发展,唐装行业的产能还将继续增长,如图 2 所示,到 2019 年唐装产量预计将达到 6650 万件(套)。

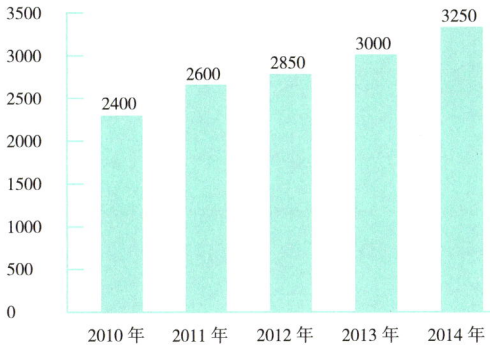

图 1　2010—2014 年我国唐装行业产能
资料来源：智研数据中心整理

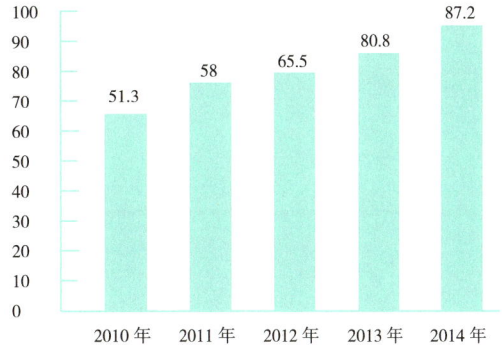

图 3　2010—2014 年我国唐装市场规模
资料来源：智研数据中心整理

图 2　2014—2019 年我国唐装行业产能预测
资料来源：智研数据中心整理

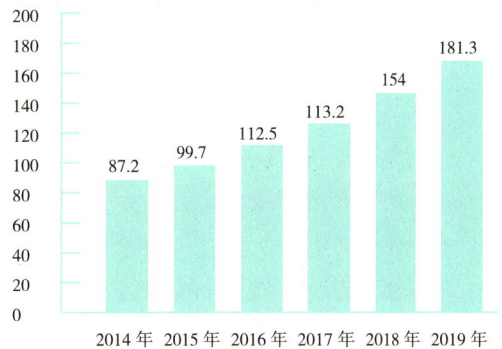

图 4　2014—2019 年我国唐装市场规模预测
资料来源：智研数据中心整理

（二）市场规模

从市场需求和消费看，2013 年我国唐装消费量约 2522 万件（套），市场规模约 80.8 亿元，图 3 所示为 2010—2014 年我国唐装市场规模情况。预计未来我国唐装行业市场规模将继续扩大，到 2019 年将达到 181.3 亿元，如图 4 所示。

中式服装市场规模在不同地区有较大差别。智研科信报告中将中式服装市场分为华东、中南、华北和西部四个区域，图 5 所示为四个区域 2010—2014 年的市场销售规模，华东地区规模最大，2014 年规模约为 30 亿元。

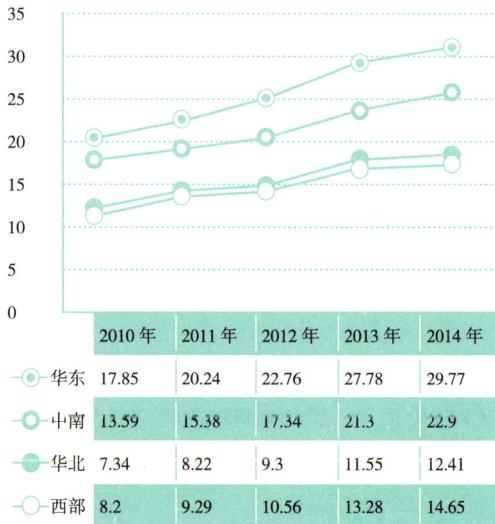

| | 2010 年 | 2011 年 | 2012 年 | 2013 年 | 2014 年 |
|---|---|---|---|---|---|
| 华东 | 17.85 | 20.24 | 22.76 | 27.78 | 29.77 |
| 中南 | 13.59 | 15.38 | 17.34 | 21.3 | 22.9 |
| 华北 | 7.34 | 8.22 | 9.3 | 11.55 | 12.41 |
| 西部 | 8.2 | 9.29 | 10.56 | 13.28 | 14.65 |

**图 5　2010—2014 年我国唐装分地域市场规模**

资料来源：智研数据中心整理

**（三）行业（企业）经营效益**

2010—2013 年中国唐装行业毛利率逐年提高，到 2013 年达到 35.23%，如图 6 所示。未来几年随着行业企业管理水平的不断提高，规模化发展，行业毛利率水平还将进一步提高，但是受到成本提高的影响，未来毛利率增长有限，预计未来几年我国唐装行业毛利率如图 7 所示。

唐装行业毛利率（%）

**图 6　2010—2013 年中国唐装行业毛利率走势**

资料来源：智研数据中心整理

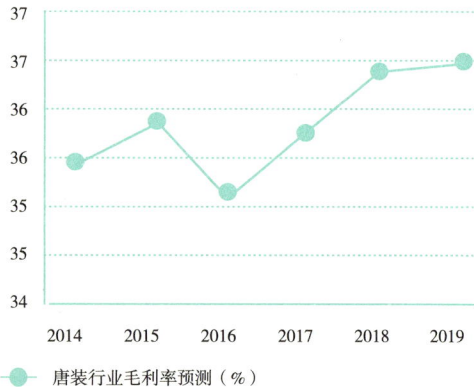

唐装行业毛利率预测（%）

**图 7　2014—2019 年中国唐装市场盈利预测分析**

资料来源：智研数据中心整理

从唐装企业看，目前，国内唐装自主品牌较少，产品附加值较低，企业竞争力较弱。因此，自主品牌企业的培育是我国现阶段唐装行业的发展重点。表 1 ~ 表 5 为几家典型唐装品牌企业在主要经济指标、盈利能力、偿债能力、运营能力和成长能力等方面与服装行业规模以上企业平均数据的比较。

从表 1 的主要经济指标看，典型唐装企业的资产规模、营业收入和利润总额等都明显低于服装行业规模以上企业平均数据，特别是资产规模和营业收入差距更为明显。而从表 2 的盈利能力看，四个唐装企业的盈利能力差别较大，但销售利润率都要高于服装行业平均水平，资产收益率东方旗袍和吉祥斋也要高于行业平均水平。从表 5 的成长能力看，2012 年四个唐装企业的销售增长率和利润增长率都远远低于行业平均水平。

表1　2012年典型唐装企业主要经济指标分析

| 经济指标 | 格格旗袍 | 东方旗袍 | 吉祥斋 | 锦衣阁 | 服装行业平均 |
|---|---|---|---|---|---|
| 资产总额（千元） | 37650 | 18754 | 44851 | 25492 | 37650 |
| 营业收入（千元） | 30300 | 25443 | 51240 | 17853 | 30300 |
| 利润总额（千元） | 2335 | 3687 | 6542 | 2981 | 2335 |
| 流动资产（千元） | 36903 | 8864 | 36541 | 10442 | 36903 |
| 负债总额（千元） | 11945 | 10443 | 33198 | 16487 | 11945 |

数据来源：国家统计局

（说明：服装行业平均数据为规模以上企业平均数据，2012年规模以上服装企业数为14501家，下同）

表2　2012年典型唐装企业盈利能力分析

| 盈利能力 | 格格旗袍 | 东方旗袍 | 吉祥斋 | 锦衣阁 | 服装行业平均 |
|---|---|---|---|---|---|
| 资产收益率(%) | 6.20 | 19.66 | 14.59 | 11.72 | 10.35 |
| 销售利润率（%） | 7.71 | 14.49 | 12.77 | 16.70 | 6.04 |

数据来源：国家统计局

表3　2012年典型唐装企业偿债能力分析

| 盈利能力 | 格格旗袍 | 东方旗袍 | 吉祥斋 | 锦衣阁 | 服装行业平均 |
|---|---|---|---|---|---|
| 资产负债率（%） | 31.73 | 55.68 | 74.02 | 64.84 | |
| 流动比率（%） | 3.35 | 0.47 | 4.11 | 1.20 | |

数据来源：国家统计局

表4　2012年典型唐装企业运营能力分析

| 盈利能力 | 格格旗袍 | 东方旗袍 | 吉祥斋 | 锦衣阁 | 服装行业平均 |
|---|---|---|---|---|---|
| 总资产周转率（次） | 0.80 | 1.36 | 74.02 | 0.70 | |
| 流动资产周转率（次） | 0.82 | 2.87 | 4.11 | 1.71 | |

数据来源：国家统计局

表5　2012年典型唐装企业成长能力分析

| 盈利能力 | 格格旗袍 | 东方旗袍 | 吉祥斋 | 锦衣阁 | 服装行业平均 |
|---|---|---|---|---|---|
| 销售增长率（%） | 8.44 | 10.54 | 21.32 | 13.14 | 34.92 |
| 利润增长率（%） | 6.53 | 15.49 | 10.54 | 8.37 | 32.25 |

数据来源：国家统计局

## （四）在服装行业中的地位

从智研科信提供的唐装行业和市场数据看，当前中式服装在整个服装行业中所占的比例非常小。以《2015—2016年中国服装行业发展报告》提供的数据为例，2015年我国服装行业有规模以上企业15585家，服装年产量308亿件，国内市场规模9588亿元；而据智研科信报告唐装企业不过数百家，年产量3800万件（套），市场规模99.7亿元，如表6所示。

表6　2015年服装行业和中式服装行业比较

| | 服装行业 | 中式服装行业 |
|---|---|---|
| 企业数量 | 15585 | 数百家（无具体数据来源） |
| 服装年产量 | 308亿件 | 3800万件（套） |
| 国内市场规模（亿元） | 9588 | 99.7 |

（说明：服装行业数据来源于《2015—2016年中国服装行业发展报告》；中式服装行业数据来源于智研科信《2014—2019年中国唐装行业运营态势与未来发展趋势报告》，为预测数据）

从以上数据比较可以看出，中式服装（唐装）行业从企业数量、年产量和市场规模等在整个服装行业中所占比例非常小，年产量仅占0.12%，市场规模仅占1.04%，可以说仍处于行业和市场的边缘状态。造成这一现状的原因，有以下几个方面：

（1）尽管改革开放以来，多次掀起"中装热潮"，如2001年因在我国召开APEC会议，各国领导人着中式服装亮相会议，引发了社会和百姓的广泛关注，并形成了"中装热潮"。但总体上由于受现代生活方式和工作环境的影响，穿着中式服装，尤其是传统唐装（旗袍、马褂等）场合很少，对中式服装缺乏有效需求，市场规模自然难以扩大。

（2）随着我国经济的发展和人民生活水平的提高，中国传统文化日益受到重视，推动了中式服装行业的发展，中式服装品牌日益增多。但许多品牌定位模糊，传统中式服装品牌设计创新力不够，产品同质化严重；中国传统服饰文化传播和普及不够，许多消费者不了解传统中式服装日常穿着礼仪要求；在互联网和数字化高度发展的今天，传统中式服装品牌如何科学有效地完成从量体、设计、制作到销售的各个环节，以适合当下的越来越快的消费方式和购物方式，成为当前的重要课题。

（3）从国外高端服装品牌的营销方式可以看出，它们从概念设计到推广营销都十分注重本土文化的融入，以提升服装的文化价值来获得消费者青睐。而我国的大多数服装企业却没有充分发掘丰富的中国传统文化资源，无法凸显明确的风格和特色。如今时尚界对中国元素的应用已日渐频繁，水墨画、刺绣、汉字、传统纹样、青花瓷等元素常常出现在国内外设计师的新作中。中国服装要走向世界，不但要善于运用自己的文化资源，也要考虑不同文化背景下人的理解和接受能力，对"度"的把握是服装设计中的难题。

（4）政府和中国服装行业协会对中式服装企业和品牌的重视及推动不够，中式服装未形成规模化的产业集群。中国服装行业协会目前设有男装、女装、童装、内衣、运动及休闲装等多个委员会，但尚未设立中式服装委员会。政府的重视和中国服装行业协会的推动也是中式服装行业未来发展不可缺少的动力。

## 二、主要中式服装品牌简介

中式服装品牌可以按不同标准分类。按价格定位可以分为高档、中高档、中档、中低档几类。按生产方式可以分为定制和成衣两类，有些中式服装品牌只为顾客量身定做，大多数品牌以中式成衣为主，有些也兼做定制。按服装特征和设计风格可分为传统型、改良型、时尚型和民族风等中式服装品牌，传统型品牌主要生产销售具有明显传统特征和样式的中式服装，代表品牌有瑞蚨祥、上海徐、木真了、格格等；改良型品牌在服装设计上加入了一些时尚元素或进行了一定程度的设计创新，更适合现代生活方式，代表品牌有源、夏姿·陈、上海滩、吉祥斋等；时尚型品牌在服装设计上则以适应现代流行趋势为主，加入一些传统或民族元素，代表品牌有例外、江南布衣等；民族风品牌的设计风格偏重于采用中国少数民族服饰元素和现代时尚的结合，代表品牌有天意、五色风马、裂帛等。

（一）上海滩（Shanghai Tang）

"上海滩"是1994年由香港商人邓永锵在上海创立的中国奢侈品品牌。2000年，邓永锵先生将"上海滩"的大部分股份出售给全球第二大奢侈品公司瑞士历峰集团（Richemont Group）。2017年，上海滩被意大利一家企业收购。历峰集团收购"上海滩"后，在品牌执行主席雷富逸的带领下，"上海滩"的剪裁与板型逐渐内敛化、深沉化，消费者年龄跨度也更加宽广。

邓永锵先生将博大精深的中国传统、艺术、文化融入商业中，创建了服装品牌"上海滩"，开设上海滩餐厅（Shanghai Tang Cafe），成立上海滩俱乐部（Shanghai Tang Club）等。在这些邓永锵先生经营过的生意中，绝大多数英文名称均与Shanghai和Tang有关。通过服装与建筑打通了一条贯穿中西古今雅俗共存的商业通道，将中国丰富驳杂的历史与西方追求极致简约的理念完美地结合。

雷富逸接手"上海滩"后，立即对其设计团队进行了改革。2010年，雷富逸在接手"上海滩"10年后，北京市"上海滩"店铺的国人光顾率达到60%，10年前这个数字只有10%。"上海滩"的产品在国人眼中认可度逐渐增高，中西结合的服装设计理念也逐渐被大众认可。雷富逸在一次访谈中曾讲到，"上海滩"应该是同时驾驭传统与时尚，不断创新与突破，接受撞色与混搭，将目标消费者定位于更年轻的一代。

（二）夏姿·陈（SHIATZY CHEN）

"夏姿·陈"的设计总监王陈彩霞生于1951年，台湾省彰化县人，由于对服装的热爱，她从基础裁缝做起，虽未受过正统的服装设计教育，但凭借热忱和务实的学习态度，逐步累积实力并探索出独创的风格，与从事布料生意的丈夫王元宏一起于1978年来到台北，创立了"夏姿·陈服饰公司"英文名字为Shiatzy Chen。经营之初，丈夫负责管理和销售，妻子负责研发设计，两人合力经营。

由于一次参加时装展，激发了王陈彩霞走改良型中式服装的新道路，她认为，服装和社会生活文化密切相关，国外服装设计师懂得将文化融入设计中，中国的服装也要融入东方的文化，而且西方有众多的"百年品牌"，为何中国没有。如果东方设计要在西方服装舞台上占有一席之地，首要之务就是融合东方的文化，因此，在每一季新品中融入中国文化的意念与元素，便成为"夏姿·陈"的经典风格。同时她也坚信，除了坚持设计，更应该坚持中国文化的传播。她笃信"一生做好一件事情"的理念和热情，30多年来，其以中国意象为灵感，以中西合璧的精美工艺发展至今。

（三）上下（SHANG XIA）

"上下"于2008年诞生，"上下"是由爱马仕集团创立的品牌，其团队主要由中国人组成，钻研的也是中国的传统手工艺。"爱马仕"找到出生于艺术世家的蒋琼耳作为设计总监。在蒋琼耳的掌舵下，"上下"对竹编、紫檀、羊绒毡等中国传统手工艺进行了发掘。"爱马仕"从一开始就控制品牌不要过度快速地发展，因快速发展以后就会丧失"稀有性"，人们对这个品牌的欲望就会减弱。目前，在北京只有国贸商城一家店面，用竹编镶嵌瓷器的套是"上下"品牌的标志，不仅是家具、服装、配饰品都注重保持干净的线条，制造流程和工艺一丝不苟。

（四）源（Blanc De Chine）

"源"成立于1986年，其注重将中国的传统文化、艺术与哲学融入现代服装中，体现出中国的现代美学；保持文化的纯洁，忠诚于延续传统；注重服装体现一种平衡的东方美，也是身份的传达和性格的表现。"源"目前在全球共有香港、北京、台北三家店面。服装的工艺是该品牌最突出的特点，其次是材质，经典材质为皮绸，是丝绸的一种，通过对丝绸的砂洗处理后降低面料表面的光泽度，形成雾面的外观效果。

（五）上海徐

"上海徐"是一家以私人定制上海旗袍为核心的高档服装品牌，20 世纪 90 年代初"上海徐"第一家店在北京中国大饭店开业，尽管"上海徐"店中有成衣出售，但是大部分业务来自私人定制。1985 年，陈春方和妻子徐凤仪从上海来到北京，在中国服装行业刚刚起步的时候，许多北大外国学生拿来国外的服装款式要求制作。之后北京的第一批五星级酒店建成，许多酒店高级管理人员的服装都是陈春方制作的，由此慢慢发展起来。目前，"上海徐"一直延续着裁缝制作的流程，虽然店内也有一部分成衣销售，但还是以量体定制为主，店内的服务人员为导购和量体制作成衣的裁缝。

（六）瑞蚨祥

"瑞蚨祥"的创始人是孟传珊（字鸿升），是孟子的后裔，济南府章丘县旧军镇人。他以经营土布开始，字号为瑞蚨祥。1876 年当时年仅 25 岁的瑞蚨祥掌门人孟雒川把目光投向了京城最繁华的商业区——大栅栏，在清光绪初年，由孟觐侯在前门外鲜鱼口内抄手胡同租房设庄，批发大捻布。清光绪十九年（1893 年）以后，洋布大量涌入中国，孟觐侯向孟雒川建议，开设布店，孟雒川出资八万两银子在大栅栏买到铺面房，成立北京瑞蚨祥绸布店。新中国成立后，天安门广场升起的第一面五星红旗的面料就是周恩来总理指定"瑞蚨祥"提供的。1954 年，"瑞蚨祥"率先实行了公私合营，五个字号合并为一，改成以经营绸缎、呢绒、皮货为主的布店。近几十年来，一直是首都劳动人民和中外游客喜爱的绸布商店。

（七）格格

北京格格旗袍有限公司，始建于 1994 年，是一家集设计、研发、生产、营销、物流为一体的成熟型现代化服装企业。公司主要从事中式服装及相关服饰的设计、研发、生产，产品主要有中高档礼服、中式时装、中式休闲装、婚庆装等。"格格"产品造型优美、材料考究、板型合理、做工精细，产品风格各异，色彩纷呈。格格品牌曾在 1995 年大连服装博览会上获得金奖，1997 年被评为北京市消费者喜爱的品牌，1999 年被评为北京市重合同、守信誉单位，2000 年被评为北京市崇文区 50 强企业。2014 年北京格格旗袍有限公司邀请北京电视台的主持人栗坤为格格旗袍代言。

（八）内联升

"内联升"创办于清咸丰三年（1853 年），字号中的"内"是指大内宫廷，"联升"寓意顾客穿上此店制作的朝靴，可以在宫廷官运亨通，连升三级。从清朝创立之初起，就开始记录客户资料，将顾客定做朝靴时的样式、尺寸、特别需要等详细记录，以便顾客再次定做朝靴，形成《履中备载》，并且一直延续至今。"内联升"制鞋工艺一直延续师傅带徒弟，口传心授，自创始人赵廷，到今天已经有了第五代传承人。第四代传承人何凯英大师被认定为非物质文化遗产传承人并享受国务院颁发的特殊津贴。"内联升"制鞋工艺考究，百余年来，始终坚持传统的手工制作，选料考究，工艺精细，一双布鞋须经九十多道工序方可完成。所制布鞋既美观、舒适、轻巧，又具有透气、吸汗、养脚等特点。2006 年，"内联升"被中华人民共和国商务部首批认定为"中华老字号"。2008 年，"内联升"的千层底布鞋制作技艺被列入《国家级非物质遗产保护名录》。"内联升"是中国布鞋行业国家标准的起草单位，千层底布鞋、毛布底布鞋分别取得专利证书。自产鞋的花色品种达三千余种，以中高档消费群体为主，男士、女士和儿童均是"内联升"的目标顾客，共有分店、专柜近百家。

（九）木真了

北京木真了时装有限公司创建于 1996 年，创始人王晓琳，是一家集设计、生产、销售于一体的专业化中式时装公司。"木真了"自创办以来，一直以"民族美、个性美、人文美、服饰艺术美"为诉求理念，以弘扬民族文化、树立国服之旗为发展方向，致力于古为今用，对中国传统服饰文化和设计走向做了深层次思考与高品位选择，彰显千年文化底蕴，凸显个性创意，实现了古典与现代、高雅与时尚的融合，创造出中国自己的时装品牌。"木真了"经过二十多年的不懈努力，已发展为中式服装中具有代表性的品牌之一。

（十）天意·TANGY

"天意·TANGY"1994 年创立于广东，是深圳市梁子时装实业有限公司旗下的时装品牌。在公司创始人之一、设计总监梁子的指引下，"天意·TANGY"视原创设计为灵魂，将"平和、健康、美丽"的品牌理念与中国文化精髓"天人合一"的和谐境界贯穿于天意服装设计开发的各个环节之中，将中国传统文化元素、传统面料与国际时尚完美结合，创造出独具中国气质和韵味的天意时装。"TANGY collection"是梁子继创立天意·TANGY 品牌之后，于 2008 年创立的高端品牌。旨在设计高品质、低调奢华的男女高级成衣、高级时装及饰品、家居纺织品。"TANGY collection"倡导"崇尚自然、尊重自我"的精致生活，强调简洁舒适、东西方自然融合的设计风格。秉承"五年基础，十年发展，十五年壮大"的长远规划，梁子时装以沉稳舒张的风范，致力于跻身中国时尚最

前沿。目前营销网络已覆盖全国 160 多个大中城市，开设专卖店共 400 多家。23 年来，公司凭着鲜明的品牌形象与独特的品牌文化，在市场上赢得了良好口碑。

（十一）吉祥斋

"吉祥斋"是一家中国本土设计师品牌，创始人杨帆于 2002 年创立于深圳。正如"吉祥斋"的品牌名称，品牌注重的是东方传统文化之美，吉中有祥。"吉祥斋"以中国文化作为品牌根基，以独特的品牌理念和设计风格传播东方服饰之美，完美呈现当今女性的内在世界。经过 15 年的发展，"吉祥斋"已成长为在全国开设近百家店铺、专柜，具有中国传统文化特色的知名品牌。

（十二）花笙记

"花笙记"是一家互联网中国风潮流原创品牌，品牌希望通过"花笙记"之花开遍全球，向世界传播中国文化和中国传统天人合一的生活方式。希望中华之声经久不息，源远流长，将传统继续并发扬，为中华文化的全面复兴尽一份绵薄之力。2006 年花笙记品牌在上海注册成立，创始人张祎；2009 年花笙记淘宝上线，定位为"年轻人的唐装"；2011 年品牌定位改为"花笙记就是中国风"；2012 年在北京建立实体店铺。花笙记品牌产品的个性鲜明，工艺精良。品牌风格介于中国风、潮流、酷炫三种风格之间，打造出独树一帜的服装品牌风格。

（十三）曾凤飞（FENGFEI·Z.）

曾凤飞品牌创立于 2008 年，创始人曾凤飞，是专注于中式风格的男装品牌。创始人曾凤飞曾是第 16 届中国时装设计最高奖"金顶奖"得主，2006~2008 年连续三届的"中国最佳男装设计师"，2006 年荣获"光华龙腾奖——中国设计业十大杰出青年"，中国服装设计师协会理事，时装艺术委员会委员，亚洲时尚联合会中

国委员会理事。2007年，获评《时尚先生》"最具风尚设计师大奖"。曾凤飞品牌将中国元素与现代男装相结合，为男装设计中注入中式风格特色，为源远流长的中国风中注入了时尚流行特色。

（十四）裂帛

"裂帛"成立于2006年，中国知名独立设计师淘品牌，旗下有裂帛、所在、莲灿、ANGELCITIZ、非池中等15个品牌。品牌风格定位在民族风格，产品多运用浓烈的民族色彩、吉祥寓意的民族传统图案。"裂帛"品牌名称的字面意思为"撕裂丝帛"，也引申为撕裂常态、撕裂规则、撕裂时空，人生需要裂帛的勇气。裂帛产品种类众多，涵盖女装、女鞋、配饰三大类，每年大约500万件的生产量，在过去的

12年中，"裂帛"已经逐渐成为淘品牌的代表品牌之一。

## 三、北京市场中的中式服装品牌现状对比分析

目前在北京市场中的中式服装品牌种类繁多，有瑞蚨祥、上海徐、上海滩、源、上下、夏姿·陈、木真了、格格、天意、花笙记、五色风马、裂帛、曾凤飞等，如果按照品牌的中式风格程度可以将以上品牌划分为：传统型中式服装、改良型中式服装、时尚型中式服装、民族风中式服装四大类，如表7中所示为2015年各类品牌在北京地区店铺开设情况。

表7　北京地区中式服装现状分析

| | 传统型中式服装品牌 | 改良型中式服装品牌 | 时尚型中式服装品牌 | 民族风中式服装品牌 |
|---|---|---|---|---|
| 1. 国贸商城 | | 源、上海滩、上下 | 例外、江南布衣 | |
| 2. 东方新天地 | 上海徐 | | | |
| 3. SKP 新光天地 | | 夏姿·陈、天意（高端） | | |
| 4. 金源新燕莎 MALL | 瑞蚨祥、木真了、格格、昊腾、内联升 | | 卡汶（Kavon）、斯琴 | 五色风马、七色麻、天意（低端） |
| 5. 蓝色港湾购物中心 | | 吉祥斋 | | |
| 6. 嘉里中心大酒店 | | 新浪漫（New Romantics） | | |
| 7. 侨福芳草地购物中心 | 上海徐 | 东北虎 | 单农、依文 | |
| 8. 线上品牌 | | 花笙记 | | 裂帛 |

如表7所示，传统型中式服装品牌是指延续中式传统服装设计制作方法，主要产品以旗袍、中式上衣等为主，服装图案以中国传统吉祥纹样、花卉图案为主，色彩搭配为辅，上衣较多采用量体裁衣的制衣方式，服装穿着场合以传统节日、婚庆等为主。其中代表性品牌为有140年历史的瑞蚨祥，传承海派制衣的上海徐，以及格格、木真了、昊腾等。

改良型中式服装品牌是指服装设计采用中西合璧、改良的设计特点，选取传统中式设计元素与现代流行趋势和当下人们的审美趣味结合，这类品牌的款式变化较多，几乎涵盖了所有服装款式类别，除服装之外，还有瓷器、家具、配饰品、家居产品等。代表性品牌主要包含源、上海滩、上下、夏姿·陈等，与其他类别相比，这类型的品牌数量是最多的，已经涵盖了高档、中档、低档。这类中

式服装品牌在北京的店面分布比较均衡，没有集中在某一个或某几个商场中，也基本涵盖了北京市场中高档、中档、低档的卖场。这类中式服装品牌产品较多穿着场合是重大场合、婚庆节日。

时尚型中式服装品牌是指服装产品的设计中大部分不采用中国元素，只有在某一季度的产品设计中采用了少量的中国传统设计元素，并将中国元素进行再次设计后才运用于服装中，通常从色彩、图案、材质中选取某一方面与中国传统元素结合。这类品牌的产品也较适合日常穿着，代表性品牌有例外、江南布衣、单农等。在北京市场中这类中式服装品牌店面的分布更加分散，而且这类品牌还有一个突出的特色，即不是每一年的产品都运用中国元素，而是根据不同的流行趋势来决定是否运用中国元素。

最后一类是民族风中式服装品牌，这类品牌的特点是在产品设计中采用少数民族的设计特点，比较多的将民族色彩浓郁的图案运用在服装中，服装款式设计较休闲，并受流行趋势变化的影响较大，适合日常穿着。代表性品牌有裂帛、五色风马、七色麻等，这类品牌的风格突出，品牌都会选择一个少数民族为设计的灵感来源，每一年的产品都在这个基本风格基础上进行设计变化。

以下选择较有代表性的两类市场进行详细分析，分别是传统型中式服装品牌市场、改良型中式服装品牌市场。选取这两类市场中代表性品牌，从价格定位、款式、中国元素运用、图案运用等方面进行分析对比，并对市场现状进行分析。

（一）传统型中式服装品牌

这类品牌的特点突出，共同点明显，其中最突出的也是目前发展中存在的严峻问题有：

（1）传统中式服装品牌的自身传统技艺如何继承；

（2）传统中式服装品牌设计创新力不够，产品同质化；

（3）缺乏传统中式服装日常穿着礼仪要求；

（4）在互联网和数字化高度发展的情况下，传统型中式服装品牌如何科学有效地完成从量体、设计、制作到销售的各个环节，以适合当下的商业化运作模式？

在这类品牌中选取了四个代表性品牌：瑞蚨祥、上海徐、格格、木真了，分别从品牌风格、价格定位、产品比例结构、中式服装元素运用等方面进行分析和对比。

以下分析数据来自 2015 年春夏北京中式服装市场。

1. 产品价格分析（图 8）

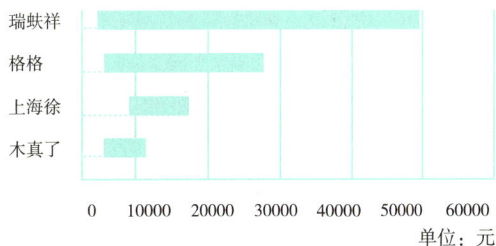

**图 8　产品价格分析**

从图 8 所示的产品价格定位上可以看出，瑞蚨祥的价格最高，最高价达到 5 万元左右；其次是格格；上海徐和木真了的品牌价格差别不大，最高价格在 1 万元左右。由此可以将代表性品牌大概划分出高档、中档、低档的标准。

传统型中式服装品牌的高档、中档、低档的最高价差别较大。分析原因，在传统型中式服装品牌市场中，品牌的历史背景、品牌的认知度以及品牌的附加值都会对品牌的价格产生影响。正如最高价的瑞蚨祥品牌，该品牌拥有 140 年历史，可以说是中国服装品牌中历史最悠久的品牌，而正是品牌的历史使得该品牌在消费者心中的认同度最高，只要提到旗袍，都知道瑞蚨祥，基于瑞蚨祥的品牌附加值，该品牌的产品价格属于这类中式服装品牌中最高的。因此，在传统型中式服装品牌市场中，消费者更看重的是品牌所代表的历史积淀和文化传承。

2. 主要款式分析（表8）

**表8　主要款式分析**

|  | 瑞蚨祥 | 格格 | 上海徐 | 木真了 |
|---|---|---|---|---|
| 礼服 | 3 | 3 | 3 | 3 |
| 吉服 | 4 | 4 | 4 | 3 |
| 常服 | 2 | 2 | 2 | 2 |
| 行服 | 1 | 1 | 1 | 2 |

如表8所示，将服装产品款式分为礼服、吉服、常服、行服，分类标准如下：

（1）礼服：中式或西式造型，用料考究，一般有珠绣或者刺绣装饰，在重大场合穿着。

（2）吉服：以中式造型为主，选料较考究，装饰有吉祥寓意的纹样，或者具有中式特色的细节，在日常生活中较正式场合穿着。

（3）常服：以中式造型为主，设计风格选料简洁舒适，得体大方，便于日常工作场合中着装。

（4）行服：基于现代服装的款式特点，面料更具有功能性和舒适性，细节中有少量中式元素运用，适合日常休闲活动穿着。

这四个品牌在主要款式的分布上有统一的变化趋势，基本都是在吉服中占比重最大，其次是礼服，再次是常服、行服。但其中只有木真了品牌稍有不同，占比重较大的是礼服和吉服，较少的是常服和行服。

究其原因，传统型中式服装品牌的热销产品是特殊场合的传统中式服装，如婚礼、晚宴等，在这些场合所穿着的都是原汁原味的中式服装，因此在这类服装市场中，旗袍、唐装是其生产量最大的单品，也是最重要的单品。木真了品牌与其他三个品牌对比，在款式设计和价格定位上都较偏向于日常穿着，因此在主要款式上除了旗袍之外，还有一部分是日常穿着的款式。因此，传统型中式服装品牌的款式设计特点是将传统的中式服装的工艺、造型传承下来，经典的设计更能吸引消费者。

3. 中国元素运用分析（表9）

**表9　中国元素运用分析**

|  | 立领 | 盘扣 | 对襟 | 披肩 | 绳边 | 传统图案 | 珠绣 | 刺绣 | 民族 | 连袖 | 褶裥 | 撞色拼接 | 局部装饰 | 开衩 | 偏襟 | 扎染 | 国画图案 | 袖口翻折 |
|---|---|---|---|---|---|---|---|---|---|---|---|---|---|---|---|---|---|---|
| 木真了 | ● | ● | ● | ● | ● | ● | ● |  |  | ● |  |  | ● | ● |  |  | ● |  |
| 上海徐 | ● | ● | ● |  | ● | ● |  |  |  |  |  | ● | ● | ● |  |  |  |  |
| 格格 | ● | ● | ● |  | ● | ● | ● | ● |  |  |  |  | ● | ● |  |  |  |  |
| 瑞蚨祥 | ● | ● | ● | ● | ● | ● | ● | ● |  |  |  | ● | ● | ● | ● |  | ● |  |

如表9所示，通过调查和总结，将传统型中式服装品牌产品中所运用的中国元素进行归纳和整理，共列出18种较典型的中国元素，并分析对比了这四个品牌所采用的中国元素的特点。

通过表9可以清楚地看出，传统型中式服装品牌的产品在中国元素运用上一致性明显，如"立领、盘扣、对襟、绳边、传统图案、刺绣、开衩、偏襟"等中国元素在这四个品牌中都有采用；"连袖、国画图案"等中国元素在两三个品牌中采用。

如此一致的中国元素运用，表明传统型中式服装品牌产品的设计特点，也表明共同运用的中国元素是传统型中式服装品牌中运用最多

的设计点，也说明当下消费者认同的中国元素有非常强的共性。通过对这些中国元素运用的整理，可以描绘出传统型中式服装的特点，以及今后如果进行传统型中式服装设计时，应该采用哪些中国元素更符合消费者心中的传统中式服装。

4.图案运用分析（表10）

**表10 图案运用分析**

|  | 花卉 | 动物 | 植物 | 数字 | 文字 | 传统图案 | 条纹 | 格纹 | 民族图案 | 几何 | 抽象 | 扎染 | 迷彩 | 国画图案 |
|---|---|---|---|---|---|---|---|---|---|---|---|---|---|---|
| 木真了 | ● |  | ● |  |  | ● |  |  |  |  | ● |  |  | ● |
| 上海徐 | ● |  | ● |  |  | ● |  |  |  |  |  |  |  |  |
| 格格 | ● |  |  |  |  | ● |  |  |  | ● |  |  |  | ● |
| 瑞蚨祥 | ● | ● |  |  |  | ● |  |  |  |  | ● |  |  | ● |

如表10所示，将传统型中式服装品牌中所运用的图案种类进行归纳和整理，共列出14种较典型图案。四个品牌中共同采用的图案有"花卉图案、传统图案"，较多采用的图案有"植物图案、抽象图案、国画图案"，较少采用的是"几何图案"。

在图案运用上有很明显的一致性，"花卉图案""传统图案"运用最多，也非常符合这类中式服装品牌的特点，是这类中式服装品牌一贯延续传统的设计元素。而"几何图案"运用的最少，这也非常符合这类品牌的特点，因为这类品牌产品的穿着场合多为婚庆礼仪，图案需要有吉祥寓意，但从另一个角度来讲，虽然目前几何图案运用的少，但代表了未来的趋势，年轻一代的消费者喜欢更加简洁现代的几何图案。因此，今后如何将传统图案用现代的设计手法再次设计和运用非常重要。

5.传统型中式服装品牌总结

首先，传统型中式服装品牌现状总结：

（1）共同的特征：继承中式传统服装款式、造型、工艺，以及销售方式。

（2）四个品牌各有特色：上海徐秉承海派制衣的风格，从店面陈列到导购服务都遵循传统的量身缝制的流程和风格；瑞蚨祥是中国百年老店，品牌的附加值和认知度最高；木真了除传统旗袍定制之外，销售年龄偏大的消费者的日常穿着服装，不仅限于婚庆礼仪场合。

其次，传统型中式服装品牌设计特点总结：

（1）延续中式传统服装的造型、图案、细节、工艺等方面，没有过多的改良和创新，同质化现象严重。

（2）这类服装主要在婚庆和重大场合穿着，并且洗涤和维护的费用较高，服装价格也较高。

（3）这类服装难以走入日常生活。

（4）消费者对传统型中式服装的着装标准和要求并不了解。

再次，传统型中式服装市场的发展趋势：

（1）风格定位应更加细分化，根据不同的场合进行分类设计。

（2）可以在内衣、家居服、童装等特殊类别中融入中式风格。

（3）中式服装品牌不仅仅是靠产品来吸引消费者，而是要通过对中国传统生活方式的传播来感染消费者，通过传播文化来达到对品牌的传播。

（4）需要对消费者，尤其是年轻群体，普及传统型中式服装的穿着要求。

**（二）改良型中式服装品牌**

改良型中式服装品牌的数量与其他几类相比要多，从高档、中档到低档全部涵盖，并且高档的品牌数量较多，这类服装品牌的代表有：源、夏姿·陈、上下、上海滩。之所以选择这四个品牌，是因为"源"是较早开始做改良型中式服装品牌的，而且该品牌的工艺水平非常高；夏姿·陈品牌是当下活跃度较高的改良型中式服装品牌，从巴黎时装周、明星走红毯的着装到品牌各项活动，品牌的曝光度较高；"上下"是与爱马仕合作开发的品牌，是改良型中式服装品牌的新模式；"上海滩"是适合日常穿着，并着重在面料和款式造型上进行中西合璧改良设计的中式服装品牌。这四个品牌都属于中高档改良型中式服装品牌，是改良型中式服装品牌市场中有代表性的品牌。

以下通过对2015春夏中式服装品牌店铺调查和数据整理，对这四个品牌进行分析对比，以此来总结改良型中式服装品牌的市场状况。

1. 产品价格分析（图9）

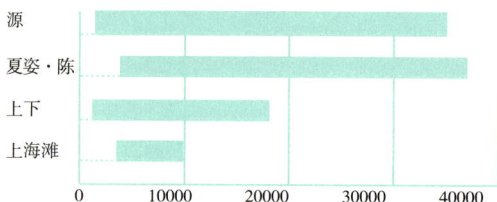

**图9 产品价格分析**

从图9所示的四个品牌产品价格定位上可以看出，夏姿·陈的价格最高，其次是源，上下和上海滩的品牌价格差别不大，改良型中式服装品牌的价格跟品牌的历史、认知度等因素有关。

夏姿·陈的产品价格最高，除了品牌产品的成本价格较高之外，跟品牌认知度、曝光度也有一定关系，夏姿·陈近几年来连续参加巴黎时装周，在各种渠道上的曝光度一直很高，这些都会增加品牌的附加值，对价格也有一定影响。其中源的价格仅次于夏姿·陈，拥有二十多年的品牌历史，服装板型和工艺都非常突出，全球仅三家店铺体现了该品牌的特点。上下的价格低于源和夏姿·陈，上下品牌的产品种类很多，从瓷器、家居、首饰到服装。上海滩的价格在这四个品牌中属于最低的，但该品牌的产品类别则是最多的，也有配饰、装饰品设计。

2. 款式分析

将服装产品款式分为礼服、吉服、常服、行服，分类标准如下：

（1）礼服：结合中、西式造型，用料考究，一般有中式工艺、装饰或者纹样，在重大场合穿着。

（2）吉服：以中式造型为主，结合现代设计理念，选料较考究，装饰有吉祥寓意的纹样，或者少量具有中式特色的细节，在日常中较正式场合穿着。

（3）常服：西式款式结合中式元素，设计风格选料简洁舒适，得体大方，便于日常工作场合中着装。

（4）行服：基于现代服装的款式特点，面料更具有功能性和舒适性，细节中有少量中式元素运用，适合日常休闲活动穿着。

从表 11 所示的主要款式分析来看，这四个品牌在款式运用上有一定的规律。首先，夏姿·陈、上下、上海滩这三个品牌的款式较多的是基于现代服装的款式设计；其次，以中式造型为主，适合日常工作场合穿着；再次，最少的是以中式造型为主，较正式场合穿着。只有源的款式设计特点与其他三个品牌不同，主要是因为源的产品工艺优良、价格较高，主要款式较多为工艺精良、中式造型为主的款式。从表 11 中可以看出，源在款式定位上的特点，所针对的人群的年龄层比其他三个品牌的年龄层要高。

**表 11　主要款式分析**

|  | 源 | 夏姿·陈 | 上下 | 上海滩 |
|---|---|---|---|---|
| 礼服 | 4 | 1 | 1 | 1 |
| 吉服 | 3 | 2 | 2 | 2 |
| 常服 | 2 | 3 | 3 | 3 |
| 行服 | 1 | 4 | 3 | 4 |

3. 中国元素运用分析（表 12）

**表 12　中国元素运用分析**

|  | 立领 | 盘扣 | 对襟 | 披肩 | 绲边 | 传统图案 | 珠绣 | 刺绣 | 民族 | 连袖 | 褶裥 | 撞色拼接 | 局部装饰 | 开衩 | 偏襟 | 扎染 | 国画图案 | 袖口翻折 |
|---|---|---|---|---|---|---|---|---|---|---|---|---|---|---|---|---|---|---|
| 源 | ● | ● | ● | ● | ● | ● |  |  |  |  |  |  |  |  | ● |  |  |  |
| 夏姿·陈 | ● |  |  |  |  |  | ● | ● |  | ● |  |  |  |  | ● |  |  |  |
| 上下 | ● | ● |  |  |  | ● | ● | ● |  | ● | ● |  |  |  |  |  |  |  |
| 上海滩 | ● | ● |  |  |  | ● |  |  |  |  |  |  |  |  | ● |  |  |  |

如表 12 所示，从中国元素运用分析上看，这四个品牌所运用的中国元素较分散，没有明显的一致性。四个品牌都有的元素是"立领"；三个品牌都有的元素是"盘扣、传统图案、刺绣、偏襟"。从表 12 中可以看出，"立领"是改良型中式服装品牌中经典的中国元素，其他几种元素也是使用度较高的，并且这些中国元素是改良型中式服装品牌消费者普遍接受的设计元素。

从单个品牌来看，源所采用的中国元素是最多的，与之前所分析的主要款式为适合重大场合穿着的礼服一致，从中可以看出该品牌的服装是在现代款式基础上多运用中国元素，以表达改良型中式服装品牌的风格。夏姿·陈所采用的中国元素是最少的，这与夏姿·陈的产品设计风格有很大关系，因该品牌每一季都会推出自己的设计风格，因此所采用的中

国元素相对较少，而且大都是经过再次设计
后再运用。

4. 主要图案运用分析（表13）

表13　主要图案运用分析

| | 花卉 | 动物 | 植物 | 数字 | 文字 | 传统图案 | 条纹 | 格纹 | 民族图案 | 几何 | 抽象 | 扎染 | 迷彩 | 国画图案 |
|---|---|---|---|---|---|---|---|---|---|---|---|---|---|---|
| 源 | ● | | ● | | | ● | | | | | | | | |
| 夏姿·陈 | | ● | | | | ● | | | | | | | | ● |
| 上下 | | | | | | ● | ● | | | ● | | | | |
| 上海滩 | ● | ● | | ● | ● | ● | | | | | ● | | | |

如表13所示，从主要图案运用分析上看，这四个品牌所运用的主要图案有以下特点：首先，从图案种类上看，"传统图案"是这四个品牌都运用的图案，可以说是改良型中式服装品牌中的经典图案；其他图案的运用情况则十分不统一；其次，从品牌上看，上海滩品牌运用的图案种类最多，包括"花卉""动物""数字""文字""传统图案""抽象"图案共六种，这说明上海滩的服装种类较多，图案是其较多变的设计元素。其他三个品牌都运用了三种图案，并且这三个品牌使用的图案中，只有"传统图案"是重合的，其他则各不相同，这说明在改良型中式服装品牌中图案的运用是根据本季节品牌风格来定的，通常这些品牌的设计风格定位都不一样。

5. 改良型中式服装品牌总结

首先，改良型中式服装品牌现状总结：

（1）共同特征：采用中西合璧的设计手法，服装款式设计更加符合现代着装的要求，服装款式类别较多，也更适合日常穿着。通过中国元素的运用来强调中式服装的风格，而运用的中国元素都是经过再次设计的。所运用的设计信息不同，主要根据品牌本季节的设计风格和主题进行选择和运用。

（2）四个品牌都属于中西合璧的改良型中式服装品牌，但品牌各自的侧重点有所不同：源品牌更多的是通过传统服装制作工艺来表达对中式服装的理解；夏姿·陈更多的是通过每一季产品的创新改变来表达自己对中式服装的改良和创新；上下更多的是通过更丰富的产品种类来传播中式传统文化和生活方式；上海滩更多的是通过丰富的改良设计的服装单品深入到日常生活中。

其次，改良型中式服装品牌设计特点总结：

（1）这类服装在款式设计上大都采用现代服装的款式设计，通过改良和创新中式传统服装的细节、工艺等方面元素来表达对中国传统服饰设计元素的继承与发展。这类服装在设计上不存在同质化现象。

（2）在设计元素的使用上，这些品牌的选择没有雷同的情况，大都是根据自己品牌的设计风格进行选择和运用。

（3）这类服装主要在日常生活与商务谈判中穿着，款式设计符合现代的着装规范。

再次，改良型中式服装品牌市场的发展趋势：

（1）市场中，这类服装品牌很多，但各个

品牌的风格定位都不同，产品也是各有各的特点，因此，今后改良型中式服装品牌市场要更加注重品牌特色的发展，与其他的品牌有区别。

（2）改良型中式服装品牌的特点是中西合璧，将现代的款式与传统的设计元素相结合，因此，如何更好的选择中国传统设计元素，以及如何将这些中式设计元素进行再次设计和运用，并且能够保持品牌特性，是这类品牌发展的重要标准。

（3）注重品牌文化，以及传统中式生活方式的传播，是改良型中式服装品牌今后的发展趋势，文化的输出更重要。

（三）传统型中式服装品牌市场与改良型中式服装品牌市场对比分析

将传统型中式服装品牌市场与改良型中式服装市场进行对比分析，分别从价格定位、主要款式、中国元素运用、主要图案运用四个方面进行对比分析，从中可以看出这两类市场的特点和区别。

1. 产品价格对比分析

首先，从最高价格对比来看，传统型中式服装品牌的最高价接近5万元，改良型中式服装品牌的最高价在3.5万左右，传统型中式服装品牌的产品最高价高于改良型中式服装品牌。具体到品牌上，在传统型中式服装品牌市场中，瑞蚨祥的价格最高，其次是格格，上海徐和木真了的价格较低；在改良型中式服装品牌市场中，夏姿·陈的价格最高，其次是源、上下，上海滩价格略低。

品牌的价格定位跟品牌的历史、附加值，以及消费者对品牌的认知度、认同度有很大关系。不同类别的市场吸引消费者的原因不同。对于传统型中式服装品牌，消费者看重的是品牌的历史，所做的服装是否"原汁原味"、经典

传统，以及服装的品质和工艺水平，因此传统型中式服装品牌的价格较高，都与这些原因密切相关。对于改良型中式服装品牌，消费者看重的则是风格的新颖性，是否将传统与现代进行有效的组合，是否符合当下人们的审美标准。

其次，从差价对比来看，传统型中式服装品牌的高档、中档、低档的差价十分一致，即从高档到中档的价格差别在2万元左右；从中档到低档的价格差别也在2万元左右。这样的价格定位，十分清晰的标明了在传统型中式服装品牌市场中产品的价格区间，以及各个档次之间的差别。而改良型中式服装品牌的差价则无规律可循，各自的价格定位都不同，差价也从1万元到2千元不等。

这样的差价现象也是与所属不同的中式服装品牌市场有关，传统型中式服装品牌的差价有鲜明的阶梯形划分，也就是说在消费者的心目中，对传统型中式服装品牌的定价有明确的标注。改良型中式服装品牌的差价不等，这是由于该类服装市场中的品牌差别较大，各自风格定位都不同，需要根据具体品牌的情况来定。

2. 主要款式对比分析

通过对这两类品牌的主要款式对比分析，可以看出，传统型中式服装品牌的特点十分一致，都是礼服和吉服较多，其次是常服，最少的是行服，这与传统型中式服装品牌的特点十分吻合。这类服装的主要穿着场合就是婚庆典礼、正式社交等重大场合，对于着装有特殊要求。因此，这类品牌的主要款式是旗袍、中式上装，并且在款式、造型上也是延续传统服装造型的特点，没有过多的改良设计变化。这类服装的穿着场合有一定的特殊性，较少款式适合日常穿着。

改良型中式服装品牌的主要款式也有一定

规律，多为适合日常穿着的行服和常服，较少在重大场合穿着的吉服和礼服。其中三个品牌的主要款式规律一致，只有源品牌的主要款式与其他不同，而是礼服和吉服所占比重大，常服和行服所占比重小。这跟源品牌的产品特点有关系，其服装在款式、造型上体现了中西合璧的改良设计，但由于工艺上的精湛技艺，使得源品牌的礼服和吉服的比重较大。但将源与传统型中式服装品牌进行对比后，也会发现两者也有不同，源较多的是进行改良设计的礼服，而传统型中式服装品牌最多的是吉服，即以传统中式服装为主的款式较多。因此，可以看出这两类中式服装品牌在款式上的差别，以及相对应的着装场合上的不同，都是根据自身品牌的定位和风格来确定的。

3. 中国元素运用对比分析（表14）

表14　中国元素运用对比分析

| | 立领 | 盘扣 | 对襟 | 披肩 | 绳边 | 传统图案 | 珠绣 | 刺绣 | 民族 | 连袖 | 褙裥 | 撞色拼接 | 局部装饰 | 开衩 | 偏襟 | 扎染 | 国画图案 | 袖口翻折 |
|---|---|---|---|---|---|---|---|---|---|---|---|---|---|---|---|---|---|---|
| 源 | ● | ● | ● | | ● | ● | ● | ● | | | | | | ● | | | | |
| 夏姿·陈 | ● | | | | | | ● | ● | | ● | | | | | ● | | | |
| 上下 | ● | | | ● | | ● | ● | | | | ● | | | | ● | | | |
| 上海滩 | ● | ● | ● | | ● | ● | ● | | | | | | | | ● | | | |
| 木真了 | ● | ● | ● | ● | | ● | ● | | | | | | | ● | ● | | ● | ● |
| 上海徐 | ● | ● | ● | ● | ● | ● | | | | | | | | | ● | | | |
| 格格 | ● | ● | ● | | ● | ● | ● | ● | | | | | | ● | ● | | | |
| 瑞蚨祥 | ● | ● | ● | ● | ● | ● | ● | ● | | | | | ● | ● | ● | | | |

如表14所示，将传统型中式服装品牌与改良型中式服装品牌的中国元素运用进行对比分析，可以看出以下特点。

首先，从中国元素运用种类上看，只有"立领"这种中国元素是传统型中式服装品牌与改良型中式服装品牌都运用的，可以说"立领"是非常重要的中国元素。从另一个角度来说，消费者认知度较高的中国元素是"立领"；从产品设计角度来说，"立领"是中式服装的重要代表性设计点，也是运用变化最多的设计点。其他运用较多的中国元素为"盘扣""传统图案""刺绣""偏襟"，这四种中国元素是仅次于"立领"较常采用的中国元素。

其次，从品牌运用中国元素种类上看，传统型中式服装品牌的中国元素运用的种类较多，改良型中式服装品牌运用的种类较少。这与品牌的特点有密切关系，传统型中式服装品牌的服装是对传统着装的延续和传承，因此使用的中国元素较多。改良型中式服装品牌的服装着重的是将传统与现代结合，所用的中国元素较少，并且大都进行改良设计，是对传统方式的创新变化。

4. 主要图案运用对比分析（表15）

**表15　主要图案运用对比分析**

| | 花卉 | 动物 | 植物 | 数字 | 文字 | 传统图案 | 条纹 | 格纹 | 民族图案 | 几何 | 抽象 | 扎染 | 迷彩 | 国画图案 |
|---|---|---|---|---|---|---|---|---|---|---|---|---|---|---|
| 源 | ● | | ● | | | ● | | | | | | | | |
| 夏姿·陈 | | ● | | | | ● | | | | | | | | ● |
| 上下 | | | | | | ● | ● | | | ● | | | | |
| 上海滩 | ● | ● | | | | ● | | | | ● | ● | | | |
| 木真了 | ● | | ● | | | ● | | | | | ● | | | ● |
| 上海徐 | ● | | | ● | | | | | | | | | | |
| 格格 | ● | | | | | ● | | | | ● | ● | | | |
| 瑞蚨祥 | ● | ● | | | | ● | | | | ● | | | | ● |

从表15所示的主要图案运用对比分析来看，图案运用种类的特点十分清晰明了。其中"传统图案"是传统型中式服装品牌与改良型中式服装品牌都运用的图案种类，可以看出"传统图案"应用的范围较广，在图案具体运用上，传统图案所采用的题材、表现方式都有所不同，但都会依照传统图案的寓意和特点来进行设计运用。在传统型中式服装品牌中较多的是将传统图案进行直接运用，而不会做出过多改变。在改良型中式服装品牌中较多采用传统图案，但具体运用的时候会根据自身品牌的特点将传统图案进行再次的设计发展。

运用种类较多的图案是"花卉"，传统型中式服装品牌都采用了，改良型中式服装品牌中的两个品牌采用。花卉图案是中式服装品牌尤其喜欢的图案种类，但具体运用的时候在使用方法和表达风格上还是有所不同的，尤其在改良型中式服装品牌中，花卉的表达方式更加多变，但传统型中式服装品牌运用的花卉图案还是会延续传统的花卉图案的造型和色彩。

通过比较可以看出，在图案运用上，"传统图案""花卉"是最常用的图案种类，也是最容易表达中式服装风格的设计点，今后如果进行中式服装产品的开发可以从图案中来寻找自己品牌的定位。

## 四、结束语

受现代生活方式和西方文化的影响，西式服装在服装产业和市场中占据着绝对的主导地位。虽然改变这种状况是不太可能的，但我们也欣喜地看到中式服装产业和市场在中国传统文化传承和创新的大背景下，正在受到越来越多的关注，并获得了稳步的发展，已经涌现出了一批享有较高知名度的品牌，可以说这些品牌代表着中式服装发展的未来方向和希望。

# 内联升：工匠精神的传承与创新

刘华 编写　赵平 赵萌 审校

在北京前门大栅栏商业街上，有许多中华老字号，内联升就是其中之一。作为制作朝靴起家的企业，继承了传统的民间工艺，精选纯棉、纯麻、纯毛礼服呢等天然材料，并在此基础上进行了自己的发展与创新，是名副其实的"工精料实"。内联升一直坚守工艺纯正，品质精良，学习勤奋，尊重顾客，诚信经营，从始至终没有改变，奉行"经典不需要修饰，让生活回归简单"的原则。内联升经历了一百多年的风风雨雨，发展到今天，依然在不断壮大。

## 一、历史悠久，理念先进

内联升创办于清咸丰三年（1853年），字号中的"内"是指大内宫廷，"联升"寓意顾客穿上此店制作的朝靴，可以在宫廷官运亨通，连升三级。内联升将顾客定做朝靴时的样式、尺寸、特别需要等详细记录，以便顾客再次定做朝靴，久而久之形成了一本《履中备载》，名噪一时。内联升的经营理念领先，从清朝开业起就开始记录客户资料的《履中备载》一直延续至今，这是中国商业史上最早的"客户关系管理档案"，为企业良好的运营起到了极其重要的作用。在民国时期，内联升又率先发行了礼券，客人可以购买礼券送礼或自用。这礼券就是现在的购物券、购物卡的鼻祖。如今，服务对象变成了普通百姓，但"以诚相待、童叟无欺"的经营理念却保持至今。

内联升的发展也经历了很多坎坷。内联升的创始人叫赵廷，武清县人。他早年在京城一家制鞋作坊学做鞋，由于悟性高，很快便学得一身好手艺。在积累了丰富的客户人脉和一定的管理经验后，赵廷决定自立门户。很快，在京城一位人称"丁大将军"的贵人的万两白银入股资助下，赵廷创办了"内联升"鞋店。创办之初，店址选在东江米巷（今东交民巷）。至1900年八国联军入侵，东江米巷被焚，内联升在这次战火中也被毁于一旦。赵廷为了恢复内联升而四处奔走、筹措资金，最终选址奶子府。在奶子府重新开业不到两年，袁世凯北京兵变，内联升在这次动乱中被抢劫一空。遭此打击的赵廷不久后去世，其子赵云书子承父业，将内联升搬到廊房头条，在劝业场外租了个门面。从这次开始，内联升打破了前店后厂的传统，将制鞋作坊设在距离廊房头条不远的北火扇胡同。辛亥革命推翻了清王朝，内联升开始生产经营礼服呢鞋和绸缎面鞋，其服务对象仍然是社会上层——新的坐轿人。既而小牛皮底礼服呢圆口鞋问世，受到文艺界、知识界人士的青睐。因其销售对象狭窄、数量少，生产力水平一直不高，但品质至上的理念始终渗透到员工培训与激励中，既营造向心力，又促进生产经营。1946年，赵云书去世，内联升的家业传给了他的六位子女。

1949年新中国成立，内联升的六位传人中有五位放弃了产权，赵佩衫成为唯一的第三代传承人。内联升打破了原来专营男鞋的经营方针，增添了女鞋、绣花鞋、解放鞋等。1956—1958年，鞋店完成了"公私合营"，鞋店也由"私方"变成了国有企业。内联升又迁址到大栅栏街，其址据说是达仁堂药店旧址。此时，内联升的千层底布鞋已经成为北京的名牌产品，并且走向全国各地。1970年，内联升建立了生产车间，结束了前店后场手工作坊的历史，此时非自产鞋也列入了销售范围。1976年开始生产与经营皮鞋。1977年，恢复了著名老字号的名称。1986年，全新的内联升厂房竣工，占地面积约十三亩。1988年，一座具有明清建筑风格、营业面积达一千七百多平方米的新营业楼落成。2001年，企业性质变更为有限责任公司，员工成为公司股东，改制完成。一直以来，内联升的销售业绩不断攀升，市场份额不断增大。

## 二、工艺精湛，堪称一绝

内联升之所以可以屹立百年不倒，很重要的原因就是公司有过硬和独特的产品和工艺。内联升旗下的产品包括：手工男鞋、手工女鞋、机制男鞋、机制女鞋、童鞋和手工皮鞋。用料多选用纯天然材料，如毛呢、棉、麻等原材料，纳千层底的线用上等麻绳，鞋面使用高等级织

锦缎，填充物选用优质棉花等。内联升的千层底布鞋、礼服呢小圆口布鞋的制作技艺堪称一绝。百余年来，始终坚持传统的手工制作，选料考究，工艺精细，一双布鞋须经九十多道工序方可完成。所制布鞋既美观、舒适、轻巧，又具有透气、吸汗、养脚等特点。2006年，内联升被中华人民共和国商务部首批认定为"中华老字号"。2008年，内联升的千层底布鞋制作技艺被列入《国家级非物质遗产保护名录》。内联升是中国布鞋行业国家标准的起草单位，千层底布鞋、毛布底布鞋分别取得专利证书。自产鞋的花色品种达3000余种，以中高档消费群体为主，男士、女士和儿童均是内联升的目标顾客，共有分店、专柜近百家。

制作一双内联升的千层底礼服呢小圆口布鞋用料讲究、工序繁复，需要经过九十多道工序。

（1）制底工序：选用的材料都是质量上乘的天然材料，全新白棉布做底，黏合的糨糊都是精白面粉和水以一定的比例混合而成，纳底的麻绳都是全国选购的特等麻绳。打袼褙时，贴布要求压平、绷紧，保证骨力平正，厚薄一致。男鞋有35层底，女鞋有31层底，一共有三十几道工序。一双千层底有"一"字底和"十"字底两种纳法。纳"一"字底需要2100针，"十"字底需要4200针才能完成，要求一平方寸纳81针。纳鞋底的时候，讲究麻绳粗、针眼细、刹手紧。针眼细，线粗，本来要把线穿过去都费劲，还要闷制、捶打，绳子就膨胀成一个麻钉，把一层层的布锁住。另外，缝制时还要对针，也就是说两根针，从一个锥子扎的洞眼递过去，麻绳还得在里边儿系一个扣，针连着针，扣连着扣，所以就算某一针里的线磨断了，其他线也还完好无损，鞋底绝对不会散掉。纳好鞋底之后要加热闷软后再锤平鞋底，一双鞋要

锤两百多下。鞋底制好后不能见风、见雨和暴晒，放阴凉干燥处阴干。这样加工出来的千层底就变成了一个整体，坚固耐磨，不易走样，而且还柔软舒适，具有吸汗的功能。

（2）制帮工序：制帮的鞋面选用的材料是上好纯毛礼服呢，衬里是优等纯白棉布，糨糊还是纯天然的纯白面糨糊。制帮首先是裁断，然后粘面，用白面糨糊把鞋面、里衬和鞋里粘起来。鞋面要柔软，有弹性，软硬适度。揭片儿后阴干，第二天回收，分号型。制帮之后还要制鞋垫，钉标识。鞋垫里的填充物也是上好的棉花。制帮有三种工艺：手工签口、挂里、翻折。

（3）绷缝工序：绷缝有很多要求，三钉正（鞋尖、鞋口和鞋跟中点三点对正），四柱正（前掌两柱，后跟两柱正直），五钉服（鞋尖、鞋面两侧最宽处，鞋跟两侧最宽处五处平服），两缘满（鞋面上半部丰满），腰里干（鞋中间干净），后跟圆（后跟圆顺）。只有做到以上几点，才能绷出漂亮的鞋型。

（4）绱鞋工序：绱鞋就是把鞋底、鞋帮和鞋垫缝制在一起。缝制鞋垫的最后还要塞进一些上好的棉花，增加鞋的舒适度。绱鞋工艺分为反绱、正绱和明绱三种。其中反绱工艺最为复杂和独特。反绱的鞋绱好了以后，鞋里在外，要翻过来。就得从鞋跟的地方往前翻，小圆口布鞋开口窄，得一点一点揉窝过去，一点点跟着往前走，到最后才能翻过来。为什么这手艺到现在还是得采取传统的师带徒的模式？那是因为这个"劲"的把握，火候的掌握必须靠言传身教慢慢揣摩。掌握不好鞋就会撕裂，一双鞋就废了。反绱的鞋显得脚比较小，秀气、美观。

（5）定型：将制好的鞋套在鞋楦上，中等温度烘烤24小时后，放在阴凉干燥处自然干燥。

由于工艺的限制，布鞋不能有跟，鞋头不能做得特别尖。在产品方面，内联升注重保留传统，同时又有所创新。内联升的尚履商城中提供"个性手绘鞋"和"设计师定制"服务，顾客可以在"个性手绘鞋"专区，实现图案的个性化定制，吸引了大批年轻人。同时，顾客也可以在"设计师定制"中，自由选择未被批量投产的设计师新概念产品。通过个性化服务，年轻顾客对布鞋的热情超出了内联升的预期，满足了年轻顾客对个性化的追求。

## 三、代代传承，精髓不改

千层底布鞋的历史至少有两千多年，在秦始皇陵出土的兵马俑脚上就发现了类似千层鞋底的鞋履雕塑。内联升的千层底礼服呢小圆口布鞋制作工艺，是经过师傅带徒弟，言传身教流传至今的。由于手工布鞋制作工艺严格，工艺独特，选料考究，做工精细，技艺高深，难度大，耗时长，学徒需要三年才能出师。制作一双千层底礼服呢小圆口手工布鞋，需要经过九十多道工序。千层底布鞋制作工艺的传承方式是师傅传授给徒弟的传统模式。由技艺高超的老师傅带领徒弟，师傅通过口传心授，将自己的制鞋经验、窍门教给徒弟，徒弟通过体会、理解，在实践中继承师傅的技艺，从而一代一代地传承下来。制鞋手艺通过口传心授传承，难度很大。千层底布鞋的制作工艺，一直沿用传统手工制作方式，工序复杂繁多。每道工序都有严格明确的标准，讲究尺寸、手法、力度，要求干净、利落、准确，严格明确的工序标准甚至深入到工人的每个动作。这方面技术的掌握，师傅领进门，修行则全靠个人反复练习、揣摩。

内联升的第四代传承人何凯英大师被认定为非物质文化遗产传承人并享受国务院颁发的特殊津贴。目前何凯英大师带有四位徒弟，其中的两位经过三年的学习出师了，这标志着内联升有了第五代传承人。拜师仪式和谢师仪式都保留了传统的精髓。在拜师仪式上，弟子要向师傅行礼，师傅会授予每位徒弟一套40多件的制鞋工具包，并传授师训"五为"。"工必为之纯，品必为之精，业必为之勤，行必为之恭，信必为之诚"。之后，师傅会给徒弟示范如何为顾客量脚，做记录。在谢师仪式上，徒弟会为他们的师傅穿上亲手制作的"谢师布鞋"，然后三鞠躬，获得出师证，这标志着他们正式成为内联升的千层底布鞋的传承人。内联升自有深厚的文化底蕴。从师爷、师傅再传到徒弟，一个最根本的目的就是对每一双鞋都要负责、要坚持。内联升的工匠精神就是做好每一双鞋。

内联升是靴鞋定制起家的，所以在前门大栅栏总店，每周日都有制鞋工艺传承人在店铺中提供鞋履定制服务项目。内联升定制鞋履的程序严格，定制看脚型时会保护客人的隐私，只有定制师傅和顾客在场。师傅首先是看客人的脚型，然后询问客人对鞋的要求，根据客人的脚型和要求推荐不同的款式，同时向客人讲清楚不同鞋款的特点，最终由客人和师傅一起确定款式。款式确定好之后就是量脚。顾客的脚放到纸上，师傅用笔画下脚的轮廓，量出脚的前后长度，左右宽度，脚面的高度。师傅会和客人再次商定款式面料是否有特殊要求，如是否加鞋襻，面料是否自带等。收活以后会按照严格的手工工艺定制，通常需要一个月的时间完成。虽然是老字号，内联升也特别注重对高新科技产品的应用。内联升引进了一台3D脚型扫描仪，应用于定制过程中。在师傅给客人量好脚的尺寸后，会用这台扫描仪把客人脚的各个部位尺寸用电脑记录下来，留下电子档案。今后还会引进3D打印设备，那时顾客就可以有根据自己脚型用3D打印机打印出来的自己专属的鞋楦。

## 四、与时俱进，传播时尚

内联升在20世纪90年代末就拥有了自己的网站，2008年前后开始尝试走电商之路。在2010年实现了超过100万元的电商营业收入。内联升的内部管理也与时俱进，全部实现了电子化管理。2008年建立的企业ERP系统，实现了生产制造、分销零售、财务管理、数据分析、电子商务等方面的信息化管理。通过公司的网站，随时接收传递公司与分店和加盟商的经营、产品等方面的信息，可以实现资源共享。顾客可以通过内联升B2C尚履商城、寺库和天猫旗舰店网购商品，也可以通过新浪微博或腾讯微信与内联升管理层进行互动交流。内联升已经成为中华老字号利用信息技术实现文化变革的领军品牌。

作为一个鞋类产品公司，时尚是需要紧紧追随的。内联升在保持传统款式和工艺的基础上，特别重视时尚女鞋的设计和开发。2013年，内联升品牌创立160周年之际，在北京恭王府举行了内联升2014春夏鞋款发布会。这场发布会实现了传统与现代的巧妙结合。脸谱、民族、水墨、大秦与青花，这五大系列是以传统元素为设计灵感，再结合设计简洁、线条流畅的现代鞋型，令人耳目一新；多彩、狂野、丛林这三个系列更让人界大开，时下流行的撞色与拼接已经巧妙的被设计师从服饰移植到布鞋上，潮流经典图样中的豹纹与蛇皮成为主打，蕾丝与皮革的材质既现代，又时尚。这场发布会在时尚界产生了很大影响，令人对内联升这个百年老字号有了全新的认识。每年内联升都会根据流行趋势设计很多款时尚女鞋，满足追赶潮流的女性的需求。内联升是既有经典，又有时尚，历久弥新。

对于品牌的传播，内联升则充分利用了老字号本身的超高知名度和社会影响力，没有花费巨额的广告费，而是免费或使用较低的费用参与一些活动，持续扩大知名度。例如，内联升参与了2008年北京奥运会的礼仪小姐用鞋的设计和制作，一方面尽到了社会责任，另一方面也提升了品牌的知名度。2011年，内联升的一个店铺被电视剧《双城生活》选做拍摄场景，内联升协助剧组拍摄，没有花费一分钱广告费。随着这部电视剧的热播，内联升的品牌也随之传播到全国各地。2013年8月，内联升官方微博发布内联升"时尚街拍达人秀，做最有范儿的布鞋达人"活动。活动期间要求网友参与微博互动，在街头秀出内联升时尚混搭主题并自拍上传。这个活动在年轻时尚的群体当中传播很快，体现了内联升的时尚性。内联升也积极参与和其他品牌及公司的合作。例如，与故宫博物院合作设计了宫廷主题的布鞋并在故宫博物院内的商店和官网售卖，使古老的宫殿和百年老店传承的传统产品相得益彰。内联升还推出了与迪斯尼合作的带有迪士尼特色设计的布鞋，中西合璧的设计，不但有情侣鞋，还有亲子鞋，俘获了众多年轻人的心。2016年参与《大鱼海棠》的衍生品设计、制作和销售。内联升参与《大鱼海棠》衍生品开发，更多的是出于一种品牌的战略考虑，经济效益是其次的。但由于内联升的品牌名气大，设计精，品质好，销售业绩也在衍生品开发企业中名列前

茅。2016年11月25日，内联升又重磅上线真人直播，京东、映客、一直播三大平台同步直播。在一个多小时的直播节目中，内联升的副总经理程旭，非遗技艺传承人何凯英大师为观众讲解了内联升的发展历史，千层底布鞋的制作工艺、手工定制的步骤，并展示和介绍了不同系列的产品。现场还进行了观众现场提问，内联升的公司领导和工艺大师当场回答问题等互动。这种方式增加了观众对内联升品牌的理解，对产品的了解，最终会争取到更多年轻的顾客。

内联升注重社会责任和质量控制，并在这方面与国际接轨。2002年，通过ISO 9001国际质量体系认证。2008年，通过ISO 14001环境管理体系认证，促进企业节能降耗，加强环境保护与管理，保证了产品的绿色健康。内联升作为一个有社会责任感的企业，在不断拓展新产品，增加企业效益的同时，也不忘承担弘扬中国传统文化的社会责任。在北京市政府的大力支持下，从1996年开始，内联升前门总店的三层常年举办鞋文化展览，沿着古老的中国鞋文化史及本店发展史的脉络，搜集、整理了大量的资料，利用文字、图片及实物相结合的方式，较完整翔实地展示了中国的鞋文化及企业的发展历程。此举对于研究中国传统鞋的发展及弘扬中国传统鞋文化添上了重重的一笔。内联升还常年联合北京服装学院等设计院校共同举办布鞋设计大赛，给年轻的设计专业学生一个展示才华的舞台。

## 五、结束语

内联升礼服呢千层底手工布鞋的传统工艺，作为中华民族的宝贵财富和珍贵遗产，具有很高的历史文化价值、经济价值和工艺价值。中

国传统工艺都面临着传承和发展的问题。传承包括两个方面：一个是坚守，一个是专注。坚守是指坚持产品的优良品质，用最好的材料、最好的工艺去制作鞋履，保证品质，绝不偷工减料，不辜负消费者的信任；专注就是全神贯注于做鞋本身，而不被其他外界事物所干扰。内联升营造出了一个相当好的企业文化氛围，能让非遗技艺传承人踏踏实实安下心来专注于手工制鞋工作。内联升培养了一代又一代的非物质文化遗产传承人，正是这些非物质文化遗产的传承人，让中国的传统服饰文化和技艺代代相传。发展和创新也包括以下方面：一是要开发设计出更多面向当代人需求的产品，加强女鞋设计，增强时尚性，让中国古老的制鞋工艺焕发出现代的时尚气息和活力，以争取更多的年轻顾客；二是营销模式创新，除了实体店的经营模式，内联升的产品也在网络商城销售。在产品的推广和传播方面，充分利用自媒体这种新兴的品牌传播方式，还有就是积极应用高科技产品和技术为生产服务。内联升这个经历了一百多年风雨的中华老字号，正在传承经典和发展创新的道路上稳步前进！

**参考文献**

纪亮.内联升"触电"这一年[J].中外管理，2011（4）：39-41.

# 瑞蚨祥：百年老字号的经营之道

轩静 编写　赵平 赵萌 审校

瑞蚨祥作为北京的老字号品牌，又是北京"八大祥"之首，百年以来始终坚持"至诚至上，货真价实，言不二价，童叟无欺"的经营宗旨。早年京城广为流传的口头禅"头顶马聚源，身穿瑞蚨祥，脚踩内联升，腰缠四大恒"，反映了身穿瑞蚨祥的绸缎在当时就是体面的象征。从最初的瑞蚨祥绸布店，售卖绸缎、棉布、皮货等布匹面料，到近年来创建瑞蚨祥品牌，以神话中的形似蝉蝗一对母子"蚨"为图案，申报注册了自己的标识，加工制作体现东方女性和中国丝绸特有风韵美的多款式的"瑞蚨祥"牌中式服装。并在2013年开始进行品牌重塑，重新打造升级店铺形象、升级量体制衣技术、完善管理体系。瑞蚨祥保持一贯的经营宗旨，并随着时代不断革新，也是其百年屹立不倒的原因之一。

## 一、百年历史

瑞蚨祥的前身是瑞蚨号布店，由孟鸿升于1862年在山东济南开办，以贩布起家，经营以山东大捻布为主的各种布料，买卖开张后，生意兴隆。后改名为瑞蚨祥，"蚨"本是《搜神记》中记载的一种虫，母与子分离后必会聚回一处，

预示着"轮转无已"，投入的商业资本能够返还，形成资本与利润之间的良性循环；"祥"和"瑞"都表示吉利、吉祥，"瑞蚨祥"象征着生意兴隆、财源广进、幸福祥和。这种取名方式，代表了一种向往美好生活的商业文化情结。1893年瑞蚨祥在北京大栅栏开店经营，历经百年，几经更迭。

1880年孟鸿升去世，他的儿子孟觐川当了瑞蚨号的经理。孟觐川年轻有为，掌管瑞蚨号后，生意更为兴旺，并为扩充营业开办了个织布厂，专织大捻布，自产自销。店铺的门面，从两间扩大为三间，改名为"瑞蚨祥"。1890年孟觐川考察北京市场后，认为北京的商业兴隆，买卖好做，便派店中的职工孟觐侯用大车运了些大捻布到北京卖，结果山东的大捻布在北京很受欢迎，孟觐侯便留在北京租了家店面专门经营大捻布，经营两年后，买卖越做越好，营业范围也逐渐地扩大。约在1893年，孟觐川和孟觐侯经过商议，在大栅栏东口内路北开了瑞蚨祥在北京的第一家店面。

从北京瑞蚨祥开办起，就以童叟无欺、礼貌待客闻名全城。当年北京的绸布业有八个"祥"字号的店铺，被老百姓称之为"八大祥"，瑞蚨祥为八大祥之首。北京瑞蚨祥开张后，孟觐川

回了济南，把北京瑞蚨祥交给孟觐侯经营。由于瑞蚨祥地处闹市，来往行人众多；又由于孟觐侯善于经营，开张不久，生意就很兴隆。但北京瑞蚨祥开张仅几年，就赶上庚子事变（光绪二十六年），瑞蚨祥店铺毁于兵火。庚子事变平息后，孟觐侯筹集资金，重建店房，再次开张生意依然很好。由于瑞蚨祥的买卖兴隆，发展很快，到了民国初年，在大栅栏西口内，又开设了瑞蚨祥鸿记绸布店和瑞蚨祥皮货店两号。不久，又在大栅栏东口和西口，分别开设了东鸿记茶店和西鸿记茶店；并且利用瑞蚨祥的赢利，在天津、青岛、烟台等地，开设了几个瑞蚨祥绸布店。

1939 年瑞蚨祥的代表人物孟雒川去世，后继者不善经营，孟家的产业开始趋于衰落。尽管后继者生长在民国时期，但是所受教育只不过"四书五经"，并不曾学习过近代经商管理的学问，他们的生活条件优越，不思进取，并且目光短浅，不懂得"创业难，守业更难"的道理，家族内部争权夺利愈演愈烈，持续的分家析产消耗了商号的实力。抗战期间，政局动荡，商业经营环境急剧恶化，加之饱受日本人的盘剥，逐渐走向衰败，营业日趋萎缩。抗战胜利后，国内通货膨胀严重，物价飞涨，瑞蚨祥的积累逐渐损失殆尽。

1949 年北平和平解放，瑞蚨祥和其他店铺一样也开始复苏。职工们组织了工会，参加企业管理，营业额不断上升。新中国成立后，天安门广场升起的第一面五星红旗的面料就是瑞蚨祥提供的。1954 年，瑞蚨祥率先实行了公私合营，走上了社会主义的大道。从 1956~1966 年，瑞蚨祥绸布店得到快速发展。正在这时，"十年动乱"开始了，瑞蚨祥的匾额被摘掉，换上了"荣昌"的字号，后来瑞蚨祥的好传统也被当作"封资修"的东西扔掉了。改革开放后，在人民群众的要求下，"瑞蚨祥绸布店"的老牌匾又挂了出来。瑞蚨祥发扬了销售面料和帮助顾客加工服装相结合的好传统，在研制中国传统服饰方面付出了很多心血，尤其在加工展示东方女性和中国丝绸特有风韵美的旗袍上成绩斐然，一针一线精益求精，一款一式妙不可言，深受海内外华人女士的喜爱。

## 二、经营模式

沃尔玛公司创始人山姆·沃尔顿（Sam Walton）生前曾说："我创立沃尔玛的最初灵感，来自中国的一家古老的商号，它的名字来源于传说中的一种可以带来金钱的昆虫。它可能是世界上最早的连锁店，它干得很好。"这个古老的商号，就是瑞蚨祥。

瑞蚨祥采用父业子承、代代相传的家族经营模式。晚清以后，西方公司制在我国逐渐流行，便借鉴公司制并与家族经营形成互补，瑞蚨祥采用家族经营下的公司制运作模式，设立全局、地区和商店三个等级，开展连锁经营。这既便于统筹全局又相对自成体系，适应了瑞蚨祥的经营规模。瑞蚨祥的店铺分布于济南、北京、天津、青岛、烟台、上海 6 个大城市，鼎盛时期职工达千人，这种"家产万贯，主持一人"的管理模式，便于东家得心应手地控制各分号。全局是瑞蚨祥的管理总部，设置总理一人，协助东家管理各分号。所有全局性的重大问题，如人事、财务、审计等事项必须由东家决定。东家通过旬报、月报、年中约算、年终结算等形式，了解分号的营业状况及号内人员的表现，及时调整经营对策。地区是中层，一般把一个城市作为一个地区，设立一个总店，并设置总理一人管理一个城市内的瑞蚨祥商店。商店增添人员，须由总店调拨并请示总理批准。商店通过总店进货，先开列要货清单，由总店汇总，货到后由总店统一分配，一切开支皆由总店负责。商店仅是总店的一个销售门市，挫伤了商店代理人的积极性。后来，改按进价给货，商店方得独立经营。商店每日的销货额向总店报告，销售款项全部上缴总店，不得与外界发生金钱往来。商店的年终结算汇报总店，由总店汇报全局总理和资东。各店总理必须逐日向总店总理汇报经营情况。

瑞蚨祥的连锁经营方式是"远地进货，以获取地区差价；先期进货，以获得季节差价；加工定制，以获取垄断价格；提高质量，以求本大利也大"等。连锁经营通过对销售终端的建设，在拥有大量固定下游顾客后，作为大客户，可以向上游供货方提出种种要求。比如很多供货商有新品上市，往往先给瑞蚨祥，保证其销售"时鲜货"。连锁经营模式对企业最大的挑战就是要保证每一个分店都能赢利，能够在管理上复制总店而不走样，如果做不到，就会面临巨大的风险。而瑞蚨祥森严的铺规以及"以礼教约束"的企业文化，保证了其内控能力。

## 三、儒商文化

瑞蚨祥长期坚持把儒家文化作为立号的商业文化，又适当接受外来文化，走出了一条切实可行的路子。瑞蚨祥在管理上以铺规为准绳，这些铺规是在全盘继承其祖辈老号铺规的基础上，增加了少量新的内容，彰显了儒家文化色彩。铺规开宗明义："盖闻生意之道，铺规为先，章程不定，无所遵循。今奉东谕，一定章程列后，望各遵义奉行，以图长久。如有违犯，被辞出

号。贻误终身，悔之无及矣"，突出了铺规的刚性原则。从内容上看，瑞蚨祥特别重视对店员进行仁义礼智信的教化，涵盖了店员的道德品行、生活作风、请假制度、营业规则、服务态度等，可谓衣食住行无所不包。铺规强调人治至上，商号内部等级森严，店员要对管理人员效忠，管理人员要向资方东家效忠，层层管理，环环相扣。

普通员工的工资分为三个部分：（1）月薪与束金（年薪），即固定货币工资；（2）馈送，即临时性货币工资，类似于今天的奖金；（3）福利，即实物工资。月薪用于外伙计，束金用于内伙计、学徒、后司人员。东家通过学徒制度与内伙计建立起封建宗亲关系，他们是瑞蚨祥掌柜队伍的后备军。相对于内伙计，外伙计由于与东家只是单纯雇佣关系，而位于瑞蚨祥最底层。对于这些随意性较强的劳动者，东家则是用高于同行业水平的月薪和"福利"等激励手段进行管理。

瑞蚨祥对员工的管理十分严格，订有27条店规，大致分为职业道德、上班纪律、享受待遇等方面。规定店里同行，不管地位高低，职务优劣，资历深浅，都必须互相以礼相待。对于顾客，更要突出一个"礼"字。瑞蚨祥闻名遐迩的优质服务就是建立在人和人之间"以礼相待"的基础上。以仁义礼智信为核心的管理在27条铺规中逐一展开，在温情脉脉的词句背后显示了森严的管理秩序。铺规是店员的行为规范，是他们在瑞蚨祥的安身立命之本，商号所有人员必须对其烂熟于心，严格遵守。

瑞蚨祥要求员工对待顾客必须谦和忍耐，时刻注意仪表，礼貌待客，所有员工无论冬夏一律穿长衫，在柜台执勤不得吃蒜，不准吸烟，避免招致顾客反感。瑞蚨祥的每个售货场地都

设有"瞭望员"一岗，其主要职能一是监督和提醒员工；二是观察交易过程，了解顾客空手出店的原因。如果是因为伙计服务不周，待当天生意结束后，瞭望员会对伙计提出批评以观后效，如果是因为货品花色品种不全就要及时上报掌柜，研究改进。瑞蚨祥严格管理的同时也善待员工，除了比其他同行待遇好、伙食好，逢年过节以及月初、月中还会改善伙食犒劳大家，用柔性手段温暖了员工的心，颇像当下流行的"胡萝卜加大棒"的管理方法。不可否认，铺规对于规范商号管理、保障商号经营具有积极意义，对商号的发展起了重要作用。

瑞蚨祥的资东不但自己笃信儒学，而且经常向商号店员灌输儒家思想。执掌瑞蚨祥大权长达70年之久的孟雒川便是一位典型的儒士，幼年受业于李元绨先生，在先生去世后，将其遗著《五子近思录随笔》刻版印刷，向亲友子弟和商号店员赠阅，要求他们认真阅读、深入领会。因此，商号上下都对儒家学说略知一二，儒家思想深入人心。在日常管理上，瑞蚨祥深得攻心为上的奥妙，经常用"非礼勿视，非礼勿听，非礼勿言，非礼勿动"之类的儒家思想教育店员，使他们对商号忠诚不二。瑞蚨祥利用儒家思想凝聚人心，陶冶店员道德情操，使其服从管理秩序，起到了良好的作用。同时，这也使商号赢得了"贾而好儒"的美名，成为典型的儒商代表。

## 四、顾客至上

瑞蚨祥自创办以来的经营作风一直是货真价实、童叟无欺，而且高档、中档、低档商品齐全，有官僚、富商、大户所需的绸缎、呢绒、皮毛，也有一般平民和乡村农民所用的蓝白布、花色布。瑞蚨祥的绸缎、呢绒都在苏州定织，并在每匹绸缎的机头处织上"瑞蚨祥"的字样。瑞蚨祥的花色布匹，最受广大劳动群众的欢迎，因为它们都是用上好的棉纱交给作坊定织定染，这种布缩水小，不褪色。瑞蚨祥一直秉持真诚热情的服务态度，不论是有钱的顾客，还是一般的顾客；不论买东西多，还是买东西少；不论挑选的时间长，还是短，他们都是热情接待。

瑞蚨祥很重视商战，时刻保持商业敏感和警惕，观察业内动态，了解顾客和竞争对手，力争在商战中打主动战。瑞蚨祥在卖布时予以放布、放尺优惠，一传十，十传百，瑞蚨祥的名号不胫而走，口碑营销让瑞蚨祥深入百姓心里。瑞蚨祥为了解同业，经常派人到各店铺以顾客身份调查商品质量和商品行情，以便于瑞蚨祥的进货和商品标价。凡是一般商品，瑞蚨祥的标价均比别家的稍低，而紧俏商品，瑞蚨祥则适当提高。瑞蚨祥为了多卖货和迎合顾客心理，独出心裁，印制了精美的"礼券"出售。当时社会风行探亲访友要馈赠礼品的习俗，瑞蚨祥的"礼券"既方便了送礼者，也方便了受礼者，因此，大受社会各界人士的欢迎。大栅栏这条街，每天人流熙熙攘攘，拥挤异常，商人能在大栅栏里找块地方可不容易。在民国初年，大栅栏东口内路北，一家杂货店因为东家经营不善，买卖倒闭。瑞蚨祥的孟觐侯和同仁堂乐家是好朋友，同仁堂乐家在大栅栏的威望很高。孟觐侯通过同仁堂乐家的关系，把这个杂货店的铺底买了过来，开了个东鸿记茶叶店。其他的西鸿记茶叶店、瑞蚨祥鸿记绸布店和瑞蚨祥皮货店等三号也都是这样开设的。

瑞蚨祥注重市场信息调查，特别注重了解时尚动向。逛游艺场和公园时，首先注意戏剧界女伶的衣着装饰，及时根据"反馈"意见不断创新。梅兰芳、荀慧生都是瑞蚨祥的老客户，他们走南闯北，无形中为瑞蚨祥做了"活广告"。梅葆玖珍藏的许多戏服和道具，有些已属于"国宝级"，其中有些就是当年瑞蚨祥的精品。

## 五、品牌重塑

瑞蚨祥作为中华老字号，历经数百年风雨，然而它一直是作为一个卖场在经营，呈现出的也一直是百货业态，出售各种档次的面料绸布，严格意义上说并不是一个服装品牌。

2013年，瑞蚨祥投资管理公司成立。瑞蚨祥成立这家公司的初衷就是要把瑞蚨祥做大做强，原来的经营模式以及发展状况已经不符合时下市场的需求，成立投资管理公司的目的是要对瑞蚨祥公司重新进行品牌规划和梳理，重新定位后再推向市场。瑞蚨祥目前主要的市场是北京，而瑞蚨祥的品牌目标市场是全中国乃至海外。

2013—2016年这三年，是瑞蚨祥品牌重塑和进行各种尝试的三年，在产品的再定位、目标人群的锁定、品牌形象的打破重组等方面，做了大量的工作，最终将瑞蚨祥的品牌定位为"中式服装的领导品牌"。

瑞蚨祥在北京西四环的世纪金源商场开了一家新的商业模式的店铺，展示新的品牌形象和新的产品都是符合当下消费潮流的。由于是中华老字号，以前瑞蚨祥的消费者年龄普遍比较大，而重新定位后的瑞蚨祥将目标消费群体瞄准在了更年轻并确有经济能力的群体。瑞蚨祥以前的固化消费者中买布料的比较多，布料的消费在二三十年前可能还是一个消费单元，但现在的生活方式决定了大家不会再专门去买布料来做衣服，所以瑞蚨祥的品牌定位为中国

中式服装的领导品牌，这样一定位，就是把高级定制作为一个核心，以后的工作都围绕高级定制来展开。

瑞蚨祥这样的品牌定位主要考虑两方面原因，一是瑞蚨祥采用的面料比较独特，虽然不是自己生产的，但都是在江南一带定织定染的，品质和花色都符合市场的销售需求；二是对瑞蚨祥的中式服装定制，中国给予两个相当高的荣誉，在高级定制的注册商标中认证瑞蚨祥为中国驰名商标，另一个是瑞蚨祥的手工技艺申请了中国非物质文化遗产，出于这两点瑞蚨祥的品牌定位以及日后的发展策略确定在中国高级定制。"中国"这两个字就是想强调这是中式的高级定制，与西方的高级定制有所不同，瑞蚨祥是为中国人或者说是全球的华人定制属于中国人的中式服装。

瑞蚨祥定制旗袍的"变革"在衣领、腰围、裙摆处有所不同，他们会为顾客量身定制一套适合顾客自身气质的礼服，在不抛弃传统的纯手工缝制和高级面料的选材上，给予传统旗袍新的流行元素，并且更加讲究细节设计。定制旗袍的领子有高领、低领和无领三种，开襟有如意襟、斜襟、双襟之别，各种款式和细节让穿着者更加性感俏丽，并使人感受到专属私人定制的卓越服务，现代的瑞蚨祥更符合人们的审美品位，也适合更多场合的穿着需求，也更受到顾客的青睐。

瑞蚨祥公司内部也在做调整和升级，产品和管理系统也在完善中，引进了ERP系统，将进行完全的电子化管理，包括客户下单、电商以及VIP系统，都要整合到管理系统中从而真正实现无纸化办公。研发新的3D扫描的量体系统和3D试衣系统，从而达到在北京以外的城市量体、挑选款式、进行设计，在北京进行服装

的制作。并打算在未来的几年中与北京服装学院合作为中式服装制定新的、统一的行业标准。

## 六、结束语

喻利于义，成就了瑞蚨祥百年经营的辉煌。瑞蚨祥始终坚持诚信经营，其至诚至上、货真价实的经营宗旨成为品牌的形象标杆，对不同阶级的百姓一视同仁，给予优质的服务，并通过设立免费茶座、放尺、折本、礼券等方法，博得了人们的喜爱和信赖。经营管理上遵循儒家思想，以义为先，并且制定严格规范的经营制度，降低管理成本，使得全国庞大的经营体系得以规范化。当代中国经济的迅速发展，瑞蚨祥紧跟时代步伐，遵从市场化经营趋势，进行品牌化管理和品牌升级，引入信息化技术和大数据思想，根据社会现状不断革新品牌也是瑞蚨祥经营百年而屹立不倒的重要原因之一。可以说这个"老"品牌正在变得越来越"新"，中国传统工艺与现代化管理技术相结合，走出中国老字号品牌自己的复兴之路。

**参考文献**

[1] 邹佳玮 . 瑞蚨祥的新生机 [J]. 中国经济和信息化，2013(2)：90-92.

[2] 杜鹃 . 瑞蚨祥：老字号的百年兴衰 [J]. 企业史记，2015(11)：75-77.

[3] 尹水 . 瑞蚨祥的儒商生意 [J]. 企业博览，2013(2)：58-59.

# 夏姿·陈：传承古今，华夏新姿

赵萌 编写　赵平 审校

夏姿·陈是一个世界级的精品时尚品牌。秉持创造"华夏新姿"的精神，对服装的热爱以及热忱务实的态度，1978 年王元宏与王陈彩霞夫妇携手在台湾创立夏姿·陈服饰，专事于设计与生产高级女装，逐步累积实力并摸索出独创的设计风格，成为中国台湾时尚产业的传奇与代表。

## 一、发展历程

设计总监王陈彩霞生于 1951 年，台湾省彰化县人，由于对服装的热爱，她从基础裁缝做起，虽未受过正统的服装设计教育，但凭借热忱和务实的学习态度，逐步累积实力并探索出独创的风格。为了一圆"让顾客一拿起衣服就知道是夏姿衣服"的梦想，1978 年王陈彩霞与从事布料生意的丈夫王元宏一起来到台北，创立了"夏姿·陈服饰公司"，其意为"华夏新姿"，并以自己的英文名字来命名品牌，Shiatzy Chen，中文品牌名定为"夏姿·陈"。

创业初期，丈夫负责管理和销售，妻子负责研发设计，两人合力经营。他们仅有 10 万元新台币，没有自己的销售柜台，只能把衣服送到别人的店里寄卖。王陈彩霞设计的不对称旗袍领，别致的中式棉袄，推出后深受顾客欢迎，20 世纪 80 年代一套衣服就能卖到 3000 元新台币，由此赚到了第一桶金。

在经历了十多年的发展后，为了更快更好地获得国际时尚资讯和拓展国际市场，1990 年，夏姿·陈在巴黎设立了工作室，并于 2001 年 10 月正式开设巴黎门店，成为第一个进驻欧洲的台湾时装品牌。

1998 年夏姿·陈服饰成立届满二十周年，设计总监王陈彩霞以募集妇女肿瘤研究基金的慈善活动，作为二十周年的纪念里程，邀集 12 位政商名媛仕女义演并且义卖夏姿·陈高级定制服装，获得了各大媒体的支持与报道，1998 年 Vogue 九月号以长达 14 页的专题报道，为夏姿·陈记录美丽又深具意涵的文字与影像。这一年王陈彩霞被法国费加洛仕女杂志专题评选为台湾九位杰出女性之一。

2003 年，王陈彩霞在中国大陆开设了第一家专卖店，到现在已经在上海、北京、天津和青岛开设了多家分店。《亚洲华尔街日报》(The Asian Wall Street Journal) 评选夏姿·陈为台湾最具代表性之时尚品牌。

2004 年，香港半岛酒店的专卖店与北京太平洋百货的专卖店相继开业；《伦敦金融时报》

（*Financial Times*）评选夏姿·陈服饰为年度热门时尚品牌之一，与来自全球的国际精品名牌并驾齐驱。

2005年10月在众多国际名品的角逐中，夏姿·陈脱颖而出，入驻上海外滩9号楼，成立夏姿·陈旗舰店。上海外滩9号楼在外滩众多的建筑中是唯一由中国人构建的红砖洋房，夏姿·陈品牌所展示的中国元素，恰好与9号楼的历史吻合。因此，对夏姿·陈的发展而言有着特殊意义。

2009年夏姿·陈在杭州、香港、台北相继开店。这一年夏姿·陈开设的直营店已达55家。随着夏姿·陈店铺的扩展，会员俱乐部的影响也与日俱增，到2009年已累计拥有高端会员近两万名。

发展至今，夏姿·陈从事设计与生产高级改良型中式服装，已经是拥有高级女装、高级男装、高级配饰以及高级家纺饰品的综合品牌。法国高级时装公会中国总监赵倩对夏姿·陈给予了相当高的评价："夏姿·陈最有可能成为中国真正的高级时装品牌，我们都说它将来会是中国的爱马仕！"

## 二、华夏新姿

由于一次参加时装展，激发了王陈彩霞走改良型中式服装的新道路，她认为，服装和社会生活文化密切相关，国外服装设计师懂得将文化融入设计中，中国的服装也要融入东方的文化，而且西方有众多的"百年品牌"，为何中国没有。如果东方设计要在西方服装舞台上占有一席之地，首要之务就是融合东方的文化，因此，在每一季融入中国文化的意念与元素，便成为夏姿·陈的经典风格。同时她也坚信，除了坚持设计，更应该坚持中国文化的传播。她笃信"一生做好一件事情"的理念和热情，30多年来，其以中国意象为灵感，以中西合璧的精美工艺为依托发展至今。

在当今中式服装品牌林立的情况下，不同的商业模式成就了当今不同的服装品牌格局，怎样的商业模式使得夏姿·陈在众多的东方品牌服饰之中脱颖而出，夏姿·陈的核心竞争战略如何，现从以下几个方面进行分析。

（一）风格定位

夏姿·陈在风格定位上最突出的关键词就是"新中式服装"，但在20世纪80年代中期，当夏姿·陈首次推出的时候，可以说是挑战一个新的领域，将中式服装与西方流行元素结合，设计出"新中式服装风格"。夏姿·陈遇到了很多挫折，一方面是在设计上如何建立中式服装风格，需要大量的对中国传统文化的梳理和整理；另一方面是消费者对这种新中式服装品牌风格的接受度不高，认为这样的产品是四不像，最初的几年是夏姿·陈发展最困难的一段时间。

王陈彩霞没有受过太多正统的服装设计教育，为设计服装四处寻找灵感，她走进一家家博物馆，翻开一本本厚重的古代文化书籍慢慢学习，反复琢磨推敲。经过一段时间的研究，王陈彩霞发现"设计服装，原料成功了，就成功了一半"。因此她多采用欧洲的面料，并积极学习巴黎时装的立体裁剪方式，不急于求成，而是花很长时间来不断的打磨产品，在基本功上稳扎稳打，她看重的是品牌今后的远期发展。最终将中式服装风格通过西方立体裁剪与中国美学元素的融合呈现出来，所设计制作的服装真正达到了中西合璧，并且在设计中一直坚持理性节制的手法，不是对历史服装进行复制，而是注重结合当下消费人群的心理需求和流行审美变化，这种设计手法也体现了中国宋代的文人情怀和艺术风骨。因此不论是产品设计还是店铺设计，都沿用了理性节制的中国风格。夏姿·陈坚持至今，终成为在国际舞台上具有影响力的华人设计师，她坚持不懈地运用理性节制的中国风格占据西方的舞台。

（二）传承创新

总体而言，在产品设计中，王陈彩霞喜欢宋代的服装造型，习惯于将肩端点内缩半寸，强调女性肩线柔和、纤瘦的整体造型。在服装基本的造型基础上，每一季产品中都会从历史中选取某一个点来吸取灵感，如从瓷器、敦煌艺术、唐代服装中提取其中的色彩、图案等，将这些灵感用现代审美的特点展现出来。表1所示为夏姿·陈2011年以来历年设计发布会的主题。

**表1　2011~2016历年夏姿·陈发布会设计主题**

| 时间 | 设计主题/灵感来源 |
| --- | --- |
| 2011 春夏 | "渲影"，运用中国传统皮影艺术、装饰艺术设计风格 |
| 2012 春夏 | "锁云"，运用鼻烟壶设计灵感 |
| 2013 春夏 | "不断"，以中国传统艺术"剪纸"为题 |
| 2013 秋冬 | "厚彩"，是夏姿·陈2008年正式加入巴黎时装周以来的第十场秀，灵感来自大唐盛世 |
| 2014 秋冬 | "砚池"，灵感来自砚池研磨 |
| 2015 春夏 | 灵感来自于《山海经》的故事 |
| 2016 春夏 | 引领，灵感来自齐天大圣的花果山 |

夏姿·陈在款式造型上，整体服装的基础造型强调女性温婉的造型特点，含蓄的女性化特征。以2015年春夏季节设计为例，如图1所示，本季灵感来源于《山海经》，将西方的美人鱼与东方两千年的《山海经》中的中国传统神话故事形象结合起来，展现了一个生动鲜艳、

浪漫甜蜜、多姿多彩的海底世界。运用了肚兜、立领、马面裙等中国元素，将这些传统的灵感与立体裁剪和丰富多变的面料结合起来。

**图1　2015春夏系列设计**

从产品比例结构来看，连衣裙的款式较多，其次是上衣。服装款式有以下特点：

（1）中式肚兜的造型变化，尤其是在穿着搭配上的变化，用特殊的材质表达肚兜的造型。

（2）连袖挺括箱型上衣，突出中式风格的同时也符合现代的审美标准。

（3）在礼服、连衣裙、半身裙中频繁通过拼接和特殊裁剪制造特殊的造型效果，将中国马面裙造型延伸为百褶裙。

在图案运用上，以本季主题海洋生物为主，其中包括水母、水生生物、珊瑚等。首先是在中国的黑白笔触中加入色彩生动鲜艳的童话般的奇幻图案，展现海底世界的多姿多彩。其次是运用了中国传统的吉祥花卉图案和国画效果的鱼的图案造型。通过这两种图案的组合运用，赋予中式服装新的活力。

这一季春夏产品的细节中突出的特点是中国肚兜式内搭产生了透视效果；其次是模仿海洋生物造型的立体造型以及材质拼接；还有轻薄材质的局部缠绕效果，以及立体连袖设计和局部镂空效果。配饰上也采用人鱼形体为灵感的项链、几何缠绕式手环、水母造型的链条与

串珠。

这一季采用的中国元素有传统图案、刺绣、珠绣、肚兜、马面裙、连袖、立领、偏襟等。夏姿·陈在中国传统元素的选择上注重对传统元素的再次设计，例如，在设计中将肚兜这一传统的款式进行内搭，赋予新图案和材质，凸显时尚性和流行性。使用较多的传统元素，在于运用刺绣和珠绣的手法再现中国传统服饰纹样，以花卉和飞鸟为主。立领和偏襟这类传统设计元素也在原有基础上进行了改良，将中国传统马面裙延伸为百褶裙，更加符合现代审美的标准。夏姿·陈这一季风格比较时尚、活力、年轻，主要穿着场合为正式社交和日常穿着；其次是职场穿着和婚庆节日等。

（三）形象展示

夏姿·陈在北京新光天地百货的店面位于一层临街位置，店面空间大，街边橱窗便于展示，整体布置简洁大方，男、女装分区域进行陈列。店内使用黑色木质展台和服装陈列挂架，展台上陈列首饰和箱包等配饰品。通过一些中式装饰品凸显中式服装品牌的特色。

夏姿·陈位于上海半岛的旗舰店也是全系列展示，店内使用暖色的主色调，配合大理石和黑色的金属装饰，传统的中式屏风以现代装饰改造，展现出现代气息。将东方与西方元素巧妙融合，新店的设计更突破了以往沉稳的风格，加强了空间的通透感，采用了大量明亮暖色调的陈设，使店铺的整体风格显得更为轻盈与写意。

三、营销策略

王陈彩霞在谈到夏姿·陈的成功时说："如果说设计是花的话，那么营销就是根，再好的设计如果没有得到及时的推广也会淹没在竞争中。"

（一）品牌定位——凸显文化内涵

夏姿·陈的产品定价以春夏季节为例，单件最高价在三万元左右，最低价在三千元左右，主体价格带在5000~10000元，这样的价格定位在北京市场属于高档次定位。这样的价格定位让夏姿·陈脱离了价格低廉的竞争者，重建了市场格局。也就是说夏姿·陈把当地一批竞争对手排除在外，在定价上不属于同一个级别，同时也锁定了固定的消费人群。虽然在北京市场中同档次价格的品牌非常多，但如果细分这些同档次的品牌风格，则不难发现，夏姿·陈是较早定位于"中式风格"的品牌，因此在风格定位上已经与其他品牌有了区别。这样的区别可以让消费者有新鲜感，而最重要的是，夏姿·陈强调文化的传播，从店面到产品都在诉说着中国的传统文化。大批的顾客看重的是夏姿·陈的产品可以提升着装的"品位"，并且"与别人的不一样""手工制作"。因此夏姿·陈不需要在价格上与其他品牌竞争，因为它的产品与其他的产品有明显的分界线。

目前夏姿·陈在北京的店面只有一家，位于新光天地百货，这家商场的周围云集了大量的国际一线品牌，但夏姿·陈依然有自己的一席之地。因为当一个消费者拥有了三件以上的奢侈品之后，她就会想要一点不一样的，而夏姿·陈就会适时的提供这样一种具有不同品位的产品。也就是这样一种"文化区隔"方式使得夏姿·陈的中式风格凸显出来，进而与许多欧美品牌产生鲜明的差异效果。

正如王陈彩霞所说："我想就一个品牌来讲，我们可以胜出的就是'我们自己的文化'这一块，因为其他的都是外来的，而且它的品质也都很好。这时候需要的是从消费者'认知'来着手，大部分的消费者基本上都还是非常西化，大家都还是希望拥有的是夏奈尔（Chanel）、路易威登（Louis Vuitton）、古琦（Gucci），但是慢慢地如果许多外国人都很喜欢中国，或是中华文化的时候，也许你也会觉得如果自己使用的东西有一点点'中国味'的话，是很时尚的。"

（二）顾客导向——关注年轻一代

夏姿·陈一方面强调中国传统的文化品牌，另一方面也关注未来的消费人群的改变，注重新一代年轻人的消费习惯和审美变化，这也是非常重要的。从最初夏姿·陈创立到今天，它的消费人群年龄的跨度很大，一部分是一直延续的妈妈辈的消费人群，但不能只有这样的消费群体，这可能会给年轻人留下一个"妈妈们购买的品牌"的印象。而是要品牌更加年轻化，让妈妈和女儿、儿子们一起都能够购买到合适的服装或者是箱包配饰。

因此在产品设计上，尤其是在箱包配饰的设计中，多考虑年轻一代的想法，使产品在造型、色彩、图案上更加贴近年轻人的喜好，进而再延伸到服装中，慢慢演变成一种常态的消费状态，使品牌更具有竞争力。

王陈彩霞说："服饰基本上都会比配件价格高一点点，但是我认为新推出的产品价格应该是大家可以负担得起的。在配饰部分，这可能是我们困难的地方之一，因为我们是以服饰（fashion）出发的，不像路易威登是以箱包配饰起家。我们的配饰是画好设计图后，送到法国或意大利工厂去生产，但我们生产的数量都很有限，所以它的价格低不下来。因此我们的策略定的就是'多款少量'。"

由于年轻人有猎奇的需求，喜欢新鲜的、有变化的设计，因此夏姿·陈在这方面就以多款设计变化来吸引消费者的注意。另外，为了

让更多的年轻人看到夏姿·陈的产品，在宣传推广上采用知名度高的明星来做代言，或者在各种颁奖典礼上穿着，以此来增加品牌的曝光率。例如，2015年羊年春晚，众多女星选择穿着夏姿·陈的服装；2016年猴年春晚，夏姿·陈受邀为来自内地、香港、台湾的三位女星打造春晚造型。此外，夏姿·陈的推广策略突出表现在微信、微博公众账号的信息推送上，每天的推送频率较高，并且每次推送的内容多为各界明星大V穿着夏姿·陈服装的新闻。还有一年两次的巴黎时装周发布，也是其进行品牌推广的最好途径。

总之，夏姿·陈的营销策略有其特色，一方面从价格定位和风格定位上使自己有了明确的、排他性的定位，重构了市场格局；另一方面兼顾了不同年龄层次顾客的需求，也进一步抓住年轻消费群体的喜好。在保证产品特色的基础上，通过各种推广手段不断增加品牌的曝光度和活跃度，使得品牌价值可以深度展现，并且演化为一种深层次的文化信仰，进而使服装更加具有感染力。

（三）以茶为媒——传播传统文化

对于中国传统文化的传播，是夏姿·陈一直在努力的方向。王陈彩霞希望以一种更易懂、更时尚的风貌来向全世界宣扬中华文化。

首先是通过两年的精心筹备之后，成立了"采采食茶文化"茶室。"采采"两字出自诗经《周南·芣苢》中"采采芣苢，薄言之"，有华美繁盛之意，用以形容中华文化的丰富壮美，而另一方面也代表"礼采"，比喻茶与礼之于汉文化密不可分的关系。"采采食茶文化"首间旗舰店位于台北大安路的静谧巷中，整体设计以"少即是多，古典极简"的设计概念为主轴，大片的落地玻璃橱窗展示着王陈彩霞女士的个人古

董收藏，内部运用线条与古色处理的橡木塑造出沉稳温润的氛围。此外，为了点出食茶的意象，还以整面茶砖铺陈的墙作为视觉上的惊叹号。

## 四、结束语

夏姿·陈品牌的总体风格是时尚、流行与中式传统的融合，每一季都选取中国服饰历史中的元素，结合当下的流行和审美定位，用丰富的材质和合体的板型设计制作出符合现代人的中式服装。服装可以在正式场合穿着，也可以在日常穿着，穿着场合较多，并且品牌所针对的年龄层跨度较大。中式风格展现在产品和店面设计中。

产品设计方面，女装在款式数量和设计上优于男装。女装设计色彩明亮鲜艳，款式造型多变，适合不同年龄层顾客的体型特点，有项链、手镯等配饰品。男装款式相对较简单，款式数量也较少，没有很多变化。

在营销策略上，夏姿·陈通过高档定价与中式风格特色，将自己的品牌特色展现出来，具有其他品牌所不能有的竞争力。在对消费者的吸引上，除了通过产品的品质和品位来宣传之外，它与其他品牌相比突出的一个特点是在推广宣传方面。它通过明星参加各种活动穿着其品牌服装，引来话题和转发，进而提高品牌的知名度和曝光率，尤其是在微博中的不断地信息推送。

夏姿·陈自创立以来依托中国传统文化的博大精深，通过不断地挖掘、传承与创新，赋予其品牌很强的生命力，通过对中国民族元素、中式裁剪方式、面料再造等的创新，表达出中国文化精神层面的真正意蕴，也是夏姿·陈品牌精神的最高追求和成功走向世界的保证。

**参考文献**

[1] 虞德亮.创造美丽的使者 [J].两岸关系，2009(9)：38–39.

[2] 文中伟.老上海，新国风——去外滩 9 号看夏姿·陈 [J].纺织服装周刊，2011(1)：71.

[3] 付馨馨，陈淑聪.盘扣元素在现代女装设计中的创新应用研究 [J].丝绸，2015，52(3)：45–50.

[4] 郭家琳.浅谈中国时尚奢侈品品牌的发展道路 [J].经营管理者，2012：22–23.

[5] 魏媛.上海地区中式服装品牌形象模型构建及对比研究 [D].上海：东华大学，2009.

# 天意·莨缘

王丽丽 编写　赵平 赵萌 审校

"天意·TANGY"1994 年创立于广东,是深圳市梁子时装实业有限公司旗下的时装品牌。在公司创始人之一、设计总监梁子的指引下,"天意·TANGY"视原创设计为灵魂,将"平和、健康、美丽"的品牌理念与中国文化精髓"天人合一"的和谐境界贯穿于天意服装设计开发的各个环节之中,将中国传统文化元素、传统面料与国际时尚完美结合,创造出独具中国气质和韵味的天意时装。

"TANGY collection"是梁子继创立天意品牌之后,于 2008 年创立的高端品牌。旨在设计高品质、低调奢华的男女高级成衣、高级时装及饰品、家居纺织品等。"TANGY collection"倡导"崇尚自然、尊重自我"的精致生活,强调简洁舒适、东西方自然融合的设计风格。

秉承"五年基础,十年发展,十五年壮大"的长远规划,梁子时装以沉稳舒张的风范,致力于跻身中国时尚最前沿。目前营销网络已覆盖全国 160 多个大中城市,开设专卖店共 400 多家。23 年来,公司凭着鲜明的品牌形象与独特的品牌文化,在市场上赢得了良好口碑。

## 一、创业的日子

20 世纪 90 年代初,怀揣着对未来的憧憬和对梦想的执着,梁子和丈夫黄志华来到深圳开始了他们人生中第一次创业。夫妻俩是大学同学,学的都是服装设计,于是梁子夫妇在深圳的第一次创业便是从为工厂做服装代加工开始的。正是在这个过程中,他们逐渐意识到设计的重要价值,出彩的设计可以使服装面料被赋予二次生命,设计所体现的价值远远超过服装本身,加之当时人们的潮流意识已开始形成,追逐时髦流行的服饰成为一种新的风潮,梁子夫妇开始萌生创立品牌的想法。

如同所有创业者一样,品牌创立之初远比想象的更加辛苦,常常一款新的设计出来之前他们都要在工厂里熬几个通宵,反复进行设计图纸的调整和修改,直到将满意的设计推向市场。这种对于设计纯粹的赤子之心即使在很多年之后我们依然可以从梁子的设计作品中感受到。人们常说机会永远留给有准备的人,也许是基于对梁子的执着与坚持的一种肯定,上天悄悄地为她准备了一份礼物,等待着她去发现。

## 二、上天的礼物

1994 年的一天,梁子受朋友之托去"解决"库存中销不掉的面料。就在仓库最不起眼的一个角落里，梁子发现了一种从来没有见过的面料。虽然看起来古老却带着一种深深的韵味，一面是黑色、一面是咖啡色的奇特外观深深吸引了梁子，那些被人遗弃在角落里的旧面料在梁子眼中却闪着奇特的光芒，那一刻，梁子确信这必定是上天赐予的最好礼物，是天意最好的安排。这就是"天意·TANGY"的由来，而这种古朴又神秘的面料就是后来被梁子重新设计并推出的莨绸。

莨绸，又名香云纱、黑绸或拷绸，距今至少有500多年历史，是中国特有的文化遗产。关于莨绸的记载始于明朝永乐年间，是从古到今，价格最高、制作工艺最为奇特的丝绸织品。2000年，莨绸荣获联合国教科文组织的"保护世界自然文化遗产"特殊奖项。2008年6月莨绸被正式列入国家级非物质文化遗产名录。莨绸具有清凉离体，日晒、水洗牢度佳，防水性强，易洗易干，冬暖夏凉，越洗越柔、越穿越舒适的特质，是几百年来我国南方和东南亚各国常用的夏季服装面料。它也是仅产于广东省佛山地区几个县，具有悠久历史的传统丝织品。莨绸独特的纯手工制作工艺决定了它拥有独特、珍贵的身份。没有任何两匹莨绸是一模一样的，堪称艺术之作。

莨绸的制作，需要经过十四道之多的工序，大约需要十五六天，最终完成仍要存放3~6个月方可裁莨制衣。莨绸制作的第一步是以桑蚕丝为原料织成坯绸，将坯绸剪成16米左右的段，以便于工人晒莨时单人手工操作（图1）。第二步是浸莨水，要用广东特有的植物中草药——薯莨的汁液浸染，用最浓的薯莨汁液"头过水"浸过绸面并不断用手翻动，使绸匹浸透吸匀薯莨水。其浓度比例，晒莨厂里也只有一两个老师傅才懂，他们会根据每天的进度和印染数量，随时调节薯莨汁的浓度，这种调配全凭若干年积累的实践经验。第三步是晒莨（图2），也是最重要的一步。将浸好的绸匹置于草地上摊开晒干，并压上竹竿防止卷边。绸匹必须要在阳光下曝晒三四十遍，之后用富含铁质的河涌淤泥覆于布面上，使含有单宁质的薯莨汁与本地塘泥特有的铁矿物质起化学反应。而且这道工序必须要在天亮前完成，因为没有经过阳光照射的一面不起化学反应，颜色就不会渗透到丝绸的另一面，所以河涌淤泥覆盖的丝绸面呈黑色，反面则仍是丝绸的本色。故而使莨绸蕴含着天然植物和矿物的精华，不但散发着浓浓的植物清香，而且正反面色彩各异，色泽如陶，具有悠远而质朴、繁荣的韵味。晒莨时最关键的工艺受天气的影响非常大。每年七月到八月上旬，由于日照强烈，气温过高，所晒丝绸会变硬发脆，因此不宜开工，11月后北方干燥的季风南下，也不宜开工晒莨。季候日照造成的限制，让这种只用夏秋短暂阳光晒出的绸匹变得分外珍贵。第四步是洒莨水（图3）、折叠，待绸匹晒干后，用洒桶盛着莨水洒到绸匹上重复几遍，以便让新绸匹染色更均匀。第五步是煮莨阶段（图4），要将已封过莨水的绸匹置于大铜锅中用莨水煮，并不断手工翻动，使其煮的匀透，再自然脱水、晒干，然后重复封莨水（图5），和煮莨的工序。待之前的工序基本完成后将晒干后的绸匹卷成筒状，此时，绸匹已经是半成品了。第六步是将绸匹过河泥，俗称"过乌"（图6），此工序必须在日出前进行。凌晨四五点，师傅们将绸匹正面向上平摊于洁净的地面上，把河泥均匀涂于绸面上停置一段时间，以保证河泥中的铁质与薯莨中的单宁质充分接触起化学反应变乌。将乌过的绸匹甩入河涌清洗（图7），再以清晨微弱的阳光晒干。至此，水洗后的绸面已变得乌黑油亮，最后一次封莨水后，再平摊于草地上晒干。第七步是摊雾（图8），经过反复暴晒后的莨绸，虽然已充分吸收了薯莨的汁液，但绸匹手感较硬。为了使绸匹变得柔软，需将绸匹在天黑时分平摊在草地上，绸匹因此也吸收了草的水分而软化。摊雾之后就可以卷绸入库了（图9）。制好的绸匹放置3~6个月后再取出洗水做成衣服，效果才是最好的。

图1 榨图　　图2 晒莨　　图3 洒莨水

图4 煮莨　　图5 封莨水　　图6 过乌

图7 水洗　　图8 摊雾　　图9 莨绸成品

由于整个制作工艺是天然的，每匹绸甚至每段绸的色彩都不是完全一致的，只能小批量剪裁。在手工制造过程中，莨绸表面会形成大小斑驳的不规则深浅斑点，被称为莨斑，这也是莨绸独具风格的肌理之一，从而使每一件莨绸制成的衣品都是在质感上独一无二的绝版。季节的限制，让只用夏秋两季阳光晒出的绸匹变得分外珍贵。莨绸代表着岭南500年灿烂的

手工文明。从薯莨中榨取天然染料，到反复浸泡、日晒、煮绸、淤泥涂封、水洗，整个过程都充满了原始艺术创作般的仪式感。由于莨绸制作工序的复杂和季节气候的限制，愿意从事晒莨工作的人越来越少，20世纪末，莨绸甚至一度濒临灭绝。正是梁子将传统莨绸与现代时尚相结合，她创立的"天意·TANGY"服装品牌，使这种濒临灭绝的传统面料以时尚的姿态登上了国际T台，使莨绸时装焕发出前所未有的迷人魅力。与其说是莨绸和梁子谁成就了谁，不如说梁子与莨绸的相遇本身就是命运的一场邂逅，梁子的现代设计在古老莨绸面料中无限升华，莨绸在梁子的手中大放异彩。

梁子曾屡次多方寻访会莨绸工艺的技师，并亲身投入研究对莨绸进行挽救和创新。她更是结合现代时装设计的需求，研制开发出了"天意彩莨""天意生纺莨""天意柯莨"等新品种，结束了莨绸500多年来单调的面貌，赋予其更丰富的时尚新面貌，使莨绸服装在市场上大放异彩。同时梁子也不忘对莨绸产地进行进一步的保护，她与莨绸原产地——顺德政府一起投资建立了"莨绸国家级非物质文化遗产保护基地"。天意公司还专门邀请了世博会"种子殿堂"英国馆的著名建筑设计师托马斯·赫斯维克（Thomas Heatherwick）对基地外观进行设计。最终成型的基地外观便是一个巨大的薯莨切面，保护基地建筑外面的颜色是薯莨果的颜色，是深黑、深灰色的。薯莨果掰开之后里面是红色的，所以这个建筑剖面也是红色的，无论是色彩还是造型都来源于薯莨。整个建筑周边是水塘，都是由天意公司进行投资建成，里面未来会是莨绸文化的展厅、莨绸的博物馆、莨绸的艺术和文化空间以及顺德的历史文化。同时天意以后也会培养一些新的设计力

量，在这里进行采风和设计。当地政府在周围也投资了类似于北京798一样的艺术园区，会邀请一些艺术家在这里开设个人工作室，将来这里会充满艺术的氛围。随基地建成同时成立的"莨绸保护基金会"致力于共同保护中国古老的、这一被拯救过来的稀世珍品。早在2006年，梁子时装实业有限公司就同深圳市计量质量检测研究院一起通过全国服装标准化技术委员会，共同发起申报了《莨绸服装》标准的制定计划，并参与了《莨绸服装》标准的起草，极大地保障了对莨绸面料制作工艺的专利和莨绸服装的开发权。

## 三、独特的品牌文化

梁子曾先后远赴法国巴黎高级时装公会学校和美国纽约时装学院求学，汲取国际时尚设计理念。她既深谙中国文化底蕴，又对国际时尚潮流有着深刻的理解和独到的把握。梁子的赤子之心在她的设计中体现得更加淋漓尽致，她坚持原创是设计的灵魂，哪怕是一个小小的花型都必须是原创的。作为品牌的设计师，梁子每年都会给自己一段时间出去采风，有时梁子也会带公司的设计师一起去感受当下的流行，寻找古老与潮流的碰撞。她接受这片土地的馈赠，将自己全部的热忱投身于这片她热爱的土地和古老的中华文化。她对中国设计有自己的执着，在梁子眼中具有中国传统韵味的服饰绝不是简单的元素堆砌。所以在她的设计中，你永远不会看到中国老古董的符号堆砌，她遵循中国气质，但绝不会伸手拿来。设计师独有的气质和人格魅力往往能折射出品牌的魅力。梁子一如既往地坚持环保，坚持原创，坚持对中

国古老文化遗产"莨绸"的传承和保护，向世界传播着东方文化的魅力。

梁子夫妇独特的人格魅力也深深烙印于天意公司的成长和发展中，她们的目标从来都不是把天意做成一个多成功的商业品牌。而是将天意做成更有文化底蕴和内涵的设计师品牌，并将天意的精神一直传承下去，将中国最传统的文化精神一直传承下去。

秉承赤子之心，天意服装一直以来都获得了社会各界的广泛推崇与厚爱。在梁子的指引下，天意视原创设计为灵魂，品牌始终崇尚环保，坚持自身风格。梁子在服装设计中大量运用麻、棉、丝、毛等天然面料，尤其是莨绸的开发和应用。梁子时装旗下的高端生态品牌，用"时尚·生态·环保"的品牌语言来诠释生活，解读精致的本质，倡导"崇尚自然、尊重自我"。而新一代的"TANGY collection"则创启了莨绸的新时代。作为梁子时装的高端品牌，在营造精致生活境界，享受环保、时尚生活方式的空间里，独树一帜。梁子一直遵循生态、健康的经营方式，树立起鲜明的企业品牌形象。天意"平和、健康、美丽"的理念已深入人心。"天人合一"是具有五千年历史的中国文化的精粹，也是人类一直追求的最佳生存状态和境界。在天意，"天人合一"不仅仅指人和自然的平等和谐相处，更是指"天意"与天意人合为一体，"平和、健康、美丽"既是天意品牌的设计理念，也是梁子本人的真实写照，更是天意人自身不断追求的生活理念。莨绸所蕴含的天然、质朴的文化与品牌"平和、健康、美丽"的设计理念完整的融为一体，形成了天意独特、持久的品牌文化。

## 四、不平凡的天意

2006 年对天意来说注定是不平凡的一年，因为这一年的一件大事让梁子在服装界声名大噪，也让天意服装踏上了一个新的台阶。当时，正在巴黎进修的梁子接到了丈夫的越洋电话，瑞典国王将随重建的传奇舰船"哥德堡"号重返广州，而活动组委会为了迎接远道而来的贵宾，选择能代表中国、代表广东的莨绸服装作为国礼赠送给国王、王后及王室成员。这对梁子来说真是既兴奋又紧张。作为国礼，无论是在设计还是寓意上都必须精益求精，必须要体现出中华民族的文化底蕴和内涵。"送给国王的衣服，就是我们中国老百姓在享受的衣服；送给王后的时装，也是我们中国女性在享受的时装，我想传递这个信息。"梁子依据这样的理念开始她的设计。瑞典国王和王后登上"哥德堡"号邮轮时，国王往前走了，王后却没有及时跟上，而是停留在梁子时装展示的地方，像所有对美感兴趣的人一样，一边摸着衣料一边听莨绸的故事，这就是梁子时装的魅力，即使性别不同，民族不同，国家不同，但是融合在莨绸服装里深厚的中华文化底蕴却深深吸引着所有人。次年——2007 年，中国国际时装周史无前例地将最佳女装设计奖和服装设计界的最高奖项"金顶奖"同时颁发给了同一个人，这个人就是梁子，一个兼顾时尚和传统文化的独立设计师，一个执着于原创的手工匠人，一个在时尚这条路上不停探索的女子。

面对国内外品牌丛生的服装界，天意在自身品牌推广方面自然是不会浪费任何一个好的机会。与《时尚芭莎》这种高品质的时尚杂志进行合作推广是一次绝好的机会和体验。天意会根据《时尚芭莎》每年不同的东方美学的选题，挑选品牌中最合适的服装进行选拍，这无论是对媒体还是受众来说都是非常好的宣传途径。事实证明与时尚杂志的深度合作进一步扩大了天意的品牌影响力。作为原创设计师品牌，天意致力于不断挖掘自身的潜能和品牌闪光点。天意挖掘了非常多优秀的摄影师和艺术家来帮助他们去再度挖掘天意这个品牌。如与注重发掘中国传统文化元素的著名摄影师申军的合作，更像是一场对于文化和艺术的深度探讨。在服装的部分，天意积极寻找并参与关于传统中式服饰的活动或论坛等。通过服装摆拍或赞助的方式，不断产生并提高品牌自身的影响力。另外，通过名人效应配合媒体宣传也是天意成功进行品牌推广的重要方面。通过诸如"IT 论坛"之类的较高规格的活动，马化腾、李彦宏等名人都会穿着天意的服装出席各大活动和论坛，无形中更是增加了天意的品牌影响力。在 2015 年的深圳时装周中，天意作为压轴走秀的品牌，更是让大家眼前一亮，记忆犹新。自 2008 年至今，目前世界时尚领域唯一的 EMBA——全球时尚管理 EMBA 连续 8 年到访梁子·天意顺德教育基地，共同探索生态时尚可持续发展的新趋势。天意坚持将传统的东西时尚化，时尚的东西生活化，设计出更加符合市场需求和市场消费意识的服装，深耕莨绸美学，让古老文明以新时尚的姿态不断展现在世界舞台上，也是天意品牌立于不败之地的根本保证。

## 五、在传承中创新

梁子对传统的继承从来都不是简单的拿来主义，简单的中国传统元素的堆砌根本不叫设计，在梁子看来，设计就是要在传承中不断创新。

因此她结合现代设计的需求，创新性的开发设计出"天意彩莨"，结束了莨绸服装500多年来黑、咖两色的单调面貌，赋予其更为丰富的时尚内涵。天意还研发了较以往莨绸更为轻薄飘逸且悬垂性良好的新品种生纺莨，它采用北方一种濒临失传的"生纺"丝绸面料，结合莨绸的制作工艺，制造出了更适合制作层叠碎褶裙的、也更易造型的新面料。天意的服装强调含蓄、有灵气、崇尚纯粹与天然，注重形式美和神韵美，其风格"平和、淡定、自然、流畅"，经得起推敲，带有浓郁的中国风情和人文雅韵。

在设计创新中已经把莨绸发挥到极致的梁子，仍然孜孜不倦地坚持对莨绸面料进行设计雕刻，并将最美的莨绸时装推上了中国时装周的舞台。她让更多的人看到了这种古朴面料与现代设计相结合后所散发出的独特魅力。2016年3月18日，梁子将这一最具中国特色的面料——莨绸带进了西方公众的视野。梁子·TANGY·COLLECTION首届莨绸生态文化艺术展在法国巴黎的中国文化中心开幕。梁子将自己对中国传统文化与自然的理解融入设计之中，让莨绸散发出传统与时尚的光彩。承载着中国古老传统文化的莨绸，在塞纳河畔与西方大众展开了一场奇妙的对话。

在巴黎中国文化中心这座见证了欧洲时尚演变的历史建筑里，举办过如法国中国电影节、巴黎中国曲艺节、中国当代绘画大家赵无极、范曾等名家邀请展。如今，梁子带着"禾雀花开"在巴黎中国文化中心让世界为之惊艳（图10）。梁子那些以禾雀花为灵感、用莨绸设计制作的款款时装，带给西方大众一种不一样的有着南中国泥土和植物清香的平和、诗意的时尚气息。从精致隽永的手工绣花到虚实交错的水墨印花，飘逸轻盈的模特在一片花海中优雅摇曳。向来

对中国传统服饰文化元素运用娴熟的梁子，用其不着痕迹的时尚功力向这个世界重新定义了来自东方的新锐时尚，不崇洋媚外，不照搬传统，信手拈来的自家后院野花，也能在梁子手中变得时尚。梁子开创了T台模特光脚走秀的先河，这也是她一贯解读莨绸的方式，这样的"脚踏实地"是梁子对自然与环保的无上致意。梁子与她的"禾雀花开"在巴黎绽放了一场来自东方古老珍贵面料的文化盛宴。

图10　禾雀花开系列

在2016春夏系列中，梁子用她钟爱一生的莨绸，以"生态时尚，天人合一"为创作理念，诠释了这个时代的魅力。梁子利用莨绸要用薯莨汁不断渗透所产生的色彩，使这一中国最古老的植物染色环保面料呈现出不同的、渐变而和谐的自然色彩。在新系列中，梁子将渐变色彩与中国传统山水画完美结合，渐变的水墨山水，色彩晕染的朝霞色，行云流水的中国书法，梁子用其卓越的时尚功力不断将传统时尚化，时尚更加生活化。服装结构上通过平面、缠绕、相叠以及建筑感、空间感的融合和大胆的结构变化，给人以充分的自我空间。在时尚的设计中将生态和环保完美的进行融合。在梁子眼中，设计是没有地域、没有国家界限的，唯

有对服装的不断感知和创新，梁子的"TANGY collection"也因此被法国人称为最有故事的中国设计师品牌。在设计中传承与创新，在古朴与现代间自由切换，梁子不仅改变了莨绸500多年来的单调面貌，使古老的莨绸面料得以重新挖掘和开发设计，而且将莨绸服装以全新的面貌搬上国际舞台，重新散发出中国传统文化的光彩。

## 六、结束语

莨绸作为中国独有的古老生态环保丝绸珍品，在历史长河中一度濒临灭绝。是梁子发现了它，并对其进行保护、开发、创造，以莨绸制成四季时装，从而使"天意莨绸"成为时尚界的闪亮风景。多年来，天意梁子一直遵循生态、健康的经营方式，树立起鲜明的品牌形象。"天意"作为中国国际时装周金顶奖设计师主导的品牌，在专业领域的高度无疑是顶尖的，更为关键的是，与设计师个人的声誉和品牌知名度很匹配，是一个艺术化和商业化结合得很合适的设计师品牌。

"天意"是一个中国品牌。"天意"的原创者及首席设计师梁子是汲取着中国文化乳汁成长的中国设计师，"天意"是她灵性的本位演绎。

款款时尚的设计，那质朴的材料，宁静的色彩，简洁的形式，精致的细节，无一不透着丝丝中国文化的痕迹。在多年的实践中，这种透着中国本土文化的时尚设计不但在中国很受欢迎，在欧美国家更是备受青睐，真正美好的东西，都是有着深厚本土文化底蕴的；真正美好的东西，是受全世界欢迎的。在天意的整个发展历程中，通过对本土传统面料，特别是莨绸的传承、研发和创新，使其形成了独特的品牌风格和市场优势。"天意"仍然是一个年轻的品牌，但它自信、开放，必将在传承与创新中成长壮大。

**参考文献**

[1] 中国时尚品牌网 . 天意 TANGY 品牌简介 . [EB/OL]. http：//www.chinasspp.com/brand/1029/.

[2] 孟阳，马庆 . 天意"莨"缘天意莨绸走进"哥德堡号"传承中国服饰文化 [J]. 纺织服装周刊，2006：35.

[3] 邹杨智 . "梁子天意"钟情莨绸 [J]. 中国服饰，2012(4)：164.

[4] 李剑华 . "天意"品牌风格研究——关于我国民族风格女装品牌发展前景的思考 [D]. 北京：北京服装学院，2009.

[5] 陈玉红 . 向传统借时尚——天意莨绸服饰创新设计分析 [J]. 上海纺织科技，2012，40(8)：15-17.

# "上海滩"的奢侈之路

刘素君 赵萌 编写 赵平 审校

2017年，上海滩被意大利一家企业收购，在此之前"上海滩"隶属于瑞士奢侈品行业巨头历峰集团，涉及时装、中装定制、配饰、家居用品等多个领域，通过运用中国五千年传统文化元素，融合西方时尚设计元素，实现"中西合璧"的完美融合，设计创造出独一无二的服装产品，是一个以"中国地名"命名，以"中文"为标识的国际顶尖时装品牌，也是在中国香港创立的国际顶级奢侈服装品牌。

## 一、奢侈基因

1994年，香港商人邓永锵本着创立个"御用裁缝"的唐装品牌的初衷，创立了"Shanghai Tang"，中文名为"上海滩"，目的是希望重现20世纪30年代老上海的优雅和魅力，让人想到身着旗袍的大家闺秀或小家碧玉们婀娜多姿的身影。品牌消费人群定位为来自世界各地的旅游者，并以手工定制旗袍为主要卖点。创立之初，邓永锵从香港找来9位为数不多的从上海移居过来的顶级裁缝，制作以皇室标准定制的旗袍，精选定制高档丝绸面料，从陪同顾客挑选面料、测量尺寸到试穿修改，全部手工完成。同时，服装细节部位也大量运用中国传统服饰

中的刺绣、绲边和盘扣等特点，给品牌营造出浓郁的中国情调。而正是这些手工师傅的精心缝制与服装细节部位的精到处理，使得以传统款式的旗袍、大褂为卖点的"上海滩"成为一代唐装的经典品牌，在香港和海外华人中赢得了很高声誉。在成立的第一年，"上海滩"独特的魅力就吸引了超过100万的来访者，特别是受到西方时尚人士的狂热追捧。

1997年对"上海滩"而言，是具有里程碑的一年。香港回归前夕，邓永锵考虑到香港有可能迎来大量游客，从而带来巨大的商业机会，遂将"上海滩"改为成衣店，推出了中式成衣系列服装。同年11月，第一家海外店铺于美国纽约曼哈顿大街667号的精品店隆重开业，占地12000平方英尺（1平方英尺=0.092903034平方米），用"上海滩"经典的配色绿和粉以现代的方式表现出了上海三四十年代的装饰艺术风格。一切看似很美好，但"上海滩"海外扩张的步伐并不顺利。由于产品结构单一，仅局限于以旗袍、唐装、马褂为主的女装，且设计师也以中国的传统裁缝为主，主要销售具有中式风格的老上海风情产品，仅根据客户要求来决定设计生产什么样的产品，定位并不明确。因此，虽然邓永锵和上海滩品牌

在欧洲上流社会颇具名气，但卖点局限，略显保守的设计风格也跟不上纽约这个时尚之都快节奏的变化，并且一直无法摆脱高级旅游纪念品的阴影，导致曼哈顿的这家店铺虽然在开业的前两年门庭若市，但到了1999年，销售额明显下降。同时，"上海滩"在香港的店铺销售也日渐疲软，业绩一落千丈，各门店都在艰难地维持着。

尽管如此，2000年"上海滩"的来访者已达到400万人。世界第二大奢侈品集团历峰集团此时看中了"上海滩"的潜在价值和市场潜力，于2000年成功将其收购，从此走上了世界顶级品牌之路。历峰集团于1988年建立，主要拥有卡地亚、积家、登喜路、万宝龙、江诗丹顿等大批为人熟知的奢侈品牌。在操作奢侈品方面，历峰集团有数十年的经验，并拥有强大的管理和运作团队，对于顶级品牌的管理与发展，具有非常成熟的一套机制。历峰集团的加入，将这套理念带进了"上海滩"，对其进行了全新的包装和改造，加快了"上海滩"迈向世界顶级中式服装品牌的步伐。正如"上海滩"执行主席雷富逸（Raphael le Masne）所说："概念上必须既中国又全球。既然被定位为奢侈品，那就必须要按照奢侈品行业的游戏规则，去实施品牌路线"。

"上海滩"的创始人邓永锵，本身是一个从小接受中西方教育，通晓中西方上流社会规则的人。他不仅是著名的社会活动家，还与英国皇室成员以及英、美政治及商界人士关系密切，包括英国保守党前首相马卓安、戴卓尔夫人，前港督彭定康、已故戴安娜王妃、安德鲁王子、前美国总统克林顿等。邓永锵良好的个人修养、丰富的生活阅历以及广博的社会关系，为"上海滩"的奢侈基因奠定了坚实的基础，他的这些好友，也成为"上海滩"的第一批定制客户。而历峰集团的收购，又为"上海滩"的奢侈基因注入了新

的活力，使其向着国际顶级奢侈品牌迈进。

## 二、品牌重塑

在被历峰集团收购以前，"上海滩"的卖点主要是老上海的风情，基本上没有明晰的市场定位。2001年，已隶属于历峰集团旗下的"上海滩"因定位不明确和较为缓慢的更新速度，销售业绩持续下滑，并出现亏损的现象，开在纽约曼哈顿大道上的旗舰店也被迫换了个更小的店面。此时，具有多年奢侈品行业工作经验的雷富逸主动请缨来到"上海滩"，并邀请新加坡华裔乔安妮·奥里（Joanne Ooi）担任创意总监。对"上海滩"旧有品牌形象认识不谋而合的两人开始了对这个中式风格品牌大刀阔斧的改革。

第一，重新定位。将品牌定位为世界级奢侈品牌，将目标客户群体锁定在热衷时尚元素、勇于展现自己个性的25~50岁的中高收入群体。"上海滩"的执行主席雷富逸对此说道："我们的客户群和其他品牌的区别就在于，他们是一群对时尚比较有感觉的人，敢于与众不同，乐于表现出自己的个性"。同时，"上海滩"的产品线在原来的女装线上加入了男装系列和更加年轻的产品系列，并开发了配件、礼品、家居饰品等衍生系列。

第二，调整设计师团队。将许多西方设计师力量注入"上海滩"，构成了现在国内设计师和国外设计师一比一的团队，在延续中国元素设计的同时，加入更多现代化的时尚设计元素和理念，由原来的纯粹中式风格转化为中西合璧。

第三，扩充产品线。国际上定义奢侈品有诸多标准，类似独特、珍贵等因素属于基本的门槛。时尚品牌和奢侈品牌最显著的区别在于时尚品牌产品单一，奢侈品牌拥有诸多衍生品。因此雷富逸认为，既然"上海滩"被定位为奢

侈品牌，就要按照奢侈品行业的游戏规则去实施品牌路线，概念上必须既中国又全球。

正是有了明确的客户定位和产品定位，"上海滩"在延续邓永锵时代中国元素设计的同时，又加入了创新的成分，即现代化的时尚设计元素和理念。将传统元素创新设计，既朴素又时尚，满足了消费者的不同欲望需求，展现出自己的独特之处。

2003年"上海滩"的整体风格得到明显调整，由原先的纯粹中式风格逐步转变为中西合璧，历峰集团为"上海滩"制定了成为世界级奢侈品牌的战略。2003年5月，"上海滩"在上海茂名路开设了中国大陆首家精品店。同年秋冬，"上海滩"以苗族文化为灵感的系列设计产品在市场上获到很大的肯定和成功，销售情况有了相当大的起色。这一系列产品的成功也使"上海滩"进一步确定了全面向中国文化探索的方向。

2004年，"上海滩"的全球销售增长了43%。当年推出以中国汉字和以中国游牧民族为主题的成衣设计产品。2005年，"上海滩"分别在苏黎世、上海、东京和曼谷开设了新店，并推出以"紫禁城"为主题和以"中国功夫"为主题的成衣设计产品。2006年，北京和米兰的新店开张。同年秋冬，首次与中央美术学院合作，推出以"中国当代艺术"为主题的设计作品，并让学生按照主题和图案作自由发挥和创意。男装方面，也首次推出印有"上海滩"品牌标签的T恤设计作品。而服饰上，推出以中国传统吉祥图案"双鱼"为标识的肩包等。

"上海滩"经过历峰集团的重新塑造，已经成为国际著名的中式服装第一品牌，也被业界称为中国唯一的奢侈品牌。而国际超模娜奥米·坎贝尔（Naomi Campbell）、好莱坞著名女演员、导演安德烈·波切利（Jodie Foster）、"辣妹"

维多利亚·贝克汉姆（Victoria Beckham）、盲人歌王朱迪·福斯特（Andrea Bocelli）、知名艺人乌玛·瑟曼（Uma Thurman）、安吉丽娜·朱莉（Angelina Jolie）、刘德华、钟丽缇、章子怡等人成了品牌的拥护者。现在，"上海滩"的服饰上频频出现双喜、双鱼、八仙、寿字、脸谱等拥有特别含义的中国图案和细节，西式的裁剪、用料和设计，以及更为国际化的流行色彩的融入，实现了"向顾客提供可以在何时何地都能穿着的唐装"理念。

## 三、中西合璧

"上海滩"之所以能够发展成为顶级奢侈品牌，其区别于其他品牌的最大竞争力就在于服装设计的"中西合璧"，并且是以外国人的视角来选择中国传统文化元素，这正是"上海滩"的独到之处。国际视角下的"中西合璧"是"上海滩"发展成为顶级奢侈品牌的核心竞争力。换言之，这种核心竞争力就是"传统与时尚"的融合。不管是在邓永锵时代，还是隶属于历峰集团的"上海滩"，唯一保持不变的核心要素就是对中国传统文化元素的创新运用。不管是老上海的风情，还是外国视角下蕴含吉祥寓意的文化符号，都是"上海滩"的核心竞争力所在。

自1994年创立以来，"上海滩"继承和发扬了传统上海裁缝的精湛工艺和对布料的完美剪裁，以展现中国文化底蕴。服装细节部位大量地运用中国传统服饰中的刺绣、包边和盘扣等，给品牌营造出浓郁的中国情调。被历峰集团收购以后，"上海滩"不仅继承了原有的中式风格，又不失时机地融入了现代元素，其西式的用料、中式的裁剪、中西结合的设计、更为国际化的流行色彩搭配，使得每一件产品的每一处细节都蕴含着令顾客心驰神往的中国细节。如今去"上海滩"购物已经不同于以往买"旅游纪念品"的意义，向顾客提供可以在何时何地都能穿着的唐装已成为"上海滩"的独特理念。"如果你设计出来的衣服不能配牛仔裤穿，那就不是成功的设计。"这是"上海滩"创意总监乔安妮·奥里最爱讲的一句话。这也说明"上海滩"的成衣正在变得更加时尚、年轻化，更加适合在日常生活中穿着。转型之后，"上海滩"的创新设计主要体现在以下几个方面：

（1）面料运用的多样性。在"上海滩"的高级成衣制作中，除了采用传统的高档丝绸面料外，还大量地使用了针织面料、各类弹性面料，以及珍贵的裘皮面料，尤其是使用针织材质，将中国传统的服装用更加现代的材质再次展现出来。在材质局部进行立体装饰和刺绣、珠绣，同时对于这些面料的重组和再造，也大大丰富了中式服装的设计元素，增强了"上海滩"品牌自身所传达出的高品质内涵。材质多样性的运用是"上海滩"区别于其他中式服装品牌较突出的一个方面，利用针织面料的悬垂性和灵活的可塑性，或作为服装的具体装饰使用，或制作经典旗袍造型服装，或与织锦缎等材质进行拼接使用等。这样丰富的材质运用方法将"上海滩"产品独树一帜的设计风格塑造起来。

（2）款式设计的多元性。"上海滩"的服装特点是将传统的中式服装简化、在形式上部分保留传统中式服装的斜襟、盘扣和镶边等设计元素，将传统中式服装的色彩和图案运用到现代的服装款式上，单个成衣作品中不同款式元素的组合运用，在保证外在美观的基础上又便于现代人们在日常生活中穿着。总体来看，"上海滩"服装款式展现了女性的优美身体线条，打造出现代职场中式女性着装，没有复杂的分割设计，也没有繁复的装饰设计，是有选择地提取相关中式设计元素和有节制的设计手法。

以图1所示的"上海滩"2016秋冬季节产品为例分析如下：

**图1 "上海滩"2016秋冬季节产品**

图1中展示了2016秋冬季节"上海滩"服装造型的特点，本季节的产品造型以X型和A型为主，H型和O型为辅。X型服装造型基本为传统的旗袍造型，突出腰部造型，造型有明显特色。A型服装造型有多种细分，有下摆量大的A型半裙、低腰线短款A型上衣、低腰线合体A型连衣裙，以及叠加长A型大衣。H型造型变化不大，以合体H型为主。

（3）花色图案丰富。上海滩品牌高级成衣的色彩除了有传统中式服装常用的红、黑、白、黄、青等外，还会参考国际上正在流行的色彩，如图2所示。"上海滩"服装在色彩运用上较多的是单色运用，较少采用多种色彩的搭配设计。在色彩种类上以黑、白、灰为基础色系，红色系是每一季都会出现的色彩，部分服装采用高明度、强对比的中国传统配色（图2）。

图2 "上海滩"2016秋冬色彩搭配方式分析

从图3所示的秋冬图案来看，"上海滩"的服装图案纹样丰富多彩，有经典的传统图案，也有现代的几何图案，在图案种类选择上，常采用的有以各种花卉的变形设计图案、传统吉祥纹样图案、几何组合图案为主。同时，每一季都会采用新的设计感突出的图案，如2016年秋冬产品中运用了苗族的传统莲花图案，以及用扎染手法再次设计的几何图案。

图3 "上海滩"2016秋冬图案运用分析

（4）工艺技法的合理性。工艺是实现服装设计理念的重要途径。中式服装的传统工艺，是平面直线裁剪法，结构简单舒展，忽视侧面结构设计，表现的是两维效果。西方服装采用的是立体裁剪方法，利用打褶和省道处理等服装工艺手段，取得与三维人体相吻合的具有立体效果的服装，比较适合人体结构特点，并适应人体运动规律，合体而实用。因此，"上海滩"的服装基本上运用西式的裁剪方式，装饰上则更多地沿用中国传统的镶、嵌、绲、盘、绣几大装饰工艺，造型简练的同时，纹样也显得色彩斑斓、美不胜收，充满东方风韵。并且根据面料特性的不同，运用不同的工艺手法制作图案，体现出现代中式服装制作工艺的合理性。

（5）细节设计上独具匠心。"上海滩"服装的特点是在现代造型的款式中，适量加入中式设计元素，如立领、盘扣、刺绣等，并且运用的设计手法也很有自己的特点。其中，立领的设计有其独特的特征，如图4所示。传统的立领设计不多，较多的是在针织材质服装中，加入偏襟和立领，以及盘扣，由于是针织材质，这些盘扣只是装饰不起合作用，由此形成"上海滩"针织立领。还有盘扣，这个设计细节是中式服装中很有代表性的，如图5所示。在"上海滩"服装中，较多运用的是一字扣，并且较多采用针织材质制作，还喜欢使用玉石材质的扣坨。

图4　"上海滩"2016立领分析

图5　"上海滩"2016秋冬盘扣分析

　　"上海滩"的设计并不是表面上的中国符号的变换运用，更多的是传递出符号所蕴含的文化意义，它对中式风格的阐释是立体化和多样化的。在"上海滩"的设计理念中，它能够准确清晰地传达出更加适合现代化生活的中式风格。这里的中式服装不是简单的回归到某一年代的装扮，而是更高层面的对中国文化更加深邃的领悟，是足以与其他国际顶级奢侈品牌相媲美的服饰概念。它为消费者传达这样一种自信，在生活中找到一个适合的场合，选择一件合适的"上海滩"服饰，一定会提升你的文化感与时尚品位度。

　　"上海滩"高级成衣将不同的中国传统题材运用于设计开发。而这些题材的运用，每年都有一个固定的主题，如2003年以传统的苗族服饰文化为主题，2004年以中国古汉字和游牧民族为主题，2005年以"紫禁城"和"中国功夫"为主题，2006年以中国传统戏剧艺术中的国粹——"京剧"为主题，2007年则以古老的"丝绸之路"作为设计主题。"上海滩"的设计总监乔安妮·奥里曾明确表示，每年"上海滩"的设计作品，有三分之一参考了当年的流行趋势。在现代中式服装设计的装饰手法上，尽量对传统中式服装繁复的装饰手段进行简化，再结合国际前沿的制作方式，使现代中式服装作品在内容上具有时代特征。下面以"上海滩"2007年的"和田"系列和2008年的"福至"系列为例，说明"上海滩"的设计特色。

　　"和田"系列——"上海滩"创意总监乔安妮·奥里与友人2006年一同游历敦煌，在历史斑驳的洞窟交错中，她深深地被中国西域文化所吸引。沿着丝绸之路，她收集了各种民族服饰和独具特色的花布，这成为"上海滩"新一季服装的灵感来源。于是，2007年秋冬，"上海滩"再次从当代中国多姿多彩的历史中采撷灵感，选择了丝绸之路作为其最新成衣及配饰系列的主题，即"和田"主题。

　　丝绸之路作为连接东西方的贸易路线，肩负着传递资讯、交流文化的使命，可以看作是"古代的互联网"。由于丝绸之路横贯亚欧大陆，所经之地的地理景观差异很大，标志性的特征之一就是沙漠气候的狂躁，天气的灼热与严冬的冰点交相并存。基于此，"和田"成衣系列偏重了外套的设计，以铆钉和翡翠，以及奢华山羊皮与皮革为装饰，形象地演绎出游牧民族的生存方式，富庶与奢侈恰如其分地在衣袖设计上得以完美体现。

"福至"系列——"上海滩"2008年推出以"福至"（好运降临）为主题的成衣系列，以现代手法重现中国传统文化中的系列幸运符号：金鱼、莲花、元宝等，寓意繁荣富强、幸福健康、好运降临。"福至"系列引领人们回眸中国文化元素中的一系列幸运符号，及代表的丰富文化遗产。"上海滩"以其独有的设计灵感找寻到了传统与现代生活的契合点，优雅地展现出作为中式服装市场领导者的从容姿态与国际化视野。它不仅重现中国人生活的精粹，亦在北京奥运会前夕凭借此举为全球时尚舞台特别呈现了一场视觉盛宴：中华文化中最独特、也是最普遍的文化符号——"福至"。

如今，"上海滩"依然秉承着"中西合璧"的设计理念，不断从中国传统和民族文化中汲取设计灵感，将一场场带有浓郁东方文化和风情的设计盛宴呈现于世界时尚舞台。2016年"上海滩"的秋冬系列就是一次神秘的东方之旅。女装系列的灵感源泉从洒满温暖阳光的西藏到广袤的内蒙古草原，全新系列脱离了简约与冷色调，以奢华柔软的羊皮毛与游牧民族的手工刺绣打造出主打款外套，为整个系列奠定了华美基调。男装系列则以现代都市的时尚雅致为设计重点，延续标志性的男装立领设计，推出8款不同立领造型，展示出轻松休闲廓型，彰显"上海滩"男士独特风格，为男士打造出一个自然、经典的秋冬衣橱。

## 四、营销传播

由于看中了"上海滩"的成长性，历峰集团精明地保留了香港总部的公司名称。现在"上海滩"是唯一一个以中国地名命名、以中文为标识的国际顶级中式服装奢侈品牌。"上海滩"

以外国人的视角，体会领悟中国文化的精髓，再融合世界各地不同的文化，并辅以时尚的外衣，从而创造出一种"畸形的智慧"。

被历峰集团接手转型之后的"上海滩"，不仅按照奢侈品行业发展的规则积极推出衍生品类，产品涵盖了高级定制女装、成衣女装、成衣男装、童装、配饰、礼品、家居饰品等类别，还结合中国的奢侈感以及全球的视野，掺和中国传统图案，讽刺幽默的时尚触觉，致力为中国传统设计灌注崭新活力，力求产品中西合璧，既中国又全球，并引领一种新的生活方式。2009年"上海滩"跨界推出一款"风水大师"的腕表。2010年在新天地开设了全球首家品牌概念餐厅"上海滩餐厅"，将品牌体验延伸到味觉上。并发起了"尊领会"，旨在帮助男士们摆脱领带的束缚，打破传统领带千人一面之现状，鼓励人们尝试摩登却风格独特的中式立领，展现自由的个性和时尚的魅力。

"上海滩"店铺的设计和陈列展现了今日中国的文化和生活的多样性，从独特新颖的姜花的代表性香气到茶味，和谐的音乐，再到奢华精致的面料所带来的触摸感觉，注重细节的东方式服务理念，给消费者呈现了带有多重感官的购物体验。"上海滩"透过其风格独特的产品系列以及全方位多感官的购物体验充分展现了其提倡的充满期望的生活方式。

截至目前，"上海滩"在全球经营48间精品店，涵盖了全球主要地区，且全部位于上海、纽约、巴黎、伦敦、马德里等城市最负盛名的高级购物区。

## 五、结束语

被历峰集团收购以后，"上海滩"才算正式

开启了它的奢侈品运作之路，被重新定位为唯一一个以中国文化为底蕴的世界级中国奢侈品品牌。中西合璧是"上海滩"的一大特点，它的设计理念在于将东方奢华西方风情化，以西式的剪裁、用料和设计以及国际化的色彩搭配去展现中式的文化元素，以一种能被国际时尚界所接受的方式去展示中国的文化和生活方式，是一个"生活方式"品牌。有人说"上海滩"的服装无法诠释中国，因为由外国设计师领衔的设计团队始终无法深入地看中国，他们眼中的中国永远都是流于表面的。但正是这种文化的碰撞与冲击，让局外人以一种全新的视角去观察中国，进而衍生出这种"畸形的智慧"。

虽然在中国本土服装品牌中，"上海滩"算是成立比较早的品牌，但就全球奢侈品行业来说，有22年历史的"上海滩"依旧年轻。而且它正以谨慎理性的态度稳健的迈步前行。虽然背靠历峰集团这座大山，能为它提供一切有力资源，也将一套非常成熟的奢侈品品牌运作机制带进了"上海滩"，一步步提升了"上海滩"的品牌价值，但扎根于中国几千年的传统历史文化的"上海滩"还是缺少时间的沉淀和历练。尤其是其长久以来一直忽视中国市场，而中国市场恰恰是奢侈品消费的主力军。但现在"上海滩"终于意识到扩大中国市场宣传的必要性，相信也为时不晚。随着有明确品牌观念的人群的不断壮大，"上海滩"这个源于中国的奢侈品品牌在中国乃至国际舞台上仍将大放光彩。

**参考文献**

[1] 唐金萍. 融合——从品牌"SHANGHAI TANG"看现代中式服装设计艺术 [D]. 南京：南京艺术学院，2008.

[2] 蒋敏. 时尚品牌——上海滩的配饰设计研究 [D]. 上海：同济大学，2008.

[3] 魏媛. 上海地区中式服装品牌形象模型构建及对比研究 [D]. 上海：东华大学，2009.

[4] 袁文娟. 奢侈品品牌"上海滩"研究 [D]. 上海：上海师范大学，2010.

# 木真了的中式情怀

杨珊珊 编写　赵平 赵萌 审校

北京木真了时装有限公司创建于 1996 年，是一家集设计、生产、销售为一体的专业化中式时装公司。木真了自创办以来，一直以"民族美、个性美、人文美、服饰艺术美"为诉求理念，以弘扬民族文化、树立国服之旗为发展方向，致力于古为今用，对中国传统服饰文化和设计走向做了深层次思考与高品位选择，彰显千年文化底蕴，凸显个性创意，实现了古典与现代、高雅与时尚的融合，创造出中国自己的时装品牌。木真了经过二十多年的不懈努力，已发展为中式服装中具有代表性的品牌之一。

## 一、王晓琳——只做东方优雅女人的传奇人生

女人的一生与服装有着不解的缘分，每个女人对于美都有自己独到的见解，王晓琳的心中对服装更是有一种独特的情怀。

王晓琳出生在沈阳的一个军人家庭，从小父亲对她要求甚严，在这样的家庭氛围里王晓琳养成了一种叛逆的性格。1983 年，王晓琳高中毕业后，放弃了家人帮忙联系好的工作，自己找了一份在建筑工地上干杂活的工作，整天在太阳底下捡小石头子，夏天要把高温的石子

挑拣出来，手被晒得干裂脱皮；到了冬天，石头间夹带着冰霜，手又要经受寒风侵蚀，变得皲裂红肿，在这样的环境下，王晓琳一日日坚持，双手都磨出她这个年纪不该有的老茧。亲戚朋友都劝她不要再继续做下去了，可是她不抱怨也不认输，自己选择的路她怎么也要坚持走下去，她说只有从小事做起才能做大事情。那段最为艰苦的日子，是王晓琳积累的第一笔财富，经过那段日子王晓琳已经变得坚强、有韧性，并且比常人更能吃苦耐劳，也是从那时起王晓琳产生了创业的念头。

王晓琳从小就对服装设计感兴趣，在那个信息和网络没有普及的年代，大多数爱美的女孩都是参考着杂志上的教导来搭配服饰，而王晓琳则已经有了自己的独立见解和审美标准，她经常用自己的旧衣服改造，或是加一个蝴蝶结，或是在领子和腰身的部位做一些别出心裁的设计。经她改造过的服装呈现出一些新颖的整体效果，加上色彩的一些搭配，王晓琳的着装让人耳目一新。正是因为对服装设计的兴趣和热爱，王晓琳把创业锁定在服装行业，20 世纪 80 年代初在沈阳五爱街开了一个小门面，专门从事服装批发生意。

20 世纪 80 年代刮起一阵南下深圳创业的

浪潮，王晓琳慢慢地也发现沈阳的发展空间太小，发展前景也十分有限。1987年，王晓琳毅然决然的来到深圳，这个怀着一腔热血的姑娘想在深圳再续自己的创业梦，这一次她打算进军广告业。然而她并没有意识到深圳这个新兴的城市，在充满机遇的同时也布满挑战，投入的十几万元资金丝毫没有回报，经营两年的广告业宣告失败。王晓琳大病一场，并对此深深的反省自己，然而她并没有被击败，再一次重整旗鼓的打算进军商海。父母的不支持和不信任，亲戚朋友的回避和嘲讽，种种的艰难都没有动摇王晓琳继续创业的决心，她从同学和朋友那里筹到了两万元资金，在沈阳开了一家名叫"木屋"的服装店，重新回到了她熟悉的服装领域。"木屋"创立之后，王晓琳依然是一个人支撑着一切，在那个年代也没有有经验的人可以指点一二，就这样王晓琳带着几万块钱去广州、太平、虎门、深圳等地方进货，然后一个人拉着这些货转乘火车回到沈阳，每一次进货对王晓琳来说都是一次挑战，是一次斗智斗勇的过程，但她从没想过要放弃。凭借着对时尚和设计的敏锐感，依赖在时间上占尽先机的优势，王晓琳的小"木屋"很快在沈阳名声大噪，个性坚强的她渐渐从上一次失败中站了起来，"木屋"也在她的经营下蒸蒸日上。

然而王晓琳并不满足于现有的成就，日渐成熟的她领悟到，服装也是应该有灵魂和生命的，而这一切都是设计师赋予的，设计师应该用自己设计的作品承托希望，传承梦想。长期以来她都希望能拥有属于自己的服装品牌，她希望穿着自己品牌的女人能够自信、优雅着变老，她希望通过这个品牌能够诠释出自己内心深处的东西，表达出自己的所想、所爱和所要追求的东西，她希望通过这个品牌表达每个女

人真实的个性。1993年，经过一番深思熟虑的王晓琳选择了北京作为自己再次起步的平台，她深知自己虽然有一定的设计天赋和设计经验，但她毕竟没有受过正规的设计教育，也没有系统的学习过理论知识，而这也正是她的短板。于是王晓琳毅然放弃了在沈阳的事业，来到中央工艺美术学院自费学习服装设计，理论与实践相结合才能成大事，王晓琳就这样一边学习一边熟悉北京这个陌生的城市，并寻找再次创业的商机。

王晓琳与中式服装的结缘可以算是一次巧合，在一次逛服装摊时，她发现一件衣服上有个盘扣的疙瘩，不是采用中式的传统盘法，而是用现代与传统结合的方法做成，给人一种特别的感觉。于是她兴冲冲地买回一块小花布，裁裁剪剪，很快做成了一件小马甲，盘了那种纽扣缝上去，短短的，再配上牛仔裤，走在大街上回头率特别高。这种城市与乡村、传统与时尚相结合的搭配，使王晓琳终于找到了创业的切入点，走中式传统服装路线，她要打造一个自己的品牌，一个有中国特色的服装品牌。

在中央工艺美术学院学习了半年之后，王晓琳想试验一下究竟自己的设计能不能被广大消费者接受，于是她跑遍了北京大大小小的胡同，到处找房子，最终在北京东郊的六里屯租到了一个四合院，既作厂房又作公司的所在地。其实那个时候王晓琳心里也没有底，她也不知道自己究竟能否成功，因此她不敢把自己从"木屋"赚的一二十万元全部投入进去，只能先租一个小地方起步。工人只有四人，阴冷潮湿的屋子里摆满了旧桌椅、旧床铺、旧缝纫机，王晓琳和工人吃住在一起，不仅负责原料采购、设计、销售，还兼任厨师。面对这些，王晓琳并没有觉得委屈，虽然在沈阳她小有名气，但是

在北京，她显得格外渺小，现实逼得她越来越坚强，越来越坚定自己要走的路。在那段艰苦的岁月里，所有的事情都要她一个人来做，那时的王晓琳每天很早就要往外跑，忙起来的时候吃饭没有个准点，于是她每天都要煮十个鸡蛋带在身边，饿了就用这些鸡蛋来充饥，正因如此她的身体才没有累垮。王晓琳一边学习一边摸索前进，尽管有点设计经验，但并不懂得服装加工行业如何操作，于是她先从动物园服装批发市场进货回来卖赚点利润，然后慢慢设计一点自己的服装。王晓琳把自己设计的服装拿到北京三里屯外贸服装街去卖，反响出奇的好，很多人非常喜欢她设计的服装。这一次的成功给了王晓琳莫大的信心和勇气，她的直觉告诉她，想要发展一个自己的品牌并且做强做大必须要入驻商场。思考再三，王晓琳决定注册一个商标，起名为"木真了"，从此木真了这个品牌就进入了人们的视线，且茁壮成长。

1996年木真了时装有限公司正式成立，王晓琳把厂子搬到了通县，花30多万元买了房子，她说花钱买房能使自己有比较稳定的心理状态，买下房子也相当于从此扎下了根，可以全身心地投入到事业中。而当时她能成功，很大程度上和心理因素有关，因为当时的一切都是未知数，好的心理状态是她坚持下去的精神支柱。创业之初的王晓琳，生产配比、季节调整都不懂，全靠设计占了便宜，刚起步时一切都是作坊式地进行着，市场上没有参照物可以参照，只能自己摸索创新，技术、管理人才等都是零基础，一道小小的工序要反复做实验，技术问题都是这样一点点摸索出来的，人才也是在这种环境下培养出来的。

1997年木真了品牌经过一年的历练，具有了一定的实力，王晓琳的设计基调初步确定。

也就在这一年，她应邀进入人民大会堂为香港回归设计几十款礼服。后又应瑞典、法国、意大利大使馆之邀，举办中式服装展示会，促进了中国与世界服饰文化的交流，这一切更坚定了木真了所走的路线。1998年和1999年王晓琳亲手制作的旗袍让倪萍在春节联欢晚会上光彩照人，在这两年中木真了形成并巩固了自己的品牌风格，它是传统的中式风格，却在传统中融合了时尚元素，传统而不呆板，时尚而不花哨，在"春晚"这种场合，它最有民族代表性和民族时尚感。1999年王晓琳被媒体喻为大写意式的中国服装设计师，木真了品牌被消费者协会评为女装十大品牌之一。2000年巩俐穿着王晓琳为其量身设计的礼服出席柏林威尼斯电影节引起世界服装界的惊叹，展示了东方女性的雅致之美，彰显出千年的文化底蕴，大写意式的中式服装，明亮纯净的织锦缎呈现出古典浪漫的色彩，典雅与时尚完美结合的旗袍，端庄温婉却又暗含轻松的外套，巩俐自豪地告诉全世界，这是中国的设计师设计的服装，这是有中华民族特色的服装。

尽管如此，平实的王晓琳不愿意过分张扬自己的成就，她觉得好的服装是需要市场认可的，毕竟她设计的服装是要服务于大多数的平民百姓，如果市场不认可，即使你拥有再多的奖项也没有用，木真了的服装应该深入到人们的日常生活和心里。她仍需努力，仍需学习，学习的过程是漫长的，每个阶段每件作品都能学到新的东西。2001年，王晓琳考入中央美术学院油画系研修班继续深造，如她所言，"没有梯子的人也要学会把握住够到其他东西的机会"，人生需要不断地充电。2002年北京木真了时装有限公司首次参加国际时装周和与设计师荣誉相关的评选，她说："是中国时装站出来说话的时候了，我们应该大声对世界讲，中国有自己的时装，有自己的品牌。"

2003年在中国国际服装博览会上，北京木真了时装有限公司一改"木真了"的中式风格，推出了定位于休闲类的子品牌"木真人"。这是"木真了"时装哲学的另一种表现形式，是对时装的另一种理解和创新，欲通过不同的形式来彰显个性，实现自我，重视创新。

2004年，北京木真了时装有限公司被北京市工商局评为"2003年度守信企业"，成为"总部基地杯第12届世界顶尖超级模特大赛中国总决赛指定旗袍提供商"。2005年，木真了为"05中国太太大赛"量身设计定做35套时装旗袍，被评为"05太太最爱的旗袍——木真了旗袍"，为中央电视台《美味中国》栏目及著名主持人王小丫、王小骞、朱轶等量身设计服装50余套。2006年，在北京大观园酒店由北京电视台召开新闻发布会，宣布指定木真了品牌为《红楼梦》电视剧制作服装，王晓琳参加了与北京电视台台长张强的签约仪式，并接受北京电视台等多家媒体的采访。2008年，木真了在北京金融商贸一层开设了定位于高级白领女性的木真了礼服旗舰店，以奢华精致的工艺打造出中国服装的新高度。

中式服装品类和风格相对较为单一，然而木真了在设计和创新的道路上从未停下过脚步。2015年王晓琳受邀参加"第五届中国成都国际非物质文化遗产节"，对于座谈会上提出的"让非遗传承人走进企业并积极鼓励企业在非遗地区设立工作站"感悟颇深。她觉得设立非遗工作站，一方面，有利于木真了品牌对湖南非遗文化的深度挖掘与研究，可以深入湖南调研采风，了解当地少数民族民俗及工艺特性，并从中寻找工艺与创新的切入点，最大化地融合工

艺与创新点，将当地的非遗文化精髓应用到木真了的产品研发创意中；另一方面，设立非遗工作站，可以充分启动木真了品牌在市场中的影响力，为非遗传承创新项目的可持续发展尽绵薄之力，通过企业和政府的共同努力，一定可以将祖国优秀的传统民族文化传承下去。于是2016年木真了首个非遗工作站在湖南湘西自治州正式落成，非遗文化的精髓也会在木真了今后的产品中呈现。

王晓琳的成功不是偶然，木真了的成功也绝非运气，在公司，她既是设计师也是总经理。木真了的每个员工，她都当作是自己的合作者，十分重视员工的价值观念和彼此的沟通交流，这种尊重与信任让每一位员工都把木真了当做自己的家一样，在这样一个个性化、人性化的大家庭中，员工之间彼此激励，互助成长，木真了也逐渐强大起来。对于经营，王晓琳是在经营真诚，没有急功近利，而是循序渐进；对于管理，她融入的也是真诚，没有地位差异，有的是各负其责，运作共同的事业；对于自我，她有对生命的热爱和责任感，对理想的热忱和坚持，这一份执着与坚韧让王晓琳一步步地走向成功，也会让王晓琳在成功的路上走得更远。

## 二、设计创新——不为任何时尚形式而时尚，不为任何传统形式而传统

"不为任何时尚形式而时尚，不为任何传统形式而传统，而为生命自由快乐的本性或时尚着，或传统着。"这是王晓琳对自己设计理念的总结，也是木真了服装一直贯穿的精神。中式服装的产品以及风格相对较为明确，木真了从创立至今，产品类别一直在完善，产品风格主要以明快、简约、自信为主，这与木真了的

设计理念和品牌内涵是始终相符的。目前旗下产品主要有旗袍、礼服、婚庆服、生活休闲装，但随着生活方式的多样化，木真了也开始经营一些礼品、箱包、丝巾、家饰等类别。木真了整体而言是一个较为传统的中式品牌，始终坚守以传承中华服饰文化为己任，同时又能够融合各民族服饰文化为己所用，将发展的创新点主要集中在工艺、产品款式和风格的包容性上，她赋予中式服装新的理念：与时尚接轨，以实现传统文化、艺术与服装的共融！

**（一）产品类别**

**1.旗袍**

长期以来只要提到中式服装，人们首先想到的就是旗袍、唐装，想到一些礼仪场合上中老年人穿的立领、盘扣，或绣着龙和凤图案的礼服，很难去把中式服装与"时尚""年轻"这些词联系起来。但是王晓琳认为，中式服装要想有生命力，就必须在传承的同时融入更多的时尚元素，必须赢得更多年轻人的青睐，这样才能有更加旺盛和持久的生命力。木真了旗袍打破了原有结构工艺的局限，采用"镶、绲、盘、嵌、绣"等传统工艺，结合天然丝绸、棉、麻、丝绒、蕾丝与现代各种混纺面料等，从款式上打破中式服装完全立领、对襟、偏襟的单一形式，简简单单的直盘扣有正有斜、有中有偏，并通过手工与高水准机械的交流作业，将作为"国粹"的旗袍或精致，或典雅，或华贵的气质演绎得淋漓尽致；在产品设计中，将中式服装在形式上有很大的突破，在颜色及款式的搭配上都结合了时装的因素，以"形散神似"为原则，将中式元素分解使用，使得木真了的旗袍更生活化、时尚化、年轻化。旗袍不再只是年纪偏大女性的选择，越来越多的年轻女性也能在木真了找到适合自己的旗袍。

**2.礼服**

礼服是木真了产品中很重要的品类，王晓琳最初也是凭借着给巩俐、倪萍等多位明星设计礼服而逐渐为人所知。木真了的礼服采用各种现代、时尚的高档面料结合珍珠、水钻、羽毛等装饰工艺，配合立体裁剪展现女性完美的曲线美，演绎出独属晚礼服的那种精致、妩媚、奢华与性感。

**3.生活休闲装**

木真了的生活休闲装只选取一点中式元素的细节，再结合多种现代面料组合而成，着墨不多、点到为止。于简约中透出几分华贵，沉稳中又透出几分动感，打造有张有弛的现代都市生活状态。在款式上，巧妙运用夸张腰部的时装板型、小苞袖、水滴领、改良的A板裙等，在2010年春夏新品中已让人印象深刻，具有野性气质的豹纹也在当年的旗袍作品中有所运用。木真了较为有特色的一点在于，它会为不同的年龄段、生活在不同区域的消费者设计几大系列服装，南方的娇柔、北方的豪迈都在服装上有所体现，喜欢中装的朋友们只要走进木真了就一定能选到适合自己的一款衣服。

**4.商务系列男装**

木真了新中式男装不管是在系列搭配上还是色彩运用上，无一不细腻精巧。运用西方立体裁剪技术搭配上现代简约时尚的设计，凸显了精工细作且辅以时尚品位。中式的古香古韵搭配上西式的现代简洁，如水墨般静谧，如诗意般出尘。匠心独运的东方元素使用，彰显古为今用的现代时尚设计理念。

木真了品牌的市场定位在中高档——充分体现民族特色且主张还原个性、时尚美的消费群体。木真了的消费群中，30~40岁的人是主力，年龄稍大的顾客在参加婚礼或大型活动时也有很强的购买需求，并开发出商务系列男装。

（二）产品工艺

近年来品牌的发展和创新使得木真了越来越受年轻人的青睐，20多岁的年轻女性也会选择木真了的服装。王晓琳曾经说过，服装设计必须个性化，社会必须要有呼唤，人们不能是盲目的，即使可能曾经盲目过。直到今天王晓琳依然强调：尊重生命，尊重人性中的自我，尊重个性，丢弃无视个性的从众跟风，是作为一个设计师应该遵循的原则，也是"木真了"的设计理念。木真了产品工艺十分讲究，一件产品要经过多道工艺，其中木真了运用的最多的要数以下几种。

1. 手绘

手绘工艺历史悠久，早在2000多年前的战国时期，就有画在丝织品上的绘画——帛画。手绘技法来源于国画，从技法的表现形式上讲，分工笔、小写意、大写意，但手绘在细节上又和国画技法有很大区别，国画一般画于纸上，但是手绘的材质是在真丝、贡缎、香云纱等面料上，每种面料的纤维织法不同、吸水率不同，造成手绘的笔触方式与颜料的调配比例和传统国画产生了比较明显的区别。手绘工艺与绣花、缝珠片、扎花、立体花、烫钻、珍珠、亮片等互相搭配，效果极佳，而且手绘不打底稿，完全凭手绘技师的腹稿和经验，在面料上作画，纯手工绘制，颜色浓淡，层次变化，线条晕开等效果，是机器所达不到的效果。仔细看下来，每张画面虽整体统一，但是每张画的细节均各有特色，所以手绘也是一种不可复制的工艺表现。

2. 盘扣

盘扣，也称为盘纽，是随着满族服饰而兴起的，可以称得上是中国传统的一个符号。盘花扣是古老中国结的一种，是中国人对服装认

识演变的缩影。我国古代用长长的衣带来束缚宽松的衣服，元明以后，渐渐用盘扣来连接衣襟，用布条盘织成各种花样，称为盘花。盘花的题材都选取具有浓郁民族情趣和吉祥意义的图案。盘扣的花式种类丰富，有模仿动植物的菊花扣、梅花扣、金鱼扣，盘结成文字的吉字扣、寿字扣、囍字扣等。也有几何图形的，如一字扣、波形扣、三角形扣等。盘花分别列于两侧，有对称的，有不对称的。盘花扣的作用在中国服饰的演化中逐渐改变，它不仅仅有连接衣襟的功能，更成为装饰服装的点睛之笔。生动地表现着中国服饰重意蕴、重内涵、重主题的装饰趣味。

3. 手绣

手绣是最具有中国特色的技法之一，2006年5月20日，手绣经国务院批准列入第一批国家级非物质文化遗产名录。手绣经过两千多年的发展，已形成独立的刺绣风格，但时代不断进步，艺术也需要与时俱进。木真了在手绣的工艺上进行了具有前瞻性的创新，让传统手绣的技法同现代的工艺结合，发展出了手摇绣的技术。在满足传统手绣的艺术品位传达和生产规模上取得了平衡点，让手绣的规模化生产成为现实，使艺术更多地渗透进现代人的生活。

4. 手推绣

近年来，木真了在产品制作上频繁用到手推绣的方法，一般的手推绣基本都是采用涤纶丝光线进行绣制，涤纶线的光泽比较生硬，而且色彩不够丰富，绣制出的产品虽然较机绣要好但是与手绣相比仍然感觉不够细腻，色彩过渡比较生硬。在2016年春夏的产品中，木真了针对这一问题采用了全新的工艺，将加捻涤纶线换成无捻线，同时采用手绣真丝线的染色方法进行染色，绣制出的产品具有手绣般的自然光泽与柔和的过渡，几乎可以乱真！这一工

艺是木真了首家使用的工艺，领先国内所有中式服装品牌。手推绣延续苏绣的方法，用专供缝纫机，配合灵活的手部操作进行推绣。常与改良过的旗袍传统款式结合在一起，制成手推绣旗袍，穿着时尚又带有民族特色。手推绣的特点：色彩鲜丽、富有立体感、耐磨、可水洗，是一种艺术性与实用性结合得非常好的刺绣工艺。

## 三、木真了——别出心裁的走心式品牌传播

"木真了"三个字不是凭空而来，这三个字不仅表达了品牌文化内涵，也诠释了王晓琳的生活态度和人生信仰，创业和做人一样，难的是坚持最初出发时的信念。木的清雅，质朴可塑，它是一种初始的、本质的个性，是人性中最具创造力和可塑性的一部分，它体现在创造中；真的透明，真诚通透，它是一种透明的、真实的个性，像一面镜子，映出人性中最善良、最真实、最美丽的一部分，它体现在做人准则和企业经营的理念中；了的自然，空灵轮回，它是一种不了的情结，是生命永恒轮回、生生不息的存在感，是精神上的不懈，它体现在对生命的不断思索与追求中。

木真了的品牌形象、品牌传播是伴随着名人效应而开始的，木真了从创立之初就基本没做过硬广传播，最初为消费者所熟知是从王晓琳给巩俐等明星设计服装开始的，利用名人效应来加大品牌知名度和影响力。在一些特定的场合下，中式服装最能传递民族情怀，消费者对于品牌形象的认知是基于产品依附在人体上传递给大家的信息，名人在公众场合所穿的木真了的服装会在消费者心中留下品牌形象的影子，正如人们一想到巩俐便会想到高贵、真诚、

典雅的形象，而身着木真了服装的巩俐传达给人们的品牌形象也是如此。木真了品牌创立之后，一直没有放弃这种传播方式，不断从媒体和名人寻找品牌传播的契机来推广品牌，扩大品牌的知名度。1998年和1999年倪萍上"春晚"的服装都是由木真了设计定制；2005年"神舟六号"宇宙飞船的航天员和备选航天员共计六位，木真了给他们的妻子设计衣服亮相庆功宴；同年又为中央电视台的主持人设计多套服装。许多名人、政府官员及其配偶在特定场合的着装都是由木真了品牌量身定制的，并且她们也非常愿意接受这种服务。从某种程度上讲，木真了品牌的工作就是对中国文化的一种传承，会受到大多媒体的尊重和保护，因此媒体的力量也是木真了今后品牌传播的发展方向。

除了利用名人效应推广品牌之外，木真了也抓住每一件国家大事，通过参与大事件来传播品牌。木真了品牌创立一年后，在1997年为香港回归设计了几十款礼服，同时受邀在瑞典大使馆文化处、港澳中心、北京皇家国际俱乐部举办中式服装展示会，不仅促进了中国与世界服饰文化的交流，也加大了品牌的知名度；2008年北京奥运会刮起一阵中装风，是中式服装展示自己的绝佳时机，木真了作为中式服装的龙头企业响应共融的精神，在798大山子艺术中心开设了一家"木真了·艺术公馆"，木真了体验式消费时代开始到来，借助奥运之风，木真了顺势推出迎春新款，在举国欢庆的热烈氛围中，木真了中式服装成了展现春节气氛和奥运氛围的一大亮点，深得消费者的喜欢；2014年，木真了全程参与并设计了北京APEC会议领导人的着装，同时包揽了APEC宴会礼仪人员的旗袍，得到了各界一致认可。12月份木真了又联合欧美同学会隆重举办了一

场中式服装文化交流活动，共同分享中式服饰文化的魅力。在这次活动中，木真了继续遵循APEC"新中装"设计理念，推出一系列新中式服装，挖掘大量的中国古典传统元素，融入了现代时尚，使其服装既是传统的又是现代的，既是中国的又是世界的，既能在一些重要的礼仪场合穿，又能在日常休闲时候穿。

在追求产品至上的基础上，木真了也不忘发展公益活动。2008年木真了与北京新世界百货联合举办的"木真了"大型义卖在北京万达广场隆重举行，义卖的目的是为了挽救一个七岁的白血病患儿，为其筹集高额的医疗费，同时成立了"木真了"白血病儿童救助基金，义卖所得的一半充入基金，其余所得都直接捐给七岁的白血病患者冯安康，此次公益活动体现了木真了"爱"的一面，给人们留下深刻的印象。2016年木真了首个非遗工作站在湖南湘西自治州正式落成，这是木真了非遗工作站的开端，希望通过政府与企业的共同努力，坚持植根于祖国优秀的传统民族文化，打造出一个国际化的民族特色的国家品牌。同时，非遗工作站的设立，非常有利于木真了品牌对湖南文化的深度挖掘与研究，了解民俗及工艺特性，充分找到工艺与创新的最大化结合点，尽快将当地非遗文化精髓应用到产品的研究创意中，能够充分启动木真了品牌在市场中的广大影响力及成熟的销售渠道体系，探索非遗人文价值与商业价值的创新结合，中华人民共和国国家文化部副部长项兆龙对木真了企业与非遗文化的融合发展寄予厚望。与文化部门的合作是一个互利及互相促进发展的过程，对于品牌的文化内涵有一定的要求，在今后的发展旅程中，这将是木真了品牌传播的一个主要手段。通过与相关文化部门合作的公益活动，借用政府及相关机构的力量举办文化活动，并且通过各种活动与消费者产生互动，向消费者传递了木真了品牌理念，让木真了品牌以一种文化的传承和创新的形式深入人心。

服装的销售最终还是要落实在每个卖场上，木真了可以说是一个传统的中式品牌，长期以来都是靠口碑来提升业绩，在塑造品牌形象和卖场氛围这一块都比较欠缺，当然也不仅仅只是木真了这一个品牌，很多中式品牌过去在这方面都存在缺陷。木真了过去在不同的专柜里能看到不同的品牌形象，包括店铺的销售店员，可能在一个店里看到的是休闲风，在另一家店里看到的则是居家风，消费者因此会产生误区：两家店是同一个木真了的品牌吗？并且消费者对品牌的形象也十分模糊，近几年木真了对品牌的专柜形象做了统一规范的调整，使其能够更准确更形象的传递品牌文化。其卖场的陈列设计主要讲究四个原则：一是商品货位分布与数量要求摆放丰满、款式丰富，收款台附近摆放一些冲动消费的商品和有连带关系的商品；二是商品陈列高度与摆放艺术要求，根据瑞士学者的研究，消费者进店后无意识展望高度为0.7~1.7m（上下幅度1m左右），与人的视线轴成30°角内的商品最易被感知，木真了的陈列也是据此做调整；三是商品色彩搭配，讲究和谐应景，容易引发联想；四是营造特有氛围，使消费者在购买活动中经常是在想象心理支配下采取购买行动。过去木真了简单的把卖场理解为销售的战场，觉得货挂的越多越好，每一块地方都要充分利用，每一个货杆都要紧密的挂满衣服，把专柜当成了库房，根本没有陈列的设计和视觉的效应。现在木真了更新了自己的专柜形象，有了DP点和橱窗，有每一系列产品的正挂和侧挂，并且形成木真了自己的一套陈列规范，再加上一些形象道具的烘托，使整个专柜的氛围和产品理念、产品文化做到最大化的吻合，营造出中式服装的卖场氛围，让顾客在此不仅是一个消费的过程，也让卖场成为顾客认识和接受木真了品牌文化的一个平台，老顾客会重新认识木真了这个品牌，并且会因此对品牌的忠诚度提高，新顾客会慢慢喜欢上这个品牌；除此之外，木真了也开始充分利用卖场的公共资源，包括卖场的店外橱窗，公共区域的灯箱，一楼的公共区域，争取更多的位置把木真了每个主题系列的产品通过道具、通过陈列展示在商场做宣传，让更多的消费者看到木真了这个品牌。因为中装相对其他女装品牌而言，客户群体不大，销售量也不多，因此在商场中也占不到特别好的店铺位置，并且店铺的面积也相对较小，因此木真了就会充分利用商场一楼的大厅以及楼梯口等各种能够利用的区域，来弥补木真了这方面的缺点。店铺在商场的位置对品牌的影响很大，因为店铺的不利位置，很多消费者会以为木真了不存在了，但是木真了通过在电梯口等一些比较醒目位置的陈列来提醒消费者，木真了这个品牌还在，还有这样一些特别新颖的设计。

## 四、展望未来、共进美好

木真了的发展源于王晓琳对中式服装的情怀和一种民族文化传承的使命感，多年来木真了品牌发展的核心竞争力就是在传承中不断创新，由于中式服装的固有限制加上木真了企业的理想信念，木真了一直朝着做强做精的路线发展。木真了从创立至今20多年的时间，一直都没有迷失方向，也没有丢失最初的梦想，始终是把中华文化传承的使命贯穿于产品设计中，

不断创新，不断寻找发展点。

从近年来木真了所做的努力和转变可以看出，木真了品牌的营销模式已经从传统的4P营销模式转向4R营销模式。过去木真了把精力主要集中在产品（Product）、价格（Price）、渠道（Place）、促销（Promotion）四个方面，觉得只要产品好、价格合适，再运用正确的渠道和促销模式就可以把一个品牌做好，因此并不重视卖场的陈列、氛围以及品牌文化内涵。而旧经济到新经济，再到后经济，营销模式也经历着重大变革，在旧经济时代，销售的产品决定了企业的身份，而在后经济时代，销售的对象决定了企业的身份，顾客的权利在不断提升，品牌忠诚显得更为重要。木真了正是认识到这一点，所以才努力把有限的资源利用好，把有限的客户抓牢，把潜在的客户服务好，营销重心也从传统的4P转移到关系（Relationship）、节省（Retrenchment）、报酬（Reward）、关联（Relevancy）上。关系的核心竞争力是服务和经历，优质的服务质量是提高销售环节的重要部分，顾客在交易和使用产品或服务时的经历能够感到独特、愉快是提高品牌忠诚度的秘诀。在此方面，木真了开设体验店、提高卖场陈列水平、改善卖场环境、统一规范和培训员工行为，效果也是有目共睹的。而木真了自己的员工，每个人都把木真了当做自己的家，对木真了这个家都是带着责任和希望来共同经营。节省战略的核心竞争力是技术和便利，节省的出现并不是由于规模经济和成本节约的需要，而是因为消费者的需要。近年来，电子商务的发展越发完善，消费者选择网购是因为选择范围广，便于比较，易于搜索，快捷便利等，为了方便更多的消费者，木真了在天猫和京东都开有旗舰店，每年的销售额也

在不断提升。关联的核心竞争力是商品和专业，做一行精一行，几乎所有的品牌都可以把"专业"当做区别于其他品牌的要素。木真了专注中式服装20多年，消费者提起木真了往往会想到旗袍，它是旗袍的专业户，它的专业体现在每一处细节，即使是旗袍中简单的盘扣，都能做出各种不同的款式。报酬战略的核心竞争力是品味和时间，顾名思义，报酬就是酬谢顾客，时间是指顾客获得和使用产品或服务所需要的时间，意味着顾客使用产品的时间是值得的、有价值的、快乐的或有效的，同时在这个过程中，消费者是可以选择而不是被动的。这一点很大程度上体现在品牌线上或线下的售后服务中，而这一点几乎是国内所有服装品牌都需要完善的。品味意味着，了解自己的客户，清楚他们最看重什么，一旦了解就寻找各种机会把它与品牌联系到一起，这便是每个消费者心中的品牌内涵。要让品牌的标识使每个消费者能够立即联想到他所追求的生活方式和想要传达的思想感情，这也是木真了当下正在努力的方面，巩固和完善品牌文化，是一个品牌区别于其他品牌最关键、最根本的点。

在国内，与木真了品牌类似的中式服装品牌也大有所在，其中最典型的要数格格这个品牌，格格的产品种类、品类风格和产品设计都与木真了很相似。拿旗袍来说，旗袍本身就是一种变化不是很大的品类，不管是面料的选择、款式的设计还是色彩的搭配，旗袍相对而言都比较单一，而且典型的中式元素运用在过去也都是一些花、龙、凤等，这就使得两个品牌不可避免会有一些重复和混淆，消费者也时常弄不清楚两个品牌究竟有啥区别。因此，木真了在近些年的发展中把重心放在品牌文化上，衣服可以相似，但品牌的文化内涵绝不能雷同，同时产品的设计创新也要跟上。木真了所举办的各种文化活动，包括湖南非遗工作站的成立，都是一种向消费者传播和加深品牌文化的手段，都是一种寻找设计创新点的方式。一个品牌得以经久不衰的发展，势必建立在一个深厚的品牌文化的背景下。相信在不久的将来，木真了在王晓琳的带领下，发展得会越来越好！

**参考文献**

[1] 勇强. 设计师王晓琳——手"设计"天下 [J]. 文学与人生，2005(13)：10–11.

[2] 陈倩. "木真了"时装公司——女老板王晓琳的创业史 [J]. 致富之友，2005(3)：6.

[3] 廖文燕. 王晓琳——写意国服写意人生 [J]. 科技智囊，2003(2)：95–99.

[4] 陈珂，裴超. 传播中式服装文化感悟木真了"新中装"[J]. 时尚北京，2015(1)：252.

# 吉祥斋：衣由心生

赵萌 编写 赵平 审校

吉祥斋是一家中国本土设计师品牌，于2002年创立于深圳。正如"吉祥斋"的品牌名称，品牌注重的是东方传统文化之美，吉中有祥。吉祥斋以中国文化作为品牌根基，以独特的品牌理念和设计风格传播东方服饰之美，完美呈现当今女性的内在世界。经过16年的发展，吉祥斋已成长为在全国开设了近百家店铺、专柜，具有中国传统文化特色的知名品牌。

## 一、吉祥斋主

吉祥斋品牌的创始人兼设计总监杨帆，自称"吉祥斋主"。她出生于西安，创业于深圳，致力于中国传统文化，放眼于世界时尚艺苑。崇尚中庸、无为、圆融的儒释道理学，融汇性德、花竹、庙宇的传统元素。吉祥斋品牌的诞生及成长，在杨帆看来，是一个事物特别自然的成长过程："作为一名爱美的中国女性，如果做品牌一定要体现出中国文化，而名字是最直观表达品牌形象的元素，所以富有中国特色的中国名字——吉祥斋便诞生了。"

作为吉祥斋品牌的创始人，杨帆的个人魅力以及个人经历对于品牌的成功有极大的影响。从外表上看，她一头长发自然飘逸，宛若古代

仕女图中走下的仙女，自带仙气。但纵观她用16年时间打造的吉祥斋品牌，又不得不说她是眼光独到的现代商业女性，穿越在企业家、设计总监、销售总监、生产主管等多个角色之中，抓住了时机，在中国消费能力空前爆发的时候，在东方文化将要大放光彩的时候，她自成体系。一个非科班出身的个体店主，建立了自己的品牌，在竞争最为激烈的服装行业里，发展至今，不得不说是一个奇迹。

杨帆的丰富经历，是她不可多得的一笔财富。20世纪90年代由于不安于西安一家民航公司沉闷的工作，远离家乡独自远走深圳。在深圳她没有选择文员之类的工作，而是自己创业，售卖电器。在销售过程中，她不与其他人随大流，而是从消费者的需求出发，在当时遍地销售盗版CD的时代，她反其道而行之，从顾客角度出发，考虑顾客如果购买了CD需要有盛放的地方，因此自己动手设计制作CD架子，并且她所设计的CD架色彩艳丽，个性鲜明。可想而知，在那样一个年代，这样的产品是多么与众不同，因此她设计的CD架一度脱销，她也赚取了人生中的第一桶金。但她没有再继续做类似的产品，更极端的是她直接将所开店铺关门了，因为她发现模仿者众多，这条

路不好走。

杨帆决定用赚得的钱投资知识，报名读了一个 MBA 班。这次的学习让杨帆第一次有了品牌意识，并且在欧洲参观学习的半年里，除了让杨帆打开眼界之外，还让她明确了目标，就是要做中国风格的服装，为东方女性设计属于自己的美丽，也找到了在商业和艺术之间平衡的定位。并在接下来创立品牌的时候，她做的第一件事就是注册了"吉祥斋"品牌，并且没有注册英文名称，只是用中文名称，这个决定在当时到处都是英文名称的时代是非常独特的，也是非常有勇气的。品牌建立后便斥巨资引进了 ERP 系统，一开始就采用现代化的手段管理品牌。这些先进的思想和决策，都为吉祥斋品牌的建立和发展奠定了基础。

杨帆出生于古城西安，从小耳濡目染地受到这个城市深厚的文化底蕴的影响，使她对中国传统文化熟悉而亲近，在她的举手投足和言谈举止之间，时时散发着东方传统文化的韵味。这也造就了吉祥斋从一开始就具有的中国传统文化基因。此外，杨帆还是个产品导向型的设计师，在她丰富的经历中，一直以产品为导向，一切决定都从最根本的产品为出发点。并且她可以敏锐准确的发现消费者的欲望，准确的定位产品特点，从而产生产品热销的必然结果。而且她天生爱美，并且有对美的自我独特的理解，不论是从初到深圳时候，自己设计制作的CD 架，还是后来的吉祥斋品牌定位，都说明了她对于美的理解和传播能力。

杨帆说："每个人来到这个世上都是一颗明珠，每个人都有价值，大多数人都忘了自己本原的美，而过多地去跟随，向外求，于是内心欲望越来越多，内心就不再清静，从而丧失了内心宝贵的东西。我们要坚守和保护好内心的

智慧与简单。"吉祥斋的发展在很大程度上源于杨帆的内在性格和坚持，她是一个专一、安静，不为外界所影响的人，一旦认定了方向，不会轻易改变，会坚守内心的想法。而正是由于她的这种坚持、坚韧的力量，才使得吉祥斋品牌在发展过程中没有随波逐流，没有偏离成立之初的初衷，用了 16 年的坚持，获得了市场对吉祥斋品牌的认可。正如杨帆在接受媒体采访时说的："如果说吉祥斋发展到今天靠的是什么，我想是对品牌准确的定位和几位志同道合者共同的坚持，我们在这个过程中并没有因为某些诱惑而迷失了方向。"

杨帆自己也是幸福、平衡生活的追求者。她热爱茶艺，酷爱瑜伽，凡事不做则已，一做就要求自己做到最好，目前她的瑜伽水平已经达到了一定境界，可以在高山雪原上只穿一件薄薄的背心做出高难度的倒立动作。"有一阵，我也曾陷入崩溃的边缘"，杨帆在 2007 年第二个孩子刚刚出世之际，产后抑郁症、孩子的哭闹无定时再加上繁重的工作，让她一度想放下一切，到山上修行去。有一天，对着窗外竹林的杨帆突然顿悟："上山修行，我同样会因为离开家人员工痛苦，那倒不如大隐于市，将目前的一切困难当成一种修行。"从那时起，杨帆开始用更加正面的思考方式面对忙碌的人生，笑对"找麻烦"的员工们。公司营业额也从 5 年前的 3000 万元增长到将近 1 个亿，甚至被新加坡有缘人引入了当地最高端的金沙购物中心，与爱马仕、路易威登、普拉达等世界品牌开在了一起。

## 二、衣由心生

衣服对一个人而言，可看作是心灵的窗户；

对一家服装企业来说，可看作是品牌理念和文化的载体。"衣由心生"既是穿衣者的至高境界，也是设计师的不懈追求，正如杨帆所言："古今贤士，都用自己的方式描述这个世界，生活给予我多少美好的生命体验，让我得以用吉祥斋表达出来。"

吉祥斋的设计灵感源自中国传统文化，同时秉承古典韵味与现代时尚的融合理念，致力于表达和传播东方女性的智慧、贤淑、大美不言的传统之美。吉祥斋在设计中运用多种中国古老手工技艺，表现出现代女性的另一种优雅味道，以及传统的生活方式，成就了今天独树一帜的吉祥斋品牌风格。吉祥斋的消费群体多为有生活品位，注重传统文化的女性，极具审美鉴赏力，并有一定的社会地位，年龄层主要在30~45岁，对中式服装风格有着极强的喜好和认知度。

吉祥斋服饰主打中国风，而这样的中国品牌服饰并不在少数，吉祥斋之所以能够脱颖而出，除了通过用色大胆、前卫、复古的结合来表现中国美之外，更重要的是吉祥斋对于传递中国文化所持有的虔诚姿态，杨帆更是如此，她对于中国文化的热爱及对中国美的实践，让她理所当然地成为吉祥斋品牌的最佳代言人。在众多品牌竞相与国际时尚接轨的时代，杨帆则在安静、恬淡地坚守她心中的传统之美。"中国设计师如果一味向外求而忽略了身边的事物，我觉得多少有些遗憾，中国有着至少五千年的文化传承，老祖宗留给我们的能量太多了，如果把这些用好了，每个中国设计师都能做出优秀的作品。我们的生命和精力有限，不要受太多外界的诱惑，最终我们会失去很多，把最核心的价值也丢失了。我相信许多行业成功的人，是学会做减法的人。"

吉祥斋品牌不仅仅是在产品设计中继承和发扬中国传统文化，也把中国文化智慧精髓融入品牌建设中，从店面设计到跟顾客的沟通，都注重体现安静、恬淡，做到中西合璧，让顾客在穿上吉祥斋产品后，对生活的品位有了提高，甚至对精神层面都有了一定的升华。除了给顾客进行文化的传播之外，吉祥斋也非常注重对客户心理的探求，关注顾客的需求，进行良好沟通，以此不断选择发展方向，坚守一个中国本土品牌，一个中国人自己的品牌，在品牌发展的过程中方向明确，一步一个脚印向前。

在产品设计中，吉祥斋的设计团队一直都利用色彩、面料、设计工艺等多种元素来打造适合现代生活格调的形式，用"不对称、非黄金分割"等独创的新风尚来多层面体现服饰文化。品牌深厚的文化内涵决定了吉祥斋的逆势上扬，杨帆强调："作为一个设计师品牌，吉祥斋是有灵魂的。我们的服装设计立足于中国历史和人文的角度，每一件服装都拥有自己的名字，比如'春之鹤''蝶之影''墨香'。但它不是单纯的'古装翻版'或'出土文物'，而是把传统服装和现代生活方式、现代审美情趣相结合，创造出既是中国的又是世界的民族服装。这些服装既保持东方特色，又符合服装的世界流行趋势，正是这些因素使我们的品牌独树一帜。"

正是有这样的个性鲜明的创始人，才决定了吉祥斋品牌产品的独特性。产品以"中学为体，西学为用"的设计理念，不断将中国传统面料发扬光大，并结合一定的流行，服装穿着舒适；用色单纯，不会有复杂的配色，较多采用刺绣、珠绣等装饰手法，部分面料已达到自行设计生产，避免了同质化现象，增加了产品的独特性。

## 三、一花一世界

如果用花来形容吉祥斋，杨帆认为是荷花，高洁独立。在多变无常的时尚界，吉祥斋既不偏离主流又坚持自己的风格。"我们从来不追逐市场，不会随波逐流，我相信并坚持深植于中国女性内心的传统文化，尊重每个客户对美的诉求，这是做事的根本。"杨帆说。杨帆虽然非设计专业毕业，但每季多达四五百款的服饰都出自她手。她学习能力相当强。她最引以为豪的工艺二十瓣立体绣花，就是出自偶然的一次读书。"我读到了'绣花花生香，绣鸟鸟飞天'。天呀，古人说得多好呀，绣花如何能达到香气逼人的境界？我就想到了开发重工立体绣花的设计。"经过多次实验，杨帆终于和合作伙伴、绣娘们一起在衣服上创造出栩栩如生的立体绣花。每一条脉络、每一朵花瓣，都以最繁复、最精细的工艺用心呈现。

说到绣花，吉祥斋有五类不同的模式。其中湖南有一个村子都在帮吉祥斋手工供货："其实这也是无心插柳，"杨帆说，"早期我们有一个绣娘手艺非常好，她回家嫁人生子，舍不得吉祥斋又不愿出来工作，就跟我说能否在家里为吉祥斋绣花，她们村里还有很多技术更好的绣娘，就这样，一合作又是好几年，她们的手工极有保障，两全其美。"

大部分人都过着平淡的人生，但人人都爱斑斓的生活。而杨帆则希望，吉祥斋能为中国女性带来"幸福的色彩"。杨帆非常大胆，大红、明黄、翠绿、深紫等被娴熟运用，她也会把绣花、水墨画艺术、陶艺等古典技法融入服装设计。每个女人都像一朵花，关键是找到属于自己绽放的环境以及内心追求的方向。吉祥斋是杨帆的解语花，而她所设计的服装也无形中帮助许多独立女性找到了自己梦的起始。吉祥斋的衣服价位在3000~10000元，但依然有众多粉丝趋之若鹜，就是因为这些设计能够打动她们。对于杨帆而言，吉祥斋不是在卖衣服，而是在卖一种梦想，一种关于美丽的生活方式。

佛曰：一花一世界，一木一浮生，一草一天堂，一叶一如来，一砂一极乐，一方一净土，一笑一尘缘，一念一清静。如能够做到心若无物，心中清净，就可以"一花一世界"。参透这些，一花一草便是整个世界，而整个世界也便空如花草，人的胸襟亦可以纳百川，容得下人。语出《佛典》："昔时佛祖拈花。惟迦叶微笑，既而步往极乐。"从一朵花中便能悟出整个世界，谁能有这样的境界？正如杨帆想要建立的吉祥斋世界一样，她希望可以通过服装给她的消费者"一花一世界"的境界。

在吉祥斋产品设计中充分体现着"一花一世界"的心境。吉祥斋品牌产品在款式设计方面，突出的特色是整体服装造型宽大，借用面料的挺括来塑造H型或者A型的造型，分割线较少，方便在服装局部或大面积装饰图案。并且这样的服装造型可以很好地修饰身体线条，同时也表达出中国传统服饰的特色。在服装搭配上强调层叠的效果，以层层材质的堆叠增加服装传统的味道。

产品中占比重较大的是连衣裙，连衣裙的款式多为H型，宽松的造型，配以局部的刺绣装饰，或者是中国味的配饰品；旗袍的款式数量也较多，但大都是改良设计的旗袍，多在图案、配色上贴合当下流行进行再设计；半裙设计点在腰头，较多采用刺绣装饰腰头，配上自然褶皱的长裙，使穿着者呈现出飘逸的中式风格。

吉祥斋产品中运用的中国元素种类，分别是：刺绣、传统纹样、绲边、立领、偏襟、盘扣、珠绣、连袖。虽然这些中国元素在服装中都有所运用，但不会将多种元素集中在一件服装中，而是有选择的运用，通常一件服装中采用的中国元素以三种为最多。吉祥斋产品最具中国元素的设计点在于款式上的宽大飘逸，这是它最突出的特点。其次运用较多的是通过刺绣手法表达中国传统纹样，或者是直接将国画风格的图案印在服装上；而立领和盘扣这两种常用的中国元素，在吉祥斋品牌产品中的运用并不多，如图1所示。

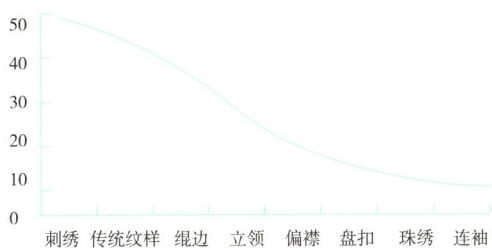

中国吉祥图案　　花卉图案　国画图案

**图2　吉祥斋产品的图案运用分析**

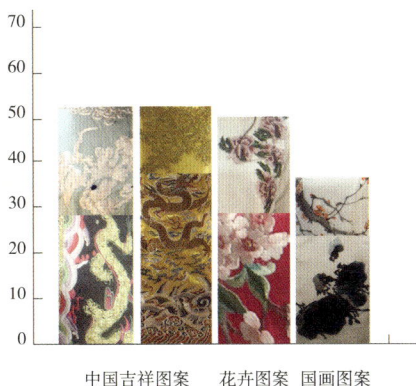

**图1　吉祥斋产品的中国元素运用分析**

该品牌的图案运用较多，如图2所示，并且大多数是大面积的使用，这是它的一个突出的特点，配合宽大的服装造型，使图案特点得以很好地展现。吉祥斋品牌产品主要采用的图案有中国吉祥图案、花卉图案、国画风格图案等。较有特色的是龙凤造型的中国吉祥图案，多用金色丝线进行刺绣装饰；其次是花卉图案，也多选择有吉祥寓意的花卉，以及采用中国国画风格的图案。在图案运用上会贴合每一季产品的特色进行筛选，将传统图案进行再次设计后运用在服装中。

在细节设计上，较多运用无领设计，以及服装边缘处用撞色进行绲边装饰；其次是刺绣和珠绣，几乎在每件衣服上都有刺绣的踪影，通过刺绣和珠绣的手法，将传统图案装饰在服装中，以此来表达中国味道。

总之，吉祥斋产品的特点非常突出，与其他中式服装品牌的产品有极大的差异性。很难将其进行归类，从定价上看，以春夏季产品为例，其最高价在一万元左右，这样的价位档次基本与上海滩、木真了、上海徐属于同一档次。但从产品上看，吉祥斋产品既不同于上海徐、木真了这类的传统中式服装品牌，也不同于上海滩这类改良设计的中式服装品牌，吉祥斋品牌产品更多展现的是中式服装的飘逸、舒适的风格，款式造型宽松、服装的合体性不强，色彩设计上没有复杂的配色，也没有整体的图案设计，并且在图案选择上也没有现代设计风格图案，全部运用传统图案，在服装的细节上非常强调中式特点。整体服装营造出的是一种舒适、恬静、优美的穿着感觉，仿佛穿上吉祥斋的服装后，走路的速度都会放慢，会想要听着琴声，细品一杯香茗，让自己可以放松、惬意的享受当下，在润物细无声中体会"一花一世界"吉祥斋产品的特点。

## 四、丝路花语

正如杨帆所言："我个人不追逐快速消费方式。我是一个喜欢艺术感的人，中国有一大群具有东方智慧、内在修为很好的女性，她们相信内在的真实感受。从十年前女性物质生活的提升，到精神层面的追求，我更相信人们追求的是真正有价值的东西。"吉祥斋品牌目前没有开设网络销售，品牌注重的是"真实有价值"的产品购物体验。因此吉祥斋主要以实体店进行销售，并且基于这样的品牌理念进行品牌传播，纵观吉祥斋的品牌传播方式，仿佛是"丝路花语"般的安静、内敛、真实、唯美。

首先，开设吉祥斋东方文化体验馆，在体验馆中不仅仅是服装的展示，更多的是对中国文化的体验式的传播。比如在店铺中开设写经体验，并设计出便携式"心经抄写套装"，提笔蘸墨，端坐书写，以古老的笔墨纸砚，让现代人再次体会中国文人墨客之宁静身心。还设有茶道体验，一杯香茗，待客以尊、相坐清淡、宁神论道。通过这样的方式来推广中国传统的生活方式，让消费者能够更加深刻体会到吉祥斋品牌的文化定位。

其次，由创始人杨帆发起的多次文化之旅。例如七彩丹霞张掖之行、天坑地缝之行、色达之行、桂林之行、敦煌之行等。在这多次的行走之间，体会祖国大好河山，在行走中思考，并且在每一次行走后，杨帆都会撰写相关的游记，将每一次的行走都记录下来，作为品牌的

推广文案，让人们在阅读文字的同时体会到吉祥斋品牌的味道。尤其是丝绸之路的文化之旅，沿着丝绸之路的行走，体会远古至今的源远流长，同时，也根据这一系列的行走采风，进行新产品的拍摄和推广活动，将文化与商业、历史与服装进行有机的结合，营造出吉祥斋品牌的调性，如图3所示。

图3 吉祥斋品牌宣传图

除了上述推广方式，吉祥斋的每一家专卖店都是对品牌的最有特色的推广。因为只要曾经看到过吉祥斋的店面陈列，如图4所示，就一定会记住它，并且很清楚地知道，这是一个定位在中式风格的服装品牌。

吉祥斋店面整体陈列布置非常的中国化，中国徽派建筑元素被充分运用于店面设计中。而且所有橱窗的位置都以透明的玻璃墙代替，使得任何一个从店面前走过的人都会看到店面里的所有陈列设计，从而吸引顾客走进店里一探究竟。

**图4  吉祥斋店面陈列分析**

　　圆形木门、江南的隔窗、手工折伞、手绘屏风，从中式窗棂、屋檐、盆景到内部的桌案、水壶等都是传统建筑、传统器皿的复制，用最强烈的语言表达着中国风格的特点。同时店面的布局也暗含着中国室内布局的特点，入口处正中央有桌案，桌案上有文房四宝，桌案旁有盆景植物，门框设计都古典、质朴，仿佛置身于传统建筑之中。在这样的环境中，将服装陈列其中，按不同色系进行分类悬挂，高高低低穿插在店面陈列中，吉祥斋没有现代服装的展示架，完全采用徽派建筑的木质展示架，明亮的灯光可以让消费者看清服装的每一处细节、面料肌理的变化，并且服装的陈列都是按照整体搭配方式进行的，这样的陈列方式便于顾客挑选产品。吉祥斋的店面设计与产品设计结合得很好，相辅相成。各有主次地展现了设计师对中式风格的表达和诠释。当你漫步在店面里的时候，会下意识地放慢脚步，细细地翻看每一件服装，感受整体店面设计带给你的文化传播和感染。

　　吉祥斋还将这种"丝路花语"般推广方式运用在其他方面，2016年华语电影盛典上，喜莲娜穿着吉祥斋品牌服装，一身米白色中国风刺绣长裙，展现了吉祥斋品牌的风采。不定期的举办"香约·吉祥斋——遇见东方美"的活动，可以亲习香学仪规、香席与香空间的打造，开启创造性美的享受，体验传统香道与当代美学。进行《书禅》——斋主杨帆女士邀您同修书法推广活动，完成正冠沐手，禅堂启示，溯古思源，执笔同修，圆满为善等过程，共同体会中国古人的书写，以宁静的心，提笔蘸墨，端坐书写。意大利*INTIME*杂志对杨帆女士进行专访，并对吉祥斋的品牌进行宣传和推广。吉祥斋品牌还有自己的"无量瑜伽"会所，专注于将宁静的生活态度进行推广和宣传。

## 五、结束语

　　吉祥斋的品牌定位有鲜明的特点，与其他中式品牌形成明显的差异，这样的差异性主要来自于品牌的创始人杨帆，得益于她的丰富经历、性格特点和人格魅力，使得其品牌定位和风格难以复制。同时，吉祥斋在十多年的发展过程中，也培养形成了一批喜欢其风格的忠实顾客，使得品牌获得了较快的发展。

　　吉祥斋品牌风格突出表现在产品中，一方面是店面陈列的整体中式风格特色突出，通过视觉营销可以与其他中式服装品牌明显区分开来；另一方面是服装造型、色彩、细节上中式风格的营造，多采用宽松、飘逸的造型，只采用传统图案，更多的是在服装中运用珠绣和刺绣，但较少采用立领和盘扣设计。通过店面陈列设计和产品设计的相互衬托，相得益彰的展现出吉祥斋品牌的特色。

参考文献

[1] 罗贵希 . 杨帆：衣由心生 [J]. 全球商业经典，2014(06)：78-81.

[2] 申香英 . 结缘东方智慧——细品吉祥斋终端陈列意蕴 [J]. 纺织服装周刊，2009(31)：82-85.

# 裂帛：向内行走

左雨平 编写　赵平 赵萌 审校

裂帛是目前中国最具规模的网络原创设计师女装品牌之一，被电商圈和投资界评为"最被看好的淘品牌"。国际化的民族风是裂帛的品牌特色，同时张扬不羁的个性设计把目标客户指向年轻群体。参照本心、无拘无束是品牌不变的主题，裂帛将漂泊异域情节、民族神秘特性与时髦都市的特性融会，用服饰传达民族文化的碰撞，传达色彩、自然、情感共通的热爱与表达，传达分享内心生活的感动和喜悦。

## 一、行走历程

裂帛成立于 2006 年，是一个将个性和民族风融合一体的淘宝原创服饰品牌，主营女装、女鞋和配饰等。裂帛因其独特的风格至今在淘宝上无人与之在风格上竞争，扩张速度极快而成为淘宝大学的经典案例，被誉为离客户心灵最近的品牌。

裂帛的创始人汤大风毕业于南京艺术学院服装设计专业。2005 年年底，由于喜欢民族风女装，就和妹妹小风一起在淘宝上开了一家专门售卖尼泊尔、印度等国少数民族服饰的店铺。和当时很多淘宝小卖家一样，大风、小风最初的创业资金只有 1000 元，只能通过经销商拿

货，再放到网上去卖。由于资金有限，加上店铺的规模不大，大风和小风每次进货都遵循"多款少量"的原则，每一款衣服只进几件。这些民族服饰受到了很多买家的热捧，这也逐渐让大风、小风萌生了自己设计生产服装的想法，立志做一个原创民族风服装品牌。

2006 年，她们创立了自己的品牌"裂帛"，取意撕裂锦帛。她们将少数民族的服装风格，包括繁复的绣花融入了现代服装，自己设计、买面料、打板、缝制、拍照、上传、定价、发货、处理售后问题。并将自己对于生活的态度全部缝进衣衫，她们希望这一件件自己亲手设计制作的衣衫可以成为与世间沟通的一座桥梁。

2007 年，裂帛开始自己做工厂。随着品牌销售额的不断增长，到 2008 年，裂帛的工厂进一步扩大，在通州麦庄拥有了一个 1300 平方米的新厂房，工人增加到了 80 多人，并找到了一位来自日资企业、精通生产管理的专业人士。而裂帛的办公室，也从"民居时代"进入"写字楼时代"。裂帛发展进入上升阶段，会员人数突破万人，各大电视、杂志媒体纷纷对裂帛进行了采访报道。2009 年 11 月，正值服装行业的销售旺季，裂帛的销售也出现了井喷态势，这种状况一直持续到 12 月和第二年 1 月。

2010 年 1 月裂帛淘宝店升级为 三 个皇冠，会员人数达到三万，日平均浏览量八万以上。

2010 年，裂帛会员人数达五万以上，开始与麦考林、拍拍、京东、乐酷天合作，在其网站上开设店铺。之后成立了自己的IT部门，并准备上马CRM系统，希望通过深度的数据挖掘工作，脱离现在的"靠拍脑门决策"的方式，向信息化企业的方向靠拢。

2011 年，裂帛获得境外著名投资公司投资。销售额过 6 亿元，会员达到 90 万人，员工数量达到 800 余人，办公面积扩充至 9000 平方米。旗下设计师男装品牌"非池中"上线，启动长期公益项目"彩虹列车行动"。2012 年 2 月，裂帛官网上线，当当网裂帛、一号店裂帛上线；非池中在当当网和凡客 V+ 同步上线。2013 年上半年，裂帛以一亿收购淘品牌天使之城 80% 股权，为下一步上市做准备。2014 年 5 月，童装上线。如今裂帛已经发展成为以民族风为特色，拥有裂帛、所在、莲灿、ANGEL CITIZ、非池中等多个品牌的服饰公司。

## 二、神秘精灵

裂帛的品牌名称取自唐代白居易《琵琶行》中的两句诗："曲终收拨当心画，四弦一声如裂帛。"其字面意思是形容声音像撕帛一样清厉。裂帛的品牌释义是撕裂规则，撕裂那些难以割舍的情感，撕裂常规的苍白人生。它可以引申为"打破传统"，力求挑战和创新。后来，裂帛品牌的意义又延伸为"向内行走"，寻找内心更深层的东西，关注消费者内心的成长，记录成长过程中心灵的感受，把衣服当作生命颜色的表达，回归天性，从而在社会中找到自我的位置。裂帛引导消费者通过穿衣来演绎自己的内

心。裂帛品牌名称的定位明确，品牌理念清晰，文艺气质与当代女青年独立自主的意识相得益彰，具有高识别度。

裂帛称呼自己的客户为精灵，因为精灵是一种和自然合为一体的生物，他们以喜悦为本性，爱扎堆并且快乐的生活在一起，大部分的精灵都喜欢树木，他们热衷于让小树发芽当作消遣；精灵们通体发亮，光明耀眼，长得非常美丽；他们温良可亲，内心热情，能和树木花草、游鱼飞鸟彼此沟通，因此众神都把他们作为神的朋友。裂帛的精灵，把穿衣服当作自己生命颜色的一种表达。裂帛对他们做了如下描述：

第一，裂帛的精灵不是时尚的追随者，不是所谓的潮人或者达人，他们摒弃时尚二字，他们有自己独立的思想，不是主流文化的俘虏。他们热爱边缘和异域文化，甘心做边缘人，他们不爱成人世界，拒绝竞争机制。他们摒弃国外的仿单，摈弃潮流色——裂帛注重的是原创精神，在中国特殊环境下对个体价值的强烈表达，每件衣服都有故事，都有灵魂。也是因为如此，我们才有共鸣。

第二，衣装如人，你穿得规规矩矩去参加Party，去约会或工作，你事无巨细，一丝不苟。你会一级一级地奉献自己的青春，从小到大。你是墙上的一块砖——那么，如果因为挣钱养活自己无可厚非——我们都有这样的痛苦，而在属于自己的时间里，你也是安心规规矩矩地不想尝试改变，那么，你的生活和裂帛是两条平行线。

第三，裂帛的精灵，是内心狂野的一群，充满怀疑精神（包括怀疑裂帛）。他们拒绝承认父母和社会给予的道路，厌恶选择，喜欢做梦，总想是否还有另外一种可能。

第四，他们喜欢奔跑，不喜欢停留在原来的基点。他们热爱改变，经常挣扎于内心的冲突，

也经常大笑或者泪流满面。他们很骄傲，不想和别人一样，平淡度过一生。

第五，他们想要生活得更强烈一些，再强烈一些。多爱一些，多恨一些，要是在武侠世界中，他们会爱黄老邪，爱杨过，会爱胡一刀和他的老婆，会爱乔峰和阿紫。如果是在嬉皮年代，他们会去参加伍德斯托克（Woodstock）音乐节，把花插在枪杆里。

第六，裂帛的精灵从来就讨厌强权，厌恶法西斯思维模式，厌恶把事情一分为二而不能有第三种可能。裂帛的精灵，他们厌恶法西斯，也嘲笑以暴制暴的人和组织，他们渴望乌托邦，不会歧视不同国籍和环境的人，不会歧视同性恋爱，不会把动物叫做畜生。他们自觉环保，不会在路上把都市垃圾遗留给那里纯净的天空。

第七，他们喜欢边缘，被神秘所吸引，所以他们总想在异域的人们那里生活，他们觉得自己的家乡是那里，从那里可以学习到很多生命的真实。

第八，裂帛的精灵内心柔软，在纯美的世界里，会看惠特曼和海子的诗歌，他们喜欢创造，经常会自己东琢磨西琢磨跟生计无关的东西。他们爱听音乐，或者爱看书，或者爱行走，或者爱某一个别人根本不在乎的毫无实用价值的东西。他们会因为一个眼神而牵肠挂肚。

第九，裂帛的精灵是一个永远不想长大的孩子。

第十，裂帛的精灵善于原谅，不会吹毛求疵，所以他们不是科学家，不是纯理性思维者，他们重情信诺，为一个眼神一句话就可以相信，就可以托付很多。

第十一，裂帛的精灵尊重裂帛的团队，裂帛不是一个人做出来的，不是只有大风小风

在努力的，他们身后有一个充满激情的团队，为此，允许犯错，允许偷懒，允许作为一个鲜活的个体而存在。裂帛不想只做赚钱机器，不想成名成牌，只做自己喜欢的东西，给喜欢的人。裂帛不仅仅卖的是设计，还有很多很多人的努力。所以，他们不会以机械化的方式对待客户。

## 三、参照本心

裂帛的设计秉承向内行走的品格，参照本心、无拘无束的风格，将边缘文化的手工，少数民族服饰的形式、色彩与艺术交汇，以饱满的热情与能量诠释撕裂丝帛，撕裂常态，撕裂规则的内心独白。以旧的形式创造新的艺术，设计者通过再创作与表达，来反映梦境与现实的重合，发现隐藏在潜意识里的真我，来表述内化的体验，由此，不再用美学去简化未来，也不再用时尚梳理现在，而是用自然去拥抱生活，用梦想诠释纯真，笃信世间万物是因为生命的触碰与联系，因为梦想的感恩与绚丽，才会在某些瞬间击中心灵，产生共鸣。

裂帛在大众的感受里被指认为自然风、民族风，但却不以其为终点。裂帛的设计，是来自对模板化的反对，是自由、自我、直接的，遇见什么，感受到什么，就有可能创作出另外的什么。裂帛会一直走向自己本身的情感土壤，这也是其"向内行走"设计理念的含义。

裂帛提倡的是动态设计理念，其设计师在设计中参考、比照自己的内心。设计师的所做，多聆听来自内心的声音，他们称自己为"本体设计"，不断蜕变，表现出来的色彩、质地和形式仅属于新的视野，因为所有的"与众不同"不过是与心相同。所以裂帛所体现出来的风格

就是参照本心、无拘无束。按照裂帛的解释，即衣服，是穿在身上的心灵。

在设计风格上，裂帛强调大同的自由风、民族风，大风小风这样说："我们的设计并不局限于某一个民族，云贵刺绣、西藏邦典、非洲部落图腾、吉卜赛花纹都可成为服饰中的一个元素，这是一种大同的民族风。"裂帛可能被学术界认为是中国风、民族风。但是市场上不缺民族风、中国风的服装品牌，没有一个如裂帛做的这般所谓的风格里极具个性，这不是时尚与民族风的结合，因为裂帛的设计元素不紧跟流行，而是他们对于时尚有着自己的看法，以某种特定的风格表达自己的想法，这就是裂帛的风格。

有人说裂帛和江南布衣、例外这样的品牌风格相似。其实在设计风格上，裂帛与例外、江南布衣走了完全不同的道路。大风说："我一直相信，所有的民族都源于同一个民族，裂帛是世界民族风，或者说是部落素朴主义。我们回归到本质，是没有进化的孩子。"裂帛的风格就是参照本心，强烈的生活。

现在有很多独立设计师要通过作品表达自己的观点，还要让人们以高尚的、艺术的眼光去欣赏，而大风说："裂帛最想表达的就是——强烈的生活。"裂帛的设计师就是将边缘文化的手工及形式、色彩与现状相结合。通过设计者的创作，来反映顾客自身的梦想，发现顾客隐藏的记忆，表述顾客内化的体验。

## 四、融合创新

裂帛将民族元素运用到成衣中，并做出改造和创新，而非一味照搬，实现了传统与现代的完美融合。在服装的色彩、款式、工艺方面，既传承了民族特色，又体现出积极创新的成果。

1. 中国色彩

裂帛服装经常采用的色彩是赤、青、黑、白、蓝五色，这些色彩与中国传统审美和哲学思想紧密相连。而在裂帛服装中最常用的色彩是红色，"中国红"传达的是一种喜庆欢乐的气氛，过年过节、结婚生子，红色是首选的服装色彩，从古至今中国人对红色都有一种崇尚的心理。裂帛在运用色彩时，做出了大胆的拆分与再运用，如在现代款式的服装中与其他色彩的搭配，或是边角的点缀，这些都为裂帛增添了不一样的民族特色。

2. 款式造型

中国服装已经有超过5000年的历史，在发展变化过程中，虽然各个时期的服装各具特色，但其服装造型却有着共同的特点。西方服装讲究体现人体曲线之美，而中国服装则较为宽松，讲究自然舒适，宽衣博袖。裂帛的裙装随意自然，配饰简单，对传统的服装款式进行了改造，并非一味的宽松，使得裂帛服装更加便于活动，更加符合现代生活的要求。

3. 工艺技术

裂帛的手摇绣又称锁链绣，是十分讲究工艺的，每一针都必须非常精准。还有立体感极强的贴布绣等。仿手绣是裂帛的一大创新，为此公司投入了大量的人力物力，模仿了几十遍苗绣里的编线和走针，尽量避免那些华丽的光泽和精美的批量绣花之感。裂帛几乎每一件服饰中都有刺绣的花样、花朵或吉祥纹样。刺绣的装点使得裂帛服饰更具文化底蕴，更加与众不同。

裂帛在面料和工艺上也积极吸取现代元素，面料多采用真丝面料、香云纱、高级雪纺、竹纤维、40英支高质量精梳棉纱、天然莫代尔、锦棉、丝光棉、纯亚麻等。工艺有立体剪裁板、高端定位裁剪、植绒、专业水洗、手工钩织、羽绒服三层里料、21道切割、多种织法相结合、镂空效果等。下面以裂帛天猫旗舰店销售的现款服装说明其设计特色。

如图1所示为圆领刺绣无袖连衣裙。这款连衣裙，选择了流畅修身的板型，舒适百搭，是典型的现代服装款式；刺绣为几何元素与花纹并用，传统与现代并存。在几何型图纹中，既有色彩不同的网格形状，也有椭圆形、方形等纹饰。花草型纹饰中，花草是自然界中常见的元素，也是我国少数民族服装中常常取用的元素。在图案布局上，几何纹样是以单个纹样为单位进行连接和组合的，形成带纹。在色彩搭配上，设计师采用红、绿、蓝为主色，色彩对比强烈，给人以时尚又不失民族味的感觉。面料采用棉氨针织，成分为大部分的精梳棉加微量氨纶，具有婴儿般的舒适感，天然无刺激，触感柔和，同时加入的少量氨纶，柔软舒适具有弹性，运用现代纤维体现出无拘无束、天人合一的中国传统理念。

**图1　裂帛圆领刺绣无袖连衣裙**

图片来源：裂帛天猫旗舰店

如图2所示为刺绣牛仔连衣裙，领口和袖口的刺绣是整件服装的点睛之笔，以花卉为主题，营造花开心中的氛围，点缀出别致的民族风格。牛仔是现代生活中常见的服装面料。在牛仔上刺绣，是一种洒脱与浪漫的结合，使原本现代化的牛仔服饰充满了民族韵味。在刺绣针法上，采用平针绣法带出抽象化的花朵刺绣纹样；在色彩上，参照刺绣中常用的绿色、红色，色彩变化清晰，精致美观。虽然此绣片在效果上不是那么精美华丽，但它传达出一种质朴的精神，给人以返璞归真的感觉。

正面　　　　　　　背面

**图2　裂帛刺绣牛仔连衣裙**

图片来源：裂帛天猫旗舰店

## 五、物畅通达

2012年，大风最终关掉了位于北京附近的自建工厂。这个曾经有300多工人，7000多平方米的工厂，曾占到裂帛70%的产能，承担着裂帛大部分订单，当时只有在工厂消化不了的时候，裂帛才会考虑选择外包工厂进行加工。但如今，在关闭之前，裂帛的自建工厂只占裂帛整个产能的10%甚至更少。关掉工厂的原因是"公司盈利,工厂亏损"的状态一直没有改变。除了管理原因,工厂亏损的另一个原因是裂帛对于自己工厂的依赖,经常将最小最不好做的,外包工厂不能按时交货的订单扔给自己的工厂。

对于大风和小风来说,自建工厂并不是最初的选择,也不是他们的兴趣。创业之初,大风和小风抱着一堆自己设计的服装效果图想找一家工厂制作,接连被十几家工厂拒绝后,她们不得已建立起了自己的制作团队。随着裂帛在淘宝上知名度和销售量的提升,最初几个人的家庭式小作坊也在慢慢扩大,从居民区搬到通州一个1300多平方米的新厂房,工厂的员工增加到了80多人。2010年,工厂迁至瀛海,面积扩大为4000多平方米,员工数量突破100人。这时裂帛的销售量尚处于千万级,自建工厂对于裂帛早期品质的把控、快速反应、供应链的控制都起到了非常重要的作用,如果没有自建工厂对于质量、时间、成本的把控,裂帛很难完成如此高速的运转。但是对于销售额上亿的裂帛来说,自建工厂已经远远不能满足需求,其短板也慢慢显现。

2010年7月,裂帛做了一次预售。在线上零售中,预售是一种常见的模式,利用预售平台,卖家们可以发布新品,测试市场的反应热度,也可以在热卖款断货后转为预售,积累人气。两种预售模式对回笼资金、缓解现金流压力都有一定帮助,从而为淘宝卖家所推崇。但是,淘宝的规则规定,预售产品必须保证买家在45天内收到货,这让卖家的供应链接受考验。裂帛的这次预售,因为工厂的产能跟不上而无法按时发货。尽管裂帛的客服最终给买家一个个打电话道歉并一一退款,大部分的买家表示了理解,愿意等更长的时间,但这次危机也让大风、小风痛下决心,一定要去开发更多的合作

工厂,减少对公司工厂的依赖。在这一过程中,裂帛完成了适应自身品牌发展的供应链管理系统,大大提升了品牌的竞争力。

裂帛为保证产品品质,将国内某一领域最好的厂家作为首选合作伙伴。但是,供应链作为一个系统工程,不是简单地靠找几家工厂就可以解决的,更需要达到账期、质量和成本的制约平衡,这就需要具备专业背景、经验丰富的人才。2011年6月,裂帛创始人之一向峰开始负责生产,同时有着多年供应链管理经验的南风来到裂帛。裂帛开始扩招生产人员,从原来的一个人逐步扩展到现在的70人左右。而原来几年前一起打拼建设工厂的总监也调回总公司负责样衣制板研发中心。多年的经验教训,让大家最终决定将裂帛的代工厂定位在100~250人的规模。事实上,分处供应链的两端,代工厂和公司的合作过程也是双方博弈的过程。如何很好地控制成本,保证质量,并获得一个合适的账期,成为双方利益的博弈点。100人左右的工厂,具备一定的规模,成本和质量可控,而裂帛一年几亿的销售额在与中等规模的代工厂谈判时具备优势,比较容易争取一个合适的账期。

裂帛强调与加工厂有感情的合作关系,特别是对于那些跟着裂帛一起成长的工厂,裂帛甚至会派人到工厂给工人做专门的培训。这种有感情的合作让企业与工厂之间的关系不单是公事公办,既为裂帛争取到30天左右的账期,同时,当工厂出现资金流、管理等问题时,具备一定实力的裂帛也会帮助工厂度过难关。而这种与供应商的有感情的合作方式,在裂帛决定扩充新品类时,更是发挥了极大的作用。2011年下半年,裂帛开始做男装,对于新品牌来说,如何解决供应链问题成为最棘手的难题。

而裂帛与加工厂之间的战略合作，很大程度上保证了男装"非池中"生产端的稳定。

电子商务的崛起，也让供应链管理越来越成为企业的核心竞争力，电商企业之间的竞争，更多演变为供应链与供应链的竞争。当ZARA的15天全球极速供应链风靡全球时，裂帛的经验是，供应链并不是越快越好，快速反应的供应链体系需要完整的流程设计以及组织架构，适合自己的供应链才是好的供应链。裂帛曾将30天的快速反应周期定为自己的目标，但是效果并不理想。因为当时的裂帛对于供应商的监管体系还不完善，很多工厂为了赶时间，在面料、工艺上偷工减料，致使部分产品出现了严重的质量问题。事实上，30天的反应周期对于一个设计师品牌来说，本来就是不适用的。"ZARA遵循的是买手制，只需要买板，加以简单改动，在全球寻找代工厂即可。同时他们还拥有自己的织布厂、染厂和裁剪厂，可以省略掉前端的研发和面料等待过程。但作为一个设计师品牌，光是前端的产品研发可能就需要一个月的时间，因此，ZARA的快速反应模式并不完全适用于我们。"裂帛市场经理玫瑰说。

对于很多淘品牌来说，每年2亿的销售额是一个门槛。在创业的早期，往往公司依靠的是创始人的个人魅力和能力，那么再往上走，需要的就是团队的组织架构和商业化的运作。而通过信息技术建造和掌控整个供应链则至关重要。一条完整的供应链，除了要考虑货期、质量、成本的相互制约外，从大的方面讲，要通过流程设计与IT的整合，实现信息共享、过程可控，最终缩短交付的周期，达到库存可控。

裂帛自建供应链系统的想法在当时显得有些大胆。自建供应链系统需要具备两个条件，一是熟悉服装生产的各个环节；二是懂IT，能进行快速流程设计与开发。在当时的淘宝TOP20的女装品牌中，还没有一个自建供应链。大部分的女装品牌还是选择将供应链系统外包，就算经常出现问题，卖家基本选择"忍忍也就算了"。经过2~3个月的研发，裂帛基本完成了供应链系统的开发，这套系统完全为裂帛量身定做，包含了从产品研发到大货入库的整个流程的控制。

从产品设计端来说，裂帛放弃之前的罗斯系统，将SCM（Supply Chain Management，供应链管理）系统深入到产品设计的研发环节，提前考虑物料的可供应性，也就是保证产品设计的可供应性。当一件衣服还在设计稿或者制板的阶段，通过SCM系统，裂帛的生产中心可以提前预测物料情况以及这件衣服生产的可行性。在营销端，通过BI（Business Intelligence，商业智能）和ERP的运营数据对接，可以提前做好物料、产能的准备，缩短货期。现在，裂帛做一次新品预售，通过对前一小时和第一天的销售量进行系统的数据分析，可以模拟预测这件衣服的销售量，为运营部快速补单提供参考。SCM的另一大优势就是精简产品。互联网一直强调长尾效应，但是，SKU（Stock Keeping Unit，单品项管理）并不是越多越好，SKU的数量越大，越考验供应链的稳定性，也在一定程度上造成了资源的浪费。"在产品上，二八理论在裂帛同样适用。差不多20%的款占了裂帛80%的销售，10000件商品给用户的惊喜程度可能不及我们将1000款产品做到极致。"IT总监大麦说。事实上，通过数据分析，裂帛也在适当精简自己上新的SKU数量，着力将20%的款做好，严格弱化剩余的80%的款。而相比线下传统大牌的供应链运转周期，裂帛每周20款的上新，2~3个月的首单时间，30～40天的快速返单也证明了当一个网络品牌补齐了供应链的短板后，借助互联网的优势，它与消费者的距离会更近。

## 六、内外并行

裂帛的设计，是来自对模板化的反对，裂帛会一直走向自己内心的情感土壤，这也是其"向内行走"设计理念的含义。对于成长于淘宝的原创品牌裂帛来说，她的理想是做百年中国设计师品牌，甚至走出国门，走向世界。所以在设计理念上坚持"向内行走"，运营上却要"向外行走"。裂帛坚持低成本、低价格，多种营销平台结合，品牌传播方式丰富多彩，并且不断培育新的品牌。

### 1. 成本控制

电商的定价普遍偏低，毛利需要达到50%以上，才能保证企业正常运营。根据大风在接受福布斯中文网的访谈中介绍，"50%的毛利中涵盖了大量的费用：10%的仓储成本、10%的人力运营成本、20%的广告成本，还有5%~8%的电商扣点。简单的加减法之后，结果一目了然。如果毛利不能达到50%，那么很快就会亏本做不下去。"为了严格控制生产成本，裂帛并非简单地将设计好的板型纸样交给合作工厂加工。裂帛与合作工厂之间制定了各项细致具体的核价单，分别记载着面料、辅料、吊牌、包装、工艺加工等六七十条指标的价钱与利润。

除了成本上的控制，裂帛追求高质量的产品与服务。线上的销售数据比线下更为透明化，竞争异常激烈。裂帛发展起来后，也面临着抄袭问题。有的商家用更差的面料来生产裂帛同款，以更低的价格出售。裂帛坚持以原创的款式和优质的面料来吸引顾客，宁愿减慢发展速

度，也不会以次充好。裂帛差异化的品牌竞争力，有效地避免了与其他服饰品牌的正面竞争，获得了一定的价格主导权；通过网络营销减少了顾客的时间、精力和货币成本，增加客户的让渡价值，获得更高的品牌忠诚度；而计算机的运用减少了公司的运营成本，降低了产品的销售成本。这些因素使裂帛有更灵活的定价空间，以相对较低的价格和较高的产品质量赢得消费者的青睐，实现企业的盈利。

### 2. 渠道扩展

裂帛品牌是在加入第三方平台淘宝的基础上发展起来的，随着不断地发展，裂帛开始了多种营销平台相结合的策略。裂帛选择在品牌知名度与服务水平较高的第三方平台开设旗舰店，如在天猫商城开设官方旗舰店，在凡客V+商城开设官方旗舰店，在京东商城开设官方旗舰店，在当当网开设官方旗舰店等；裂帛自身的壮大，企业实力的增强，使得裂帛具备了直接渠道的能力，2012年裂帛创建了具有高水平的官方直营网站。

裂帛由名不见经传的小众品牌发展成为具备一定实力的知名品牌，很大程度上得力于淘宝网提供的技术服务等方面的支持。淘宝商城是B2C平台的代表，现更名为天猫，网络知名度高，用户群大，为裂帛网络营销提供了一个良好的环境保障：信誉保证、技术和资金的要求低、丰富的客户资源、数据管理方便容易、公平竞争环境。交易发生冲突时，第三方平台还可以充当仲裁调节冲突。

裂帛网站设计风格与其实体店的陈列形式极其契合，不同类型的商品排列得井然有序，却又不失活泼清新。在第三方网站后台，裂帛网站的数据、搜索、交易、支付等功能是相通的，这种对接的方式便于消费者的购买，其完善的

交易系统帮助裂帛解决了它的技术弱势，使其能更加专心致力于商品的研发。裂帛站点的风格比较稳定，裂帛的新品推出速度快，每周都会推出新品。天猫等第三方服务商提供的商品搜索、分类查找功能，便于消费者在最短时间内找到需要的商品。裂帛的产品经理表示，目前裂帛正在开发自己的平台，以解决单一渠道带来的风险。

### 3. 营销传播

裂帛的传播部门是裂帛品牌的中心，它由视觉和策划两部分人员组成。视觉部门主要负责摄影和平面设计工作，是一个较大的团队。策划部负责品牌策划推广及文化方面的工作，是个小团队，成员们此前的身份分别是由撰稿人、报社编辑、广告人、乐队经纪人、图书编辑等。

裂帛的营销是通过淘宝帮派、博客、微博、微信这些线上渠道进行的。刚开始只在淘宝平台上做时，裂帛就充分利用论坛的影响力，先后推出征文等活动，通过帖子与消费者互动，引起了很大的关注度，从而使得裂帛在淘宝论坛上仅仅用了 2 个月就升级为帮，创造了一个小小的奇迹。裂帛的帮派是早期与客户互动的平台，购买裂帛衣服的人分享旅行的照片，喜欢裂帛的人为其写诗，裂帛也发起了很多针对这些消费者的活动，像分享歌曲、书籍和电影的活动，赢得了目标消费者极大的忠诚度。当年在帮派上活跃的客户，成为现在裂帛的用户。裂帛出版的书籍《没有角的鸟》大多是论坛里精灵们的杰作。现在淘宝的论坛里没有以前那么活跃了，因为大家有了微信、微博等更加便捷的沟通互动渠道。

裂帛投的第一支广告是直通车，每个月两三千元钱。在淘宝上能够销售百万的商家除了少有的传统品牌之外，基本上广告是其保持销量的重要途径。2009 年 12 月，大风姐妹二人被淘宝小二金光大师带去杭州向麦兜兜、七格格学习后，她们花了 10 万元，买下一天的淘宝首页网幅（banner）广告，同时配合店铺活动宣传一下，当天销售额达 100 万元。直到现在，裂帛的签年度框架协议仍旧仅在价格最低的那一档。裂帛不请代言人，不做网红宣传，裂帛最重要的推广就是它一直坚持的与消费者的心灵、情趣、爱好的沟通。裂帛做了 12 年，前四年都没有进行品牌推广。裂帛的品牌经理说先搞定为什么有人进来买，有人进来不买，才是最重要的。

在激烈的服装市场竞争中，品牌就是服装企业的核心竞争力。建立与维护美好的品牌形象是企业推广的重要内容。裂帛的品牌推广工作有：公益推广、企业文化推广、平面媒体报道、电视视频报道、网络媒体报道。自创办以来，为了帮助有梦想的人，裂帛举办过许多公益活动，创立了文化基金，捐助汶川震后重建，抗旱赈灾，帮助艺术家出版唱片、诗集、纪录片，走访民谣，资助山区儿童等。公益推广活动达到了既帮助需要帮助的人，又推广了自身品牌形象的双重目的。

裂帛非常注重企业文化推广，宣扬不做真皮，保护自然生态，提倡天然面料的运用。2012 年，裂帛旗舰店内刊《虹》已经由电子杂志全面升级为纸质杂志，每双月出刊，全年六期，报道更及时，内容更丰富。"虹"即彩虹，"心若彩虹"是裂帛人价值观的凝化，彩虹在心与心之间搭桥，跨越沟壑，翻山越岭。在裂帛，员工们称呼彼此为家人，裂帛的大家庭也包括无数的家属和亲人。裂帛的每一名员工都以一种花草或动物作为自己的名字，象征没有等级之分。裂帛的工作氛围也是极其轻松的，上下班不打卡，可以带宠物上班，有内部篮球场和咖啡厅，以及舒适的休憩区……

作为知名的天猫商城设计师品牌之一，裂帛已经越来越多受到媒体的关注，不管是平面媒体、电视媒体还是网络媒体都对裂帛进行了一系列的报道。平面媒体报道有：《中国民族报》2008 年 6 月 27 日刊，《看风景和看人》（大风专稿）；《服饰导报》， 2010 年 5 月 17 日刊，《设计师品牌的网络成长——裂帛：人力资源先行》等。电视、视频报道有：北京财经频道 2010 年采访裂帛，北京生活频道 2010 年专访裂帛，阿里巴巴视频中心专访裂帛。网络媒体报道有：搜狐财经：《"裂帛"梦想》；搜狐 IT：《她们的成功可复制吗》；中国服装网：《裂帛的网络秘籍》等。裂帛还对《爱上超模》《中国好声音》等电视节目和一些电影电视剧进行了服装赞助。2015 年国庆期间，裂帛作为唯一一家电子商务女装代表民族品牌亮相纽约时代广场。

裂帛通过多种方式吸引消费者购买。裂帛主页目前采用的网上销售促销主要是有奖促销的方式，会员注册可立即获得 10 元优惠券，同时购买服装可获得 10 元、50 元、100 元、200 元、300 元、500 元价位不等的优惠券以吸引顾客的关注。服装行业的传统销售思路是新品原价不打折，过季产品降价出售，裂帛则推出针对新产品上架的 8 折限时抢购与预售活动，让新品在刚刚上市的时候就受到一定程度的追捧。同时，裂帛将设计手稿、产品信息、服饰心得等产品相关信息发到官方论坛上，用这种独特的方式来树立品牌形象，不仅让消费者产生生动亲切之感，还帮助产品点击率快速传播，形成黏性消费。此外，精灵们还能够通过"裂帛牧场"发布信息、交流购物心得、探讨生活时尚、分享穿衣打扮心经等。裂帛也经常会搞一些小创意与小惊喜，比如设计有意思的风险环节来满足一些消费者对新鲜事物的好奇心，类似于贩卖节日礼包，以适当的价格销售一个消费者不知内容的大礼包，或者逗小宠物得优惠券等促销活动。裂帛通过官方微博与博客加强与消费者的互动。通过博客传递品牌文化以及解释售前与售后服务信息，通过官方微博培养粉丝与潜在客户。目前，裂帛的官方微博粉丝数目已经超过了 18 万，通过微博发布的彩虹列车公益信息、裂帛宣传视频信息、活动推广信息等都得到了粉丝一定数量的转发与评论。裂帛官微为粉丝提供免费订阅信息服务，凡是订阅的粉丝都会收到裂帛新品信息与促销信息。

4.品牌扩张

裂帛已经运用淘宝平台建立了一定的品牌知名度，并且拥有一定的客户资源。要想继续扩张就必须更加精细的运营，打造"大品牌"而非"淘品牌"。随着各方面成本的上涨和同质化竞争的加剧，原来依托的低价核心竞争力越来越弱，因此裂帛积极实行多品牌战略，开拓更多的细分市场。比如裂帛的客户在市面上买不到与裂帛服装搭配的内衣，所以裂帛推出了内衣品牌"裂帛 BRA"；为了满足不同体型的精灵的需求，裂帛推出了"芳外"这个大码女装品牌。很多精灵需要带有东方气息又做工精致的旗袍，于是就出了相对裂帛更为高端一些的改良旗袍品牌"新衣记"。

目前裂帛旗下拥有女装品牌：裂帛、所在、莲灿、ANGEL CITIZ、新衣记、芳外、迷戈。男装品牌：非池中。童装品牌：小裂帛、天使之城 KIDS。箱包品牌：莲灿箱包。

## 七、结束语

裂帛最大的成功在于其鲜明的产品特色。创始人就是设计师并始终坚持设计的偏执，具有鲜明的品牌特征，辨识度高，可以说设计就是品牌的核心。裂帛设计将民族的神秘特性与时髦都市的特性融合而具有了独特的品牌个性，传承民族文化和工艺的同时也能不断创新，品牌风格被越来越多的人喜爱，从而获得了品牌的持续发展。

裂帛的营销策略也是品牌成功的重要原因。在淘品牌迅速发展的初期，裂帛抓住了机遇，培养了一批小众的忠实粉丝，他们大多数是艺术生，喜欢个性化服饰，只要是喜欢便愿意出高价，回头购买率高。裂帛坚持客户第一，凭借高品质体验与高素质服务以及口碑营销和第三方平台的良好依托迅速扩大会员规模。裂帛降低成本的同时注重产品质量，面料舒适亲肤，网页更新迅速，采用无时限退货的策略并不断更新板型库，给顾客良好的购物体验。

品牌管理方面，理念与行为统一，企业文化与品牌文化互嵌，不牵强，不做作，独特的美学与服饰相互衍生，裂帛品牌的能量拓展了服装潮流的未来。裂帛品牌独立，更加关注自身，内化结构，整合技术，改良中国服装制造业及供应链系统来适应电子商务的快速反应模式。其创始人及团队擅长差异化合作，具有突出的执行力和学习能力。

裂帛作为中国知名的女装品牌，迎合了消费者对于民族特色的追求，同时又契合了年轻人对传统的反叛。其服装品牌之路独具民族特色，服装色彩、样式、服饰介绍的语言别具一格，形成其独特的品牌识别标志。其对于传统的继承、对文化内涵的注重、大胆创新为其他服装的营销之路提供了借鉴。裂帛用自己的风格证明了：民族风也可以做到极致。

向内行走，是裂帛一直以来的追求，即思考内心更多更深层次的东西。同时"行"也是行业的意思，表达了裂帛想要走向国际，成为中国代表性设计师品牌的梦想。裂帛已经提交了在深交所创业板上市的IPO（Intial Public Offerings，首次公开募股）申请，未来，裂帛能否通过不懈的行走开辟一条全新的中国设计师品牌之路，我们拭目以待。

**参考文献**

[1] 孙儒为 . "裂帛"服装传播风格探析 [J]. 传播与版权，2012(10)：114-115.

[2] 潘早霞 . 从"裂帛"品牌看边缘文化与服装设计的融合创新 [J]. 丝绸，2012，49（9）：48-51.

[3] 刘白茹 . 裂帛网络营销策略研究 [D]. 北京：北京服装学院，2013.

[4] 孙晴 . 网络服装营销发展的战略探索 [J]. 中国商贸，2010(25)：132-133.

[5] 王玉，赵平 . 浅析裂帛品牌的心理定位 [J]. 科技视界，2014（29）：132.

[6] 王海琳 . 裂帛：不懈的行走 [J]. BG服饰美容，2014( 9)：38-39.

[7] 刘杰克 . 从裂帛并购天使之城谈淘宝品牌转型 [J]. 市场研究，2013(06)：42-43.

# 中篇：
# 中式服装消费行为调研报告

Part Two
Research of Consumer Behavior of Chinese Style Clothing

# 中国概念服饰研究报告

赵平 撰写　王秋月 眭晓慧 审校

## 一、研究背景

　　北京服装学院正在进行一项有关中国传统服饰的研究课题，对中国概念服饰的消费心理研究是其中的一个部分，央视市场研究公司受其委托进行了本次项目的调研。本项目计划针对北京市场，通过开展中国传统风格服装和品牌的消费者调查，借助实证研究的手段，从消费者的角度挖掘中国概念的意象与元素，探究他们的消费心理与行为。以此，为后续中国概念的服装服饰设计研发、市场推广、服饰文化研讨提供参考和依据。

## 二、研究目的

　　首先，了解消费者对中国概念服饰的基本认知；

　　其次，了解消费者对中国概念服饰的穿着行为及穿着过程中遇到的问题，探究妨碍中国概念服饰推广的壁垒；

　　最后，了解消费者目前对中国概念服饰的消费行为，为下一步的市场推广策略作参考。

## 三、研究方法

　　在充分考虑不同类型的中国概念服饰的受众群体差异的基础上，在项目执行过程中将目标消费市场分为高端、中层及大众三个市场分别进行研究，并针对每个市场的特点采取不同的研究方法。

### （一）高端市场

　　采取深度访谈的研究方法，共深访 8 位定制或购买过价值 3000 元以上中式服装的受访者。受访者中包括男性和女性消费者，涵盖商界、政界、文化界、娱乐界及外国人士。

### （二）中层市场

　　调查对象（表 1）为本科或以上学历、服装消费观念强的消费者。女性个人月收入 5000 元以上，男性个人月收入 6000 元以上；过去一年内服装花费在 6000 元以上。采取焦点小组座谈会的研究方法，共分 3 组。执行时间：2010 年 1 月 12 日至 2010 年 1 月 29 日。

**表 1　中国概念服饰访谈分组情况**

| 组别 | 情况说明 |
| --- | --- |
| G1组 | 30~60 岁男性，对自己的服装购买有决策权，有穿正装出席正式场合的需求，购买过中国风格的服装 |
| G2组 | 25~35 岁女性，关注时尚流行趋势，对中式服装感兴趣，至少有 4 人购买过中式服装 |
| G3组 | 36~50 岁女性，有穿正装出席正式场合的需求，关注时尚流行趋势，对中式服装感兴趣，至少有 4 人购买过中式服装 |

（三）大众市场

采用街头拦访的研究方法，访问员在选定的若干地点，主要有超市、写字楼、车站等公共场所，按一定程序和要求选取访问对象，通过问卷的形式进行调查。

## 四、研究主要发现

（一）对中国概念服饰的认识

旗袍、中山装和唐装是被消费者广泛认可的中国风格服饰的代表。

消费者在判断服饰是否是中国风格的时候主要从以下几个方面来看：

（1）款式：典型的中国风格的服装款式有立领、盘扣、对襟、连袖；

（2）材料：如丝绸、亚麻和棉布等；

（3）工艺：刺绣、蜡染、扎染等；

（4）颜色：有一些颜色及颜色的搭配已经融入中国文化中，成为民族文化的代表，也使得这样配色的服装具有了中国概念，这些颜色的代表是中国红、黄色，颜色搭配上最典型的是红绿搭配；

（5）图案：具有中国文化特点的图案，龙凤纹、祥云纹、古钱币纹、吉祥寓意的汉字纹、荷花纹、牡丹纹等；

（6）其他有代表性的中国风格的元素还有民俗物品和中国特色的配饰。

消费者认为中国风格的服饰可以表现出中国人特有的气质和美感，这种中国特有的气质可概括如下：

（1）含蓄内敛；

（2）优雅；

（3）端庄；

（4）中式的性感；

（5）文化独特性；

（6）天人合一；

（7）儒雅。

服装作为文化符号，应当与文化的特征具有一致性，所以受访者在谈论中国风格服装的美感时，更多注重它的优雅、内涵和韵味，而不注重其奢华，认为奢华这样的外在特点是不适合用来表现中国文化的。

服装的消费不是孤立的，是与社会环境、文化氛围、生活方式紧密联系的。因此消费者在消费中国风格服装的时候，并不只是在选择一种服装风格，而是选择了与之对应的生活方式。这种生活方式不仅是在穿着中国风格服装时要有与之相衬的发型、配饰、表情、动作、气质，更是对中国文化、中国价值的认同和追求。所以调查发现喜爱中国风格服饰的消费者，往往也非常认同中国传统文化，同时也有与中国风格一致的生活方式和兴趣爱好，如品茶、琴棋书画、认同传统的思想价值观念等。

具体来说，受访者喜爱和穿着中国风格服装的主要驱动因素来自以下几个方面：

（1）审美需求；

（2）文化认同；

（3）个性表现；

（4）穿着舒适。

（二）对中国概念服饰的消费

本次调查表明中国概念服饰具有相当大的市场需求，高端、中层和大众消费者中都有广泛的受众基础，但目前还没能形成潮流，需要加强推广和宣传的力度。

在对中国概念服饰的消费上，不同阶层的消费者体现出不同的特点。

（1）高端消费者在消费中国概念服饰的时候更多受自身需求的驱动，受社会环境和其他外界因素的压力较小，价格接受度也较高，更重要的是这个群体的消费者对中国概念服饰的消费有引领作用。在穿着过程中也较少有搭配和打理方面的问题，这个阶层的消费者面临的主要问题是没有足够的能够满足其审美需求的产品。

（2）中层消费者在消费中国概念服饰的时候受社会环境的制约较大，所以多是在约定俗成、大部分人认可的场合和情景中才穿着中国风格的服装，对价格有一定的接受度，消费需求以成衣为主，但风格上以改良的更为受欢迎。这个群体是一个需要引导和跟从的群体。消费过程中面临的主要问题是没有适合于各种场合的改良程度不同的服装。此外，服装的搭配、质地带来的打理上的问题对他们来说也是推广中国风格服装的阻碍。

中国风格的服装尚未形成有影响力和号召力的品牌。目前有一些中端的女装成衣品牌在消费者中已经具有一定的知名度，但男装品牌在这方面比较欠缺。高端品牌较少且品牌溢价能力低。

可见中国风格服饰在市场发展上尚处于导入期。

## 五、调研结果

### （一）高端消费市场研究结果

1.对中国概念的认知

消费者对中国概念的第一联想主要是具体的物质文化层面的形象，以建筑、饮食、家具装饰、服装服饰，以及一些具有象征意义的颜色和图案为主。长城和故宫是深入到多数受访者心目中的中国概念的第一联想，表明其已经进入到中国人的集体无意识中，是当之无愧的中国形象的代表。服装服饰是消费者对中国概念的一个重要的认识，表明中国概念的服装服饰作为文化符号被多数高端消费者所认同。

一些受访者在提及中国概念时会做出一些精神和主观文化层面的联想，比如中国传统的艺术、琴棋书画、曲艺表演等，具体见表2。

表2 对中国概念的认知

| | 分类 | 联想 |
|---|---|---|
| 物质文化层面 | 建筑：长城、故宫、四合院 | "对中国的概念首先会联想到长城、故宫，朋友来北京玩也基本建议去这些地点"<br>"一般提到中国概念都会想到建筑" |
| | 家具装饰：明清家具 | "中式家具和明清家具"<br>"Architecture，cooking，furniture" |
| | 服装服饰：旗袍、唐装、中山装、民国时代服装、花布棉袄、盘扣、立领 | "服饰如旗袍，旗袍上具有中式特色的装饰如盘扣、立领"<br>"还有中式的旗袍以及民国时代的服装"<br>"一谈到中国，还会联想到花布棉袄，因为生长在北方会对这些有特殊的感觉" |
| | 饮食：中国菜、茶文化 | "从茶的方面主要会联想到，如：普洱茶，乌龙茶等，绿茶相对会较少，因为从国际角度来说绿茶在日本受关注度会更高，提到绿茶更多的是联想到日本"<br>"中国的四合院、旗袍、中国菜，整个华夏文化都可以涵盖和包括" |
| | 颜色：中国红、黄色 | "中国红以及黄色"<br>"中国的色彩，比如中国红等" |
| 精神文化层面 | 古典艺术：琴棋书画 | "由于我个人对中国传统文化的喜爱，会联想到很多，如：中国的书法，中国的绘画等" |
| | 地方性艺术：京剧、相声 | "还有京剧和相声等这些类似的戏剧" |
| | 其他中国特点的艺术形式 | "中国古典的音乐剧" |

2.对中国概念服饰的特征认知

在深访中了解到，绝大部分的受访者在谈及中国概念服饰时，第一提及和主要提及的几乎都是固定样式的中式服装类型，最为典型的是旗袍、唐装和中山装，少数提及民国时代的服饰和汉服。

受访者认为比较典型的中国概念服装元素主要分为四类：

第一类是款式，如对襟、立领、盘扣、具有中国文化特点的图案、连袖；

第二类是服装的材料，如丝绸、亚麻和棉布等；

第三类是工艺，最为突出的代表是绣花，当然也有个别受访者提到蜡染；

第四类是颜色，有一些颜色及颜色的搭配已经融入中国文化中，成为这种文化的代表，也使得这种配色的服装具有了中国概念。

3.最具代表性的中国概念服饰

通过深入沟通发现，女装方面最能代表中国的是旗袍，男装方面则是唐装和中山装。但对于中山装和唐装哪个更能代表中国，受访者中存在一些争议，以下列举了部分受访者的访谈记录：

"唐装和中山装这两种服饰最具代表性和特色性。长袍马褂比较难看，因为那种衣服实际上是满族的衣服和汉装相结合不伦不类的，国际场合下还是喜欢穿着中式服装，如唐装和中山装。"

"有什么衣裳能代表中国，我这么理解：其实没有什么能最代表中国，因为现在元素都很复杂，它是个多信息的时代。说某一件东西，形容一种象征的东西，现在很少，如果从普通的消费者来说有些衣服让您感到很中国，比如女士的旗袍，男装反而没有特别的某种能代表的。"

汇总受访者的访谈记录，对最具代表性的中国概念服饰及其原因进行了概括（表3）。

表3　对最具代表性的中国概念服饰的认知

| 服装 | 受访者观点 | 原因 |
|---|---|---|
| 旗袍 | 认为旗袍最能代表中国女性 | 第一，符合中国女性的身材特征<br>第二，符合中国女性的气质<br>第三，有明显的、连续的历史传承 |
| 中山装 | 认为中山装最能代表中国 | 中山装在款式上沿袭了中式服装的一些要素，如对襟和立领，此外也广为生活在国内和国际的华人所穿着和接受，也具有一定的时尚感 |
| | 中山装不能作为中国概念服装的代表 | 许多受访者不太接受中山装作为中国概念服装的代表，原因主要有三点：审美上有不足、政治色彩过浓以及中国特色不够等 |
| 唐装 | 唐装最能代表中国 | 唐装具有兼容性和文化独特性的原因 |
| 汉服 | 汉服不是最代表中国的服装，但是是含有中国元素的服装 | 汉服历史过于久远，此外文化独特性不够 |

4.喜欢中国概念服饰的原因

所有受访者都对中国概念服饰表现出很高的喜爱度和强烈的兴趣，这种喜欢的主要原因是：

第一，中国风格的服装可以满足高端消费者审美的需求。

第二，中国风格的服装可以满足高端消费者的文化追求。

第三，中国风格的服装可以满足高端消费者彰显个性的需要。

第四，穿着舒适随意，可以更好地满足对服装的功能需求。

5.中国概念服饰的气质

中国风格服饰总体上体现的是一种优雅含蓄的细致，外形上的大方，整体上的高贵等；而含蓄则体现在一种内敛和秀美上，中式服饰主要的特点就是体现在以下方面（表4）。

**表4 中国风格服饰整体气质**

| 特点 | 访谈记录 |
|---|---|
| 含蓄内敛 | "这种美感觉还是比较秀美的，不是那种粗放、狂野、野性的东西，它是比较秀美的，是比较深邃的，让人想去探索的。"<br>"不会说露很多的那种，像晚礼服露后背它都不会的，但是它又是很合你身材的去剪裁，然后很体现女性的身材的优美，而且又不会露这露那的，所以整体给我感觉是比较内敛的"<br>"是一种比较内敛，比较秀美" |
| 优雅 | "中国女人穿旗袍还是比较优雅，然后还比较弱不禁风，但是整体是比较优雅" |
| 端庄 | "体现了中规中矩的美，它是一种比较端庄，比较正规，比较威严" |
| 性感 | "这是一种比较含蓄性感的美，同西方相比因为它很含蓄而不露的美，很性感，因为胸、臀、腰会显出来一点遮掩的地方给人想象的空间，得从缝隙里去看"<br>"从旗袍上来说感觉是那种很婀娜多姿，有些妩媚，把女性曲线衬托很好" |
| 独特 | "Original, Asian beauty"<br>"很有个性，西装的跟中式的一起，大家穿上都会有不同的感觉，肯定是一种个性" |
| 天人合一 | "一种天人合一的感觉，不单单是指面料，它的穿法也很天人合一。你系得很严你就很规范正式，你敞开了以后也很好看。中国很多的中式服装敞开穿的，也很好看" |

此外，就男装来说，有一些不同于女装的独特的气质，如阳刚和儒雅。

6. 中国概念服饰适合的人群

相当部分受访者认为，所有人都适合穿中国风格的服装，只要能穿出自己的韵味，无所谓老少胖瘦都能穿着。但是受访者也提出在穿着中国风格的服饰时，尤其是比较传统的服饰时，长相和身材的东方特性以及中国文化的修养是比较重要的因素。也就是说，受访者对穿着中国概念服装具有相当高的期望，这种期望并不只是体现对服装的基本功能和审美功能的层面，还体现在对这种服装的穿着氛围、文化环境和自我身份的体现方面。以下列举了部分访谈记录：

"如果是纯传统的衣服可能是长得稍微古典一点的女孩穿着比较好看。只要不是长的特现代的那种，现代的女孩皮肤晒得黑黑的，穿出来的服装肯定不那么好看，五官上要清秀一点的，不要那种很张扬的，长的特老外那种瘦

一点的，只要你具备先天的，只要是任何一个女人，姿色好一点的穿上旗袍都不难看。"

"我觉得胖人穿旗袍一般都不会好看，其实胖人不能说完全不能穿，但是相对来说美感的效果会差一点。一些老外穿着旗袍也挺好看的，当然穿在大多数中国人的身上可能会觉得这个就是她的衣服，穿在老外的身上也挺好看的，但是感觉老外刻意地追中国风格，会有那样的感觉，比如她在中国会有入乡随俗这种感觉，而且一个老外如果她要穿一件旗袍，很远很远你都能够看到。"

"一个是我觉得应该懂中国文化，当他穿上这件衣服，你就能从他身上感受到这种气质，然后他能衬托衣服，他能跟衣服相得益彰。还有就是另一种风格了，比如说现在的年轻人，他会把很多旗袍或者中式唐装有改变，或者在身上，或者在下摆，他有改变，或者他下面配一条非常西式的，非常现代的裤子，也有这样的风格，就是年轻人穿也会挺好看的。也是一

道风景，这是一种混搭。"

7. 对中国概念服饰的穿着和消费

尽管所有受访者都对中国概念服饰有着浓厚的兴趣，但是大部分受访者所拥有的中国风格服饰比例并不是很高，大约在十分之一的比较多，反映出这类服饰在市场上并不能占据主流地位。以下列举了部分访谈记录：

"十分之一差不多，不会说占的比例很大，因为穿的比例还是很少的。不过冬天我们穿的很多，冬天我穿长款的大衣可以带动我周边的朋友，每个人都有，做了好几件，改良的中式的。除了中式服装外主要还是以休闲类为主。"

"现在有 20 多件旗袍，然后其他的改良版的就淘汰了，剩下的就是纯中式的。其他的衣服风格还是以像牛仔裤这样的是偏休闲的为主。"

"中国风格的服饰占的比较多，因为我的职业要用它，再一个有些时候的一些 Party，朋友的重要的一些场合，哪怕不是上舞台，宴会或者其他场合，我都会穿一些中式的衣服。在平时，在一些生活中，也就是亚麻的衣服还比较喜欢。一个是它比较舒服，然后也是我觉得还是延续到我喜欢中国的这种含蓄内敛的文化吧。旗袍可能占到中式服装的一半，其他的休闲装、牛仔裤、T 恤衫，就是有些时候可能会穿一些，我的职业还是一名军人，我还有一半服饰是那个军装。"

在款式方面，传统和改良的中国概念服装都有相当的拥护者。喜欢传统中式服装的受访者主要是从个人喜好和审美的角度来考虑。喜欢改良款的受访者主要是从穿着实用和舒适的角度来考虑的。其中，女性更倾向于定制中国概念的服装，而男性更多是选择购买成衣，这

表明女性和男性对着装的关注度不同，女性更愿意花费时间、精力来获得更精美的服装。

从消费者的购买行为来看，中国概念的服饰尚未形成有号召力的高端品牌，女装方面还有一些有知名度的品牌，男装方面基本没有品牌。值得注意的是，比较知名的中国风格服饰的品牌多出自香港、台湾和上海，这可能表明这些地方传统文化的保存和继承好于大陆其他地区。不过，即使是有一些在消费者中有认知度的高端品牌，也缺乏品牌溢价能力。

对于定制中式服装主要是通过朋友之间口口相传的口碑，并没有市场化的途径，而且比较能接受的价位在几千至 1 万元。

对于穿着场合，中国概念的服饰由于其气质特征和穿着体验，更适合于正式场合和传统节日，休闲和运动场合不太适合。此外，由于其文化性和民族性，也非常适合国际场合。以下列举了部分访谈记录：

"穿着中式服装还是会选择相对隆重的场合穿上它，因为你需要梳一定的发型，需要化上一点淡妆，需要戴上首饰，就是中式服装不是轻易对待的，很特别的东西，一定是有相对的隆重的氛围，才会穿它，对待它还是很严谨。"

"因为每个人要求不一样，对于很多人来说可能是无所谓，就像我刚才说的，去逛地摊，去吃火锅，他就穿着去了，去海边他也穿着去了，有这样的。但是对于我来讲呢，我觉得我刚才说的这几个，这样的场合，或者你去挤火车，或者你去挤汽车，那就不适合。那种很休闲、很随意的场合就不太适合穿着中式服装，因为它这个东西是要展现一种味道，展现一种很闲淡、内敛、秀美的那种状态。你在这样的场合里，是没有人顾忌你，看你穿什么东西，顾忌你这个旗袍，顾忌你这个韵味，没有的。"

"很正式的场合，比如去夏纳电影节或者广告节，日本音乐中心开业，有一个日本的音乐中心的一个开业仪式，我穿的是那个。有那么几次，反正都是比较规范性的、比较正式的、酒会等。原来包括接受采访的时候也穿过，搞活动接受采访也穿过。"

但由于目前中国概念服饰在外观设计和穿着体验上的一些问题，不能满足所有场合、所有季节的穿着需求，所以在穿着的时候还是会有一些侧重，高端消费者们遇到的主要问题在于不能找到满足不同季节或场合需求的中国风格服装。他们认为中国概念的服饰要与现代生活融合，一是服装本身需要进行改良，既要适应现代人的生活特征和场合，又要体现现代的时代精神；二是需要宣传和推广。同时，高端消费者在穿着中式服装的时候会非常注重整体的搭配，但这对他们来说基本不会成为一个问题，打理和保养方面主要存在的问题是：面料上容易褶皱缩水、绣花在水洗后会褪色、衣服需要熨烫，但也几乎不成为问题，因为都会交给洗衣店来处理，所以不会造成他们穿着中国概念服饰的困扰。由于高端消费者对中国概念服饰的穿着会对周围人有带动作用，因此开发这个市场可以起到引领风潮的作用，在推广中国风格服饰的过程中值得特别重视。

（二）中端消费市场研究结果

1. 消费者对中国概念服饰的基本认知

（1）消费者认知的中国概念服装：最主要是中山装、唐装和旗袍。

中山装、唐装和旗袍是几种已形成较固定风格的中国服装类型，这几种风格的服装在消费者心目中的主要特点如表5总结的内容。

除此以外，还有一些特定用途和使用场合

表5 消费者心目中的中山装、唐装和旗袍的特点

| 主要特点 | 中山装 | 唐装 | 旗袍 |
| --- | --- | --- | --- |
| 款式 | 四个明兜，立领外翻门襟系扣，垫肩 | 立领、盘扣、开襟 | 立领，盘扣，摆侧开衩，通常为斜襟，但袖式和襟形可以有所变化 |
| 面料 | 面料偏厚实、挺括 | 面料偏柔软 | 丝绸为主，也有采用棉、麻、锦缎的 |
| 颜色 | 以深色比较常见 | 颜色丰富，以传统的、鲜艳的颜色居多 | 通常采用中国传统的、鲜艳的颜色 |
| 图案 | 几乎没有图案 | 采用古钱币、福禄寿汉字图案居多 | 通常是龙、凤、牡丹、荷花、祥云等中国文化特点的图案 |
| 工艺 | | | 刺绣 |
| 剪裁 | 剪裁比较合身 | 偏宽松，连袖 | 剪裁合身 |

的服装也被认为是中国概念的，主要包括汉服、长褂、肚兜、少数民族服饰以及北方农村的缅裆裤，以下是部分访谈记录：

"民族服装，像什么汉服转化的一些蒙古族服，还有一些地方服装。"

"蒙古族啊，还有一些贵州的少数民族的。"

"还有缅裆裤。现在肯定没有人穿了，是中式的，是北方农民的，那个是真正的汉族穿的。"

此次调查发现，虽然消费者对中山装、唐装和旗袍这几种典型的中国风格服装的认知度很高，但了解并不深，尤其是对唐装的历史、来源、演变和特征并不非常清楚，甚至认知有误，说明中国概念服装的推广仍然比较欠缺。

（2）消费者认知的中国风格的表现元素：主要表现在款式、面料、图案、工艺及配饰等方面，其中立领和盘扣是最被消费者认可的中国概念元素，如表6所示。

2. 中山装、唐装和旗袍是最能代表中国的

**表6　消费者心目中的中国概念元素**

| 体现方面 | 中国概念的具体元素 |
| --- | --- |
| 款式 | 立领、盘扣、翻袖、水袖、开襟 |
| 图案 | 龙凤纹、祥云纹、古钱币纹、吉祥寓意的汉字纹、荷花纹、牡丹纹等中国水墨画常用的题材 |
| 面料 | 丝绸、棉、麻、锦缎 |
| 颜色 | 鲜艳的中国传统颜色，如红色、金色和绿色等 |
| 工艺 | 刺绣、蜡染、扎染 |
| 配饰/民俗物品 | 发簪、手镯、绣花鞋、绣花手帕、长命锁、虎头鞋 |
| 材质 | 珍珠、玉 |

服装的主要原因

消费者一致认为，此三种服装最能代表中国人，其中中山装作为中国男性的正装，唐装作为男性的休闲装，旗袍则作为中国女性的国服。形成这种意见的主要原因是：

（1）历史传承：中山装、唐装和旗袍都是与中国的特定历史时期结合在一起发展起来的服装类型，经历了长期的演变逐渐为中国人所接受。

（2）文化特色：这几种服装与西方主流的服装类型有较大区别，有中国文化的独有特色。在外事场合穿着可以表现出对中国文化的认同并与西方文化加以区分。

（3）气质表现：这几种服装比较能体现中国人含蓄不张扬的气质以及独特的韵味。

3.消费者对中式服装的穿着行为特点

总体来说，消费者认为中国风格的服饰不适用于非常正式的场合，而且穿着时显得过于标新立异、引人注目。因此在非常正式的商务场合通常还是会选择西装和职业套装，在非正式场合或是较休闲和放松的商务场合才会选择中国风格的服装。消费者穿着中国风格服装的行为特点按照常服、礼服主要汇总如下（表7）。

**表7　消费者穿着中国风格服装的行为特点**

| 类别 | | 穿着行为特点 |
| --- | --- | --- |
| 中国风格的常服 | 穿着场合 | 消费者对中国风格常服主要穿着场合有上班、游泳、逛街、在家休闲、朋友聚会等 |
| | 穿着目的 | 消费者穿着中国风格常服的目的主要有改变心情、作为其他风格服装的调剂、适应场合氛围、适合自己的气质和外形等目的 |
| 中国风格的礼服 | 穿着场合 | 中国风格礼服的穿着场合主要有中国重要的节日（以春节、婚礼为代表）、非正式的商务场合，如酒会、晚宴、外事场合、与政府部门相关的正式场合、年会庆典等 |
| | 穿着目的 | 消费者穿着中国风格礼服的目的主要是显示个性、显得正式同时避免产生距离感、凸显稳重儒雅的气质、出于文化爱好、表明文化认同和民族身份、穿着体验更好、放松舒适等 |

调查发现，消费者有在各种不同场合穿着中式服装的需求，包括平时与正式的场合，但往往是由于中式服装的普及率不高，穿着比较引人注目，不符合约定俗成的商务规范，妨碍了这种需求转变为实际行为。缺乏群众认同是当前中式服装面临的一个重要问题，因此中式服装的推广和普及任重道远。

4.消费者认知的中国风格服装的气质

消费者认为中国风格服装从总体来说表现的是一种有内涵气蕴、含蓄内敛的气质，但男装与女装略有区别：

男装主要体现的是俊朗、儒雅、传统、稳重、有内涵和亲近感；

女装主要体现的是优雅、文静、淑女和韵味。

相关消费者观点及访谈记录如表8所示。

**表8 消费者认知的中国风格服装的气质**

| 消费者的认知 | 访谈记录 |
|---|---|
| 消费者普遍认为更适合年龄稍大、成熟稳重、有文化底蕴和一定社会地位的人穿着 | "我觉得穿唐装吧，三四十岁以上的穿的比较适合，年轻人不适合"<br>"年轻人没有那种气质，没有穿出来那种效果，这个衣服本来是很有底蕴的这种人，很有气质能挑起这种感觉的，年轻人没有那种感觉"<br>"年轻人一般来说，二十多岁，正在公司上班，没有什么自己的事业，大多数的公司不允许他们这样穿着，三四十岁的人在公司上班的话职位可能会高一点，比较少受这种约束" |
| 在消费者的认知中，中式女装比男装对穿着者的要求更高 | "旗袍适合身材比较好的、匀称的人穿，胖人穿旗袍不会好看"<br>"优雅的，有内敛的，中国女人的那种，不是很张扬，又很优雅，我觉得其实也不是特别漂亮，但是我觉得散发出内涵的人"<br>"举止之间优雅一点不要太张扬，性格别太外向，活力四射的肯定不行，肢体语言不要太丰富了" |

**5.消费者对中式服装的消费**

此次调查的结果显示，中式服装的市场尚处于起步阶段，消费整体水平较低。消费者对中式服装的了解渠道、关注因素及期望主要如下：

（1）消费者了解中式服装的渠道：多数消费者表示是在逛街的时候了解到中式风格服装的，此外还有朋友之间的口碑传递、少数的户外广告和杂志广告。这从另一个侧面表明中式服装品牌的推广力度欠缺。

（2）消费者关注中式服装的因素：消费者普遍表示，款式是在消费时最关注的因素，其次有面料、价格、颜色和做工等。品牌是在消费时较不重要的因素，因为目前市场上没有特别有市场影响力的品牌，对男装来说尤其如此。女装中木真了、格格、红英等尚有一定的知名度。总之，消费者在购买中式服装时关注的因素主要有：款式、面料、价格、颜色、做工、图案、品牌等。

（3）消费者对中式服装的期望主要集中在以下方面。

款式：款式能够更多样，适合不同的场合。

面料：面料多样化，适合不同场合且方便打理。

推广：扩大群众认知基础，使更多人接受在不同场合穿着中式服装。

（4）消费者遇到的中式服装穿着问题主要是搭配与保养问题。

①搭配方面：发型、妆面、鞋、配饰（如手提包）与衣服的搭配，上装与下装的搭配，内衣与外衣的搭配。

②保养方面：尤其是丝绸面料不太好打理，这是消费者遇到的普遍问题。

# 中式服装消费者小组访谈报告

王秋月 撰写　赵平 睦晓慧 审校

2015 年 12 月至 2016 年 1 月，中式服装消费行为研究团队邀请北京、上海两个城市共 48 名消费者，根据年龄分为六组，开展了关于"中国传统服饰当代消费者偏好与认同"的小组座谈。

具体小组访谈人员分配情况如表 1 所示。

**表 1　中国传统服饰当代消费者偏好与认同座谈分组情况**

| 年龄 | 北京（3 组） | 上海（3 组） |
| --- | --- | --- |
| 18~25 岁（8 人） | 8 人，至少有 4 人购买过中式服装或感兴趣 | 8 人，至少有 4 人购买过中式服装或感兴趣 |
| 26~35 岁（4 人）<br>36~45 岁（4 人） | 至少有 4 人购买过中式服装 | 至少有 4 人购买过中式服装 |
| 46~55 岁（4 人）<br>55 岁以上（4 人） | 至少有 4 人购买过中式服装 | 至少有 4 人购买过中式服装 |

座谈围绕着对中国传统服饰记忆的来源、对传统服饰感知及中式服饰消费偏好内容开展半结构性访谈，具体访谈有助于了解当代中国不同年龄阶段消费者对中国传统服饰的感知现状、传统服饰文化认同的现状等。具体访谈结论如下。

## 一、对中国传统服饰的记忆

### （一）与怀旧情感相关的传统服饰

对中国传统服饰的整体印象，从时间角度回忆，主要集中在辛亥革命前后两大阶段，具体表现在对中国传统服装服饰的回忆以及对近现代曾经在中国流行一时的服饰回忆。对传统服饰的回忆包括汉服、唐装、长衫、马褂，传统的婚服（如龙凤褂）等，对襟、盘扣、立领、刺绣、宽袖、礼帽、绣花鞋、发簪等；近现代流行的能够被消费者回忆起的服装服饰包括老上海的旗袍、中山装、绿军装、喇叭裤、回力鞋等。

不同年龄、不同城市有自己独特的怀旧服装记忆：群体之间的差别主要存在于年龄稍长的群组中，26~45 岁的群组有属于时代的怀旧服装记忆；北京与上海两个城市的 46~55 岁群组则有属于那个城市的特殊记忆；26~45 岁的与会者对曾经流行一时的年代服装有更强的怀旧情感，如绿军装、曾经流行的品牌（回力）球鞋等；北京组的年长与会者（46~55 岁）对老北京的老牌服装服饰店有更多的记忆，如前门的八大祥等；上海年长与会者（46~55 岁）的怀旧服装中则有看过的照片中父母辈穿的洋装。

除了服装外，传统服装中的一些结构工艺

元素也与怀旧情感相关，如中式服装中的传统工艺（盘扣、刺绣等）、传统的制衣面料等。结构与工艺：对襟、立领、宽袖等，盘扣、服装上的刺绣等；礼帽、绣花鞋，以及发簪等配饰性元素；面料：使用中国传统面料做的服装，如丝绒、缎子、蚕丝、棉麻等面料；其他元素：古城古镇中（丽江古城等）的一些民族手工制品等。

（二）当代消费者关注的中国传统服装服饰

因传统服饰在现代社会的用途不同，消费者关注的传统服饰分为实用型的（平时可以穿着）、特殊场合使用型的（娱乐性的）和知识了解型的三类。在这三个类别中，有实用价值的传统服饰最为消费者关注。

（1）实用型：旗袍、中山装更多被大家提及，其次是长袍马褂和唐装。

（2）特殊场合使用型：戏服、年代较远的古代服装（如复古写真，小时候拍照穿过的格格装、阿哥装）等。

（3）知识了解型：了解中国历代服装的变化，了解传统服装服饰的细节讲究（如不同场合的服装服饰要求）等。

把传统的服装服饰元素运用到现代服装中依然可以吸引人注意，如传统服装中的工艺元素、传统服装的面料等也受到大家的关注。

就群体差异而言，北京组与会者比上海组与会者的关注点中多了长衫马褂，上海的年长组（46~55岁）对旗袍的关注度最高。

（三）当代消费者关注的中国传统服饰的回忆信息来源

除了与国家集体记忆有关的传统服饰外，与会的消费者也都提到了与个人自我记忆或经历有关的传统服饰。家里长辈的衣着习惯、个人生命中某个时间段或重要阶段曾经穿过的传统服装等都是跟个人经历直接相关的回忆信息来源。具体表现在：

（1）个人经历中家里长辈的信息，在现实生活中看到的长辈的穿着：如一位北京与会者的奶奶只穿老式的青布衣服，另一位上海与会者的妈妈则喜欢穿旗袍；

（2）自己个人的经历，小时候穿过的中式服装：年龄较小的群组（18~25岁）小时候穿中式服装更多的是娱乐性的，年长组中（46~55岁）更多的是小时候日常生活中穿中式服装的经历；

（3）人生有意义的阶段穿过的中式服装：如结婚时做的旗袍，一些表演场合穿过的中式服装。

老照片、影视剧作品及名人着装是怀旧的外部基础，老照片如家中存放的长辈的照片（如母亲穿旗袍的照片），有关旗袍的一些画和老照片等；电影电视剧如《花样年华》被提及的最多，电视剧则有《大宅门》（斯琴高娃的服装）、《五月槐花香》等；文化名人与娱乐明星，如张爱玲的旗袍，金星被认为是现代人中的旗袍热爱者，成龙更多的是与唐装相连。

就群体间差异来看，年龄较小群组（18~25岁）怀旧经历中的个人经历更多的是对长辈的观摩，而年长组（46~55岁）则更多的是自己的亲身经历，如中式服装是自己小时候的平日穿着等。

（四）对国人着装观念的感知及态度

多元因素的融合使现代人的穿衣观念发生了很大变化，从一元到多元，从保守到开放，从规矩到随心所欲。现代人的着装最大变化是

"随心所欲，想怎么穿就怎么穿"。具体表现在：

多元融合，各国服饰元素的融合，不只是纯粹一国元素（追韩范儿，西方潮流）；从保守到开放，相比以前中国服装的"藏"，现代国人穿衣更加大胆的"露"；讲规矩到个性化，讲究不同场合穿衣规则到随心所欲的"个性化"穿衣；做衣服到买衣服，以前的量体裁衣到现代的购买成品衣服。

面对现代多样化的着装观念，受访者更多的是积极支持的态度，拥抱这样的多元化，但同时也呼吁中国元素的增强。

一方面，近年来中国风在全球受到关注，中国风的服装开始受到大家的喜爱，希望在现代多国融合的服装中加入中国元素，希望中式服装品牌兴起，增加消费者选择的空间；另外，年长组的与会者表达了怀念以前量体裁衣的时光，与买衣服相比，更喜欢以前做的衣服，与现代的西式服装相比，中式服装的设计穿着会更舒服。

另一方面，受访者也表达了对现代国人着装中有追赶潮流、"学的过了头"等尴尬现象的担心，如过分哈韩、追逐西方元素等。

总体来看，当代消费者关于传统服饰的整体印象以时间维度展开，内、外部信息来源对记忆都有影响，不同年龄、地域的消费者也有一定差异。

## 二、当代消费者对传统服饰的认同

### （一）产品方面

（1）款式方面：旗袍、中山装更多被大家提及，其次是长袍、马褂和唐装。

（2）板型方面：中式服装以宽松为主（除旗袍认为较修身），整体感觉比较舒服。

（3）剪裁方面：比较简单，如平面剪裁、连袖等。

（4）材质方面：选择天然材料，如丝绸、棉、麻等。

（5）工艺方面：如种类繁多的盘扣，精致的刺绣，考究的花边、钉珠等。

（6）好的寓意、吉祥、富贵图案方面：植物如梅兰竹菊、牡丹、海棠等，动物如龙、凤、喜鹊，仙鹤等，吉祥字如福、禄、寿、喜等。

（7）颜色方面：如喜庆鲜艳的红色，以深色为主，如红、黑、蓝、棕等。

### （二）身份与着装场合

传统服饰讲究阶层身份与着装的一致性，讲究着装场合需求与着装的一致性。重要节假日、重要场合、重要阶段是购买中式服装的三大动机。

（1）重要节假日：因为重要的节假日购买，如春节等。

（2）重要场合：商务型的会议需求（如公司年会、高端商务会议、相关礼仪活动等）、特殊的宴会（如婚宴、酒会等）、演出需要（公司年会表演、相关团体表演等）、文化交流（国外留学生间的文化交流聚会等）。

（3）生命中的重要阶段：结婚、本命年、父母生日及一些家庭大事的时候。

与会者对穿着中式服装的态度因穿着的时机有所不同，对于正式的、特殊场合穿着中式服装，更多与会者持积极态度；而对日常生活中穿着中式服装，与会者的态度没有那么积极。总体来说，大家对改良后的不显"怪异"的中式服饰较能接受，也有受访者表示中式风格服饰能够显示个性，让其从大众服装中脱颖而出。北京年少群组（18~25岁）对穿着中式服装的评价没有那么积极，认为一些中式服装的场合性活动更多的是一种表演。

（三）自豪情感

受访者对传统服饰考究的工艺有着很高的评价，认为中国传统文化博大精深，传统服饰文化是中国传统文化的一部分，认为是中国传统服饰的骄傲。

（四）传承责任

弘扬传统服饰文化是对优秀传统文化的一种传承，是社会责任感的一种体现，值得提倡和弘扬。

中式服装是传统文化的载体，各个朝代的服装是当时自然与社会环境的一个体现，服装的细节讲究（服装服饰的工艺、服装服饰的场合等）更是一个社会文化的直接体现，中式服装的兴起就是对传统文化的弘扬，更是一个契机。

支持中国传统文化的其他行为方式也很多元化，如对绘画、书法等文化艺术形式、剪纸窗花等民间艺术、与传统节日相关的习俗等的弘扬。

（五）消费行为

中式服饰消费受访者提到成衣购买和定制。

成衣购买方面，上海两个渠道的购买比例基本相当，而北京表示线下购买的比例则明显高于线上购买。实体店购买涉及中式服装店铺比较集中的商业区，如上海的田子坊、北京的东四、南锣鼓巷、秀水、王府井百货等。中式风格服装的整体风格与款式是否适合自己最重要，服装的舒适度、与其他服装的搭配等也是考虑的因素。关于中式服饰定制，上海受访者提到去方便到达的裁缝店定制；北京受访者提到更多的是在瑞蚨祥等的老字号店面定制；受访者还提到一些古镇中设有中式服装的定制店。

总体来看，消费者对传统服饰的产品感知内容涉及款式、面料、色彩、着装场合等几个方面；传统服饰讲究地位、着装场合与穿着相匹配；对工艺感到骄傲，认为是值得传承的文化；消费层面涉及成衣和定制两类；对中国传统文化的喜爱渗透在受访者生活中的方方面面，而服饰只是体现其生活方式的一个媒介。

# 四城市中式服装消费者行为调研报告

眭晓慧 刘华 左雨平 杨珊 刘素君 撰写　赵平 眭晓慧 审校

## 一、研究背景

中式服装是相对于西式服装而言的，可以理解为带有明显的"中国元素"或平面结构裁剪方式或服饰风格韵味的一类服装的总称，包括中国传统服饰和具有以上特点的现代服饰。其中"中国元素"是指中国本民族所特有的装饰工艺、面料、款式、色彩图案等。

进入新世纪以来，国家多次重大活动中，国家领导人率先垂范穿着中式服装，国际知名设计师在设计作品中也频频应用中国元素，加之国学热等的推波助澜，对中国传统服饰文化的传承与发展起到了积极作用，中式服装受到消费者强烈的追捧，带来了中式服装的消费热潮。因此，通过研究中式服装消费行为，对于了解消费者对中式服装的基本认知、消费特点及品牌意识等有重要意义。

## 二、研究目的

针对北京、上海、广州、深圳四个城市的消费者，研究中式服装的消费行为，包括对中式服装的基本认知、消费特点和品牌意识，以及不同性别、不同年龄和四个城市消费者之间

的差异。调研结果可供中式服装行业的发展、中式服装企业的创新设计和品牌经营等提供参考，助力我国中式服装行业的发展和中国传统服饰文化的传承与创新。

## 三、研究方案

研究对象：年龄在 18 岁以上的消费者。

研究方法：按年龄配额抽样，网上问卷调查。

样本范围：北京、上海、广州、深圳。

样本量：北京 653 个样本，上海 648 个样本，广州 445 个样本，深圳 435 个样本，共 2181 个样本。

研究时间：2016 年 11 月—2016 年 12 月。

## 四、主要研究结果

（一）对中式服装的基本认知

最能代表中国传统服装的时代是唐朝和汉朝，将近四分之三的被调查者选择了唐朝。其中，女性多于男性认为最能代表中国传统服装的时代是汉朝，而男性选择宋朝的人数比女性多一倍多。

消费者对中式服装整体特征的认知程度

依次是：

（1）中国的传统款式。

（2）中国的文化内涵。

（3）制作及手工艺。

（4）中式图案。

（5）纯天然的面料。

（6）配饰及装饰细节。

（7）中国本土的色彩。

消费者对中式服装细节特征的认知程度依次是：

（1）款式：在款式认知度上，总体上有40%的消费者偏爱改良款中式服装，其中男性最偏爱的款式是传统基本款，而女性更喜爱改良款。

（2）颜色：在颜色认知度上，有82%的消费者认为红色最具有代表性，其次有40%的消费者选择了黄色和金色。其中，女性认同红色、黄色和金色的比例高于男性，而男性认同蓝色、白色和黑色的比例高于女性。

（3）图案：在图案认知上，有76%的消费者认为最具代表性的图案是龙凤，其次有53%的消费者选择了祥云、如意图案，有51%的消费者选择了牡丹图案。其中，牡丹更受女性的偏爱，而男性则更喜欢福禄寿等吉祥文字。

（4）工艺：在工艺认知度上，有85%的被调查者认为刺绣是最具代表性的，其次是64%的消费者认为是盘扣。

消费者对中式服装的印象依次是：传统、端庄、优雅、大气、典雅、大方、得体、文化、古典、高贵。

了解中式服装品牌或产品信息的渠道依次是：电视、时尚类杂志和服装表演或展示会、商场内的专柜、网络、名人明星穿着、家人/亲戚/朋友介绍、户外广告牌。

获得中式服装品牌或产品信息的网络渠道依次是：网购平台、微信朋友圈、微信公众号、网络广告、微博。

消费者认为中式服装服饰不太适合年轻人、很难融入现代生活，还认为中式服装服饰并不是更适合定制，不太适合包含其他风格和元素。

（二）中式服装的消费特点

（1）消费者拥有中式服装样式最多的是含有中国元素的服装（立领、盘扣、民族图案等），占到被调查者的42%，其次依次是旗袍、唐装和中山装，没有中式服装的占到25%。大多数被调查者拥有中式服装的件数为1~2件，并且随着年龄的增长，拥有3件及以上中式服装的被调查者人数显著增多。

（2）消费者穿着中式服装的场合：依次是婚礼/庆典、私人聚会、日常穿着、宴会、晚会、正式会议、商务酒会、发布会。深圳地区在日常穿着中式服装的被调查者最多，年龄越大，把中式服装作为日常穿着和私人聚会时穿着的被调查者人数越多。女性在婚礼/庆典上穿着中式服装的比例显著大于男性，而在正式会议和发布会上穿着中式服装的男性比例大于女性。

（3）具体来说，44%的消费者穿着中式服装的目的是体现对中国传统文化的认同，33%的消费者是为了满足审美需求，选择适应场合氛围的有29%，为了与众不同、表现自我个性的占18%。

（4）消费者没有中式服装的原因：没有穿着的场合、买不到合适的样式、价格太贵。只有5%的被调查者对中式服装没有兴趣，认为目前市场上的中式服装存在"做工质量不好""服装合体性差""面料难保养"等问题。

（5）消费者购买中式服装的重点考虑因素：

有76%的消费者认为款式是购买考虑的首要因素，超过一半的消费者选择了做工、面料材质、价格因素；其次考虑因素，由高到低依次是：板型、颜色、品牌、流行性、购买环境、产地、商店形象。深圳地区的被调查者中购买中式服装首先考虑款式因素的人相对较多，上海对板型因素考虑的比例最高，广州对流行性因素的考虑比例最高。女性购买中式服装时，对款式、面料材质、板型和颜色的考虑显著多于男性，而男性对品牌、购买环境和产地的考虑则多于女性。

（6）购买价格偏好：

①购买中式服装作为日常穿着：近80%被调查者倾向购买的成衣价格在1000元以内，而45%以上的被调查者能够接受1000元以上的定制中式服装，价格越高选择定制的人数越多。

②购买中式服装作为重要场合穿着：60%以上的人能够接受价格在1000元以上的成衣，定制则有75%的人能够接受价格在1000元以上。超过3000元后，定制的比例明显高于成衣。

重要场合的被调查者能够接受的价格明显高于日常场合，也就是消费者愿意为出席重要场合花更多的钱，获得品质更好的服装，从而表现自我形象和不失礼节。同时，无论是哪种场合，被调查者都愿意为定制花费更多。

从四个城市看，无论是日常穿着还是重要场合穿着，北京和上海的被调查者能够接受的价格都要高于广州和深圳。

（三）中式服装的品牌意识

1.品牌的认知度、偏好度和购买率

在所调查的15个中式服装品牌中，"上海滩"的认知度、偏好度和购买率都名列第一，其后按认知度排名，依次是瑞蚨祥、吉祥斋、裂帛和格格等；品牌认知度越高，偏好度和购买率也越高。

部分品牌的认知度、偏好度和购买率在品牌所在地明显高于其他城市，如瑞蚨祥、木真了等在北京，"上海滩"在上海，吉祥斋、天意在深圳的认知度、偏好度和购买率显著高于其他城市。但网络品牌裂帛，虽然公司在北京，但其认知度、偏好度和购买率却在上海最高。

男性对"上海滩"、东北虎、曾凤飞的认知度高于女性，而女性对木真了、格格、裂帛的认知度显著高于男性；瑞蚨祥和吉祥斋的认知度没有显示出性别差异，偏好度和购买率则显示出明显的性别差异，男性表示喜欢并购买过瑞蚨祥和吉祥斋的比例明显高于女性。

瑞蚨祥、木真了的认知度、偏好度和购买率随年龄增长明显提高，"上海滩"、裂帛则在26~35岁年龄段最高。

2.喜爱中式服装品牌的主要原因

喜欢中式服装品牌的主要原因有传统工艺精致、天然材质、穿着舒适、喜欢中国传统文化等。

深圳选择"天然材质、穿着舒适"的显著高于其他城市；选择"与现代时尚结合"的广州和深圳高于北京和上海；选择"图案花纹体现出传统文化色彩"的广州最高；选择"凸显个性、与众不同"的北京、上海和广州比例接近，深圳最低。

男性选择"喜欢中国传统文化""能代表中国人"的比例显著高于女性，而女性选择"与现代时尚结合""颜色搭配美观""图案花纹体现出传统文化色彩""凸显个性、与众不同""符合我的职业和喜好"的比例则要显著高于男性。也就是男性考虑更多的是传统文化、国人形象等抽象且较为宏观层面的因素，而女性考虑更多的是与自身美观、自我个性和是否时尚等方面的因素。

## 五、调研结果

### （一）个人背景构成

本次调查共回收有效问卷 2181 份，其中北京 653 份，上海 648 份，广州 445 份，深圳 435 份。

1. 年龄构成

被调查者年龄在 18 岁以上，分为 4 个年龄段，如图 1 所示。其中：18~25 岁占 24%，26~35 岁占 34%，36~45 岁占 22%，45 岁以上占 20%。

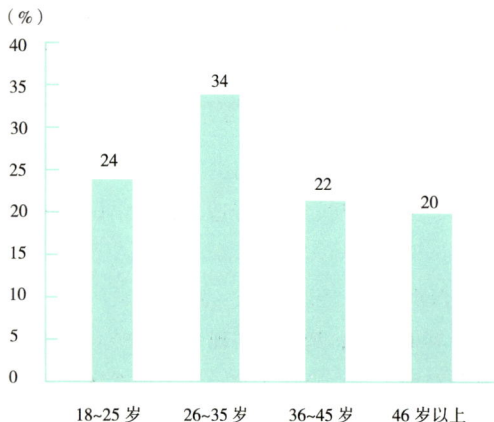

**图 2　性别构成**

3. 学历构成

被调查者中本科文化程度者最多，将近一半，占 49%；其次是大专文化程度占 22%；本科以上文化程度者占 60%，如图 3 所示。

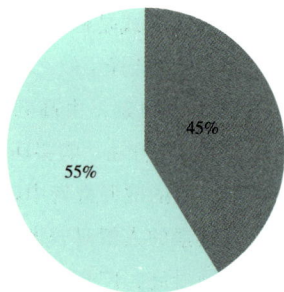

**图 1　年龄构成**

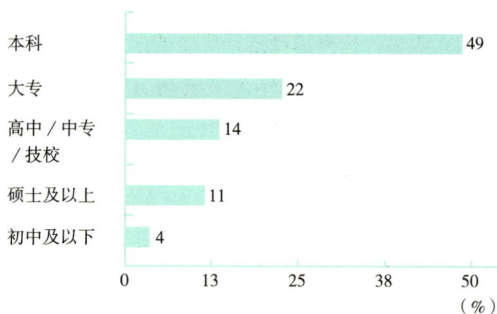

**图 3　学历构成**

2. 性别构成

被调查者中女性稍微偏多，占到 55% 的比例，如图 2 所示。各个城市间的性别比例没有显著差异。

从图 4 中可以看出，北京、上海、广州和深圳四城市比较，北京的被调查者的文化程度最高；其次是上海，深圳最低。

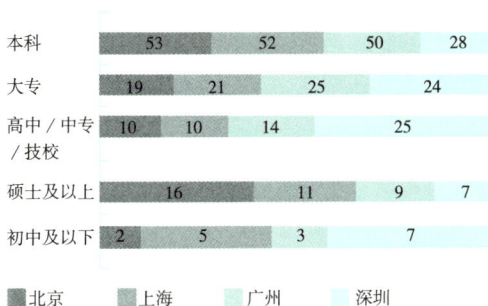

图4　城市间学历差异

### 4.婚姻构成

婚姻状况构成如图5所示，已婚者接近70%。

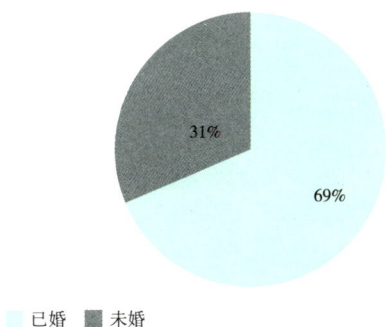

图5　婚姻状况构成

### 5.职业构成

如图6所示，被调查者中公司职员人数最多占33%，其次是管理人员占19%，学生占12%。

图6　职业状况构成

### 6.个人月收入构成

如图7所示，被调查者个人月收入主要集中在5000~9999元，占所有被调查者的37%。

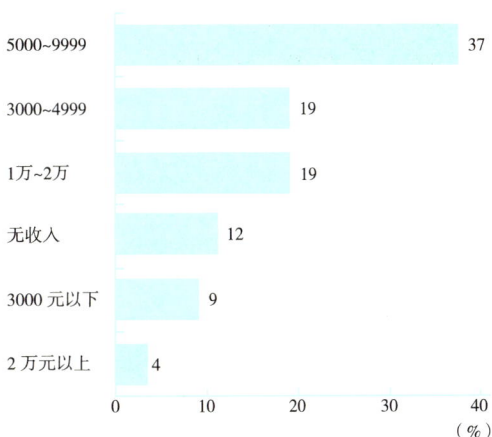

图7　个人月收入状况构成

比较四个城市的个人月收入，如图8所示。北京在中收入段5000~9999元占比较高，深圳在高收入段1万元以上占的比例比较高，而广州中低等收入段5000元以下占比较多，上海则居其中，

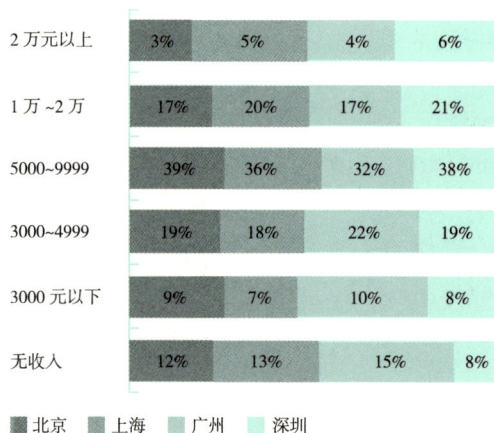

图 8 城市间个人月收入状况差异

从低收入到高收入都有分布。

（二）对中式服装的基本认知

1. 最能代表中国传统服装的时代

在调查中发现（图9），最能代表中国传统服装的时代是唐朝，汉朝紧随其后，然后是民国。这说明处于盛世的汉唐文化，被调查者普遍认为最具有代表性。近代的民国，因为时代比较接近现代，也有比较多的人认可。

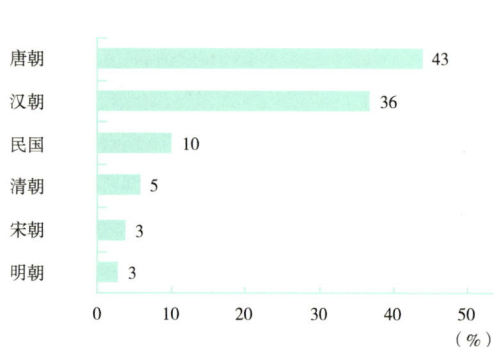

图 9 最能代表中国传统服装的时代的比例

2. 对中式服装特征的认知

在回答中式服装最重要的特点这个问题时，被调查者认为是中国的传统款式和中国文化内涵的人数最多，占57%和56%；认为是制作

及手工艺、中式图案的人也比较多，分别占到44%和39%，如图10所示。

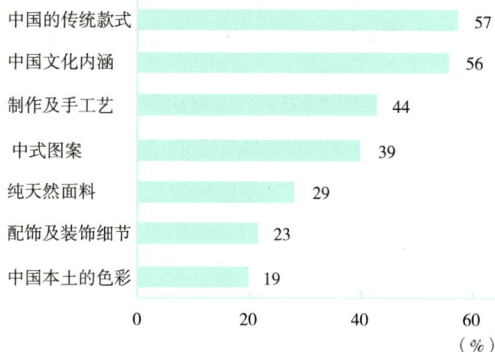

图 10 中式服装最重要特点的比例

对于中式服装最重要特点的认知，四个城市被调查者在纯天然面料，中国文化内涵和配饰及装饰细节这三点上有差异。从图11中可以看出，上海人比较注重服装本身，对于中国文化内涵的认同低于其他三个地区；深圳的被调查者比其他城市更注重纯天然面料而比较不看重配饰及装饰细节。

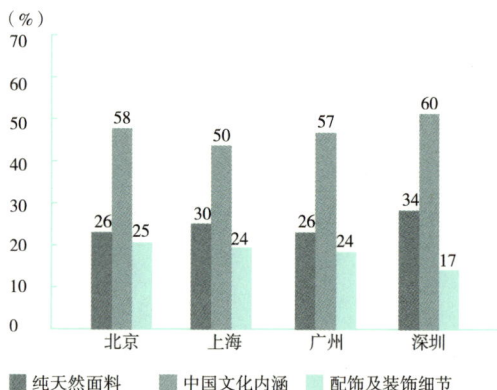

图 11 中式服装最重要的特点地区差异

从性别看，男性认同中国文化内涵的比例高于女性，而女性相对于男性更注重配饰及装饰细节，如图12所示。

图 12　中式服装最重要特点的性别差异

在年龄段上，26~35 岁年龄组认为中式图案是中式服装最重要的特点的人数最多；随着年龄的增长，认为纯天然面料是中式服装最重要的特点的人数逐渐上升，而认为配饰及装饰细节是中式服装最重要的特点的人数逐渐下降，如图 13 所示。

| | 18~25 岁 | 26~35 岁 | 36~45 岁 | 45 岁以上 |
|---|---|---|---|---|
| 纯天然面料 | 22% | 25% | 36% | 36% |
| 中式图案 | 39% | 43% | 38% | 32% |
| 配饰及装饰细节 | 30% | 23% | 20% | 17% |

图 13　中式服装最重要的特点的年龄差异

3. 偏爱的中式服装款式

在回答偏爱的中式服装款式这一问题时，选择改良款的被调查者最多，达到 41%，选择传统基本款的占 33%，偏爱加入中国元素的西式款占 26%，如图 14 所示。

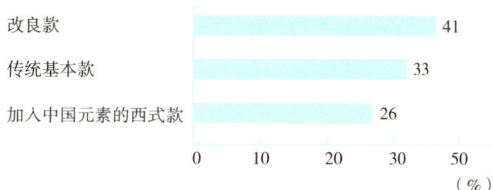

图 14　偏爱的中式服装款式的比例

从城市看，对于偏爱的中式服装款式，上海的被调查者中喜爱改良款的比例最高，喜爱传统基本款的被调查者以北京地区为最多，而深圳和广州消费者中表示喜爱加入中国元素的西式款的比北京和上海更多，如图 15 所示。

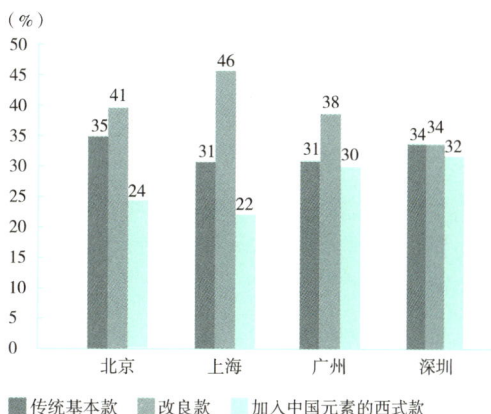

图 15　偏爱的中式服装款式的地区差异

从性别上看，男性偏爱传统基本款的明显多于女性，而女性更喜爱改良款，喜爱加入中国元素的西式款的是男性多于女性 ，如图 16 所示。

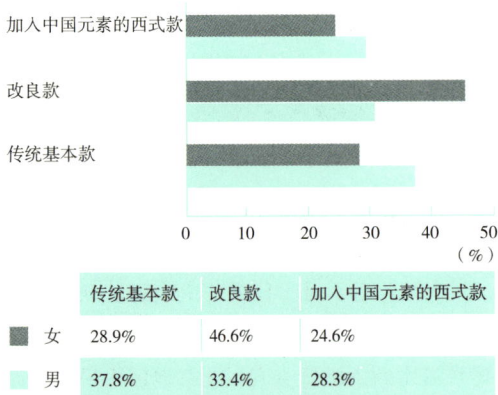

| | 传统基本款 | 改良款 | 加入中国元素的西式款 |
|---|---|---|---|
| 女 | 28.9% | 46.6% | 24.6% |
| 男 | 37.8% | 33.4% | 28.3% |

**图16　偏爱的中式服装款式的性别差异**

**4.最能代表中式服装的颜色**

对最能代表中式服装颜色这一问题，被调查者选择最多的是红色，远高于其他颜色，占82%；其次是黄色和金色，分别占40%和39%，如图17所示。

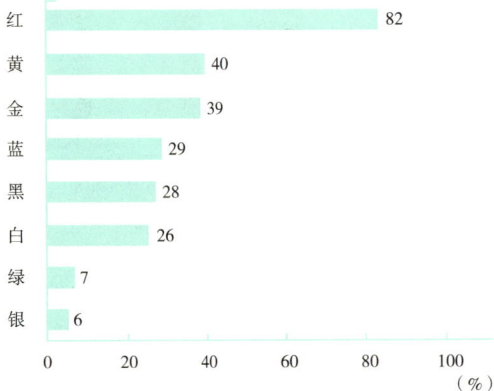

**图17　最能代表中式服装的颜色比例**

城市间交叉分析表明，在最能代表中式服装颜色上没有显著差异。在性别上，女性认同红色、黄色和金色的比例高于男性，而男性认同蓝色、白色和黑色的比例高于女性，如图18所示。

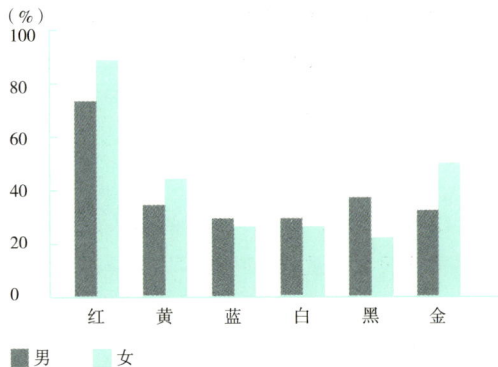

**图18　最能代表中式服装颜色的性别差异**

在年龄段上，36~45岁年龄组认同黑色的比例高于其他年龄组，达到32%；45岁以上年龄组认同金色的比例高于其他年龄组，如图19所示。

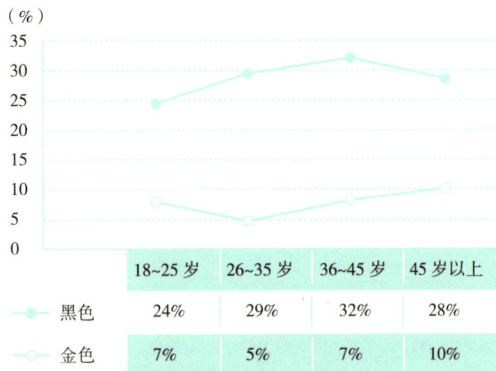

| | 18~25岁 | 26~35岁 | 36~45岁 | 45岁以上 |
|---|---|---|---|---|
| 黑色 | 24% | 29% | 32% | 28% |
| 金色 | 7% | 5% | 7% | 10% |

**图19　最能代表中式服装颜色的年龄差异**

**5.最能代表中式服装的图案**

如图20所示，被调查者认为最能代表中式服装图案的是龙凤的占76%，人数最多；其次是祥云、如意，占53%；牡丹以51%占第三位。这与人们愿意在隆重喜庆的日子穿着中式服装有关。

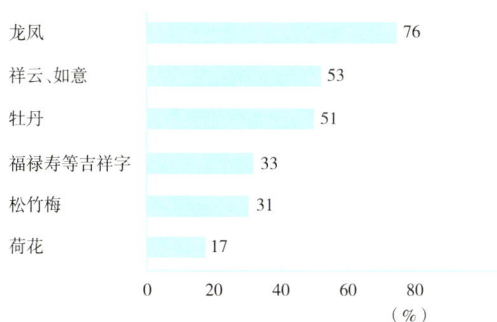

**图 20　最能代表中式服装的图案的比例**

最能代表中式服装的图案除祥云、如意外，其他选项上四个城市没有明显差异。如图 21 所示，广州的被调查者更偏爱祥云、如意的图案。

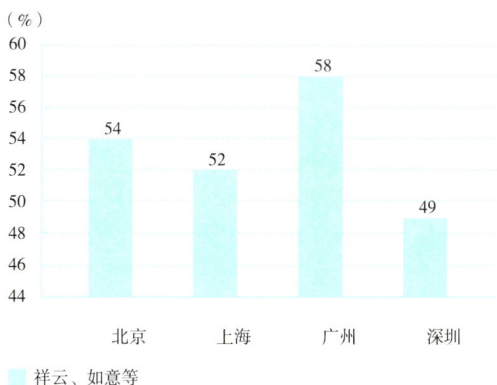

**图 21　最能代表中式服装的图案的地区差异**

对于最能代表中式服装图案的认知，从性别上看，女性中认为是牡丹的比例明显高于男性，而男性认为是福禄寿等吉祥文字的比例略高于女性，如图 22 所示。

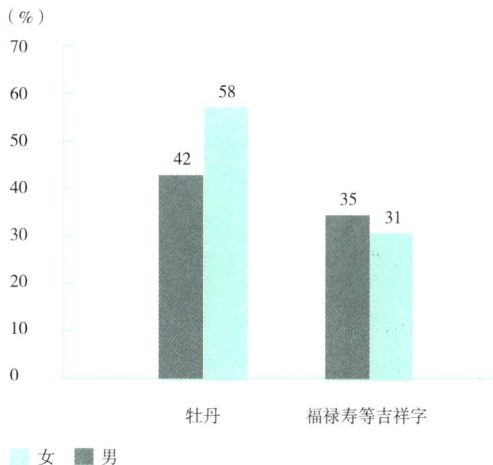

**图 22　最能代表中式服装的图案的性别差异**

对不同年龄段的被调查者的交叉分析表明，26~35 岁年龄组认为是牡丹的比其他年龄组更多，36 岁以上的被调查者认为是福禄寿等吉祥文字的比例较高，如图 23 所示。

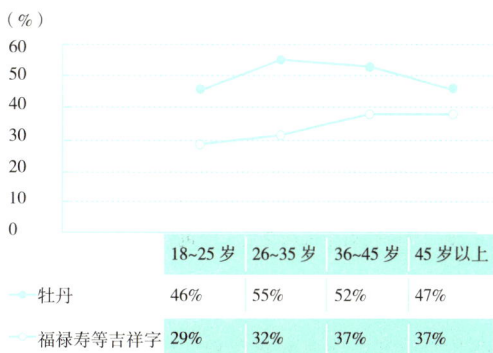

|  | 18~25 岁 | 26~35 岁 | 36~45 岁 | 45 岁以上 |
|---|---|---|---|---|
| 牡丹 | 46% | 55% | 52% | 47% |
| 福禄寿等吉祥字 | 29% | 32% | 37% | 37% |

**图 23　最能代表中式服装的图案的年龄差异**

6.最能代表中式服装的工艺

对于最能代表中式服装的工艺，有 85% 的被调查者认为是刺绣；其次是盘扣，占 64%；认为是手绘、扎染／蜡染的被调查者数量相当，分别占 17% 和 16%，如图 24 所示。

图24　最能代表中式服装的工艺的比例

在最能代表中式服装的工艺中，上海对盘扣的认可度比其他三个城市略高，深圳对刺绣和手绘的认可度比其他三个城市稍高，北京对扎染／蜡染的认可度高于其他三个城市，如图25所示。

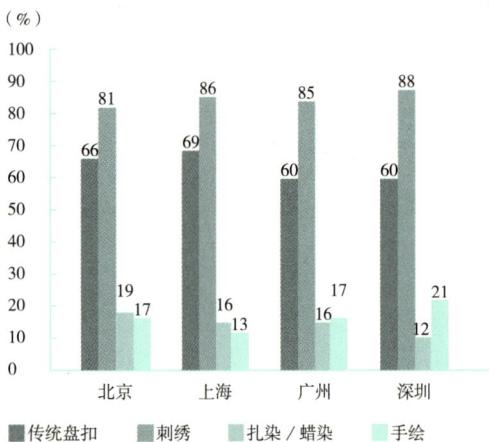

图25　最能代表中式服装的工艺的地域差异

从性别比较看，女性对盘扣和刺绣的认可度高于男性，而男性对扎染／蜡染和手绘的认可度高于女性，如图26所示。

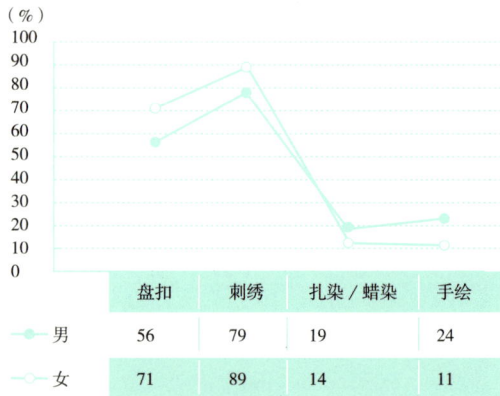

图26　最能代表中式服装的工艺的性别差异

| | 盘扣 | 刺绣 | 扎染／蜡染 | 手绘 |
|---|---|---|---|---|
| 男 | 56 | 79 | 19 | 24 |
| 女 | 71 | 89 | 14 | 11 |

在最能代表中式服装的工艺中，对盘扣的认可度随着年龄的增长呈上升趋势，而对扎染／蜡染的认可度则呈下降趋势，如图27所示。

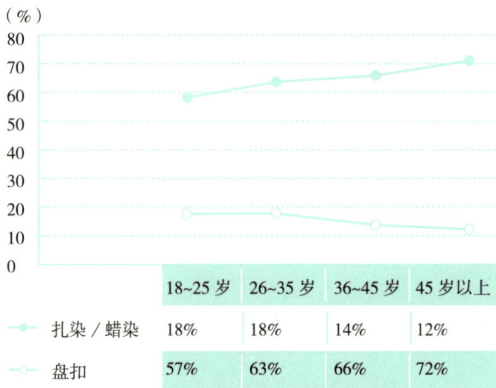

| | 18~25岁 | 26~35岁 | 36~45岁 | 45岁以上 |
|---|---|---|---|---|
| 扎染／蜡染 | 18% | 18% | 14% | 12% |
| 盘扣 | 57% | 63% | 66% | 72% |

图27　最能代表中式服装的工艺的年龄差异

7.消费者对中式服装的印象

本次调查设定了开放式问题：如果用一些形容词来表示您对中式服装的总体印象，您会用到什么词？通过对这一问题的回答进行词频分析，被调查者对中式服装印象词频率由高到低前十的依次是：传统、优雅、端庄、大气、大方、典雅、文化、得体、古典、复古，占比如图28所示。不同城市的被调查者存在一定

的差异，首先上海的被调查者选择"传统"的
人数最多，其次是北京，再次是广州，最后是
深圳；北京和深圳两个城市选择"气质"的相
对多于上海和广州，而上海和广州选择"复古"
的较多。

**图28　中式服装印象词频比例**

**（三）中式服装的信息来源和态度**

**1.品牌或产品信息渠道**

调查发现，被调查者了解中式服装品牌或产
品信息的渠道最多的是电视，占比 52%；其次
是时尚类杂志和服装表演或展示会，占比分别
是 46% 和 41%；之后依次是商场内专柜、网络、
名人明星穿着、家人／亲戚／朋友介绍、户外广
告牌，如图 29 所示。

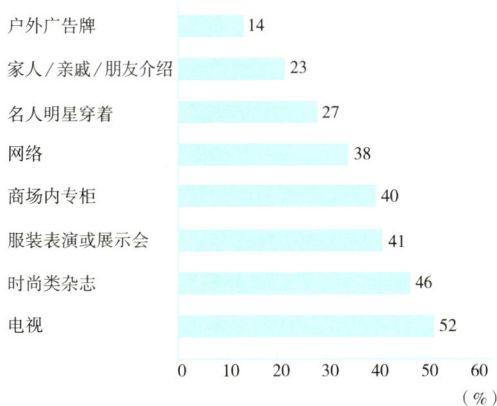

**图29　了解中式服装信息渠道的比例**

了解中式服装品牌或产品信息的渠道没有
显著的城市差异，但存在明显的性别差异，如
图 30 所示。其中通过名人明星穿着、商场内专
柜、时尚类杂志获取中式服装信息的女性比例
明显高于男性，而家人／亲戚／朋友介绍、电
视获取中式服装信息的男性比例明显高于女性，
相对而言，女性获得信息的渠道要比男性的渠
道丰富。

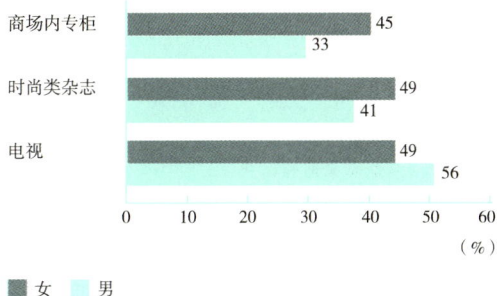

■ 女　■ 男

**图30　了解中式服装信息渠道的性别差异**

了解中式服装品牌或产品信息的渠道存在
一定的年龄差异，如图 31 所示。其中，家人／
亲戚／朋友介绍、时尚类杂志、商场内专柜三
种渠道在 45 岁前呈增长趋势,45 岁以上则下降；
电视、网络等渠道随年龄的增长逐渐下降。

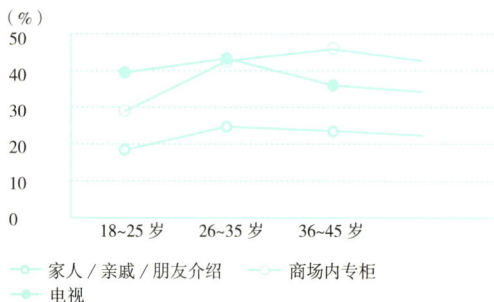

图 31 了解中式服装信息渠道的年龄差异

2.品牌或产品信息的网络渠道

从图 32 所示可以看出，获得中式服装品牌或产品信息的网络渠道最多的是网购平台，占 49%，然后依次是微信朋友圈、微信公众号、网络广告、微博，分别占 47%、43%、37%、28%。

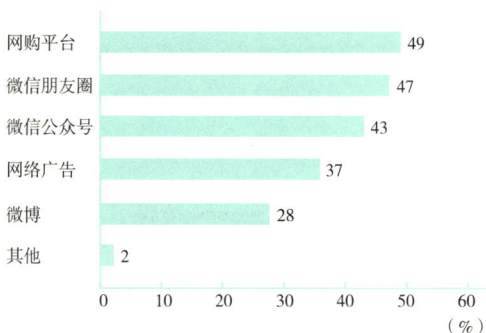

图 32 网络信息渠道的比例

获得中式服装品牌或产品信息的网络渠道存在显著的性别差异，如图 33 所示。通过微信公众号、网络广告渠道获得信息的男性比例明显高于女性，而通过微信朋友圈、微博、网购平台等渠道获得信息的女性比例明显高于男性。

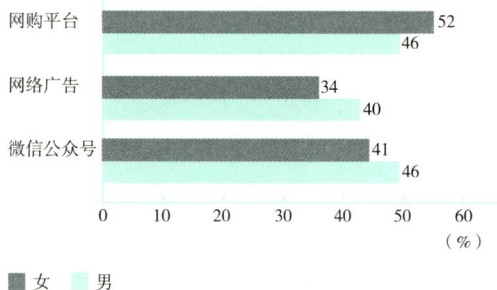

图 33 网络信息渠道的性别差异

从年龄来看，获得中式服装品牌或产品信息的网络渠道存在显著的年龄差异，如图 34 所示。其中：微信朋友圈、网络广告随年龄的增长呈上升趋势，36~45 岁的年龄段使用人数最多；微博平台的使用人数随年龄的增长始终呈下滑的趋势；微信公众号与年龄的增长先是正比后呈反比的关系，使用人数最多在 26~35 岁年龄段。

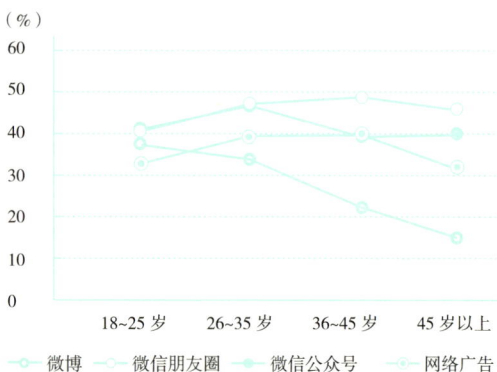

图 34 获得中式服装品牌或产品信息的网络渠道的年龄差异

3. 中式服装的报道和信息的影响

从对被调查者影响较大或印象较深的关于中式服装的报道和信息的词频分析结果中可以看出，排在前十位的依次是：服装、中式、网络、电视、明星、穿着、汉服、旗袍、领导人、唐装，如图 35 所示。

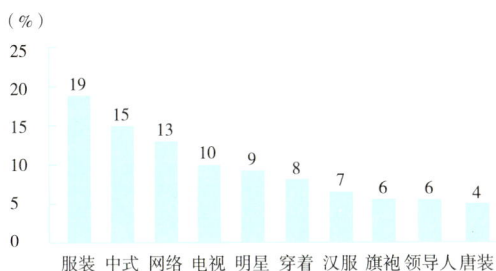

（%）

**图 35 对中式服装印象较深的报道和信息的词频**

4. 对中式服装的态度

本次调查设计了 8 个问题，如表 1 所示。

以了解被调查者对中式服装的态度，每个问题按"非常同意"（5 分）、"比较同意"（4 分）、"不一定"（3 分）、"不太同意"（2 分）和"非常不同意"（1 分）回答。结果表明，对"中式服装服饰更适合定制""中式服装服饰现在正流

行""中式服装服饰可以包含其他风格和元素"的观点表示不太同意的人数最多；对"中式服装服饰不太适合年轻人""中式服装服饰应该走高端化的路线""中式服装服饰应该回归传统形成规矩""中式服装服饰很难融入现代生活""中式服装服饰不好搭配"的观点表示比较同意的人数最多；从均值看，"中式服装服饰很难融入现代生活""中式服装服饰不太适合年轻人"的均值都超过了 3 分，表明有相当一部分人认为中式服装不适合现代生活和年轻人穿着，而从"中式服装服饰可以包含其他风格和元素""中式服装服饰更适合定制"的均值看，都为 2.2 分，是各种观点中均值最低的，也就是说被调查者中相当一部分人更希望保持中式服装的传统特色。这一结果表明，对于中式服装企业、品牌和设计师来说，如何在保持中式服装传统风格特色的同时，又能与现代生活方式和年轻消费者的偏好紧密结合、开展创新设计非常重要，同时行业协会和传播媒体也应加大传播力度，改变人们对中式服装的认识偏差。

如图 36 所示，四个城市的被调查者对中式服装的态度没有明显差异。但采用均值比

**表 1 对中式服装不同观点的同意程度**

| 观点 | 非常不同意<br>（%） | 不太同意<br>（%） | 不一定<br>（%） | 比较同意<br>（%） | 非常同意<br>（%） | 均值<br>（分） |
|---|---|---|---|---|---|---|
| 中式服装服饰不太适合年轻人 | 7.4 | 17.2 | 41.8 | 23.3 | 10.2 | 3.1 |
| 中式服装服饰应该走高端化的路线 | 9.9 | 26.3 | 34 | 22.5 | 7.3 | 2.9 |
| 中式服装服饰应该回归传统形成规矩 | 13 | 29.8 | 33.1 | 19.9 | 4.1 | 2.7 |
| 中式服装服饰更适合定制（量体裁衣） | 22 | 44.4 | 24.3 | 6.8 | 2.4 | 2.2 |
| 中式服装服饰很难融入现代生活 | 7.2 | 17.2 | 34.6 | 27.3 | 13.7 | 3.2 |
| 中式服装服饰不好搭配 | 7.6 | 28.9 | 36.6 | 20.4 | 6.6 | 2.9 |
| 中式服装服饰可以包含其他风格和元素 | 20.6 | 52 | 18.6 | 6.6 | 2.1 | 2.2 |
| 中式服装服饰现在正流行 | 10.7 | 37.4 | 34.1 | 15.3 | 2.6 | 2.6 |

较，男性和女性对"中式服装服饰可以包含其他风格和元素""中式服装服饰很难融入现代生活""中式服装服饰应该回归传统形成规矩""中式服装服饰不太适合年轻人"等观点存在差异，虽然"中式服装服饰可以包含其他风格和元素"的总体均值不高，但男性中认同这一观点的人更多些，女性则比男性更认同其他三个观点。

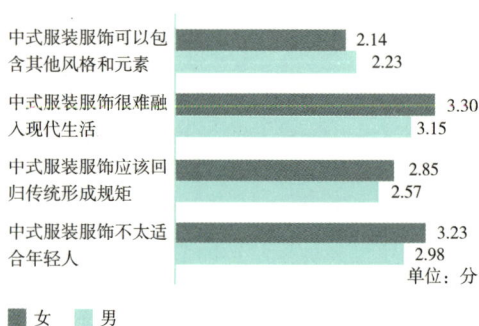

图36　男性和女性对中式服装观点的均值比较

从不同年龄段的均值比较看，在"中式服装服饰不好搭配""中式服装服饰更适合定制（量体裁衣）""中式服装服饰应该回归传统形成规矩""中式服装服饰应该走高端化的路线"等观点上存在显著差异，如图37所示。45岁以上的被调查者比其他年龄段更认同"中式服

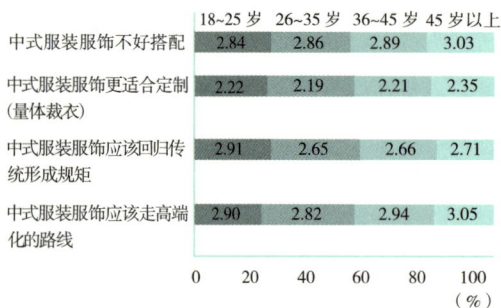

图37　不同年龄组对中式服装服饰观点的均值比较

装服饰不好搭配""中式服装服饰应该走高端化的路线""中式服装服饰更适合定制（量体裁衣）"的看法；18~25岁年龄段则相对更认同"中式服装服饰应该回归传统形成规矩"这一看法。

（四）中式服装的消费特点

1．拥有中式服装的情况

从图38所示的分析结果可以看出，拥有中式服装样式最多的是含有中国元素的服装（立领、盘扣、民族图案等），占42%；其次是旗袍，占39%，31%的人拥有唐装，21%的人有中山装，没有中式服装的占25%。

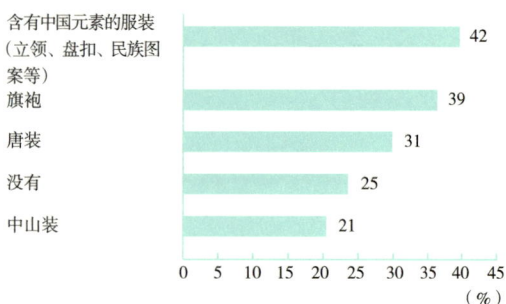

图38　拥有中式服装样式的比例

拥有中式服装样式与城市做交叉分析，四个城市之间未有显著差异。拥有中式服装样式的性别比较，如图39所示。含有中国元素的服装（立领、盘扣、民族图案等）、唐装、旗袍、中山装等有显著差异，女性拥有含中国元素的服装（立领、盘扣、民族图案等）和旗袍的比例显著多于男性，而男性拥有唐装和中山装的比例显著多于女性。

从年龄看，含有中国元素的服装（立领、盘扣、民族图案等）、唐装、旗袍、中山装等有显著差异，如图40所示。拥有含中国元素的服

含有中国元素的服装
(立领、盘扣、民族图案等)  36  46

旗袍  19  54

唐装  38  25

中山装  39  7

■ 女　■ 男

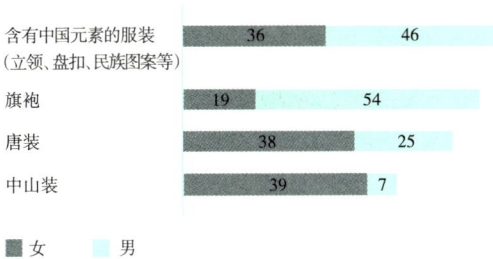

图 39　拥有中式服装样式的性别差异

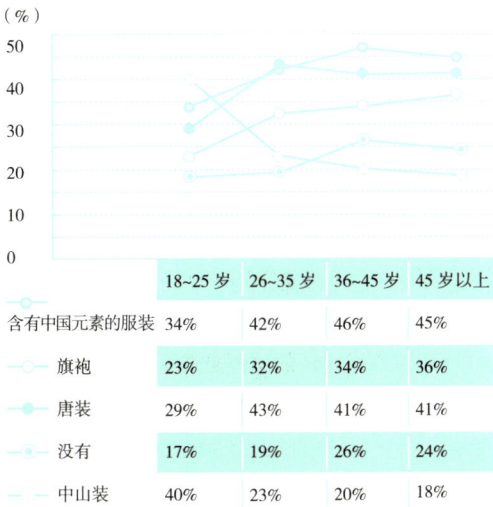

图 41　拥有中式服装件数的比例

（%）

| | 18~25 岁 | 26~35 岁 | 36~45 岁 | 45 岁以上 |
|---|---|---|---|---|
| 含有中国元素的服装 | 34% | 42% | 46% | 45% |
| 旗袍 | 23% | 32% | 34% | 36% |
| 唐装 | 29% | 43% | 41% | 41% |
| 没有 | 17% | 19% | 26% | 24% |
| 中山装 | 40% | 23% | 20% | 18% |

图 40　拥有中式服装样式的年龄差异

装（立领、盘扣、民族图案等）、旗袍的比例随年龄增长显著增加，唐装的拥有者最多集中在 26~35 岁年龄段，随着年龄的增长拥有唐装的比例稍有降低，而没有中式服装的人数所占比例显著降低。

　　关于拥有中式服装的数量，超过半数的被调查者拥有的件数为 1~2 件，其次是没有中式服装的占 25%，19% 的人拥有 3~5 件，拥有 5 件以上的占 5%，如图 41 所示。

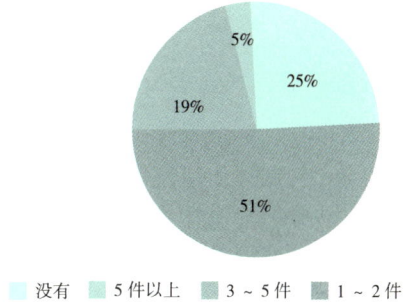

　　拥有中式服装件数无显著的城市间差异。从性别来看，拥有中式服装件数有显著差异，如图 42 所示。拥有两件及以下中式服装的男性数量多于女性，而拥有三件及以上的女性多于男性。

5 件以上  3  6

3 ~ 5件  18  21

1 ~ 2件  53  48

没有  26  25

（%）

■ 男　■ 女

图 42　拥有中式服装件数的性别差异

　　对拥有中式服装的件数和年龄做交叉分析，结果如图 43 所示。随着年龄的增长，没有中式服装的被调查者人数显著减少，拥有三件及以上中式服装的被调查者人数显著增多，也就是说随着年龄的增长拥有中式服装的也更多。

（%）

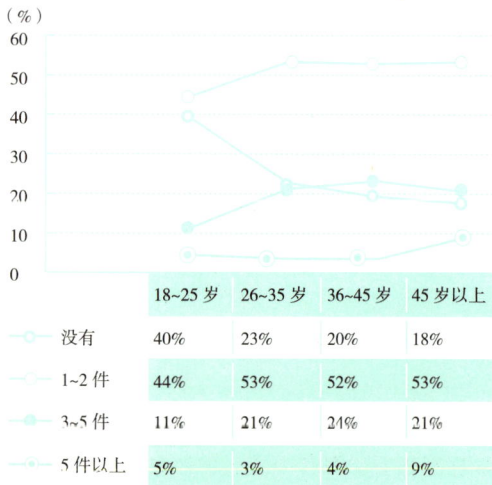

| | 18~25 岁 | 26~35 岁 | 36~45 岁 | 45 岁以上 |
|---|---|---|---|---|
| 没有 | 40% | 23% | 20% | 18% |
| 1~2 件 | 44% | 53% | 52% | 53% |
| 3~5 件 | 11% | 21% | 24% | 21% |
| 5 件以上 | 5% | 3% | 4% | 9% |

**图 43　拥有中式服装件数的年龄差异**

2. 中式服装的获得方式

在被调查的人群中，中式服装的获得方式主要是自己购买或定做的占 64%，远远高于其他获得方式；妻子（女朋友）或丈夫（男朋友）购买的排第二位，占 17%；依次为亲戚朋友送的、工作需要发的（或定制的）、单位活动发的、子女送的等，如图 44 所示。

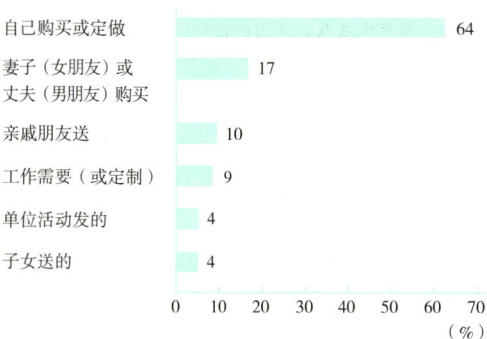

**图 44　中式服装获得方式的比例**

中式服装获得方式没有显著的城市间差异。自己购买或定做、妻子（女朋友）或丈夫（男朋友）购买等两项有显著性别差异，如图 45 所示。其中女性自己购买或定做的比例显著高于男性，妻子（女朋友）或丈夫（男朋友）购买的比例男性显著高于女性。

**图 45　中式服装获得方式的性别差异**

中式服装获得方式中，自己购买或定做、妻子（女朋友）或丈夫（男朋友）购买、亲戚朋友送的、工作需要发的（或定制的）等各项均有显著年龄差异，如图 46 所示。其中年龄越大，自己购买或定做的比例越高；妻子（女朋友）或丈夫（男朋友）购买、工作需要发的（或定制的）在 26~35 岁年龄段所占比例最高；亲戚朋友送的在 45 岁以上年龄段最少。

（%）

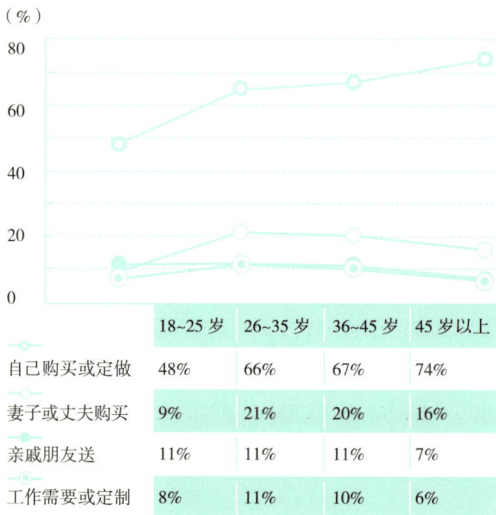

| | 18~25 岁 | 26~35 岁 | 36~45 岁 | 45 岁以上 |
|---|---|---|---|---|
| 自己购买或定做 | 48% | 66% | 67% | 74% |
| 妻子或丈夫购买 | 9% | 21% | 20% | 16% |
| 亲戚朋友送 | 11% | 11% | 11% | 7% |
| 工作需要或定制 | 8% | 11% | 10% | 6% |

**图 46　中式服装得到方式的年龄差异**

3. 穿着中式服装的场合

从图 47 所示的结果看，被调查者穿着中式服装的场合最多的是婚礼／庆典，其次是私人聚会、日常穿着、宴会、晚会、正式会议、商务酒会、发布会。

**图 47　穿着中式服装场合的比例**

其中，日常穿着中式服装有显著地区差异：深圳最多，其次是广州、北京，上海将中式服装作为常服穿着最少，如图 48 所示。

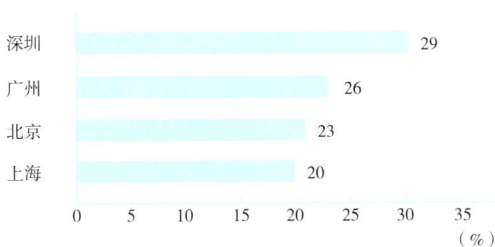

**图 48　日常穿着中式服装的地区差异**

女性在婚礼／庆典上穿着中式服装的比例显著大于男性，而在正式会议和发布会上穿着中式服装的男性比例大于女性，如图 49 所示。

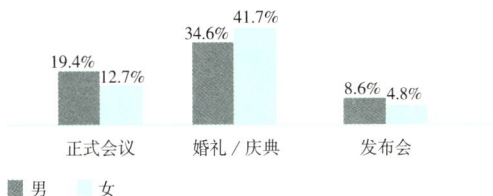

**图 49　穿着中式服装场合的性别差异**

穿着中式服装场合的年龄差异，如图 50 所示。年龄越大，把中式服装作为日常穿着和私人聚会时穿着的人数越多。26~35 岁的年龄段选择在正式会议场合穿着中式服装的比例最高，婚礼／庆典、发布会、商务酒会、晚会中穿着比例最高的是 26~35 岁年龄段，36~45 岁年龄段选择在宴会场合穿着中式服装的比例最高，日常穿着、私人聚会中 45 岁以上的人群穿着比例最高。

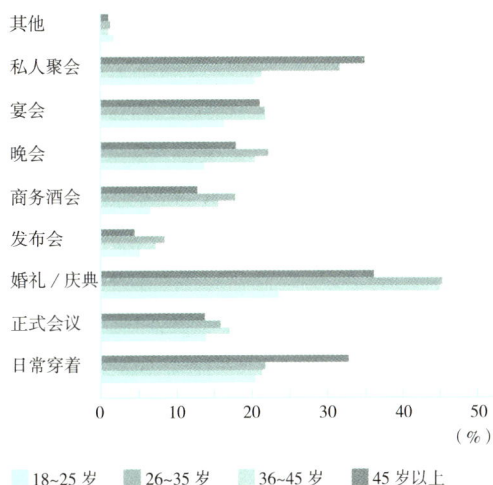

**图 50　穿着中式服装场合的年龄差异**

4.穿着中式服装的目的

调查结果显示，44%的被调查者穿着中式服装的目的是体现对中国传统文化的认同，33%的是为了满足审美需求，选择适应场合氛围的有29%，为了与众不同、表现自我个性占18%，如图51所示。

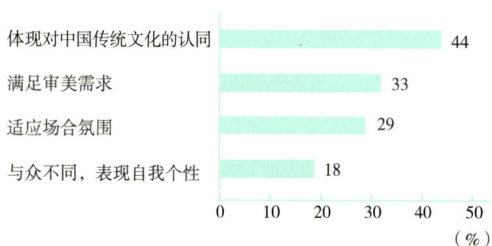

**图51　穿着中式服装目的的百分比**

穿着中式服装的原因没有显著的城市间差异。在穿着中式服装的原因中，其中三项有显著的性别差异，如图52所示。目的是体现对中国传统文化的认同的男性显著多于女性；为了满足审美需求、适应场合氛围的女性显著多于男性。

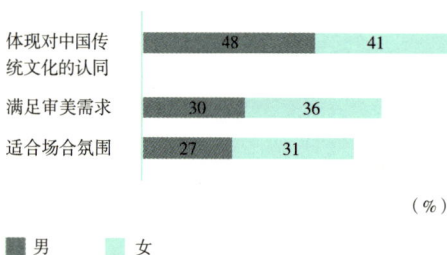

■ 男　　■ 女

**图52　穿着中式服装目的的性别差异**

随着年龄的增长，以体现对中国传统文化的认同和适应场合氛围而穿着中式服装的比例越来越高，以满足审美需求为目的的主要集中在26~35岁和45岁以上年龄段，为了与众不同、表现自我个性的主要在26~35岁年龄段，如图53所示。

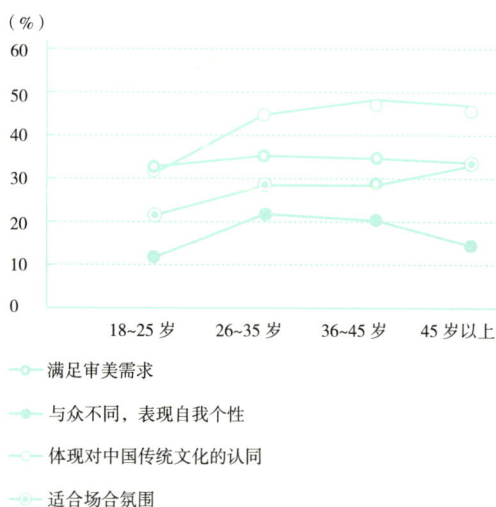

○ 满足审美需求

● 与众不同，表现自我个性

○ 体现对中国传统文化的认同

─ 适应场合氛围

**图53　穿着中式服装目的的年龄差异**

5. 没有中式服装的原因及存在问题

如图 54 所示，45% 的被调查者没有中式服装的原因是没有穿着的场合，28% 的被调查者因为买不到合适的样式，选择价格太贵的占 21%，对中式服装没有兴趣的占 5%，其他占 1%。

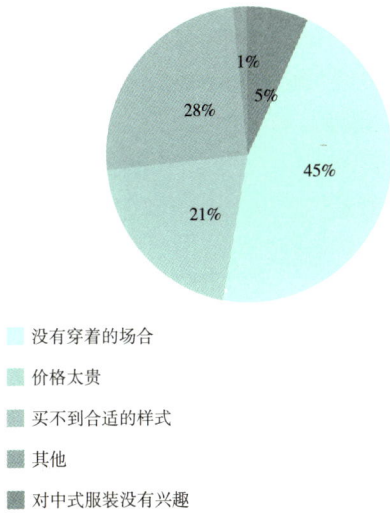

- 没有穿着的场合
- 价格太贵
- 买不到合适的样式
- 其他
- 对中式服装没有兴趣

图 54　拥有中式服装件数的比例

没有中式服装的原因无显著地区、性别上的差异。在年龄上，由图 55 可以看出，因为买不到合适的样式、对中式服装没有兴趣、没有穿着的场合、价格太贵等都是随着年龄的增长呈下降趋势。

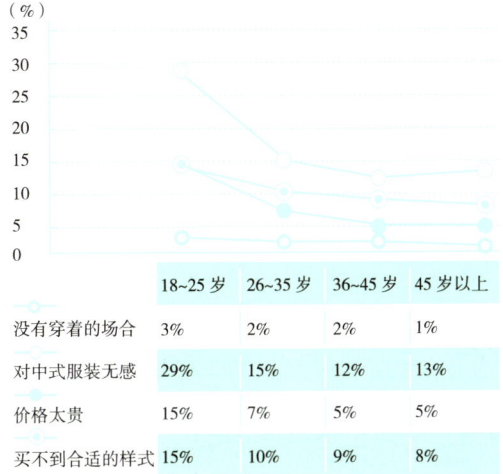

| | 18~25 岁 | 26~35 岁 | 36~45 岁 | 45 岁以上 |
|---|---|---|---|---|
| 没有穿着的场合 | 3% | 2% | 2% | 1% |
| 对中式服装无感 | 29% | 15% | 12% | 13% |
| 价格太贵 | 15% | 7% | 5% | 5% |
| 买不到合适的样式 | 15% | 10% | 9% | 8% |

图 55　没有中式服装原因的年龄差异

如图 56 所示的调查结果显示，被调查者认为目前市场上的中式服装存在的主要问题有"做工质量不好""服装合体性差""面料难保养"，所占比例分别为 45%、42%、41%，"样式过于传统"占 38%。

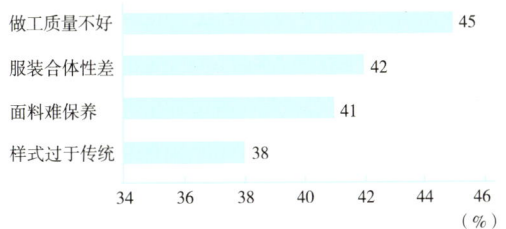

图 56　中式服装存在的主要问题比例

6.购买中式服装的重点考虑因素

如图 57 所示的调查结果显示，购买中式服装的重点考虑因素从高到低依次是：款式、做工、面料材质、价格、板型、颜色、品牌、流行性、购买环境、产地、商店形象。

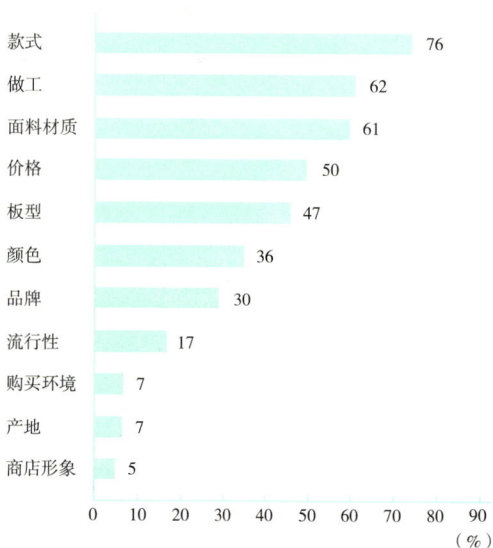

图 57　购买中式服装重点考虑因素的比例

其中，深圳购买中式服装考虑款式因素的比例显著高于其他城市，上海对板型因素考虑的比例最高，广州对流行性因素考虑的比例高于其他城市，如图 58 所示。

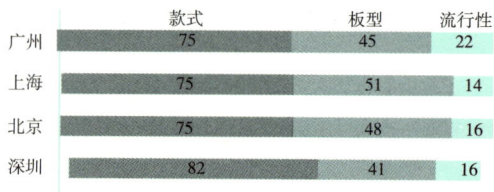

图 58　购买中式服装重点考虑因素的地区差异

女性购买中式服装时，对款式、面料材质、板型和颜色的考虑显著多于男性，而男性对品牌、购买环境和产地的考虑则多于女性，如图 59 所示。

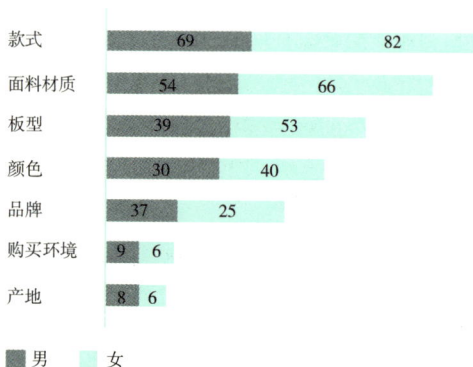

图 59　购买中式服装重点考虑因素的性别差异

随着年龄的增长，购买中式服装时对商店环境和流行性的考虑越来越少，对板型考虑最多的是 26~35 岁年龄段，对价格考虑最多的是 18~25 岁年龄段，对面料材质和产地考虑最多的是 36~45 岁年龄段，各年龄段对流行性的考虑均相对较少，如图 60 所示。

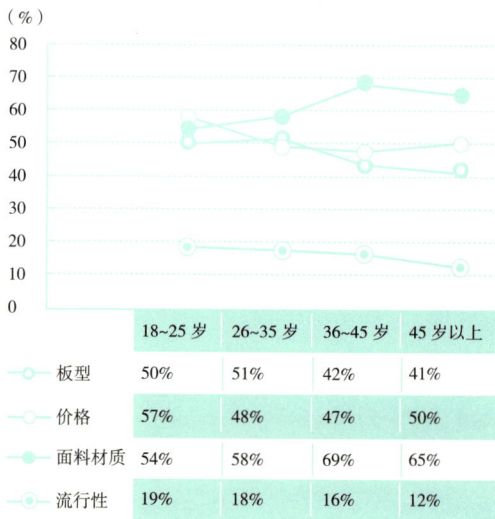

图 60　购买中式服装重点考虑因素的年龄差异

7．购买价格

（1）购买中式服装作为日常穿着：如图 61 所示，购买中式服装作为日常穿着，有大约一半被调查者购买成衣的价位选择在 500 元及以内，而如果是定制的话选择这一价位段的人只有 23.3%；成衣和定制选择 501~1000 元的人数相当，都接近 30%；如果是定制，选择超过 1000 元的被调查者则明显多于购买成衣的人数。换言之，如果是成衣，近 80% 被调查者倾向的购买价格在 1000 元以内，而 45% 以上的被调查者能接受 1000 元以上的定制中式服装。

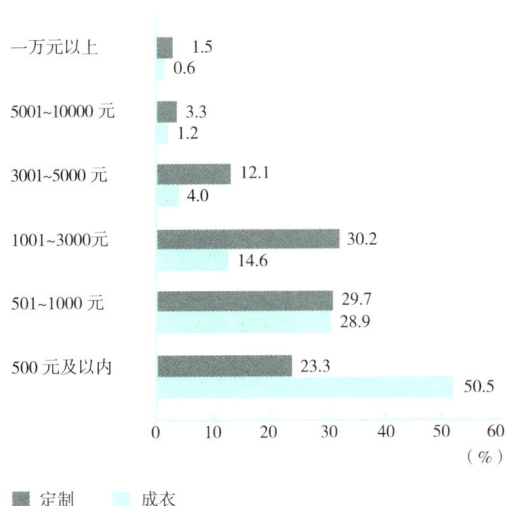

**图 61　日常穿着偏向的选择和价位比例**

深圳比例最高，其次是广州；偏向 501~1000 元的四个城市差别不大，都在 30% 左右；偏向 1001~3000 元的北京和上海高于广州和深圳，大约都在 33% 左右，而偏向 3000 元以上的上海要高于其他城市。

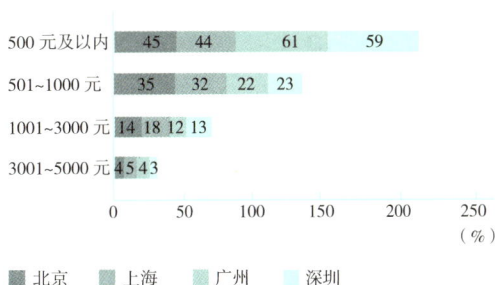

**图 62　日常穿着选择成衣的价位偏向地区差异**

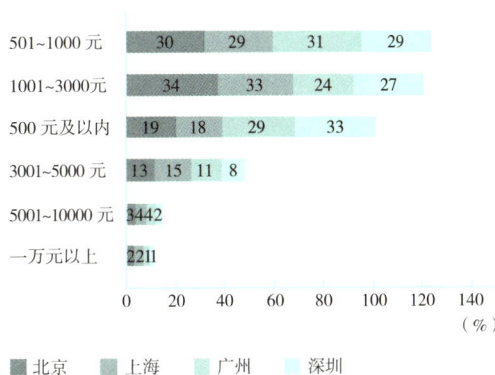

**图 63　日常穿着选择定制的价位偏向地区差异**

如图 62 和图 63 所示，日常穿着选择成衣和定制的价位偏向与城市之间均存在显著差异。选择成衣的被调查者，偏向 500 元及以内的广州和深圳接近，都在 60% 左右，显著高于北京和上海；偏向 501~1000 元的则是北京和上海显著高于广州和深圳，上海被调查者中倾向 1001~3000 元的人数比例最高，占 18%。如果是定制的话，偏向 500 元及以内的

选择成衣的价位偏向与性别之间存在显著差异，如图 64 所示。但选择定制的价位偏向与性别之间不存在显著差异。选择成衣作为日常穿着的被调查者中，女性偏向 500 元及以内的比例显著高于男性，而男性偏向 500 元以上的比例要显著高于女性。

同样，显示日常穿着选择成衣和定制的价位偏向与年龄之间也存在显著差异。从成衣倾向的价位看，18~25 岁年龄段偏向 500 元及以

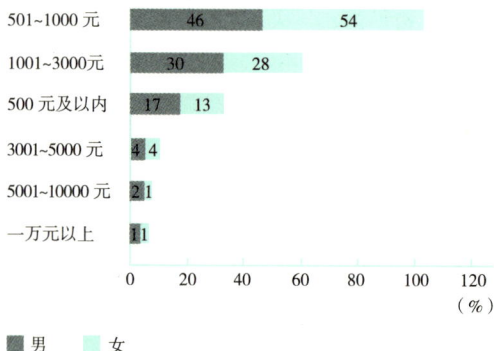

501~1000 元 — 男 46 / 女 54
1001~3000 元 — 男 30 / 女 28
500 元及以内 — 男 17 / 女 13
3001~5000 元 — 男 4 / 女 4
5001~10000 元 — 男 2 / 女 1
一万元以上 — 男 1 / 女 1

■ 男　　■ 女

**图 64　日常穿着选择成衣的价位偏向性别差异**

内的人数接近 60%，明显高于其他年龄段；偏向 1001~3000 元的比例则随着年龄的增长有上升的趋势，如图 65 所示。从定制倾向的价位看，年龄在 26~35 岁的被调查者中有更多的人能够接受较高的价格，而 18~25 岁和 45 岁以上的被调查者倾向较高定制价格的人数较少，如图 66 所示。

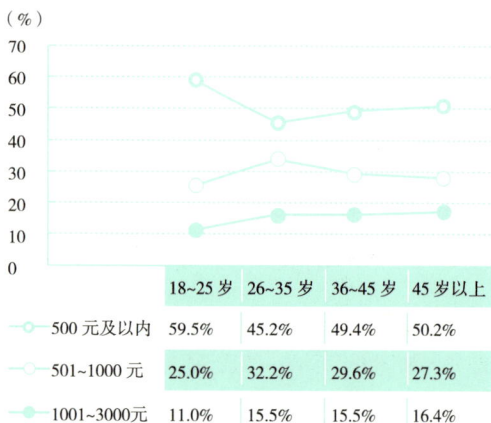

| (%) | 18~25 岁 | 26~35 岁 | 36~45 岁 | 45 岁以上 |
|---|---|---|---|---|
| 500 元及以内 | 59.5% | 45.2% | 49.4% | 50.2% |
| 501~1000 元 | 25.0% | 32.2% | 29.6% | 27.3% |
| 1001~3000元 | 11.0% | 15.5% | 15.5% | 16.4% |

**图 65　日常穿着选择成衣的价位偏向年龄差异**

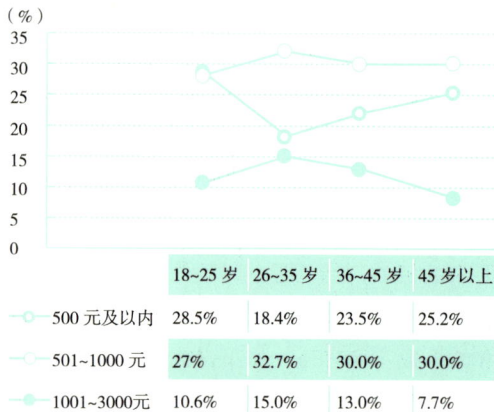

| (%) | 18~25 岁 | 26~35 岁 | 36~45 岁 | 45 岁以上 |
|---|---|---|---|---|
| 500 元及以内 | 28.5% | 18.4% | 23.5% | 25.2% |
| 501~1000 元 | 27% | 32.7% | 30.0% | 30.0% |
| 1001~3000元 | 10.6% | 15.0% | 13.0% | 7.7% |

**图 66　日常穿着选择定制的价位偏向年龄差异**

（2）重要场合穿着中式服装：如图 67 分析结果显示，对于重要场合穿着，如果是成衣，被调查者中有 38.1% 的人能接受的价格在 1000 元及以内，而选择 1000 元以内定制的人数占 25.2%；与日常穿着类似，超过 3000元后，定制的比例明显高于成衣。比较日常穿着和重要场合穿着的价位倾向，可以看出，重要场合被调查者能接受的价位更高，也就是愿意为出席重要场合花更多的钱，获得品质更好的服装，从而表现自我形象和不失礼节。同时，无论是哪种场合，被调查者都愿意为定制花费更多。

如图 68、图 69 所示，城市间比较，北京选择成衣的被调查者，偏好的价格在 1001~3000元的最多，占 39%，广州与深圳相似；偏好的价格在 1000 元及以内的，广州占 42%，深圳占到了 45%。而选择定制的被调查者，北京倾向 3001~5000 元的比例最高，占 31%；广州和深圳的被调查者，在各个价位段都比较接近，价格接受能力低于北京和上海。

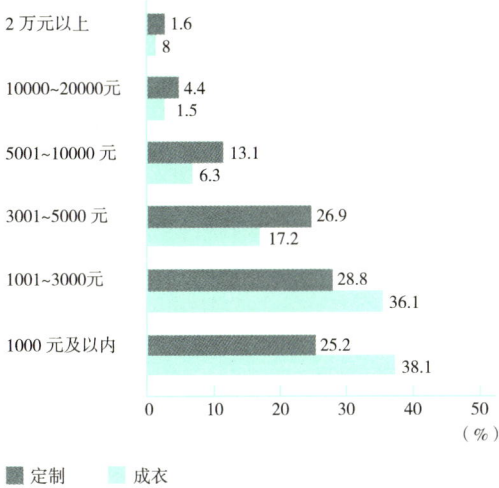

图 67　重要场合穿着偏向的价位比例

图中数据：
- 2 万元以上：定制 1.6，成衣 8
- 10000~20000 元：定制 4.4，成衣 1.5
- 5001~10000 元：定制 13.1，成衣 6.3
- 3001~5000 元：定制 26.9，成衣 17.2
- 1001~3000 元：定制 28.8，成衣 36.1
- 1000 元及以内：定制 25.2，成衣 38.1

■ 定制　　■ 成衣

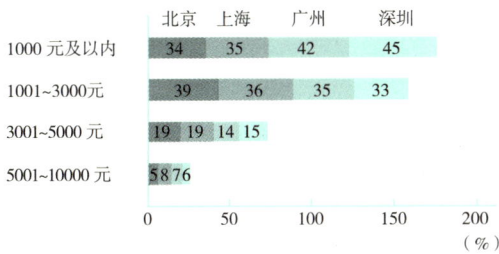

| | 北京 | 上海 | 广州 | 深圳 |
|---|---|---|---|---|
| 1000 元及以内 | 34 | 35 | 42 | 45 |
| 1001~3000 元 | 39 | 36 | 35 | 33 |
| 3001~5000 元 | 19 | 19 | 14 | 15 |
| 5001~10000 元 | 5 | 8 | 7 | 6 |

图 68　重要场合选择穿着成衣的价位偏向地区差异

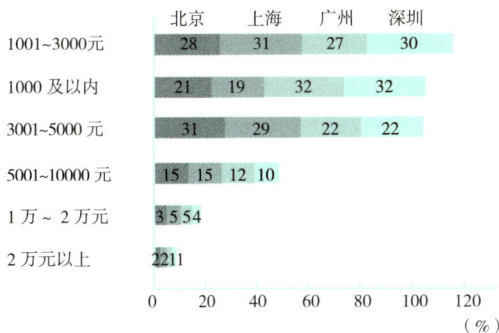

| | 北京 | 上海 | 广州 | 深圳 |
|---|---|---|---|---|
| 1001~3000 元 | 28 | 31 | 27 | 30 |
| 1000 及以内 | 21 | 19 | 32 | 32 |
| 3001~5000 元 | 31 | 29 | 22 | 22 |
| 5001~10000 元 | 15 | 15 | 12 | 10 |
| 1 万~2 万元 | 3 | 5 | 5 | 4 |
| 2 万元以上 | 2 | 2 | 1 | 1 |

图 69　重要场合选择穿着定制的价位偏向地区差异

（五）中式服装品牌意识

1. 品牌认知度、偏好度和购买率总体分析

本次调查共涉及 15 个国内市场上销售的中式服装或民族风格品牌，请被调查者选出知道的品牌（认知）、喜欢的品牌（偏好）和购买过的品牌，结果如图 70 所示。"上海滩"认知度偏好度和购买率都名列第一，其后按认知度排名依次是瑞蚨祥、吉祥斋、裂帛和格格等。品牌的认知度、偏好度和购买率呈明显相关关系，即认知度越高，偏好度和购买率也越高。只有吉祥斋的认知度略高于裂帛，但偏好度和购买率都低于裂帛，这或许与这两个品牌的风格、定位和目标顾客群有关，裂帛是网络原创品牌，价位较低，消费人群也更大，吉祥斋则价位较高，风格特色明显，适应的顾客群较小。从认知度、偏好度和购买率三者的关系看，偏好度与购买率两者的百分比更加接近，关系也更为密切，也就是说真正促使消费者购买的是"喜欢"那个产品或品牌。因此，中式服装品牌首先是要提升知名度，在有了一定知名度之后，让更多的消费者喜欢则成为提高购买率的关键，这两者或许也是相辅相成的，顾客也可能是购买后感到满意而产生了对品牌的喜欢，从而产生后续的购买行为，甚至成为忠诚顾客。

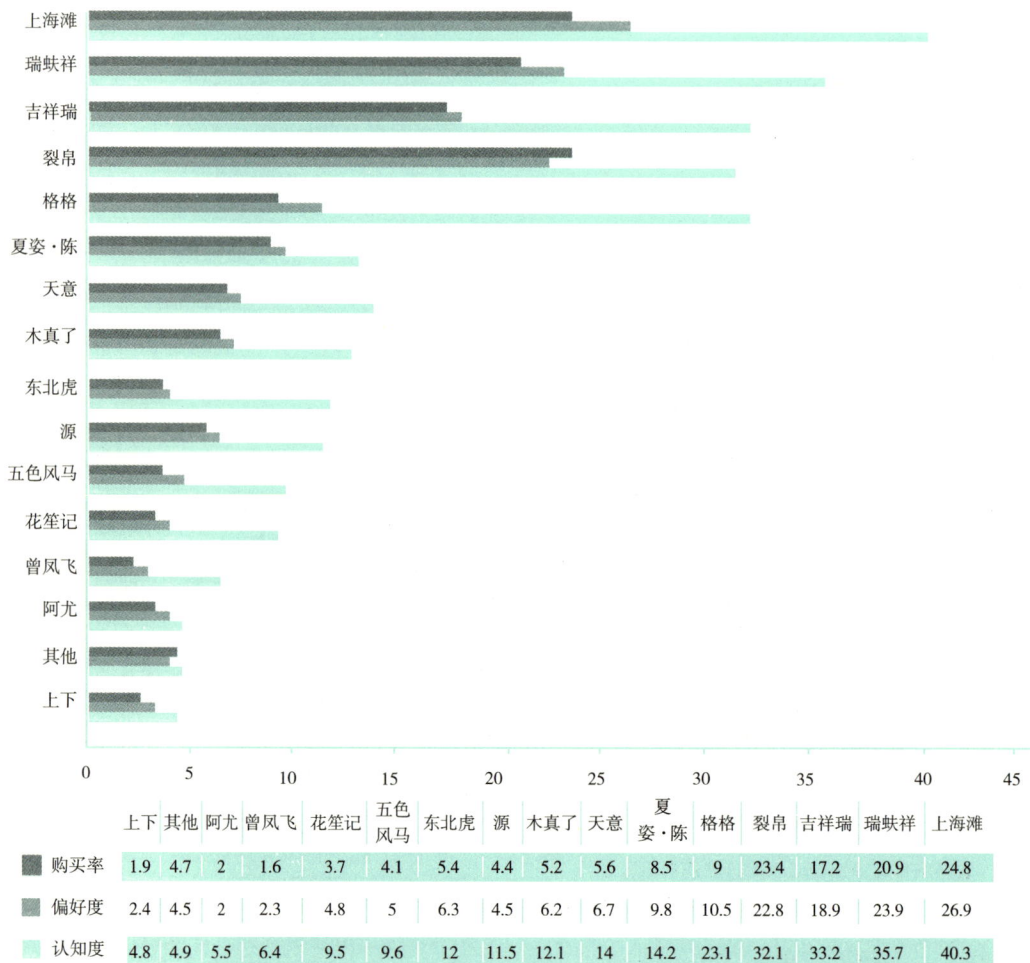

| | 上下 | 其他 | 阿尤 | 曾凤飞 | 花笙记 | 五色风马 | 东北虎 | 源 | 木真了 | 天意 | 夏姿·陈 | 格格 | 裂帛 | 吉祥瑞 | 瑞蚨祥 | 上海滩 |
|---|---|---|---|---|---|---|---|---|---|---|---|---|---|---|---|---|
| 购买率 | 1.9 | 4.7 | 2 | 1.6 | 3.7 | 4.1 | 5.4 | 4.4 | 5.2 | 5.6 | 8.5 | 9 | 23.4 | 17.2 | 20.9 | 24.8 |
| 偏好度 | 2.4 | 4.5 | 2 | 2.3 | 4.8 | 5 | 6.3 | 4.5 | 6.2 | 6.7 | 9.8 | 10.5 | 22.8 | 18.9 | 23.9 | 26.9 |
| 认知度 | 4.8 | 4.9 | 5.5 | 6.4 | 9.5 | 9.6 | 12 | 11.5 | 12.1 | 14 | 14.2 | 23.1 | 32.1 | 33.2 | 35.7 | 40.3 |

图 70　品牌认知度、偏好度和购买率比例

2.品牌认知度、偏好度和购买率的交叉分析

（1）城市间比较：上海滩、瑞蚨祥、格格、裂帛、吉祥斋、木真了等品牌的认知度有显著的城市间差异，如图71所示，表现出了中式服装品牌的区域性特点。北京老字号瑞蚨祥在北京的被调查者中认知度远远高于其他三个城市，达到60%以上，同样是北京品牌的格格、木真了、五色风马和阿尤在北京的认知度也明显高于其他城市；"上海滩"由于和上海的密切关系，有超过一半的上海被调查者知道"上海滩"，明显高于北京、广州和深圳；深圳品牌吉祥斋则在深圳的认知度显著高于其他城市。值得关注的是裂帛，是本次调查中唯一一个网络品牌，虽然公司在北京，但其认知度却是上海最高。

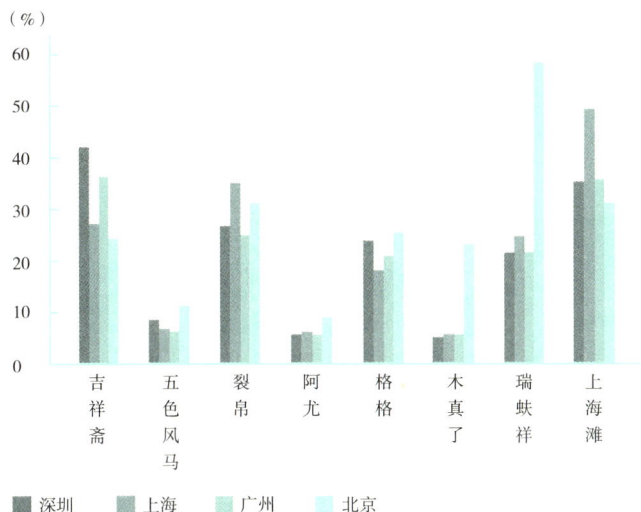

| | 深圳 | 上海 | 广州 | 北京 |
|---|---|---|---|---|
| 阿尤 | 3.9% | 4.5% | 4.0% | 8.6% |
| 五色风马 | 9.2% | 7.7% | 7.4% | 13.3% |
| 木真了 | 6.9% | 7.3% | 7.4% | 23.6% |
| 格格 | 24.8% | 18.5% | 22.0% | 27.3% |
| 裂帛 | 29.0% | 37.7% | 26.1% | 32.8% |
| 吉祥斋 | 43.9% | 28.9% | 38.7% | 26.8% |
| 瑞蚨祥 | 23.7% | 26.7% | 23.6% | 60.9% |
| 上海滩 | 37.0% | 51.2% | 37.8% | 33.2% |

**图 71　品牌认知度的城市差异**

从品牌偏好度和购买率看，如图 72 和图 73 所示，主要结果与认知度类似，即品牌偏好和购买也存在明显的区域特点，总体上本地被调查者对本地品牌有更高的偏好度和购买率。不同的是对天意的认知度不存在城市间差异，但天意的偏好度和购买率城市间差异明显，深圳的被调查者对天意的偏好度和购买率都要明显高于其他三个城市；格格虽然是北京品牌，且认知度在北京最高，但偏好度和购买率则是深圳最高。

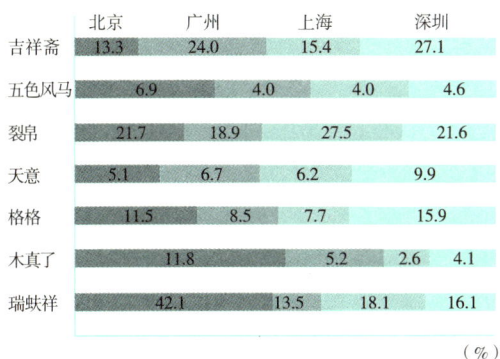

**图 72　品牌偏好度城市差异**

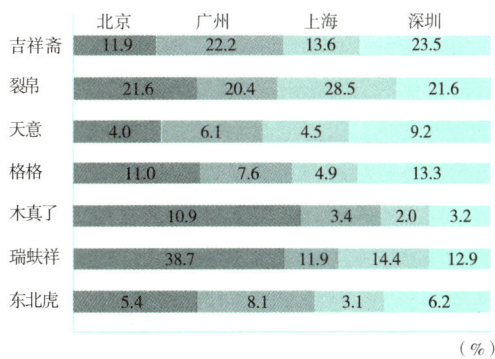

**图 73　品牌购买率城市差异**

（2）性别比较：男性和女性在品牌认知度、偏好度和购买率上存在一定差异，分别如图74~图76所示。从认知度看，男性对"上海滩"、东北虎、曾凤飞的认知度高于女性，而女性对木真了、格格、裂帛的认知度显著高于男性，特别是女性对裂帛的认知度远远高于男性，高出约30%。

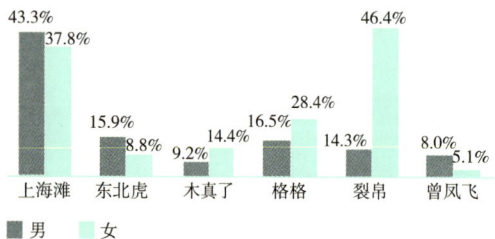

**图74 品牌认知度性别差异**

从偏好度和购买率看，基本上也与认知度结果类似。但瑞蚨祥和吉祥斋的认知度没有显示出性别差异，偏好度和购买率则显示出明显的性别差异，男性表示喜欢瑞蚨祥和吉祥斋的比例明显高于女性。瑞蚨祥是北京老字号中式服装品牌，经营传统样式的男女中式服装，男性喜欢中式服装品牌的一个重要原因是喜欢中国传统文化，而这也许是男性喜欢并购买瑞蚨祥高于女性的原因；吉祥斋则是一个以女性为目标顾客的中式服装品牌，但却更受男性青睐，原因可能与瑞蚨祥类似，吉祥斋服装在款式、色彩、图案、材质等方面都具有浓厚的中国传统文化特征，大面积的牡丹、荷花等的刺绣，很容易引起消费者的关注。

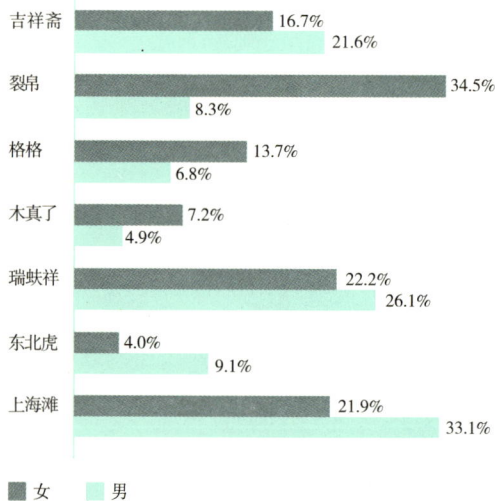

**图75 品牌偏好度性别差异**

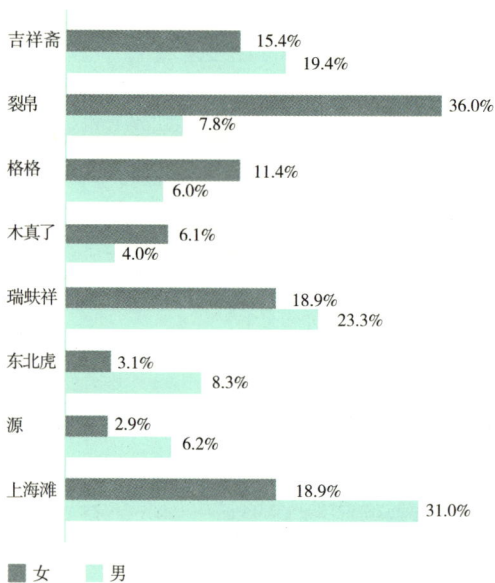

**图76 品牌购买率性别差异**

（3）年龄比较：不同年龄段被调查者的品牌认知度、偏好度和购买率存在一定差异，如图77~图79所示。从认知度看，上海滩、瑞蚨祥、木真了、裂帛、花笙记、上下等6个品牌存在年龄差异。其中，瑞蚨祥、木真了的认知度随年龄的增长明显提高；上海滩、裂帛、花笙记的认知度在 26~35 岁年龄段最高；上下的总体认知度虽然不高，但在 18~25 岁年龄段认知度则高于其他年龄段。

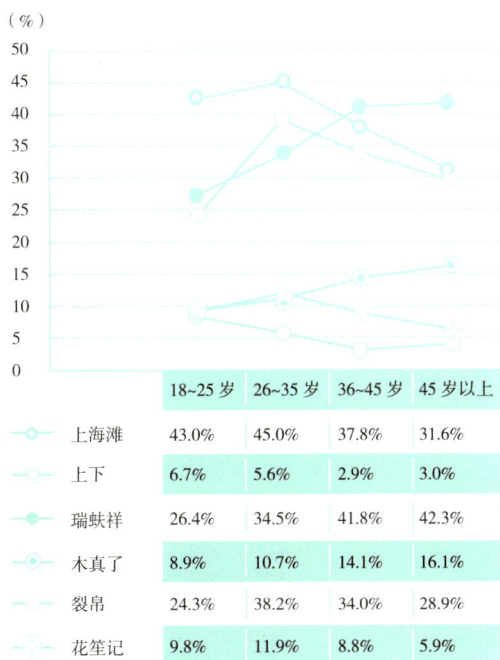

| | 18~25 岁 | 26~35 岁 | 36~45 岁 | 45 岁以上 |
|---|---|---|---|---|
| 上海滩 | 43.0% | 45.0% | 37.8% | 31.6% |
| 上下 | 6.7% | 5.6% | 2.9% | 3.0% |
| 瑞蚨祥 | 26.4% | 34.5% | 41.8% | 42.3% |
| 木真了 | 8.9% | 10.7% | 14.1% | 16.1% |
| 裂帛 | 24.3% | 38.2% | 34.0% | 28.9% |
| 花笙记 | 9.8% | 11.9% | 8.8% | 5.9% |

**图 77 品牌认知度年龄差异**

从不同年龄段的品牌偏好度和购买率看，15 个品牌中只有上海滩、瑞蚨祥、木真了、裂帛四个品牌存在显著差异，且与认知度类似，瑞蚨祥、木真了的偏好度和购买率都随着年龄增长而提高，上海滩和裂帛在 26~35 岁年龄段偏好度和购买率都高于其他年龄段。

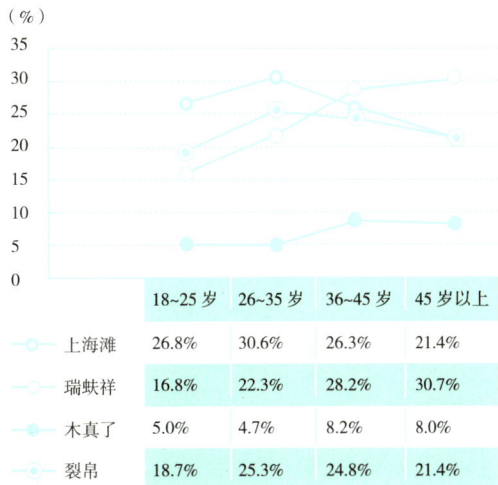

| | 18~25 岁 | 26~35 岁 | 36~45 岁 | 45 岁以上 |
|---|---|---|---|---|
| 上海滩 | 26.8% | 30.6% | 26.3% | 21.4% |
| 瑞蚨祥 | 16.8% | 22.3% | 28.2% | 30.7% |
| 木真了 | 5.0% | 4.7% | 8.2% | 8.0% |
| 裂帛 | 18.7% | 25.3% | 24.8% | 21.4% |

**图 78 品牌偏好度年龄差异**

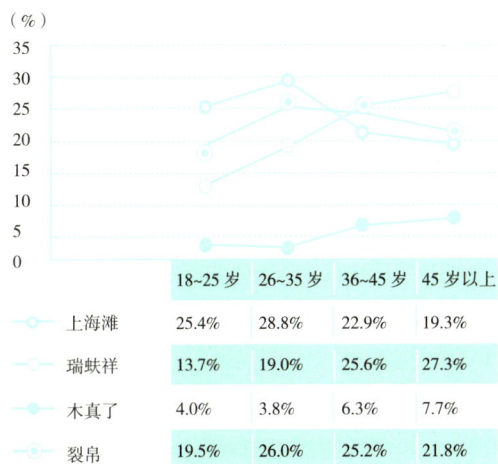

| | 18~25 岁 | 26~35 岁 | 36~45 岁 | 45 岁以上 |
|---|---|---|---|---|
| 上海滩 | 25.4% | 28.8% | 22.9% | 19.3% |
| 瑞蚨祥 | 13.7% | 19.0% | 25.6% | 27.3% |
| 木真了 | 4.0% | 3.8% | 6.3% | 7.7% |
| 裂帛 | 19.5% | 26.0% | 25.2% | 21.8% |

**图 79 品牌购买率年龄差异**

**3. 喜欢品牌的原因**

对喜欢中式服装品牌的原因进行分析，如图 80 所示。最主要的原因有传统工艺精致，天然材质、穿着舒适，喜欢中国传统文化，所占的比例分别为 56%、49%、47%。

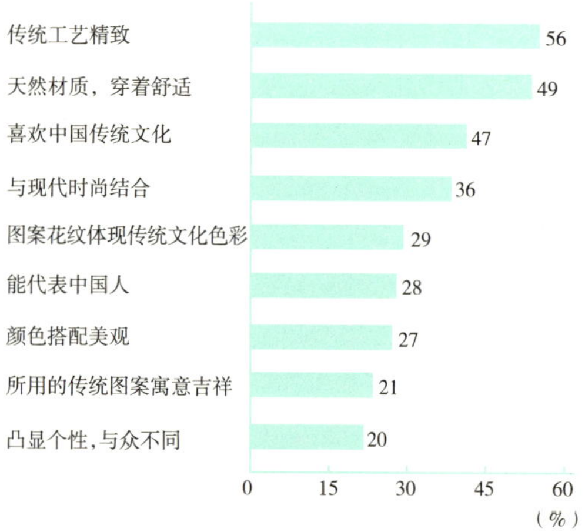
传统工艺精致 56
天然材质，穿着舒适 49
喜欢中国传统文化 47
与现代时尚结合 36
图案花纹体现传统文化色彩 29
能代表中国人 28
颜色搭配美观 27
所用的传统图案寓意吉祥 21
凸显个性，与众不同 20
0 15 30 45 60
（%）

**图 80 喜欢中式服装品牌的原因比例**

调查结果显示，喜欢中式服装品牌的原因中，“天然材质，穿着舒适”“与现代时尚结合”“图案花纹体现传统文化色彩”“凸显个性，与众不同”等原因存在显著的城市间差异。其中选择“天然材质，穿着舒适”的深圳显著高于其他城市；选择“与现代时尚结合”的广州和深圳都在 40% 左右，高于北京和上海；选择“图案花纹体现传统文化色彩”的广州最高；选择“凸显个性，与众不同”的北京、上海和广州比例接近，深圳最低，如图 81 所示。

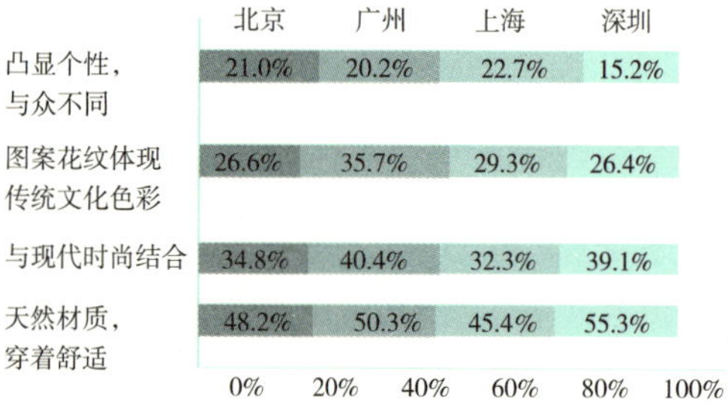
北京 广州 上海 深圳
凸显个性，与众不同 21.0% 20.2% 22.7% 15.2%
图案花纹体现传统文化色彩 26.6% 35.7% 29.3% 26.4%
与现代时尚结合 34.8% 40.4% 32.3% 39.1%
天然材质，穿着舒适 48.2% 50.3% 45.4% 55.3%
0% 20% 40% 60% 80% 100%

**图 81 喜欢中式服装品牌的原因城市差异**

从性别看，如图 82 所示，“与现代时尚结合”“喜欢中国传统文化”“能代表中国人”“颜色搭配美观”“图案花纹体现传统文化色彩”“凸显个性，与众不同”“符合我的职业喜好”等原因存在显著差异。其中，男性选择“喜欢中国传统文化”“能代表中国人”的比例显著高于女性，而女性选择“与现代时尚结合”“颜色搭配美观”“图案花纹体现传统文化色彩”“凸显个性，与众不同”“符合我的职业喜好”的比例则显著高于男性。从男性和女性喜欢品牌的原因看，男性考虑更多的是传统文化、国人形象等抽象而较为宏观层面的因素，而女性考虑更多的是与自身美观、自我个性和是否时尚等方面的因素，反映了男性与女性对中式服装品牌态度上的差异。

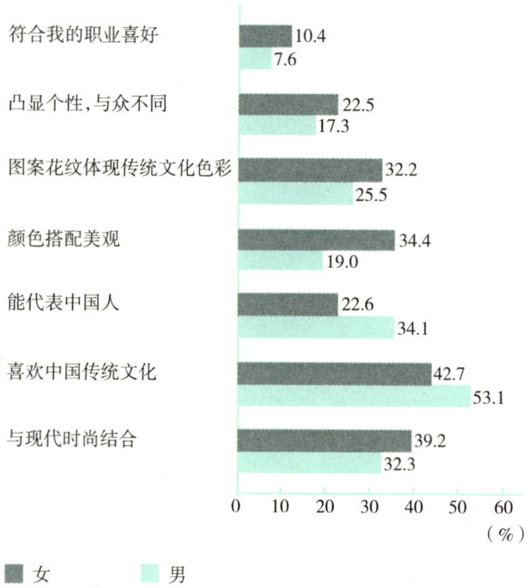
符合我的职业喜好 10.4 7.6
凸显个性，与众不同 22.5 17.3
图案花纹体现传统文化色彩 32.2 25.5
颜色搭配美观 34.4 19.0
能代表中国人 22.6 34.1
喜欢中国传统文化 42.7 53.1
与现代时尚结合 39.2 32.3
0 10 20 30 40 50 60
（%）
女 男

**图 82 喜欢中式服装品牌的原因性别差异**

对喜欢中式服装品牌的原因与年龄做交叉分析，如图 83 所示。结果显示：“天然材质，穿着舒适”“所用的传统图案寓意吉祥”“广告宣传做得好”等存在显著的年龄差异。其中，选择“天然材质，穿着舒适”的比例随着年龄的增长显著升高；26~45 岁被调查者选择“所用的传统图案寓意吉祥"的比例要高于 18~25 岁和 45 岁以上年龄段；"广告宣传做得好"虽然总体选择的比例不到 10%，但 18~25 岁年龄段选择的人数高于其他年龄段。或许加大针对年轻消费群体的中国传统服饰文化、中式服装品牌的宣传，并设计适应年轻消费者的中式服装产品，有助于提升年轻消费群体对中式服装的热爱。

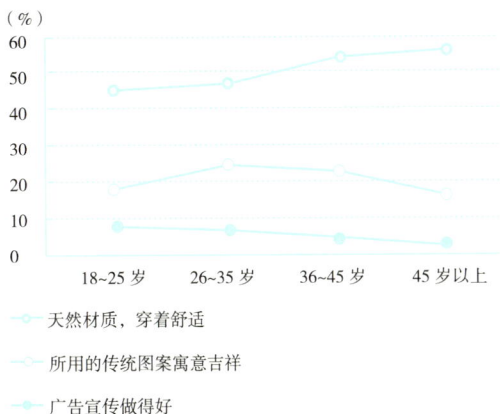

**图 83　选择中式服装的原因年龄差异**

### （六）上网行为及媒体特征

#### 1. 每天上网时间

从图 84 所示的频率结果分析中可以看出，被调查者平均每天的上网时间在 0~4 小时的人数最多，占 55%；其次是 4~8 小时的人数，占 33%；最后是 8~12 小时的人数，占 10%；平均每天上网时间在 12 小时以上的人数比例较少。

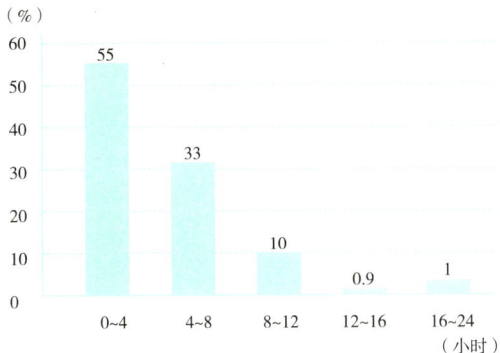

**图 84　平均每日上网时间段比例**

从性别与上网时间的交叉结果来看，如图 85 所示。被调查者平均每天上网时间有显著的性别差异，在 0~4 小时、12~16 小时的上网时间区间内，男性比例高于女性；其他时间段，女性比例略高于男性。

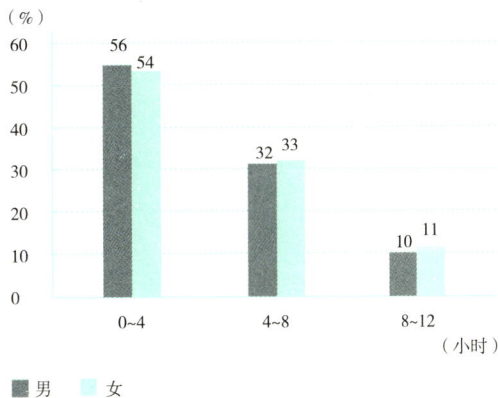

**图 85　平均每日上网时间段性别差异**

随着年龄的增长，每天上网时间 0~4 小时的人数比例越来越高，而每天上网时间 4~8 小时、8~12 小时的人数比例越来越低，12~16 小时上网时间的人数基本没有变化，如图 86 所示。

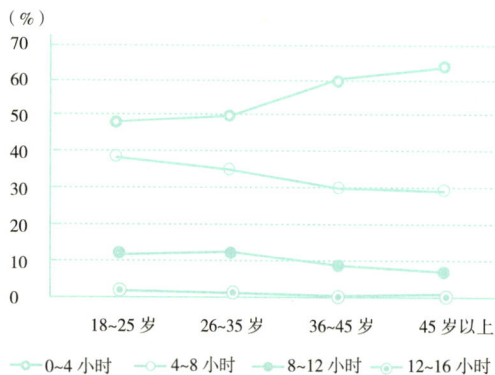

**图 86　平均每日上网时间段年龄差异**

2. 喜欢阅读的时尚杂志

如图 87 所示，被调查者最喜欢阅读的时尚杂志是《时尚芭莎》，占 37%；其次是《瑞丽服饰美容》，占 33%；再次是《都市丽人》，占 28%；随后依次是《时尚健康》《瑞丽伊人风尚》《ELLE- 世界时装之苑》《健康之友》《嘉人》《VOGUE 服饰与美容》《昕薇》《悦己》《时尚》《米娜》《希望》。

被调查者喜欢看的时尚杂志存在显著的性别差异，如图 88 所示。喜欢阅读《瑞丽服饰美容》《时尚芭莎》《昕薇》《VOGUE 服饰与美容》《ELLE- 世界时装之苑》《米娜》等杂志的女性比例远高于男性比例，接近两倍；喜欢阅读《健康之友》《时尚健康》的男性比例要明显高于女性比例，其他几种杂志的男、女比例差异不是特别明显。

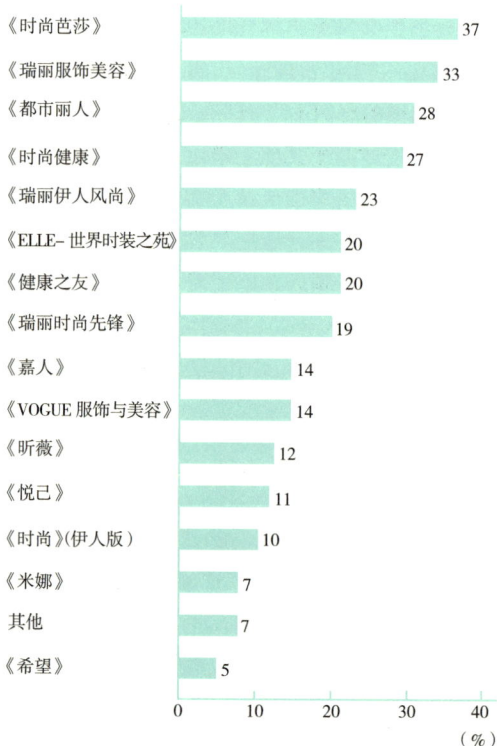

**图 87　各时尚杂志阅读的比例**

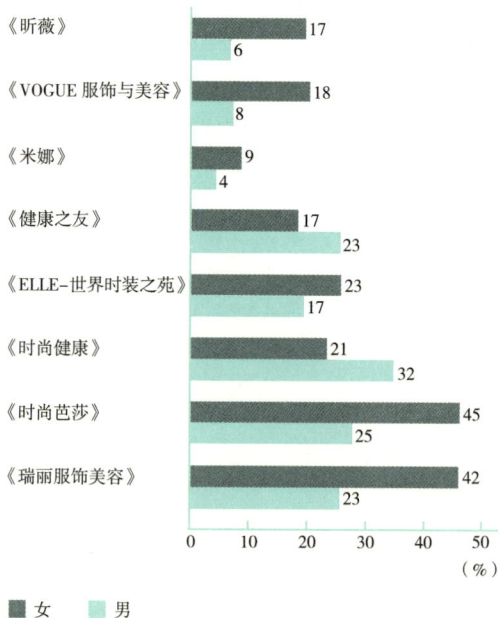

■ 女　■ 男

**图 88　时尚杂志阅读率性别差异**

调查结果显示，喜欢看的时尚杂志存在显著的年龄差异，如图89所示。大多数杂志喜欢阅读的人数随年龄的增长呈下降趋势，只有《健康之友》《时尚健康》《瑞丽服饰美容》三种杂志与年龄的增长是正向关系，45岁以上的读者居多。

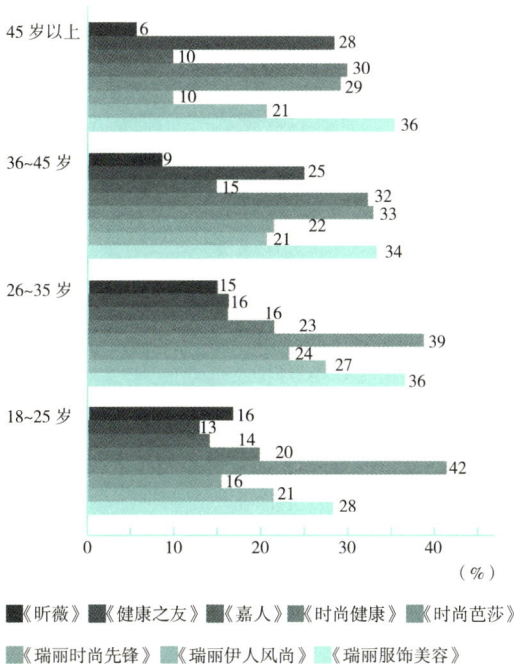

**图89 时尚杂志阅读率年龄差异**

图例：■《昕薇》 ■《健康之友》 ■《嘉人》 ■《时尚健康》 ■《时尚芭莎》
■《瑞丽时尚先锋》 ■《瑞丽伊人风尚》 ■《瑞丽服饰美容》

### 3.平常最喜欢上的网站

从调查结果看，被调查者平常最喜欢上的网站有百度，占68%；其次是淘宝，占65%；排在第三位的是新浪，占48%；然后依次是腾讯网、搜狐、网易、豆瓣、土豆网、Google、天涯，其余几个网站使用人数比例较少，如图90所示。

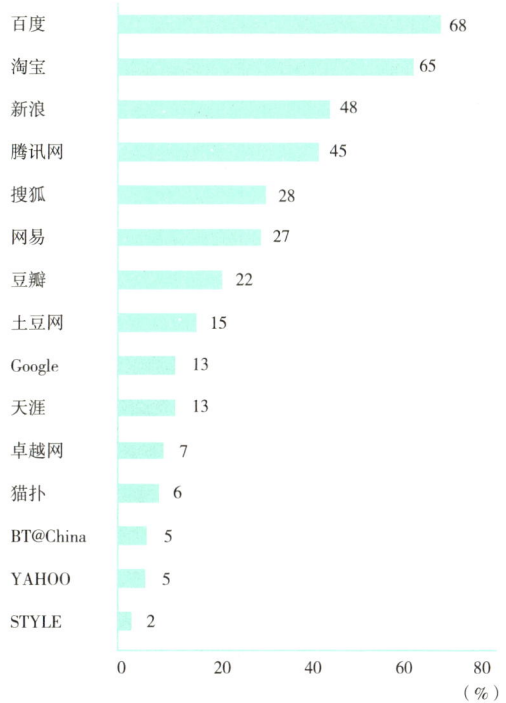

**图90 喜欢上的网站比例**

喜欢上的网站存在明显的性别差异，如图91所示。喜欢上淘宝、百度等网站的女性比例明显高于男性，而喜欢上搜狐、网易、腾讯网、Google、豆瓣的男性比例明显高于女性，其他各网站的男、女比例没有太大的区别。

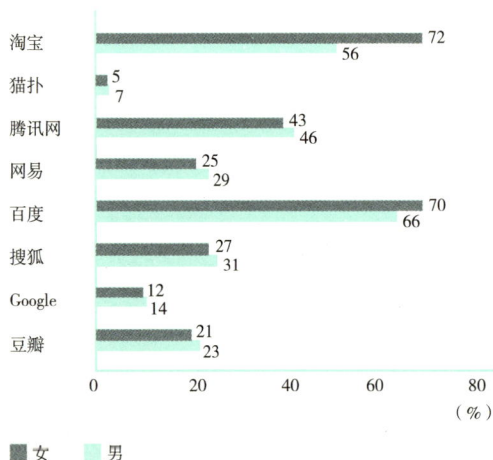

图91 喜欢上的网站性别差异

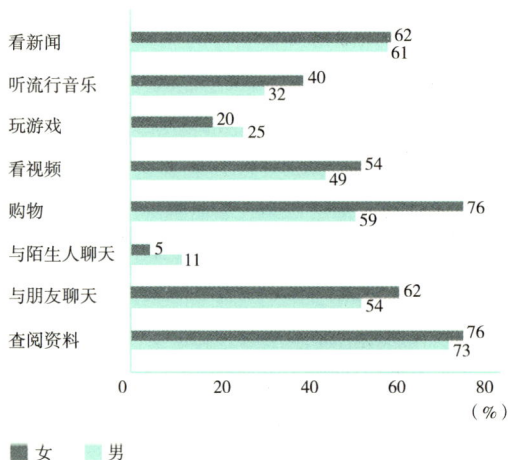

图93 上网目的的性别差异

调查结果显示，大多数人上网主要是查阅资料，占74%；其次是购物，占68%；再次是看新闻，占62%；之后依次是与朋友聊天、看视频、听流行音乐，占比分别为58%、52%、36%，而上网写博客和与陌生人聊天的人数比例较少，如图92所示。

从年龄看，被调查者上网的目的有着显著差异，大多数人随着年龄的增长可能上网的次数会越来越少，因此各种上网的活动也逐渐下降，只有购物与看新闻随着年龄的增长不减反增，如图94所示。

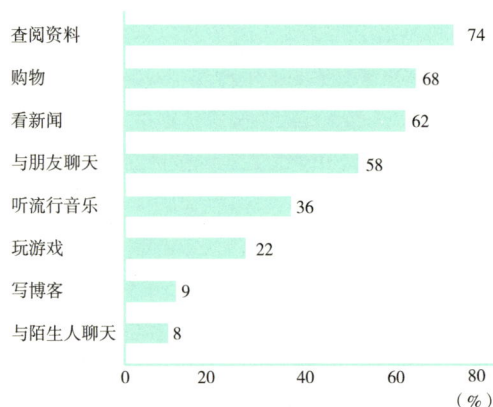

图92 上网目的比例

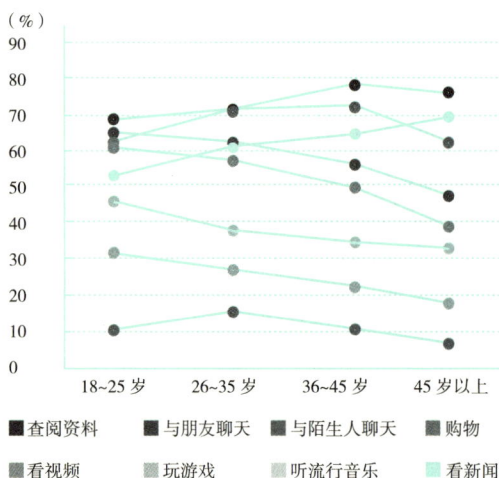

图94 上网目的的年龄差异

如图93所示，上网目的存在显著的性别差异，上网与朋友聊天、购物、看视频、听流行音乐的女性比例明显高于男性，而上网写博客、与陌生人聊天、玩游戏的男性比例要明显高于女性。

4.喜欢看的电视节目

被调查者最喜欢看的节目是综艺类节目，占 59%；其次是影视剧，占 53%；新闻或社会焦点也比较受欢迎，占 47%；其后依次为生活百科、时尚类节目、人物访谈、科技知识、经济类节目、体育、中医养生、文玩收藏，占比依次为 44%、37%、34%、25%、22%、22%、21%、11%，如图 95 所示。

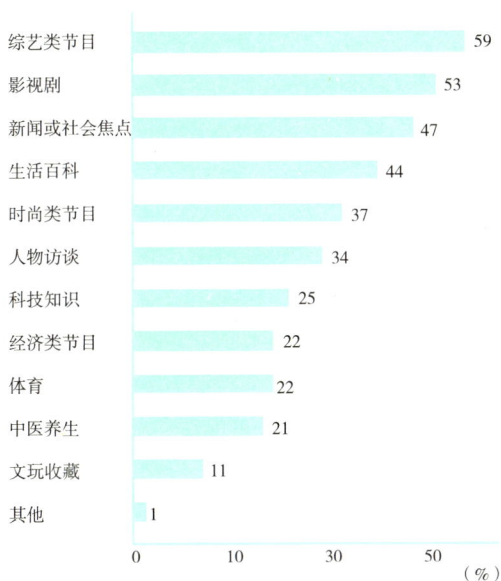

图 95　喜欢看的电视节目比例

被调查者喜欢看的电视节目存在显著的性别差异，如图 96 所示。喜欢看综艺类节目、中医养生、时尚类节目、影视剧的女性比例明显高于男性，男性更喜欢看经济类节目、科技知识、体育、人物访谈等节目。

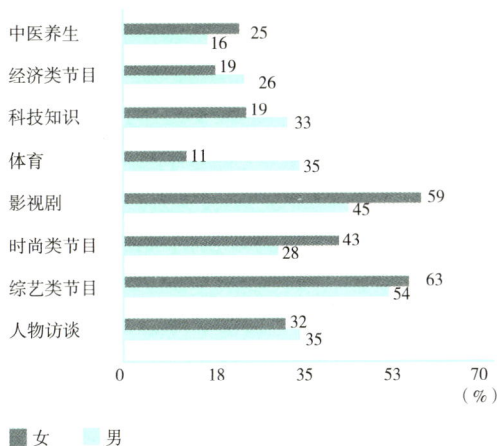

女　　　男

图 96　喜欢看的电视节目的性别差异

从年龄交叉分析结果看，喜欢看的电视节目存在一定的差异，科技知识、经济类节目人群最多的年龄段集中在 36~45 岁；综艺类节目、文玩收藏、时尚类节目人群最多的年龄段集中在 26~35 岁；生活百科、人物访谈、新闻或社会焦点、中医养生随着年龄的增长人数逐渐增多，如图 97 所示。

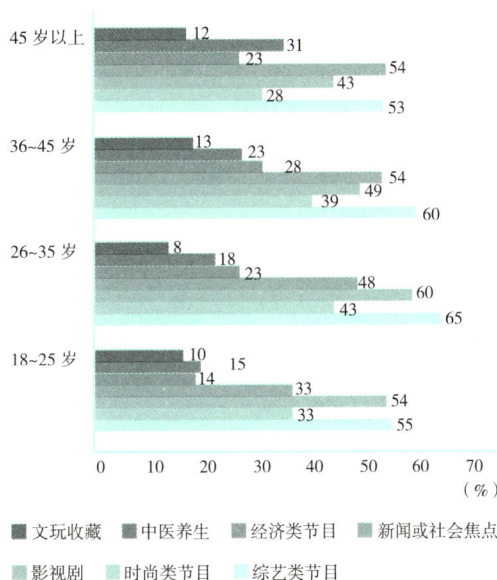

文玩收藏　　中医养生　　经济类节目　　新闻或社会焦点
影视剧　　　时尚类节目　　综艺类节目

图 97　喜欢看的电视节目的年龄差异

# 下篇：
# 中式服装消费行为实证研究

Part Three
Empirical Study of Consuming Behavior of Chinese Style
Clothing

# 中国传统服饰文化认同量表的构建

王玉 赵平 撰写　王秋月 眭晓慧 审校

摘要：在中国传统服饰文化、文化认同等相关文献的研究基础上，借鉴认同度相关研究成果，结合中国传统服饰文化的特点，通过文献摘录和开放式访谈构建中国传统服饰文化测量题库，经专家评鉴和实施问卷调查对题项进行项目分析和探索因子分析筛选题项，最终编制完成了中国传统服饰文化认同量表，共28个题项，分为5个维度：意愿行为、自豪认知、风格感知、材质款式和礼仪消费；接着确定了因素权重、经信度和效度检验，量表具有良好的信度和效度，可以作为中国传统服饰文化认同度测量工具。为验证量表的应用性，运用量表对消费者进行大范围的测评，运用软件对测评数据进行统计发现，实测人群对中国传统服饰文化总体的认同度很高，尤其在对中国传统服饰文化的自豪认知度和礼仪消费情况较好；中国传统服饰文化认同度在性别、婚姻状况、年龄、收入水平存在显著差异，且女性分数高于男性，已婚者得分高于未婚者，年龄大者高于年龄小者，高收入者高于低收入者。基于中国传统服饰文化认同度，把消费人群分为被动的追随派、积极的行动派、张扬的个性派、消极的中庸派、敏感的价值派，根据不同类型的消费者对中国传统服饰文化的认知特点，对中国风格服装消费特点、闲暇活动及媒体特征，从营销组合策略的产品、价格、渠道和促销方面，对中国风格服装的设计及营销给出了一些建议。

关键词：中国传统服饰文化；文化认同；认同度。

## 一、绪论

### （一）研究背景

自辛亥革命以来，受西方文化的影响，中国人的着装观念、风格和日常穿着逐渐西化，特别是自20世纪80年代改革开放以来，西方的时尚潮流和服饰文化快速渗透，对人们的穿着方式产生了极大影响，中国传统服饰更是日渐式微。着装观念和风格的改变，从某种程度上反映了对传统文化认同的弱化。正如张立保等人（2011年）指出："全球化浪潮袭来，中国正在失去中国之所以为中国的中国性，中国人正经历着前所未有的认同危机。"

中国素有衣冠王国的美称，拥有源远流长的文明史和千姿百态的服饰文化。抢救、保护和传承中国的传统服饰文化，展现中国人自己的服装风格，对提升中国人的民族自豪感和自信心有着重要意义。而要更好地弘扬传统服饰文化，就需要了解国人心目中的中国传统服饰文化的内涵是什么，中国传统服饰中的哪些元素最能代表他们心目中的"中国味道"，更需要了解和提升人们对传统服饰文化的认同度，使传统服饰文化与现代时尚和服装消费市场契合，并融入人们的日常生活和工作中，助力国家文化创意产业的发展。

认同原本是心理学的一个概念，是指"个体认知与模仿他人或团体之态度行为，使其成为个人人格一个部分的心理历程"。后来社会学者开始把这个概念引入到社会学领域进行研究，现在很多的研究者已经把认同引入到管理学和营销学领域。在心理学领域认同是一种心理机制，而在社会学领域，文化认同成了研究的热点，社会学家和哲学家参考其心理机制对文化认同进行思辨，当把认同引入营销和管理领域时，研究者对其做了很多实证的研究，并运用到了实践当中（表1）。

服装传统文化研究者潜心挖掘传统服饰文化，目前关于传统服饰文化中的图案等要素的研究已经很成熟，为设计师和相关从业者提供了很多设计素材。关于中国传统服饰元素在现代服装上的设计实践反思和有效实践方法的讨论成为现代服装设计界学术研究的热点，为设计师们更好的运用传统服饰元素提供了参考。营销界的学者对目前市场上运作比较成功的有中国风格的服装品牌进行剖析，为有文化韵味的品牌的商业运作提供建议。设计素材、设计方法、商业运作模式都已经得到学者们的关注和研究。而消费者是市场的主体，从消费者的角度看中国传统服饰文化，成为中国传统服饰文化通过设计师的表达走向市场的决定性因素。目前关于中国传统服饰文化的消费研究还处于空白阶段，本研究将探索消费研究的方法，构

建中国传统服饰文化认同度量表，为中国传统服饰文化的消费研究提供有效的测量工具。

**表 1　关于"认同"研究领域的总结**

| 领域 | 研究内容 | 研究方法 | 研究实例 |
|---|---|---|---|
| 心理学 | 自我认同，角色认同，职业认同，文化身份的认同 | 定性定量 | 城市中农民工的自我认同，大学生的角色认同，专业认同，教师的职业认同的研究等 |
| 社会学 | 组织认同，社会认同，国家认同，民族认同 | 定性定量 | 中国背景下的组织认同结构青少年的民族认同，国家认同冲突，流动儿童的社会认同 |
| 营销学管理学 | 企业认同，顾客认同，品牌认同，组织文化认同 | 定量 | 基于企业认同劳动效率和员工责任感的研究，零售行业顾客认同对购买意愿影响的研究，品牌认同对品牌忠诚度的影响，组织文化认同与企业管理关系 |

（二）研究目的和意义

本研究基于文化认同理论，通过定性和定量研究的有机结合，探讨消费者对中国传统服饰文化认同的心理社会机制，构建传统服饰文化认同度的理论模型。

开发适应于测量中国传统服饰文化认同量表，为探究国民对中国传统服饰文化认同现状提供理论依据，为从消费者层面做关于服饰文化的实证研究提供有效的测量工具。

通过研究了解消费者对中国传统服饰文化的认同现状，帮助中国风格服装品牌企业和设计师准确地把握大众对传统服饰文化的认知和态度，为设计师设计出能够迎合大众需要的"中国风格"的服装提供参考数据。通过调查了解大众对传统服饰文化情感上的依赖度和行为倾向，为营销者实施有针对性的营销策略提供帮助。

（三）研究内容

在前人研究的基础上对中国传统服饰文化

的内涵、特点、表现形式等内容进行整理，找出本研究中认同的对象。参考认同的相关研究和测量维度，通过开放式访谈和阅读文献搜集测项，并经实地调研而后数据分析筛选题项，构建中国传统服饰文化认同度测量模型。以测量模型为工具测量认同现状及特点，并依据认同度进行市场细分。

（四）研究方法

本研究采用 Hinkin（1995 年）提出的定性与定量混合的研究方法，研究分为两个大的阶段，首先通过深入访谈和收集二手资料提取测项，通过探索性因子分析检测提取的测项是否合理。其次通过收集大量的实地数据检验测量结构的合理性。具体方法如下：

1.文献法

传统服饰文化和中国传统服饰文化认同等基本概念的界定。

参照认同和文化认同的相关实证研究，为量表构建提供参考维度。

参照文化认同的相关文献，提炼归纳传统服饰文化认同量表的陈述语句，结合维度生成初期的测项。

2.访谈法

通过对专家和相关人员的深度访谈，界定中国传统服饰文化认同的内涵。

通过对专家、普通消费者、品牌经营者和设计师进行访谈，提取信息，补充文献法生成的初期测项，形成初试量表。再次通过专家访谈对初试量表进行评价并筛选测项，形成可用于普通人群的预测试量表。

3.问卷调查法

在文献和访谈研究的基础上，设计并实施问卷调查。本研究问卷调查分为两个阶段：第一个阶段是中等样本的预调查，目的是筛选题项，形成正式量表；第二个阶段是大样本实测调查，目的是检验量表的适用性效度并进行应用研究。

4.数据分析法

本研究用到的数据分析方法有：描述统计分析、因子分析、相关分析、可靠性分析、聚类分析、独立样本 T 检验、单因素方差分析等。

## 二、文献综述

（一）中国传统服饰文化相关理论

1.文化与服饰文化

"文化"是一个复杂的概念，国内外学者对文化的定义有160多种。今天我们所说的"文化"一词不是中国古代传统意义上的文化，而是19世纪从西方引进的概念。现在较为公认的文化定义是"文化由各种外显或内隐的行为模式构成，外显行为模式是通过符号的运用使人们习得及传授的成就，隐性行为模式是由历史衍生及选择而成的传统的价值观念"。

正如文化分为物质文化和精神文化一样，服饰文化也分为两个层面：物质方面的表层文化和精神方面的深层文化。首先服饰不仅仅包括服装，还包括穿着方式、妆容、发型等，服装不仅仅是简单的面料的拼接而是民俗生活、伦理道德和审美情趣以服装为符号的表达。前人研究对服饰文化内涵的界定主要包括服饰文化物质和精神两个方面，服饰文化研究专家符小聪（2013 年）根据文化元素在服装上的呈现方式把服饰文化分为隐形文化和显形文化，两种分类的本质是相同的，本研究采用后者的分类，即把服饰文化分为显形文化和隐形文化（表 2）。

**表 2  服饰文化内涵总结一览表**

| 作者 | 物质层面（显形文化） | 精神层面（隐形文化） |
|---|---|---|
| 黄燕敏（2004） | 衣服、饰品、穿着方式等 | 观念、制度形态、社会习俗、道德风尚、审美情趣等 |
| 张晓霞（2001） | 衣、裙、冠、履、饰物 | 生活习俗、审美情趣、宗教观念 |
| 文平（2010） | 衣服、饰品 | 服饰礼仪、价值观念、信仰 |
| 符小聪（2013） | 服饰的款式、色彩图案、面料加工工艺 | 潜藏在形态背后的文化意象、价值观、哲学、社会学、美学等意蕴 |

本研究把服饰的款式、色彩、面料等作为显形文化的内容，而服装的隐形文化则界定为审美情趣、价值观念、社会习俗、道德风尚等。

2. 传统文化与传统服饰文化

"传统"是人类几千年积累的历史结晶，是集体特质的集中体现，也是群体中最具权威性的思维模式和行为模式，传统文化就是形成权威性思维模式和行为模式过程中的物质财富和精神财富的总和。中华民族上下五千年的历史酝酿了博大精深的传统文化，涵盖了经济、政治、文学、艺术、哲学等物质层面和精神层面。中国的传统文化以儒家的和谐思想为主导，形成了天人合一、厚德载物、兼容并蓄、自强不息的精神内涵。重视人生和入世的人文思想，重视纲常伦理的道德教化，重视中庸和谐的处世哲学，重视坚韧顽强的文化性格，成为中国传统文化的特点。

我国关于传统服饰文化的著作大都是从远古时期论述服装的起源，然而服装史论学家普遍认为中国的冠服始于周代。从殷周到晚清，中国的政权依次更替但是社会结构和思想传统并没有发生太大的变化，中国传统服饰一直存在于封闭的伦理社会体系中。朝代的更替虽带来了细微的变化但是始终趋向统一，辛亥革命

的爆发带来了服饰的根本性变革，西方服饰文化从此改变了国民的着装形式和观念。

在中国灿烂的传统文化的影响下，形成了体现神形兼备，在神上注重礼节和和谐，追求无拘无束、超然淡泊、人与自然的融合神态，在形式上表现为宽松、自然飘逸、含蓄闲适、宁静致远的美感的厚重传统服饰文化（表3）。具体表现在廓型、技术手法、面料、颜色和图案上。

（1）廓型：服装强调纵向感觉，衣服自然下垂。

（2）技术手法：采用平面裁剪的方法，服装展现简单的二维结构。服装制作时常用镶、嵌、绲、盘、绣等工艺。

（3）面料：具有自然色的棉、麻和精致的丝绸等。

（4）颜色：传统服装色彩受阴阳五行影响，常用青、红、黑、白、黄五色。中国红运用最多。

（5）图案：通过对花鸟等吉祥图案的运用，表达人们对美好的向往和祝愿。

（二）文化认同相关理论

1. 认同界定与测量

认同有多种定义，这些定义大致是从心理学和社会学两个领域进行界定的（表4）。

表3 中国传统服饰文化特点总结一览表

| 作者 | 中国传统服饰文化特点的研究结果 |
| --- | --- |
| 黄燕敏（2004） | 受儒家思想感染的服饰文化追求高于形的精神，形成以宽大的袍衫遮蔽人体形的缺点塑造飘逸之感的惯性思维，认为形是俗的，形而上的精神才是美的最高境界 |
| 尚莹（2004） | 受天人合一意识影响的和谐性，受"礼"思想影响的政治性，多民族环境下的多样性，内在固定思想影响下的稳定性。人体文化不发达，表现精神意蕴的东方特有的宽衣文化 |
| 孙迎（2013） | 中国古代诸子百家思想认为，"形"与"神"有着相互依存的关系，中国服饰文化形成了形神兼备、声色俱全的独特风格 |
| 张鹏飞（2009） | 中国传统服饰文化的真谛是"和谐""统一"。受"平和性情"美德的影响，服饰文化表现出随意、闲适、和谐，没有突出夸张和刻意的造型，给人一种含蓄、平和、神秘的美感 |
| 韩佳蓉（2012） | 中国古代服饰整体的风格特点是抽象、写意，强调抽象的道德表达的线性和装饰，给人委婉的审美意识。中国古代的服饰文化元素透露着美好、自然、和谐 |
| 叶永敏（2010） | 受注重和谐关系的儒家的影响，形成了穿着服饰的礼仪和朴素的服饰文化。道家美学的代表人物老庄，他的思想无拘无束、随意、自然，追求人与自然的融合，在服饰上以自然、从容为美 |
| 张席森（2009） | 中国传统服饰在儒、释、道思想共同的影响下，形成了宽松型、平面式、直线性及自然飘垂感的基本特点和含蓄、自然及稳态发展的动态特征 |

表4 认同的定义研究总结一览表

| 作者 | 认同的定义研究观点 |
| --- | --- |
| Freud（1899） | 认同这种模仿和内化（internalization）的过程，可以分为三个层次：（1）个人与某一个团体产生最初的固定情感。（2）将个人内射至自我概念中。（3）将内化的特质与他人分享，而个人的建立与分化就是透过一系列的认同作用而形成的 |
| Sirgy（1982） | 认同是自我概念与产品形象相匹配的程度，产品的功能被自我认可同时通过产品向他人传递自我的身份、价值观、审美趣味等以得到他人的认同 |
| 张春兴（1987） | 从社会学的角度，认同是一种情感、态度乃至认识的移入过程，在人际交往中，无论是别人被自己同化，还是自己被别人同化的过程，都称为认同。一个人的认同，主要表现在两个方面：自我认同和社会认同 |
| 李美娴（2012） | 基于对外界的认知、接触和互动，有意无意之间选择或接受了一些外显特征（符号）、价值观、信念，并产生正面的感情；行动者往往以认同的对象来解释自我和表达自我。通过产品表达自己的个性、想法、价值观等 |
| 何康（2009） | 包括了一致性的认知、趋同性的态度和支持行为 |

在关于衡量认同度的实证研究中以往研究者对认同的实证研究中，组织认同、社会认同和国家认同都属于群体认同的范畴，中国传统服饰文化不是群体性对象，而且"品牌"与"中国传统服饰文化"有着相似的属性，既包括物质层面也有精神层面的内容，因此参考品牌认同度的衡量标准如表5所示。

**表5　认同衡量研究总结一览表（品牌营销方面）**

| 作者 | 认同衡量研究观点 |
| --- | --- |
| Bagozzi（2006） | 品牌认同为消费者自我概念与品牌传达概念的重叠程度 |
| Bergami &Bagozzi（2000） | 提出了一个基于认知表现过程的简单指标来测量认同，并认为他们的指标比前人使用的指标可以更好地反映认同 |
| Lastovica &Gardner（1979） | 品牌认同度是消费者对品牌心理或情感上的眷恋程度，并且可以通过消费者选择品牌意愿的强烈程度进行衡量比较品牌认同度的大小 |
| Rio &Vazquez（2001） | 从消费者感知的品牌个性形象与自己的个性、价值观及生活方式的一致性来度量认同感<br>将品牌认同分为个体品牌认同和社会品牌认同：品牌的个体认同是消费者感知的品牌形象与自己的个性、价值观、生活方式的一致性程度；社会认同是从品牌个性形象体现，即该品牌显示的社会地位、尊重、区分社会群体的程度 |
| 金立印（2006） | 向消费者传递他们在情感、态度、行为方式和价值标准上一致性的信息对品牌产生认同的过程 |

　　由以上可知，认同是一个多维的概念，在有关认同的实证研究中，认知这一维度是认同量表中的基础，存在于每一个认同量表中（表6）。情感也是一个必不可少的维度，评价和态度是相似的概念，态度就是对某物的判断和评价，而行为是近年来学者在认同量表中新加入的维度。

**表6　认同测量维度总结一览表**

| 作者 | 认同维度 | 研究方向 |
| --- | --- | --- |
| Tajfel（1978） | 认知，情感，评价 | 组织认同<br>社会认同 |
| 陈晶（2004） | 认知，情感，评价，行为 | 国家认同 |
| 安玉杰（2006） | 中国人的认同是建立在认知、评价和情感的维度上 | 民族认同<br>国家认同 |
| 贺萍，范玉显（2013） | 认知，态度 | 民族认同 |
| Hinkle &Taylor（1989） | 认知成分（自我分类），评价成分（群体自尊），感情成分（对群体的情感承诺） | 社会认同 |
| Ellemers &Ouwerkerk（1999） | 认知（自我归类），评价（群体自尊），情感（情感依恋） | 群体认同 |

　　2.文化认同

　　认同涉及的领域很多，它的内涵在不同的学科内有着很大的不同。认同的研究有族群认同、民族认同、国家认同、组织认同等，而文化认同是核心。社会认同、族群认同、民族认同和国家认同等主要是通过认同强调我是谁，而文化认同是通过认同表达我相信谁。不同的专家从不同的视角给了文化认同很多定义，前人的研究主要是从心理学的角度界定文化认同的，即文化认同是在对文化对象认知的基础上，通过对其的态度和行为表现出来，主体通过认同的文化进行自我延伸和自我表达（表7）。

表7　文化认同定义总结一览表

| 作者 | 关于文化认同定义研究观点 |
| --- | --- |
| Oetting（1990） | 在人类学领域，文化认同是指个人自觉投入并归属于某一文化群体的程度 |
| Belk（1988） | 人对文化的认同是由于人可以通过文化物体进行自我延伸、自我表达 |
| Collier &Thomas（1988） | 文化认同包括认可和接纳群体共有的重要符号、意义和行为规范 |
| Erickson（1968） | 文化认同是人通过文化表现自我认同 |
| 卓石能（2002） | 个人接受某一族群文化所认可的态度与行为，并且不断将该文化之价值体系与行为规范内化至心灵的过程 |
| 郑晓云（2002） | 文化认同是人类对于文化的倾向性共识与认可 |
| 陈枝烈（1997） | 文化认同是将关于个人的思考、知觉、情感与行为，归属于某一文化团体中 |
| 胡发稳（2007） | 文化认同是个体对特定文化类型的心理倾向，它属于态度范畴。它是对一定文化类型的接受、吸纳或排斥，通过态度倾向和行为趋同或疏离表现出来 |

　　国内外对文化认同的实证研究主要是文化移入群体对外来文化的认同，少数民族在主流文化中对本民族文化的认同，不同文化的交叉情况导致不同的文化认同。正如李文君所说，人们在特定的文化环境中，接受一种文化不会出现文化认同的问题，文化认同就是发生在不同文化相互碰撞和相互比较的情况下。因此国内外的文化认同量表都是适用于在两种文化的交叉环境下测量文化认同度，其中最权威的是Oetting和Beauvaism（1990年）编制的直交文化认同量表（OCIS），它包括5套各6个条目的量表，测量范围是对亚洲、盎格鲁萨克森、拉丁美洲、非洲以及美洲本土文化的认同度，主要题项有"你是否了解该文化的特殊风俗""你或者你的家庭是否按照传统文化生活"

等。Phhmey（1990年）认为文化认同是由族群认同产生的，Geertz（1973年）认为一个人成长地的文化构成是其认同的基础。在一些跨文化的研究中认为族群认同就是文化认同。所以很多学者在研究少数民族文化认同和组织文化认同的过程中，在族群认同量表基础上制作了文化认同量表。胡发稳（2007年）在民族认同量表的基础上研究哈尼族青少年学生的文化认同度，刘明峰（2006年）在研究文化认同与来源国形象的关系时在国家认同量表的基础上编制了文化认同量表（表8）。由此可见，文化认同的实证研究尚不成熟，有的学者直接通过田野调查等定性方法去探索，或者是在其他认同领域的实证研究的基础上进行。以上方法编制出来的文化认同量表，对本研究的参考性不大，因此本研究会先通过定性研究方法广泛地收集资料，再适当地参考文化认同量表的结构编制题项，属于一个不断探索的过程。

**表8　文化认同维度总结一览表**

| 作者 | 文化认同量表维度研究观点 |
|---|---|
| Dehyle（1992） | 文化投入、文化归属、文化统合<br>文化投入：个人主动参与到文化活动中，并积极吸收文化的相关信息<br>文化归属：价值观归属于某一文化团体<br>文化统合：个人能把某一团体的文化与其他文化加以融合 |
| 胡发稳（2007） | 文化认知、文化情感、文化意向<br>文化认知：对文化类型的知觉、理解、信念和评价<br>文化情感：文化认知基础上所产生的情感体验<br>文化意向：个体在文化实践中的行为和心理准备状态 |
| 刘明峰（2006） | 认知，情感，知觉，行为<br>认知：个人了解该文化的各种特性及传统<br>情感：个人对所认同的文化产生归属感<br>知觉：喜爱该文化，并在文化团体中自得其乐<br>行为：以具体的行为来支持该文化的发展和壮大 |

**（三）文献评述**

关于中国传统服饰文化的研究文献很多，内容也比较全面，但基本上都是从服饰史、服饰文化理论或设计借鉴的角度开展的研究，从社会心理和消费者行为的角度开展的研究很少，而以中国传统服饰文化认同为研究的文献尚处于空白，因此前人对中国传统服饰文化的研究对本研究的帮助存在一定的局限性。关于文化认同实证的研究也仅限于组织文化研究、企业文化认同、主流文化中少数民族文化认同和跨文化认同等，在国内外相关认同量表的支撑下做着初步的研究。文化认同的量表开发主要集中在国外和中国台湾，确定的维度也不相同。台湾学者陈枝烈（1997年）、刘明峰（2006年）认为，文化认同是将关于个人的思考、知觉、

情感与行为，归属于某一文化团体中，从个人的思考、知觉、情感、行为四个方面的归属解读文化认同。胡发稳（2007年）认为，文化认同是个体对特定文化类型的心理倾向，它属于态度范畴，由文化认知、文化情感和文化意向三个要素构成。这两种文化认同的结构与现在其他领域广泛应用的认同的结构比较接近，即认知、情感、评价和行为的认同度结构，因此本研究可以参考这些研究的大体维度。而本研究的认同对象传统服饰文化是一个具体的文化，物质文化特征更加明显，与胡发稳、刘明峰所参考的民族认同和国家认同有很大的不同，因此他们二人所构建的文化认同的结构对本研究的参考有一定的局限性。

**三、测量模型构建**

在研究中，为了测量一些抽象的概念或者主观性较强的内容，如人的态度、意见等，需要将测量对象分为不同的指标进行复核测量，量表就是由不同的指标组成的进行复核测量的工具。

认同的测量是态度的一种测量，偏向于人的情感，比较抽象，需要转化为易理解、可量化的表达。而本研究认同的对象中国传统服饰文化既有具象的实物也有抽象的神韵，需要把两者联系起来形成对中国传统服饰文化通俗的描述语句，最后将中国传统服饰文化与认同度这部分内容合理地联系起来，形成可供进一步研究的中国传统服饰文化认同度量表。

**（一）量表构建**

中国传统服饰文化认同度的研究是一个全新的研究课题，可供直接参考的资料几乎没有。而在相关研究中，中国传统服饰文化的认同内

容需要重新整理，组织认同及交互文化认同量表虽对本研究有一定的启示作用，但具体的参考意义较小，因此本研究采用从文献中摘取相关语句及开放式访谈的方法搜集题项，建立题项库。

通过文献提取法，阅读大量文献，摘录与中国传统服饰文化及文化认同的相关语句，编制成中国传统服饰文化认同度的陈述语句。通过开放式访谈法，整理访谈内容，结合以往研究的文化认同的结构模型，提取测量题项，初步搜集了110个题项。

（二）量表项目筛选

1. 专家评鉴法

由于为编制量表所搜集的题项都是通过文献语句摘录和开放式访谈获得的，为保证题项的正确性与针对性，邀请服饰文化研究领域和服装营销研究领域的30位专家对每个题项与所要测量的内容之间的相关性进行评估。将相关程度分为5个不同的等级，制成李克特评定量表，对每个题项与所要测量内容的相关度进行打分，将结果进行定量分析，删除总值较低的题目。根据服装营销专家的意见，认同度是正向的态度和认知，因此删除反向题，剩余74个题项，形成初测量表。

2. 量表初试

在北京爱琴海购物中心、百盛商场、元大都公园、东方新天地等地进行拦截式初试问卷调查，共计发放问卷230份，回收有效问卷199份。对样本数据进行描述性分析，被调查者的北京分部情况如下：女（121人，60.8%），男（78人，39.2%），年龄：主要集中在18~25岁（97人，48.7%）和26~35岁（86人，49%）；大专以上研究生以下水平占80%；公司普通职员、学生、专业技术人员和销售人

员各占29.1%、15.6%、16.6%和14.6%。

3. 项目分析及筛选

本研究主要是通过临界比值法与题总相关法来分析项目的区分度。

（1）临界比值法：将每个样本的量表总分按由高到低进行顺序排列，将两端各占27%的被试分别命名为高分组和低分组。对两组数据进行各项目得分差异的显著性检验，$CR$ 值即为两者均数差异检验的 $t$ 值。当 $CR$ 值达到显著水平时，表明该项目对不同被试的特质水平能有效鉴别。如 $CR$ 值达不到显著水平，则表示该项目的鉴别度较差，应考虑予以删除。有研究者认为，$CR$ 值大于3才具有鉴别力，因此删除 q15，q50，q56。为进一步确定各项目的区分度，本研究再以分辨力指数为标准进行区分度的分析，方法为以量表总分最高的27%和最低的27%的被试作为高分组与低分组，计算两组样本在每个项目中的平均分，将两个平均分相减就是分辨力系数。分辨力系数小于0.5的给予删除，因此删除 q15，q56。

（2）题总相关法：计算量表总分与各题项的相关系数，相关系数 $r$ 大于0.95存在显著性相关；$r \geqslant 0.8$ 高度相关；$0.5 \leqslant r < 0.8$ 中度相关；$0.3 \leqslant r < 0.5$ 低度相关；$r < 0.3$ 关系极弱，认为不相关。根据相关分析显示结果，删除 q15，q56。根据临界比值法与相关法删除题项一致，证明此方法可靠，能够保证题项有效筛选。

4. 探索性因子分析

探索性因子分析是探索量表的结构，通过删除一些不适合的题项，完善量表结构。根据因子分析的初步结果，以相关学者的研究成果及理论为依据，设立以下删除标准：（1）共同度 <0.2；（2）项目的最大载荷值 <0.45；（3）

在两个及以上的因子上载荷值同高且相差小于0.2；（4）归类不当，无法解释的项目。根据以上删除标准，经过 10 次因子分析，删除共 43 项，最终得到有良好因子结构的正式量表，包括 28 个项目。

（三）模型构建

通过探索性因子分析，提取中国传统服饰文化认同度的结构因素，根据确定的量表结构因素关系，量化因素权重，构建中国传统服饰文化认同度的测量模型。构建测量模型能够帮助研究者清楚地知道量表结构有针对性的检验并应用。

1. 结构因素提取

对样本数据进行 KMO 和 Barlett 球形检验，KMO 值为 0.881，根据 Kaiser（1974 年）

的 KMO 在 0.8~0.9 为较好，0.7~0.8 为一般，0.6~0.7 为平庸，0.5 以下为无法接受的度量标准，样本是因子分析的模型。此外，Barlett 球形检验卡方值为 =2161.519，达到显著水平，证明因子的相关矩阵为非单位矩阵，此量表适合做因子分析。采用主成分法抽取因子，旋转在 10 次迭代后收敛，求得初始符合矩阵，得到特征值大于 1 的因子有 5 个，解释了总变异的 58.375%，项目负荷均在 0.5 以上，因子提取效果较好。采用最大方差法提取因子的碎石图（图 1）及各因素负荷（表 9）。根据每个因子所包含的题项的内容和含义，请教专家意见之后，对提取的 5 个因子命名（图 2，表 10）。

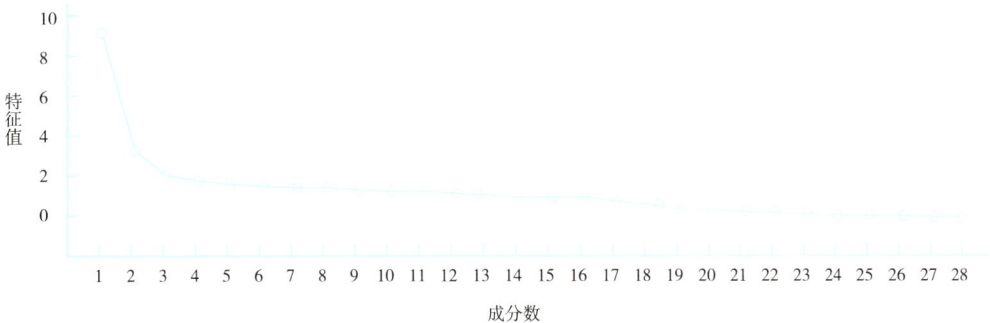

图 1 碎石图

表 9　因素负荷矩阵

| 题项 | 因子 | | | | |
| --- | --- | --- | --- | --- | --- |
| | 因子 1 | 因子 2 | 因子 3 | 因子 4 | 因子 5 |
| q22 | 0.806 | | | | |
| q30 | 0.769 | | | | |
| q13 | 0.764 | | | | |
| q9 | 0.739 | | | | |
| q51 | 0.708 | | | | |
| q21 | 0.679 | | | | |
| q72 | 0.671 | | | | |
| q12 | 0.644 | | | | |
| q53 | 0.622 | | | | |
| q73 | 0.588 | | | | |
| q23 | 0.583 | | | | |
| q4 | | 0.821 | | | |
| q5 | | 0.700 | | | |
| q6 | | 0.663 | | | |
| q2 | | 0.612 | | | |
| q1 | | 0.575 | | | |
| q46 | | | 0.762 | | |
| q44 | | | 0.658 | | |
| q38 | | | 0.627 | | |
| q33 | | | 0.580 | | |
| q43 | | | 0.552 | | |
| q32 | | | | 0.764 | |
| q3 | | | | 0.628 | |
| q55 | | | | 0.626 | |
| q19 | | | | 0.587 | |
| q62 | | | | | 0.716 |
| q64 | | | | | 0.683 |
| q63 | | | | | 0.623 |

图 2　中国传统服饰文化认同度测量模型示意

2. 因素权重的确定

因素权重是指评价提取的因子的重要程度的指标，运用因子分析的研究中，因素解释量法是最常用的方法，即按照每个因素对总变异的解释量的大小，确定各因素的相对重要性。根据因素解释量法，按照旋转平方和载入后的因子贡献率做权重分析，结果如表 11 所示。

表 10　因素命名及所包含题项

| 因子名称 | 题项 | 所包含选项 |
|---|---|---|
| 意愿行为 | $q_{22}$ | 我会去看中国传统服饰的各种展览 |
| | $q_{30}$ | 我会主动搜集中式服装的相关资料，尽力去接触相关信息 |
| | $q_{13}$ | 见到中国传统风格的服装我很想用手机拍下来 |
| | $q_9$ | 我会去民族服饰博物馆参观 |
| | $q_{51}$ | 我会收藏中国传统的面料和服饰品 |
| | $q_{21}$ | 我想学习传统刺绣和编织 |
| | $q_{72}$ | 我愿意花更多的时间去了解中国传统服饰 |
| | $q_{12}$ | 逛街的时候我会去中国风格服装店里逛逛 |
| | $q_{53}$ | 每次逛博物馆时，展出的中国古代服饰品都很吸引我 |
| | $q_{73}$ | 如果市场上没有我喜欢的中国风格的服装，我会去定制 |
| | $q_{23}$ | 我愿意在某些固定的场合穿着中国风格服装 |
| 自豪认知 | $q_4$ | 我认为中国传统服饰是很有深厚底蕴的 |
| | $q_5$ | 我为中国有灿烂的服饰文化而自豪 |
| | $q_6$ | 领导人出访穿着的中国风格的服装很大气 |
| | $q_2$ | 中国传统服装常用的面料有麻、丝绸和棉 |
| | $q_1$ | 中国红是最有代表性的传统服装色彩之一 |
| 风格感知 | $q_{46}$ | 我觉得工艺更能体现服装的中国风格 |
| | $q_{44}$ | 穿有中国元素的服装让我内心愉悦 |
| | $q_{38}$ | 中国传统服装的宽松感是为了体现人与自然的和谐 |
| | $q_{33}$ | 我觉得穿中国风格的服装能够表现我的与众不同 |
| | $q_{43}$ | 我喜欢传统服装给人的那种无拘无束的感觉 |
| 款式材质 | $q_{32}$ | 我觉得穿旗袍的人很美 |
| | $q_3$ | 我对旗袍这样的服装有依恋 |
| | $q_{55}$ | 我觉得材质更能体现服装的中国风格 |
| | $q_{19}$ | 我觉得丝绸的衣服高贵大气 |
| 礼仪消费 | $q_{62}$ | 如果我有外国朋友我会送中国传统的服饰用品给他们 |
| | $q_{64}$ | 民族节假日或者婚庆等礼仪场合我喜欢穿中国传统样式的服装 |
| | $q_{63}$ | 如果不考虑价格，我会考虑去购买中国风格服装 |

表 11　因素解释量法确定的因素权重表

| | 因子1 | 因子2 | 因子3 | 因子4 | 因子5 |
|---|---|---|---|---|---|
| 解释量 | 5.892 | 2.952 | 2.795 | 2.502 | 2.204 |
| 因素权重（%） | 21.04 | 10.54 | 9.98 | 8.93 | 7.87 |

（四）信度与效度检验

1. 信度检验

Cronbach's Alpha 系数是目前常用的信度系数，用于评价量表中各题目分数间的一致性，分别计算分量表和总量表的 Cronbach's Alpha 系数，结果可知（表12），总的信度系数为0.916，分量表的信度系数为 0.700~0.903，根据 Nunnally 的观点，此量表的效度水平已经达到很高的水平。

表 12　总量表和各分量表的一致性系数（Cronbach's Alpha）

|  | 总量表 | 因子1 | 因子2 | 因子3 | 因子4 | 因子5 |
|---|---|---|---|---|---|---|
| 项目数 | 28 | 11 | 5 | 5 | 4 | 3 |
| 一致性系数 | 0.916 | 0.903 | 0.753 | 0.773 | 0.700 | 0.724 |

折半信度是将量表的题目分为两半，根据两半题目所得分数之间的相关系数，测量两半题目间的一致性以确定量表总体的信度。对量表做折半信度分析，结果如表13所示，总量表的折半信度系数值为 0.838，每个因子的折半信度为 0.657~0.879，量表折半信度良好。

表 13　总量表和各分量表的折半信度系数

|  | 总量表 | 因子1 | 因子2 | 因子3 | 因子4 | 因子5 |
|---|---|---|---|---|---|---|
| 项目数 | 28 | 11 | 5 | 5 | 4 | 3 |
| 折半信度 Split –Half 系数 | 0.916 | 0.903 | 0.753 | 0.773 | 0.700 | 0.724 |

2. 效度检验

内容效度是指项目的内容是否是所想要测量的内容和取得的样本是否具有代表性。采用逻辑分析的方法检验量表的内容效度：在本研究前期的准备中，阅读了大量文献，梳理中国传统服饰文化的相关概念，如中国传统服饰文化的内容、特点、表现等，在此基础上通过开放式访谈，把梳理的知识转化成人们可以理解的内容，确定认同的对象。同时，通过对广泛查阅在不同领域文化认同的研究方法及成果，整理开放式访谈结果，获取了大量的中国传统服饰文化认同度的测量题项。在此基础上，邀请研究中国传统服饰文化和服装营销的专家对形成的题项进行评鉴。在大规模的测试之前，邀请了服装营销方向的研究生及普通消费者30

名试做题目，并对题项的表达及题项内容的通俗性和现实性进行了评定，以上的这些做法都对量表的内容效度有了良好的保障。

结构效度方面，首先本研究根据分量表间以及分量表与量表总分、项目与量表总分之间的相关性来检验量表的结构效度。一般来说，分量表间的相关性应该低，分量表与量表总分之间的相关性高证明所得量表有较好的结构效度。分析结果如表14所示。分量表与量表总分的相关系数为 0.541~0.878，分量表之间相关系数为 0.240~0.536，并且达到了显著水平。符合心理学家图克（Tuker，1998 年）所提倡的良好的因子结构的分量表的相关系数为 0.3~0.8，各分量表相关系数为 0.1~0.6 的范围。其次本研究是通过因子分析的结果来检验量表的结构效度。从因子分析的结果来看，因子的累积贡献率接近59%，证明提取的因子解释能力较好，各题项的因子符合达到 0.55~0.82 的高度，总体结构效度较好。

表 14　分量表与量表总分相关分析结果

|  | 总分 | 因子1 | 因子2 | 因子3 | 因子4 |
|---|---|---|---|---|---|
| 因子1 | 0.878 |  |  |  |  |
| 因子2 | 0.541 | 0.240 |  |  |  |
| 因子3 | 0.760 | 0.530 | 0.335 |  |  |
| 因子4 | 0.616 | 0.341 | 0.399 | 0.466 |  |
| 因子5 | 0.699 | 0.499 | 0.365 | 0.536 | 0.375 |

（五）小结

本研究以相关理论和文献为基础，提出中国传统服饰文化认同的理论框架，通过文献语句摘录和开放式访谈等方法搜集资料，建立由110个题项组成的题项库，经专家评定筛选出74个题项制成初始量表，抽取200个样本进行量表初试。根据初测数据对量表题项进行项目分析。通过临界比值法和题总相关法删除 $CR$ 值小于 3、分辨力系数小于 0.5、相关度小于 0.3 的题项。通过探索性因子分析，删除共同度小于 0.2、项目最大载荷值小于 0.45，在两个及以上因子上载荷值同高且相差小于 0.2 及归类不当无法解释的项目，形成由 28 个题项组成的具有良好因子结构的正式量表。根据专家建议和相关文献把提取出的 5 个因子分别命名为"意愿行为因子""自豪认知因子""风格感知因子""款式材质因子""礼仪消费因子"。本研究所构建的量表的结构包含在刘明峰（2006 年）构建的"认知、知觉、情感、行为"和胡发稳（2007 年）构建的"文化认知、文化情感和文化意向"的文化认同的结构中。所编制量表的"自豪认知"因子与"礼仪消费"因子符合访谈结果中消费者对中国传统服饰文化的特殊的情感和行为的表达。

为考察量表的可靠性和准确性，对量表进行了信效度检验。计算量表的 Cronbach's Alpha 系数（内部一致性）和 Split-Half 系数（折半信度），数值均在 0.7 以上，量表具有较好的信度。效度检验主要考察了量表的内容效度和结构效度，系统科学的量表制作方法证明了较好的内容效度。通过对各维度间、各项目和量表间做相关分析，分量表与量表总分、各分量表间的相关系数在心理专家所倡导的良好因子结构应有的取值范围之内，证明量表具有较好的结构效度。为检验量表的适用性，接下来要对量表进行实测效度检验与应用研究。

## 四、量表的应用研究

为检验所构建量表的合理性和适用性，了解消费人群对中国传统服饰文化的认同现状及特点，本研究运用中国传统服饰文化认同度量表对消费者进行大范围的测评，运用 SPSS 软件对测评数据进行统计，分析样本群体在中国传统服饰文化认同度上的总体特点及差异，并通过认同度对样本人群进行分类，探讨各类人群的背景、认知特点和消费趋势，为挖掘潜在的市场需求和寻找针对性的营销对策提供参考。

（一）样本特征

本研究利用网络调研平台问卷进行问卷调查，根据搜集过来的数据进行验证性因子分析发现，量表只能提取两个因子，与预调查构建 5 个因子的量表结构有很大的不同，经过统计分析得知和样本的年龄结构有很大关系。由于预测试时的样本以年龄小于 35 岁的为主，而实测调研 18~25 岁、26~35 岁、36~45 岁、45 岁以上所占比例相当，通过分年龄组计算各题项的平均分发现，35 岁以上的样本在各题项的平均分极高，均为 4.3~4.8，这极大地拉高了整体的得分，使样本在各题项得分上差异变小，鉴别度大大降低。通过调整样本结构，随机删去年龄大的样本，减少至所占比例和预测试相当，能够提取 5 个因子，与预测试所构建的量表模型相同。样本一般描述如表 15 所示。

表 15　实测样本背景描述统计

| 变量 | 变量意义 | 人数 | 百分比（%） |
|---|---|---|---|
| 性别 | 男 | 315 | 39.7 |
| | 女 | 479 | 60.3 |
| 婚姻状况 | 未婚 | 370 | 46.6 |
| | 已婚 | 420 | 52.9 |
| 年龄 | 18~25 岁 | 391 | 49.2 |
| | 26~35 岁 | 280 | 35.3 |
| | 36~45 岁 | 79 | 9.9 |
| | 45 岁以上 | 44 | 5.5 |
| 受教育程度 | 大专以下 | 30 | 3.8 |
| | 大专 | 120 | 15.2 |
| | 本科 | 572 | 72.2 |
| | 研究生及以上 | 70 | 8.8 |
| 收入水平 | 无收入 | 86 | 10.9 |
| | 3000 元及以下 | 142 | 17.9 |
| | 3001~5000 元 | 242 | 30.6 |
| | 5001~10000 元 | 242 | 30.6 |
| | 10001~15000 元 | 58 | 7.3 |
| | 15000 元以上 | 22 | 2.8 |
| 职业 | 公司职员 | 394 | 49.7 |
| | 公务员 | 42 | 5.3 |
| | 学生 | 112 | 14.1 |
| | 科教文卫人员 | 58 | 7.3 |
| | 公司管理人员 | 120 | 15.2 |
| | 工人 | 10 | 1.3 |
| | 个体经营者 | 18 | 2.3 |
| | 服务业人员 | 4 | 0.5 |
| | 无工作或退休人员 | 4 | 0.5 |
| | 自由职业者 | 26 | 3.3 |

这样的结果说明所编制的量表在适用性上存在一定的局限性，而在年龄结构合适的情况下效度很好。本研究为了前后量表结构的一致性，限定年龄结构，获得有效问卷 794 份，进行应用性研究。

（二）中国传统服饰文化认同总体特点

为了解中国传统服饰文化认同的总体特点，对中国传统服饰文化认同度量表的总分和各维度得分进行描述统计分析，具体如表 16 所示。量表总分及各维度得分较高，中国传统服饰文化总体认同度高。各维度范围内项目平均得分比较，维度 2 和维度 5 平均分达 4 分以上，说明实测人群对中国传统服饰文化的自豪认知度和礼仪消费的情况较好。

表 16　中国传统服饰文化认同特点分析结果

| | 量表总分 | 维度 1 总分 | 维度 2 总分 | 维度 3 总分 | 维度 4 总分 | 维度 5 总分 |
|---|---|---|---|---|---|---|
| 均值 | 109.1562 | 39.1982 | 26.1087 | 19.8148 | 11.6589 | 12.1539 |
| 标准差 | 15.1745 | 8.0619 | 3.5030 | 3.1098 | 2.0485 | 2.1857 |
| 项目平均分 | 3.89 | 3.56 | 4.35 | 3.96 | 3.88 | 4.05 |

（三）各特征差异分析

以量表总分和各维度得分为因变量，以性别、婚姻、收入、年龄、职业和受教育程度为自变量进行独立样本 $T$ 检验，结果分别如表 17 所示。总的来说，女性对中国传统服饰文化的认同度高于男性，意愿、自豪、风格和礼仪消费性别差异显著。

表 17　中国传统服饰文化认同度性别差异分析结果

|  | 男生 | | 女生 | | 差异分析 | |
|---|---|---|---|---|---|---|
| 认同度因子 | 平均值（Mean） | 标准差（SD） | 平均值（Mean） | 标准差（SD） | T 值 | P 值 |
| 认同度总分 | 106.014 | 16.000 | 111.099 | 14.317 | 4.456 | 0.000 |
| 意愿行为 | 37.478 | 8.734 | 40.285 | 7.413 | 4.747 | 0.000 |
| 自豪认知 | 25.543 | 3.614 | 26.486 | 3.378 | 3.718 | 0.000 |
| 风格感知 | 19.594 | 3.103 | 19.957 | 3.109 | 1.587 | 0.113 |
| 款式评价 | 11.605 | 2.044 | 11.694 | 2.053 | 0.588 | 0.556 |
| 礼仪消费 | 11.720 | 2.232 | 12.438 | 2.109 | 4.557 | 0.000 |

　　不同婚姻状况的群体在对中国传统服饰文化认同度上存在显著差异，且已婚人士的认同度高于未婚人士，如表 18 所示。

表 18　中国传统服饰文化认同度婚姻状况差异分析结果

|  | 未婚 | | 已婚 | | 差异分析 | |
|---|---|---|---|---|---|---|
| 认同度因子 | 平均值（Mean） | 标准差（SD） | 平均值（Mean） | 标准差（SD） | T 值 | P 值 |
| 认同度总分 | 107.097 | 14.994 | 110.834 | 15.144 | 3.333 | 0.001 |
| 意愿行为 | 38.334 | 8.037 | 39.902 | 8.018 | 2.685 | 0.007 |
| 自豪认知 | 25.887 | 3.559 | 26.287 | 3.448 | 1.590 | 0.112 |
| 风格感知 | 19.241 | 3.114 | 20.317 | 3.023 | 4.851 | 0.000 |
| 款式评价 | 11.354 | 2.101 | 11.919 | 1.973 | 3.832 | 0.000 |
| 礼仪消费 | 11.891 | 2.287 | 12.364 | 2.067 | 3.037 | 0.002 |

　　不同收入水平的群体在对中国传统服饰文化认同度上不存在显著差异，而在意愿行为和款式材质评价维度上存在显著差异，结果如表 19 所示。

表 19　中国传统服饰文化认同度收入水平的差异分析结果

| 认同度因子 | 3000 元以下 | | 3000~5000 元 | | 5000~10000 元 | | 10000 元以上 | | 差异分析 | |
|---|---|---|---|---|---|---|---|---|---|---|
| | 平均值（Mean） | 标准差（SD） | 平均值（Mean） | 标准差（SD） | 平均值（Mean） | 标准差（SD） | 平均值（Mean） | 标准差（SD） | F 值 | P 值 |
| 总分 | 106.908 | 14.668 | 109.776 | 15.783 | 109.696 | 15.265 | 111.480 | 13.932 | 2.324 | 0.074 |
| 意愿行为 | 37.661 | 7.944 | 39.761 | 8.284 | 39.537 | 7.816 | 40.662 | 7.953 | 4.054 | 0.007 |
| 自豪认知 | 26.223 | 3.446 | 26.105 | 3.423 | 25.949 | 3.788 | 26.189 | 3.026 | 0.225 | 0.858 |
| 风格感知 | 19.468 | 3.075 | 19.838 | 3.164 | 19.919 | 3.137 | 20.325 | 2.886 | 1.696 | 0.167 |
| 款式材质 | 11.219 | 2.089 | 11.859 | 1.996 | 11.788 | 2.086 | 11.908 | 1.827 | 4.864 | 0.002 |
| 礼仪消费 | 12.022 | 2.243 | 12.059 | 2.169 | 12.282 | 2.197 | 12.379 | 2.034 | 0.980 | 0.402 |

不同年龄组群体在对中国传统服饰文化认同度上存在显著差异，且在各个维度的表现上均差异显著，如表 20 所示。

表 20　中国传统服饰文化认同度年龄的差异分析结果

| 认同度因子 | 18~25 岁 | | 26~35 岁 | | 35 岁以上 | | 差异分析 | |
|---|---|---|---|---|---|---|---|---|
| | 平均值（Mean） | 标准差（SD） | 平均值（Mean） | 标准差（SD） | 平均值（Mean） | 标准差（SD） | F 值 | P 值 |
| 总分 | 107.563 | 14.864 | 109.541 | 16.439 | 113.629 | 11.646 | 6.730 | 0.001 |
| 意愿行为 | 38.483 | 7.931 | 39.559 | 8.463 | 40.798 | 7.223 | 3.949 | 0.020 |
| 自豪认知 | 25.958 | 3.487 | 25.918 | 3.829 | 27.033 | 2.493 | 5.000 | 0.007 |
| 风格感知 | 19.386 | 3.035 | 20.037 | 3.292 | 20.686 | 2.672 | 9.143 | 0.000 |
| 款式材质 | 11.374 | 2.125 | 11.789 | 2.045 | 12.276 | 1.602 | 9.676 | 0.000 |
| 礼仪消费 | 11.925 | 2.226 | 12.236 | 2.135 | 12.703 | 2.072 | 6.209 | 0.002 |

不同职业和受教育程度的群体在对中国传统服饰文化认同度上不存在显著差异。这可能与实测样本中职业和受教育程度的配比有关，样本中学历是本科的占 72.2%，职业是公司职员的占 49.7%，这种背景的人占样本的大多数，因此认同度在职业和学历上没有明显差异。结果如表 21、表 22 所示。

表21　不同职业群体的中国传统服饰文化认同度单因素方差分析结果

| 认同度因子 | 平方和 | 自由度 DF | 均方 | F 值 | P 值 |
| --- | --- | --- | --- | --- | --- |
| 量表总分 | 1908.393 | 10 | 190.839 | 0.827 | 0.602 |
| 意愿行为 | 781.575 | 10 | 78.157 | 1.206 | 0.283 |
| 自豪认知 | 101.778 | 10 | 10.178 | 0.827 | 0.602 |
| 风格感知 | 146.255 | 10 | 14.625 | 1.524 | 0.126 |
| 款式材质评价 | 29.835 | 10 | 2.984 | 0.707 | 0.719 |
| 礼仪消费 | 37.125 | 10 | 3.713 | 0.775 | 0.653 |

表22　不同受教育程度群体的中国传统服饰文化认同度单因素方差分析结果

| 认同度因子 | 平方和 | 自由度 DF | 均方 | F 值 | P 值 |
| --- | --- | --- | --- | --- | --- |
| 量表总分 | 146.916 | 3 | 48.972 | 0.212 | 0.888 |
| 意愿行为 | 41.486 | 3 | 6.969 | 0.212 | 0.888 |
| 自豪认知 | 20.906 | 3 | 6.969 | 0.567 | 0.637 |
| 风格感知 | 2.684 | 3 | 0.895 | 0.092 | 0.964 |
| 款式材质评价 | 31.319 | 3 | 10.440 | 2.496 | 0.059 |
| 礼仪消费 | 16.572 | 3 | 5.524 | 1.157 | 0.325 |

（四）结果讨论与营销建议

本文以具有良好结构和信效度的正式量表做实测调研，根据大样本数据对量表进行因子分析，提取出来5个因子，根据因子所包含题项的内容可以把因子命名为"意愿行为因子""自豪认知因子""风格感知因子""款式材质因子"和"礼仪消费因子"。由此可见，通过实测数据的分析可以验证量表的结构，且每个因子所包含的题项都在可以解释的范围之内，证明所编制的量表在一定的程度上具有较好的实测效度。

通过对性别、婚姻状况、收入水平、年龄、职业和受教育程度在对中国传统服饰文化认同度上的方差分析发现，不同性别样本对中国传统服饰文化总的认同度和意愿行为、自豪认知、礼仪消费方面存在显著差异，且女性在这些方面的认同度和表现均比男性要高；不同年龄组群体在对中国传统服饰文化认同度上存在显著差异，在各个维度的表现上均差异显著，且年龄越大认同情况越好；年龄与收入、年龄与婚姻状况都存在显著相关性，年龄越大，已婚者越多，可以证明，婚姻状况对认同度的影响，实际上是年龄在起主要作用。而年龄在35岁以上者中收入10000元以上的占比最高，5000元以下的低收入者减少，而5000~10000元的中收入者与26~35岁的比例持平，这说明收入对认同度的影响作用不能确定，这个问题需要进一步探究。

但是由于样本的年龄配比只能与预调查时年龄配比相似才能保证实测量表结果与预测结果相同，这说明量表在年龄的适用性上存在一定的局限，以后需通过修改和增减题项以增大量表的适用广度。

## 五、结论

### （一）总结

通过文献研究、访谈和问卷调查等构建了由28个题项组成的中国传统服饰文化认同度量表，量表具有较高的信度和效度。

通过因子分析，确定了中国传统服饰文化认同度量表由"意愿行为""自豪认知""风格感知""材质款式"和"礼仪消费"5个因子构成。

通过应用性研究发现中国传统服饰文化认同度在性别、婚姻状况方面存在显著差异，且女性分数高于男性，已婚得分高于未婚，年龄大者高于年龄小者，高收入者高于低收入者。

对中国传统服饰文化认同度量表和各分量表得分进行统计分析发现，实测人群对中国传统服饰文化总体的认同度很高，尤其在对中国传统服饰文化的自豪认知度和礼仪消费情况较好，这样的认同现状与访谈结果相吻合。

### （二）论文的创新点

基于文化认同理论，采用实证研究的方法，从消费者的角度研究中国传统服饰文化认同问题，探讨消费者对中国传统服饰文化认同的心理社会机制，构建形成了信效度均良好的中国传统服饰文化认同量表和理论模型，并开展了应用研究，以中国传统服饰文化认同度对消费者市场进行了细分。

### （三）局限与展望

调查样本在适用性上存在一定的局限性。本研究通过访谈结果发现年龄越大，对中国传统服饰文化的认同度越高，甚至有一种崇拜之情。通过预调查数据发现，年龄在35岁以上的消费者在量表每项上的平均得分均在4.5分以上，得分极高。这可能与群体的情感价值取向

和题项的描述方法有关，导致年龄在35岁的群体在认同度的测试中没有区别度。本研究为了保证量表的鉴别度，缩小年龄大的人群的比例，因此量表的适用性受到限制，未来的研究应该通过深度访谈，根据年龄大的人群特点，添加一些有区分度的题项，扩大量表的适用范围。

题项的搜集存在一定的局限性。由于本研究时间的限制，搜集题项的范围不够广泛，题项不够多样，未来可以考虑集合不同人的见解和资源，以小组形式去编制和完善量表，结构会更好。

**参考文献**

[1] 张立保，肖毓，黄伟敏．全球化时代文化认同危机及其消解 [J]．济源职业技术学院学报，2011，10（1）：116-118.

[2] 赵菁，张胜利，廖建太．论文化认同的实质与核心 [J]．兰州学刊，2013（6）：184-189.

[3] 符小聪．服饰蕴藏的显形文化与隐形文化 [J]．艺术研究，2010（4）：36-37.

[4] 黄燕敏．服饰文化研究的社会学维度 [J]．学术交流，2004（7）：95-97.

[5] 张晓霞．有感于民族服饰的文化底蕴 [J]．丝绸，2001（11）：36-37.

[6] 张野萍．中国传统文化与现代化契合中的文化构建 [D]．延吉：延边大学，2012.

[7] 朱雪．中国传统文化的当代价值研究 [D]．成都：西华大学，2013.

[8] 齐志家．谈中国服饰观念的现代转换 [J]．武汉科技学院学报，2004，17（6）：90-92，95.

[9] 周晓鸣．论中国传统服饰表现技法 [J]．美苑，2007（4）：93-94.

[10] 尚莹．简述中国传统服饰文化与西方之差别 [J]．丝绸，2004（3）：44-45.

[11] 孙迎．意境之美——浅析中国百家思想对服饰文化的影

响 [J]. 天津美术学院学报，2013（2）：88-89.

[12] 张鹏飞 . 中国传统服饰的文化内涵及审美意蕴 [J]. 郑州轻工业学院学报（社会科学版），2009（4）：6-9.

[13] 叶永敏 . 浅谈中国古典服饰美学 [J]. 广西轻工业，2010（10）：131-132.

[14] 张席淼 . 论中华民族传统服饰文化的审美特质 [J]. 宁波大学学报（人文科学版），2009，22（5）：136-140.

[15]Sirgy, M.J.Self-Concept in Consumer Behavior: A Critical Review[J]. Journal of Consumer Research, 1982, 9: 287-300.

[16] 罗伯特·F. 德威利斯 . 量表编制：理论与应用（原书第 2 版）[M]. 魏永刚，龙长权，宋武，译 . 重庆：重庆大学出版社，2004.

[17] 张春兴 . 心理学概要 [M]. 台北：东华书局，1977.

[18] 李美娴 . 品牌认同与绿色营销的关系研究 [D]. 上海：复旦大学，2012.

[19] 何康 . 我国公务员社会认同度现状分析与改善途径研究 [D]. 济南：山东大学，2009.

[20]Bagozzi, R.P., Dholakia, U.M.Open Source Software User Communities:a Study of Participation in Linux User Groups[J].Management Science, 2006, 52（7）, 1099-1115.

[21]Bergami, M., Bagozzi, R.P.Sel-Categorization, Affeetive Commitment and Group Self-Esteem as Distinct Aspects of Social Identity in the Organization[J]. British Journal of Social Psychology, 2000（39）:555-577.

[22] A.Belen DelRio, RodolfoVazquez, Victor Iglesias.The Effect of Brand Associations On Consumer ResPonse[J].Journal of Consumer Marketing, 2001, 18（5）:410-425.

[23] 金立印 . 基于品牌个性及品牌认同的品牌资产驱动模型研究 [J]. 北京工商大学学报（社会科学版），2006, 21（1）：38-43.

[24]Tajfel, H.The Achievement of Group Differentiation[M]. London: Academic Press, 1978:77-98.

[25] 安玉杰 . 延边朝鲜族高中生民族认同状况及其影响因素的研究 [D]. 延吉：延边大学，2010.

[26] 陈晶 .11 至 20 岁青少年的国家认同及其发展 [D]. 武汉：华中师范大学，2004.

[27] 贺萍，范玉显 . 新疆各族干部的民族认同及其族际交往态度——基于态度量表的实证分析 [J]. 新疆社会科学，2013（1）：51-55.

[28]Hinkle, S., Taylor, L. A., Fox-Cardamone, D. L., Crook, K. F., et a1. Intragroup Identification and Intergroup Differentiation: A Multicomponent Approach[J]. British Journal of Social Psychology, 1989, 28（4）:305-317.

[29]Ellemers, N., Kortekaas, P., Ouwerkerk, J.W. Self-categorization, Commitment to the Group and Group Esteem as Related but Distinct Aspects of Social Identity[J]. European Journal of Social Psychology, 1999（29）：371-389.

[30]Oetting, E. R. , Beauvais, F. Orthogonal Cultural Identification Theory: The Cultural Identification of Minority Adolescents[J]. The International Journal of Addictions,1990,25（5A&6A）: 655-685.

[31]Belk, R. W.Possession and the Extended Self[J]. Journal of Consumer Research, 1988, 15（2）: 139-168.

[32] Erikson, E.H. Indentity:Youth and Crisis[J]. New York:W.W.Norton, 1968, 8（3）:559-562.

[33]Dehyle, D.Comtructing failure and maintaining cultural identity：Navajo and Ute school leavers[J]. Journal of American Indian Education, 1992, 3I（2）:25-46.

[34] 卓石能 . 都市原住民学童族群认同与其自我概念、生活适应之关系研究 [D]. 屏东：屏东师范学院，2002.

[35] 郑晓云 . 文化认同与文化变迁 [M]. 北京：中国社会科学出版社，1992.

[36] 方开泰，潘恩沛 . 聚类分析 [M]. 北京：地质出版社，1982.

[37] 胡发稳 . 哈尼族青少年学生文化认同及与学校适应行为的关系研究 [D]. 昆明：云南师范大学，2007.

[38]Geertz, C.The Interpretation of Cultures[M].New York:Basic Books, 1973.

[39] 刘明峰 . 文化创意与数位内容产品知识对文化认同及来源国形象的创造效应 [D]. 台北：铭传大学，2006.

# 生活方式对中式服装消费行为的影响研究

靳高霞 赵平 撰写　王秋月 眭晓慧 审校

摘要：在生活方式、消费行为以及消费者态度等相关文献研究的基础上，结合中式服装自身的特点，构建了生活方式对中式服装消费行为影响的研究模型，采用消费者的生活方式量表和消费者态度量表，通过问卷调查法对消费者的生活方式、对中式服装的态度以及消费行为进行了实证研究。得到以下结论：通过对生活方式量表进行因子分析的基础上进行聚类分析，消费者可划分为"追求价值的安逸型""重视家庭的自我型""偏爱传统的稳重型""理智保守的顾家型""缺乏兴趣的中庸型"五种类型。各类型消费者在中式服装的购买原因、信息来源、获得方式、穿着场合等方面存在显著差异。各类型消费者在对中式服装的态度上存在显著差异，"追求价值的安逸型"消费者对中式服装的购买最积极，"重视家庭的自我型"和"偏爱传统的稳重型"这两种类型的消费者对中式服装的情感强烈，但"偏爱传统的稳重型"消费者的购买行为更积极，只有"缺乏兴趣的中庸型"消费者对中式服装态度最消极。

关键词：生活方式；中式服装；消费行为；态度。

## 一、绪论

### （一）研究背景

服饰是人们生活的重要组成部分，也是人类文化生活的一部分，现代的服饰已经逐渐成为人们对生活态度、兴趣和消费方式的象征。在当今的设计思潮中，以民族和历史为主题的设计师是比较典型的一种。进入21世纪，中国的服装行业得到了很大程度的发展，越来越多的国内服装品牌涌现。由于传统服饰文化的传承和中式服装消费的兴起，此现象引起了学者们的研究兴趣，中国的大多数学者只是从理论的角度探究中式服装发展的现状、发展趋势、制约中式服装发展的原因以及"中国元素"在中式服装中的应用等，做实证研究的较少，而且从生活方式角度的研究还未见到。但在中国人的生活方式、消费观念以及关注的潮流都在不断变化的今天，对中式风格服装消费行为的研究必将会越来越受到关注。因此，本文选取了消费者的生活方式和中式服装消费行为做实证研究，分析消费者的生活方式对中式服装消费行为的影响。

### （二）研究目的及意义

1. 研究目的

（1）探讨生活方式对中式服装消费行为影响

的社会心理机制，并构建理论模型。

（2）分析比较不同生活方式群体中式服装消费和穿着行为的差异，明确中式服装消费人群的主要特征。

（3）为中式服装的设计和品牌营销提供建议。

2.研究意义

（1）理论意义：从生活方式角度探讨中式服装消费行为，有助于传统服饰消费理论的建立和完善，对探讨中国传统服饰文化如何传承和发扬光大具有一定价值。

（2）现实意义：有助于清晰界定中式服装细分市场的特点，为中式服装的设计和品牌营销策略提供指导。

3. 研究内容

首先，通过大量的文献以及前人相关研究构建的生活方式对中式服装消费行为影响的假设模型。

其次，设计问卷，问卷分为三部分，第一部分是生活方式测量问卷；第二部分是对中式服装消费行为的测量；第三部分是对人口统计变量的测量。通过 SPSS 20.0 软件对生活方式测量和人口统计变量测量的数据以及生活方式对中式服装消费行为的影响进行分析。

最后，通过上述分析结果来描述中式服装消费者的生活方式，有助于企业制定相应的营销策略。

## 二、文献综述

### （一）生活方式的定义及测量

在不同的学科领域对于生活方式的定义各不相同。本文研究的是生活方式对中式服装消费行为的影响，因此，侧重于从营销学对生活方式的定义进行梳理（表1）。

**表1　生活方式的定义**

| 作者 | 生活方式的定义 |
| --- | --- |
| Lazer（1963） | 一个系统的概念。它是某一社会或其他群体在生活上所具有的特征。这些特征足以显示出这一社会或群体与其他社会或群体的不同，具体表现于——动态的生活模式之中。生活方式是文化、价值观、资源、法律等力量所造成的结果，从营销的角度来看，消费者的购买及消费行为，就反映出一个社会或群体的生活方式 |
| Anderso（1967） | 生活方式可以视为一个分配的问题，即在特定的时间下，不同群体如何将资源分配在各种不同的活动中，此种分析可作为预测未来时间的运用及推论消费型态的基础 |
| Well，Tigert（1971） | 一个人的态度、信念、期望、恐惧、偏见等特征，并反映在平时对于实践、金钱与精力的支配上，而这种支配方式的不同可以通过个人的活动、兴趣及观念的差异来体现 |
| Berkoman，Gilso（1974） | 一致的行为状态，同时影响消费行为，也受到消费行为的影响 |
| Plummer（1974） | 将消费者看作一个整体，描绘出消费者的本质以及行为方式 |
| Engel，Kollat&Engel（1978） | 人们生活与使用时间、金钱的方式 |
| Kotler（1996） | 由人的心理图案反映的生活形式，包括消费者活动、兴趣和观念 |
| Solomon（1999） | 一个人花费时间和金钱的方式 |
| Hawkins，Best&Coney（2001） | 指如何过生活而言。生活形态是自我观念的具体表现，由过去经验、内心特征和当时情景共同塑造成形，足以影响消费行为的各个层面 |

资料来源：参考朱瑜（2006）《基于生活方式的"80后"消费行为特征研究》及本研究整理

根据研究性质与目的，本文对生活方式的界定：个人或群体受自身及外界影响，通过外显的活动、兴趣及观念表现其消费、闲暇、社交等方式。

国外生活方式的测量有活动、兴趣、观念量表（AIO 量表）、价值观与生活方式量表（Values&Lifestyle 量表）。国内生活方式的研究，有 2000 年由中国台湾的东方广告公司设计开发的量表、东方消费者营销数据库

（Eastern Integrated Consume Profile，简称 E-ICP）。

（二）消费行为的相关理论

1. 消费行为的定义

从以生产为主的卖方市场到以市场营销为主的买方市场，消费行为研究的领域不断地拓展，研究内容不断深入。许多学者从不同角度定义和解释消费行为（表 2）。

表 2  消费行为定义

| 研究学者 | 定义 |
| --- | --- |
| Glock and Nicos（1963） | 描述或者解释消费者在特定时间或者一段时间内所采取的选择行为与购买行为 |
| Walters and Paul（1970） | 人们在购买以及使用产品或者服务时所涉及的决策与行为 |
| Demby（1973） | 人们评估获取与使用经济性产品或者服务时的决策程序与实际行动 |
| Pratt(1974) | 以现金、支票交换所需要商品或者劳务，即决策购买行为 |
| Willams（1982） | 指一切与消费者购买商品或者劳务过程中有关的意见、活动与影响 |
| Mowen（1990） | 消费任何关于取得、处置与使用商品或者劳务的活动 |
| Shiffman and Kannk（1991） | 表现在需求、购买、使用及评估产品与服务的行为，以满足消费者需求 |
| Kolter（1995） | 个人、群体与组织如何选择、购买、使用以及处置产品、服务构想以及体验以满足需求 |
| Zaltman（1995） | 人类如何取得、消费、处置产品、服务和构想，对消费者行为了解越深入，就越能发现其规律 |
| Kenneth A. Coney（2000） | 研究个体、群体、组织为满足其需要而如何做选择、获取、使用、处置产品、服务、体验、想法，以及由此对消费者和社会产生的影响 |

资料来源：刘枚莲（2008）《电子商务环境下的消费者行为建模与模拟研究》

综上所述，关于消费行为的定义，是指消费者个人或群体为满足其需要而获得、使用与处置商品和服务的活动。对于消费行为的影响因素，国内外不同的学者有不同的观点，概括来说，主要从二因素论、三因素论和四层面说分别进行论述。

2. 生活方式对消费行为影响的相关研究

消费者的生活方式是消费者的需要、价值观念以及在各种社会政治经济事件中形成的意见和态度的外在表现。消费者会因为个人的生活方式不同而具有不同的消费行为。德尔·I. 霍金斯等著的《消费者行为学》（原书第 8 版）中描述了生活方式与消费行为二者的关系（图 1）。

| 决定生活方式的基础 | 生活形态 | 消费行为 |
|---|---|---|

人口统计因素
文化
亚文化
社会阶层
家庭生命周期
过去的经历
动机
个性
情绪
价值观

活动
兴趣
喜欢 / 不喜欢
态度
消费
期望
情感

购买
什么时候
什么地方
什么东西
和谁

消费
什么地方
和谁
如何
什么时候
消费什么

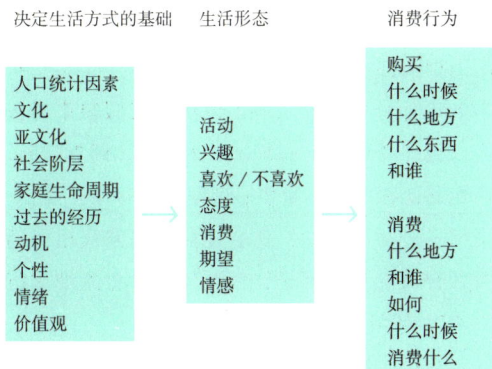

**图1 生活方式和消费过程的交互影响**

因此，本文认为当消费者从事消费行为时，会根据个人的生活方式，也就是其支配时间及金钱的方式，再加上个人人格特质及价值观，而决定其要选择的产品及其所追求的效益，也就成为其个人特定的消费方式。因此，消费者的生活方式与其消费行为有着很高的相关程度，对生活方式的深入研究具有重要实践价值。

（三）中式服装消费行为

1.中式服装消费行为定义

目前对于中式服装还没有很严格的定义，中式服装可以理解为带有明显的"中国元素"或平面结构裁剪方式或服饰风格韵味的一类服装的总称，包括中国传统服饰和具有以上特点的现代服饰。其中"中国元素"是指中国本民族所特有的装饰工艺、面料、款式、色彩特点等。中式服装消费行为是消费者在中式服装的选择、购买、消费和使用过程中的心理活动，它包括服装的购买和穿着行为、穿着心理等。

2.生活方式与服装消费行为相关研究

消费行为不是无缘无故发生的，它往往要受到诸如社会文化因素、经济因素、个人心理因素等的影响，这些因素中生活方式是影响消费者行为最重要的因素之一。每个人都生活在

一定的社会文化环境中，消费不知不觉受到社会文化的影响和制约，从而形成反映这个社会文化的生活方式，不同生活方式的人有不同的着装意识，不同着装意识的人就会有不同的服装需求。因此，人们的服装消费行为则是生活方式的外在显现。

在国内关于生活方式对服装消费行为的研究已有很多，文英玉等（2013年）从研究"90后"大学生的生活方式入手，分析"90后"大学生的生活方式类型和不同人口统计学变量影响下的生活方式差异及其服装网络消费行为。冷滨（2008年）研究发现：中国90后青少年具有12个生活方式和价值观因子，并将中国90后青少年消费者划分为"cosplay族""都市潮人族""非主流火星族""低关注族"和"传统标杆族"五个细分市场，并以运动休闲服装市场为例，分别对其进行轮廓描绘。刘智杨（2013年）以生活方式为研究视角，以新生代农民工群体为研究对象，试图考察在网络时代背景下新生代农民工的网络消费行为与生活方式类型，探索二者之间的关系。上述学者的研究大都是通过对某一群体的生活方式和市场进行细分，再分析不同的生活方式对服装消费行为的影响，从而为企业提供理论依据。

郑苗秧（2008年）从生活形态着手对浙江四城市女性品牌服装消费情况进行调查、分析和研究，总结了女性服装品牌消费的四大类型，及她们在服装品牌消费中的相似性与差异性，并为浙江女装企业在产品定位、设计、营销等5个方面提出建议。李臻颖（2010年）通过对江南乡村中年女性生活方式与服装消费的调查，分析了其生活方式、着装意识、服装消费行为的特点，得出11个主要因子和5个细分市场，并分析了这5种类型群体的服装消费行为差异，

为服装生产厂商运营提供理论依据。此类学者是对不同地区的女性的生活方式及消费行为进行调查，分析其对服装消费行为的影响。

另外还有学者从老年人、中年人、大学生等特定群体的消费者入手，进行生活方式及市场细分，分析生活方式对服装消费行为的影响。综上所述，在生活方式对服装消费行为影响方面更侧重于对不同生活方式人群的市场细分，以达到服务企业的目的。

3. 生活方式与中式服装消费行为的相关研究

生活方式是影响消费行为的重要因素之一，那么必然中式服装的消费行为也会受到生活方式的影响。目前，国内关于中式服装的研究还处于初级阶段，孙荪（2001年）从国际时装舞台服装大师的演绎和渲染、民族精神的体现、民族情感的培养和渗透、自我意识的成熟、怀旧的心理需求等方面，剖析了近几年来中式服装在国际、国内时装舞台和市场上风行的诸多内在因素。杨涛（2002年）分析了中式服装发展的现状以及发展趋势，以吸引更多的人来关注中式服装，打开中式服装国际化的大门。张小卉（2007年）分析了中式服装发展的积极因素和消极因素，从而为中式服装的发展提供了建议。杨笑冰（2010年）介绍了中式服装发展的制约因素，并对中式服装的发展提供了相应的对策。

由上述可知，中国的大多学者只是从理论的角度探究中式服装发展的现状、发展趋势、制约中式服装发展的原因以及中国元素在中式服装中的应用等，但做实证研究的较少，并且关注点在于市场细分或者品牌建设。魏媛（2009年）结合贝尔模型以及国内关于服装品牌形象的研究成果，认为中式服装品牌形象应包括：产品形象、店面形象、服务形象、企业形象、消费者形象5个方面，并建立了品牌形象因素间的相关性假设模型。刘丁（2011年）运用科学的统计分析方法，将上海市中式服装市场按人口统计变量进行了细分，通过设计调查问卷，实地调研消费者的消费心理模式，在此基础上，用因子分析的方法，从心理变量出发找出将消费者分群的内在因子，为更加科学合理地进行中式服装品牌化运作提供参考。

因此，关于中式服装的实证方面的研究少之又少，而生活方式对中式服装消费行为方面的研究还处于空白状态。

（四）消费者态度的相关研究

生活方式可以反映消费者的活动、兴趣及意见，因此有学者认为生活方式影响个人的需要和态度。本文认为消费者的生活方式、消费态度与其消费行为之间具有相关性，在研究生活方式对中式服装消费行为的影响时，要考虑到消费者对中式服装的态度。态度是影响消费者行为的内部因素，学者从不同的角度对态度进行了定义。本文选取了认可度比较高的一种定义，即弗里德曼（Freedman）提出的态度三成分学说，他认为态度是带有认知成分、情感成分和行为倾向的持久系统。因此，本文中的"消费者态度"是指人作为个体对态度对象，即社会经济领域中的产品或者服务以及与产品或服务相关的所有要素产生的态度，也就是消费者针对消费品以及相关要素所产生的认知、情感和行为方面的肯定与否定、积极与消极等的倾向。态度研究中普遍得到认可的两个模型是 ABC 模型和 Fishbein 的多属性模型。

（五）文献小结

首先，从消费者的生活方式、消费者对中式服装的态度、消费行为以及服装消费行为方面进行了梳理，发现生活方式的研究主要集中在对市场进行细分，描述某类型消费者的总体特征以及各类型消费者生活方式的比较上，而对生活方式影响消费者购买行为的内在机理的研究非常少；其次，在消费者行为领域中，目前中国大陆学术界对生活方式的研究主要集中在对某一特定群体的生活方式对消费行为的影响研究，而对所有消费者的大样本的实证研究较少。

对于中式服装来说，随着中国综合国力的上升，中国元素才逐渐受到世界各地设计师的关注，而中国的消费者对于中式服装的认知以及消费行为的研究则很少见。结合中式服装和消费行为的研究理论，本文采用实证的方法研究消费者的生活方式对中式服装消费行为的影响。

## 三、研究设计

### （一）模型构建

根据对生活方式、消费行为以及态度等文献的总结，同时考虑到中式服装消费者心理的特殊性，将活动、兴趣、观念和人口统计变量作为研究消费者生活方式的维度。并加入了消费者对中式服装的态度作为中间变量，研究生活方式对中式服装消费者的影响机制。综上，提出本研究的理论构思和模型（图2）。

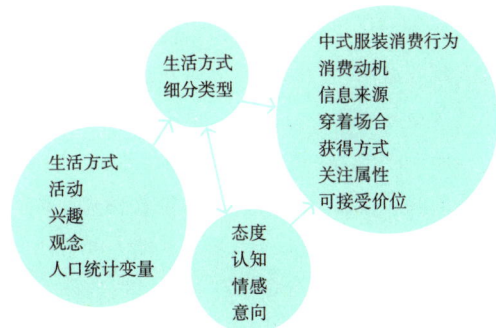

图2 研究模型

### （二）研究假设

通过文献研究可知，不同类型消费者的消费行为不同；不同生活方式的消费者对同一产品有着不同的消费态度，进而影响消费行为。本文将消费态度作为中间变量，试图以消费者生活方式为基础，进行消费者群体的划分，通过实证的方法来研究生活方式对消费者行为的直接或间接的影响。在消费行为特征方面，主要论证各类型消费者在购买动机、信息来源、穿着场合、获得方式、关注属性以及对中式服装可接受的价位上是否存在显著差异。因此，依据相关研究提出了如下假设：

假设H1：不同类型的消费者在中式服装态度上存在显著差异。

假设H2：不同类型的消费者的中式服装消费行为存在显著差异。

假设H2a：不同类型的消费者在中式服装购买动机上存在显著差异。

假设H2b：不同类型的消费者在中式服装信息来源上存在显著差异。

假设H2c：不同类型的消费者在中式服装穿着场合上存在显著差异。

假设H2d：不同类型的消费者在中式服装获得方式上存在显著差异。

假设H2e：不同类型的消费者在中式服装关注属性上存在显著差异。

假设H2f：不同类型的消费者在中式服装可接受的价位上存在显著差异。

### （三）量表设计、变量的定义与测量

1. 量表设计

（1）目的和方法：本文采取开放式研究的方法和《影响中国消费者行为的三大因素》一书中对于中国消费者生活方式形态的描述，提取相关的生活方式子维度，参考了《影响中国

消费者行为的三大因素》等调查中相关的量表实例，初步形成了生活方式量表和消费者态度量表。

（2）开放式访谈：本论文的开放式访谈分为专家访谈和消费者访谈，访谈方式为面对面访谈，访谈地点选择在办公室、校园或公共场合。共访谈了专家4人，消费者20人，其中12名消费者是女性，占消费者访谈对象总数的60.0%；在校学生8名，占消费者访谈对象总数的40.0%；服装专业的学生或者从事服装行业的从业者共10名，占消费者访谈对象总数的50.0%。访谈对象中，年龄最小的为24岁，年龄最大的为46岁。在消费者访谈中，主要从业余时间的兴趣爱好、是否关注传统文化、对流行信息的关注程度、获得信息的来源、中式服装穿着场合的选择、家庭事业观念、消费观、日常的装修、饮食习惯以及个人信息等方面进行提问，但会根据实际情况进行调整。

2. 消费者生活方式维度和题项的确定

根据生活方式的定义，本文结合了AIO量表和东方E-ICP量表的研究结构，依据开放式访谈和前人的研究，选择生活方式的活动（社交、工作）、兴趣（娱乐、媒体、时尚）、观念（自我相关、未来、消费观、家庭观和事业观）这些与消费行为相关性较高的维度来设置了51个题项，完成了本论文消费者生活方式测量的初试量表。生活方式问卷的题项采用里克特（Likert）五级量表进行设计计分，按照被访者对问题表述的认可程度，提供"非常不同意""有点不同意""不确定""有点同意""非常同意"五个备选答案，并依次为1、2、3、4、5分。

3. 中式服装消费行为测量指标的确定

根据前文对消费行为影响因素文献的研究综述，认为消费行为受消费者心理作用（需求、动机、个性、态度等）、人口统计变量、社会（群体、家庭、阶层）、文化等的影响，结合中式服装的特点，把中式服装消费行为的衡量指标定为：消费动机、信息来源、获得方式、穿着场合、关注属性、可接受价位等方面，采用选择题的方式对其进行测量，共17个题项。

4. 中式服装消费态度维度以及测量指标的确定

通过文献研究，本文选用认可度比较高的态度的三成分（认知因素、情感因素、意向要素）理论来解释消费者对中式服装的态度。因此本论文中的态度量表包含三个维度，即认知维度、情感维度、意向维度。结合中式服装的特点构建消费者对中式服装态度的测量量表，共10个题项，题项计分方法同生活方式量表。

5. 人口统计变量设计

人口统计变量是指研究对象的社会、经济背景资料。本文中的人口统计变量作为生活方式测量量表的一部分，基于消费者访谈收录的情况并结合中式服装消费者的实际情况，将性别、婚姻、年龄、受教育程度、职业、个人月收入作为此次人口统计变量的研究变量。

（四）调查执行过程

1. 调查对象的确定

根据相关研究，把26~65岁作为中式风格服装消费者的调查对象；但根据访谈以及预调查发现，退休之后的老年人对于服装的要求主要是舒适与合体，选择中式风格服装的机会很少，而18~25岁一般以学生为主，反而对中式风格的服装很感兴趣。因此本文将18~25岁作为其中的一个年龄段，45岁以上的人群划分为一个年龄段，为保证性别和各年龄段的样本比例，调查采取配额抽样的方法，男性比例不低于40%，各年龄段人数比例不低于15%。

## 2.调查问卷

（1）预调查：通过街头随机拦访和网络调查共发放了 260 份，最后回收有效问卷 236 份，有效率为 90.8%。问卷第一部分是中式服装消费行为的相关题项，根据分析结果加入了相应的甄别题；问卷第二部分是中式服装态度的调查，根据分析结果对题项的措辞进行了调整；问卷第三部分是生活方式的测量，通过因子分析，把原有的 51 个题项删减为 28 个题项；问卷第四部分的人口统计变量加入了从事传统问卷相关行业的详细选择。

（2）正式调查：本研究问卷通过互联网传递，网上电子问卷的发放是通过问卷星网站来收集。共收回问卷 890 份，经过整理，最终获得有效问卷 800 份，有效率为 90%。

## 四、数据分析

本调查的样本基本特征包括性别、婚姻、年龄、职业、受教育程度、个人月收入等情况，男女比例和年龄段均符合本调查设定的配比，说明数据效果良好。

### （一）生活方式相关分析

本文通过对生活方式量表进行因子分析，然后根据聚类分析对中式服装消费者进行分类命名，归纳总结出不同类型消费者在个人背景、消费行为和对中式服装态度方面的特点。

#### 1.生活方式量表的信度和效度分析

如表 3 所示，在生活方式的信度检验中，Cronbach's Alpha 系数（即信度系数）为 0.910，大于 0.9，说明生活方式量表各题项之间的内在一致性非常高，数据具有很好的可靠性。对于效度检验，从检验结果可以看出，KMO 值为 0.940，在 Bartlett 的球形度检验

中显著性水平 $P$ 值小于 0.001，说明数据来自正态分布，各变量之间彼此独立，非常适合进一步做因子分析。

表 3　生活方式量表信效度分析结果

| 量表信度分析 | | 值 |
|---|---|---|
| Cronbach's Alpha | | 0.910 |
| KMO 和巴利特球度检验 | | 值 |
| Kaiser-Meyer-Olkin | 取样足够度的度量 | 0.940 |
| Bartlett 的球形度检验 | 近似卡方 | 8865.446 |
| | 自由度 $DF$ | 378 |
| | $P$ 值 | 0.000 |

#### 2.生活方式因子提取

运用 SPSS20.0 统计软件中因子分析的主成分分析法进行因子分析，在正交旋转后提取 5 个因子，在因子分析结果中的旋转成分矩阵中，剔除因子负荷绝对值小于 0.5 的变量，共剔除了 4 个题项；剩余 24 项再进行下一步的因子分析，其中 $q_1$ 和 $q_{25}$ 分别同时在两个因子中的因子载荷都很大，所以根据变量在因子中成分得分系数的大小，把 $q_{25}$ 归为第 3 个因子，$q_1$ 归为第 4 个因子，此时 $q_1$ 的因子载荷为 0.498，因为 $q_1$ 所在的第四因子的题项较少，因此保留 $q_1$。最后生活方式量表的因子分析结果如表 4 所示。

表 4  生活方式因子分析结果

| 题项 | 题目 | 因子 1 | 因子 2 | 因子 3 | 因子 4 | 因子 5 |
|---|---|---|---|---|---|---|
| $q_6$ | 我喜欢用自己的努力来为家人带来快乐 | 0.737 | | | | |
| $q_{12}$ | 我对家庭有强烈的责任感 | 0.726 | | | | |
| $q_{19}$ | 家庭是我强有力的后盾和支撑 | 0.710 | | | | |
| $q_7$ | 在工作中，我可以和其他人合作，很好地完成要做的事 | 0.694 | | | | |
| $q_{28}$ | 我希望我的生活掌握在我自己的手里 | 0.690 | | | | |
| $q_{10}$ | 我觉得人的穿着打扮应该和身份场合相符 | 0.686 | | | | |
| $q_{24}$ | 我非常欣赏在事业上有成就的人 | 0.613 | | | | |
| $q_{20}$ | 工作能带来成就感 | 0.566 | | | | |
| $q_4$ | 我在别人眼中是一个时髦的人 | | 0.811 | | | |
| $q_{17}$ | 我喜欢追求潮流、前卫 | | 0.797 | | | |
| $q_{15}$ | 我对时尚很感兴趣，且有自己的理解，清楚将流行什么 | | 0.793 | | | |
| $q_2$ | 我会时常翻阅流行时尚杂志，观看介绍流行的时尚类节目 | | 0.649 | | | |
| $q_8$ | 我喜欢自己进行服饰搭配，突出个性 | | 0.642 | | | |
| $q_9$ | 我喜欢独一无二的东西 | | 0.597 | | | |
| $q_{22}$ | 我希望我家中可以摆放中式茶台或中式家具 | | | 0.726 | | |
| $q_{14}$ | 我喜欢茶道、花艺、武术、京剧等传统的项目 | | | 0.694 | | |
| $q_{21}$ | 我非常愿意从事和传统文化相关的工作 | | | 0.673 | | |
| $q_{16}$ | 我喜欢中式家具，它有古典、温馨的感觉 | | | 0.645 | | |
| $q_{25}$ | 我很喜欢中国传统民间艺术 | | | 0.562 | | |
| $q_{27}$ | 我希望我平静的生活不要有太大的改变 | | | | 0.817 | |
| $q_{26}$ | 因他人和环境而改变自己，对于我而言是件很困难的事情 | | | | 0.612 | |
| $q1$ | 我非常愿意从事安定有保障的工作 | | | | 0.498 | |
| $q_{23}$ | 我通常在折扣期间消费，平时只是看看参考 | | | | | 0.779 |
| $q_{18}$ | 购物前，我通常会比较同类商品的价格 | | | | | 0.727 |
| 贡献率（%） | | 19.67 | 14.92 | 11.54 | 6.21 | 5.82 |
| 累计贡献率（%） | | 19.67 | 34.59 | 46.14 | 52.35 | 58.18 |

对生活方式量表的调查数据进行了因子分析，结果得到 5 个因子，累计贡献率为 58.177%，根据各个因子包含的题项，因子解释与命名如下：

第 1 个因子主要反映的是对家庭和事业的态度，因此命名为"家庭事业因子"。

第 2 个因子注重对服装的搭配、前卫，因此命名为"前卫时尚因子"。

第 3 个因子侧重于对传统文化项目的喜爱，因此命名为"偏爱传统因子"。

第 4 个因子主要反映对生活、工作和自身不愿意改变的态度，因此命名为"安逸保守因子"。

第 5 个因子侧重于对价格的敏感程度，因此命名为"价格敏感因子"。

3. 生活方式聚类分析

生活方式量表通过因子分析抽取了 5 个因子，将这 5 个因子作为分群的变量，利用

K-Means 聚类分析法对样本数据进行聚类分析。经分析发现，当分为五类时判别分析结果显示分群准确率最高为 98.5%，且此时分群效果良好，易于解释。因此最终将中式服装消费者的生活类型分为五类，各集群所含样本数及样本比例如表 5 所示。

**表 5　集群分类**

| 集群类别 | 样本数 | 比例（%） |
| --- | --- | --- |
| 集群一 | 240 | 30.0 |
| 集群二 | 121 | 15.1 |
| 集群三 | 179 | 22.4 |
| 集群四 | 145 | 18.1 |
| 集群五 | 115 | 14.4 |
| 总计 | 800 | 100.0 |

在确定分为 5 种类型的集群之后，如表 6 所示，各类型消费者在生活方式 5 个因子上均显著，因此根据各集群的生活方式因子均值得分以及因子包含的信息，对各集群进行描述和命名。

**表 6　各类型消费者在 5 个因子上的单因素方差分析**

| 因子 | 类别 | 平方和 | 自由度 | 均方 | F 值 | P 值 |
| --- | --- | --- | --- | --- | --- | --- |
| 家庭事业因子 | 组间<br>组内<br>总数 | 398.684<br>400.316<br>799.000 | 4<br>795<br>799 | 99.671<br>0.504 | 197.940 | 0.000 |
| 前卫时尚因子 | 组间<br>组内<br>总数 | 251.799<br>547.201<br>799.000 | 4<br>795<br>799 | 62.950<br>0.688 | 91.457 | 0.000 |
| 偏爱传统因子 | 组间<br>组内<br>总数 | 224.482<br>574.518<br>799.000 | 4<br>795<br>799 | 56.120<br>0.723 | 77.658 | 0.000 |
| 安逸保守因子 | 组间<br>组内<br>总数 | 371.743<br>427.257<br>799.000 | 4<br>795<br>799 | 92.936<br>0.537 | 172.926 | 0.000 |
| 价格敏感因子 | 组间<br>组内<br>总数 | 339.192<br>459.808<br>799.000 | 4<br>795<br>799 | 84.798<br>0.578 | 146.614 | 0.000 |

集群一：这一类消费者在价格敏感因子、前卫时尚因子和安逸保守因子上的得分较高，说明类型一的消费者对于价格非常敏感，对于流行信息和时尚的关注度很高，并紧跟流行的脚步，但是在生活、工作方面则希望比较安稳，因此命名为"追求价值的安逸型"。

集群二：这一类消费者在家庭事业因子、前卫时尚因子、偏爱传统因子上的得分较高，而在安逸保守因子上的得分为负值，说明这一类型的消费者对家庭的责任意识很强，重视与家庭成员之间的关系，并且希望通过自己的努力为家人带来快乐，因此命名为"重视家庭的自我型"。

集群三：这一类消费者在偏爱传统因子、安逸保守因子、家庭事业因子上的得分较高，而在价格敏感因子上的得分为负值，说明这一类型的消费者喜欢简约、温馨的氛围，在情感上对中国传统文化比较感兴趣，希望自己的生活可以由自己决定，不喜欢有太多的束缚，希望从事有保障的工作，并且已婚的消费者比较多，因此命名为"偏爱传统的稳重型"。

集群四：这一类消费者在家庭事业因子、价格敏感因子上的得分最高，在前卫时尚因子和偏爱传统因子上的得分为负值，说明这一类消费者比较顾家，愿意为家庭付出，但是对于时尚潮流不敏感，对于民间传统项目的参与度也很低，女性占比略高于样本的整体比例，因此命名为"理性保守的顾家型"。

集群五：这一类消费者在各因子上的得分均为负值，并且在家庭事业因子上的得分最低，说明这一类型的消费者不关注潮流时尚，他们不会特别重视价格，对于家庭事业没有强烈的责任感，男性占比明显多于其他集群的男性占比，因此命名为"缺乏兴趣的中庸型"。

（二）各类型消费者的消费行为特点分析

通过交互分析，各类型消费者在购买动机、信息来源、穿着场合、获得方式、关注属性以及可接受价格上都有显著差异，以下只分析各类型消费者之间有差异的题项。

1. 购买动机

从图 3 所示的消费者购买中式服装的动机来看，因为个人喜爱而购买的各类型消费者占比都很高，但集群二中占比最高为 89%；除了个人喜爱的因素，集群一和集群四的消费者会把中式服装作为婚礼礼服；集群五的消费者会购买中式服装赠送父母或者亲友的比例最高，累计占比 87.8%。

如图 4 中所示的没有购买中式服装的消费者，普遍认为对于中式服装来说，没有合适的穿着场合，并且集群四中的消费者占比最高为 60.0%，其余各类均在 43.0% 左右；集群一、集群三和集群五的消费者认为当有合适的款式时，这类中式服装的价格又太高。

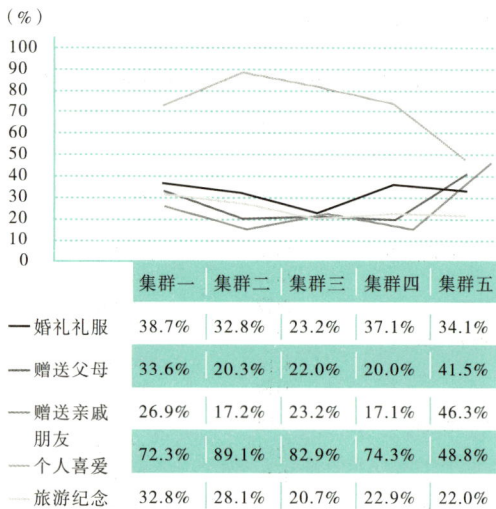

| (%) | 集群一 | 集群二 | 集群三 | 集群四 | 集群五 |
|---|---|---|---|---|---|
| 婚礼礼服 | 38.7% | 32.8% | 23.2% | 37.1% | 34.1% |
| 赠送父母 | 33.6% | 20.3% | 22.0% | 20.0% | 41.5% |
| 赠送亲戚朋友 | 26.9% | 17.2% | 23.2% | 17.1% | 46.3% |
| 个人喜爱 | 72.3% | 89.1% | 82.9% | 74.3% | 48.8% |
| 旅游纪念 | 32.8% | 28.1% | 20.7% | 22.9% | 22.0% |

图 3　各集群消费者购买动机对比

（%）

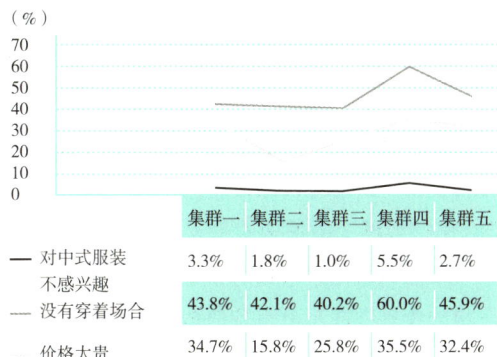

| | 集群一 | 集群二 | 集群三 | 集群四 | 集群五 |
|---|---|---|---|---|---|
| —— 对中式服装<br>不感兴趣 | 3.3% | 1.8% | 1.0% | 5.5% | 2.7% |
| —— 没有穿着场合 | 43.8% | 42.1% | 40.2% | 60.0% | 45.9% |
| 价格太贵 | 34.7% | 15.8% | 25.8% | 35.5% | 32.4% |

**图4　各集群消费者未购买原因对比**

### 2. 信息来源

由图5所示可知，集群一的消费者获得中式服装相关信息的主要方式是通过时尚类杂志、服装展示会和商场专柜；集群二和集群三的消费者主要是通过时尚类杂志和商场专柜；集群四的消费者则主要是通过商场专柜了解中式服装；集群五的消费者主要是通过时尚类杂志来获得相关信息。

（%）

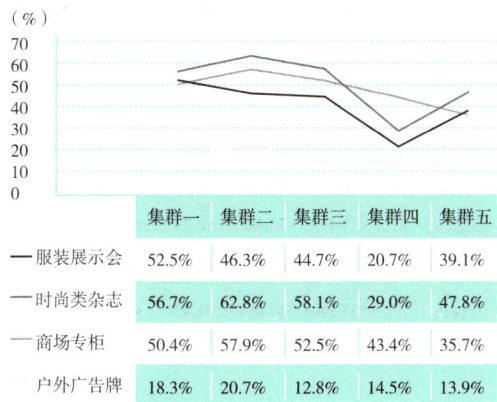

| | 集群一 | 集群二 | 集群三 | 集群四 | 集群五 |
|---|---|---|---|---|---|
| —— 服装展示会 | 52.5% | 46.3% | 44.7% | 20.7% | 39.1% |
| —— 时尚类杂志 | 56.7% | 62.8% | 58.1% | 29.0% | 47.8% |
| —— 商场专柜 | 50.4% | 57.9% | 52.5% | 43.4% | 35.7% |
| 户外广告牌 | 18.3% | 20.7% | 12.8% | 14.5% | 13.9% |

**图5　各集群信息来源对比**

### 3. 穿着场合

由图6所示可以看出，对于被调查者来说，婚礼或者宴会是他们穿着中式服装的主要场合，

其中集群三的占比最高为68.3%；集群二和集群三的消费者选择私人聚会上穿着中式服装的占比较高，集群二的消费者在晚会上穿着中式服装的机会较其他几个类型的消费者都高。

（%）

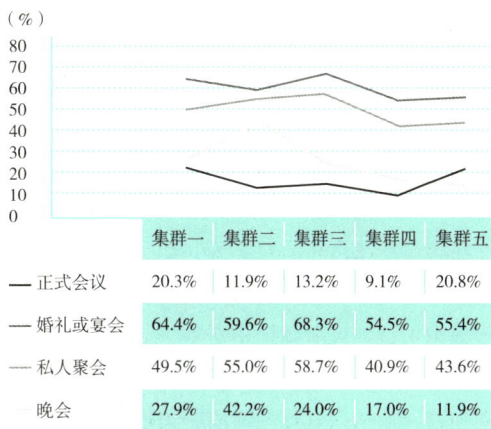

| | 集群一 | 集群二 | 集群三 | 集群四 | 集群五 |
|---|---|---|---|---|---|
| —— 正式会议 | 20.3% | 11.9% | 13.2% | 9.1% | 20.8% |
| —— 婚礼或宴会 | 64.4% | 59.6% | 68.3% | 54.5% | 55.4% |
| —— 私人聚会 | 49.5% | 55.0% | 58.7% | 40.9% | 43.6% |
| 晚会 | 27.9% | 42.2% | 24.0% | 17.0% | 11.9% |

**图6　各集群穿着场合分布**

### 4. 获得方式

从总体来看（图7），集群一、集群二和集群三中拥有中式服装的占比要比集群四和集群五中拥有的占比多，其中集群二中自己购买或定做的占比最大为78.0%，集群四中的占比最小为58.0%；集群三中配偶或男女朋友购买的占比较其他集群的高，为35.9%。

（%）

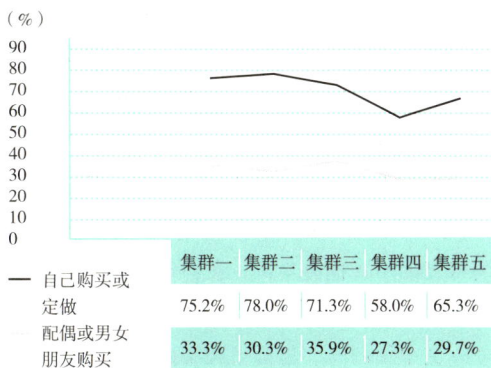

| | 集群一 | 集群二 | 集群三 | 集群四 | 集群五 |
|---|---|---|---|---|---|
| —— 自己购买或<br>定做 | 75.2% | 78.0% | 71.3% | 58.0% | 65.3% |
| 配偶或男女<br>朋友购买 | 33.3% | 30.3% | 35.9% | 27.3% | 29.7% |

**图7　各集群中式服装获得方式分布**

5.关注属性

由图8所示可以看出，集群一的消费者在购买中式服装的时候比较看重服装的面料材质；集群二和集群三的消费者比较看中面料材质、款式；集群四的消费者则对款式的要求比较高，占比83.4%，对于品牌的关注度最低，仅为22.8%；集群五的消费者对于颜色的要求最低为28.7%。

对于品牌来说，知道的品牌中（图9），各集群有差异的品牌为夏姿·陈、上海滩、上海徐、裂帛、江南布衣和茵曼。其中江南布衣在各集群中的总体认知度为最高，但在集群五中上海滩的认知度紧随江南布衣之后；集群一和集群二中的品牌认知排名情况相似，仅上海徐在集群一中的认知度明显高于集群二中的认知度；集群三中的品牌认知排列前三的是江南布衣、裂帛和上海滩，分别为82.2%、70.1%和68.4%；集群四中认知排列前三的是江南布衣、裂帛和茵曼。由此可见，消费者对于价位一般且相对较低的中式服装品牌的认知要比价格高的中式服装的认知要高很多，这也符合消费者的基本现状。在喜欢的品牌中（图10），各集群有差异的品牌有上海滩、天意、东北虎、江南布衣和茵曼；在购买过的品牌中（图11），各集群有差异的品牌有上海滩、东北虎、格格、玫瑰坊、江南布衣和茵曼，在知道的品牌中消费者总体喜欢和购买江南布衣、上海滩和茵曼的占比比较大。其中集群一和集群五中喜欢上海滩和江南布衣的消费者要明显多于其他各品牌，集群二和集群四中喜欢茵曼和江南布衣的消费者多于其他各集群。在消费者购买过的品牌中，江南布衣位于首位，其次是上海滩和茵曼。其中集群一、集群二和集群五中，购买最多的是江南布衣，其次是上海滩，分别占比约

为47%和33%，集群三中江南布衣的购买占比最大为61.9%。

当问及消费者喜欢某品牌的原因时（图12），集群一中喜欢中式服装的天然面料和喜欢中国传统文化的消费者占比最高，分别占57.5%和58.3%；集群二的消费者最喜欢中国的传统手工艺，其次是面料的材质，另外因为中式服装所用的传统图案寓意吉祥而购买的消费者占比明显高于其他几个类型的消费者占比；集群三的消费者购买中式服装的最主要原因是喜欢中国的传统文化，其次会考虑服装的面料材质和工艺。

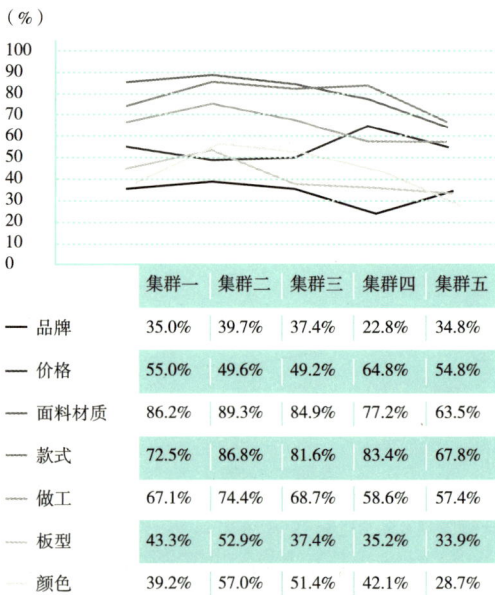

（%）

| | 集群一 | 集群二 | 集群三 | 集群四 | 集群五 |
|---|---|---|---|---|---|
| —— 品牌 | 35.0% | 39.7% | 37.4% | 22.8% | 34.8% |
| —— 价格 | 55.0% | 49.6% | 49.2% | 64.8% | 54.8% |
| —— 面料材质 | 86.2% | 89.3% | 84.9% | 77.2% | 63.5% |
| —— 款式 | 72.5% | 86.8% | 81.6% | 83.4% | 67.8% |
| —— 做工 | 67.1% | 74.4% | 68.7% | 58.6% | 57.4% |
| —— 板型 | 43.3% | 52.9% | 37.4% | 35.2% | 33.9% |
| —— 颜色 | 39.2% | 57.0% | 51.4% | 42.1% | 28.7% |

图8　各集群关注属性对比

（%）

| | 夏姿·陈 | 上海滩 | 上海徐 | 裂帛 | 江南布衣 | 茵曼 |
|---|---|---|---|---|---|---|
| 集群一 | 44.4% | 67.1% | 47.9% | 59.4% | 80.8% | 61.5% |
| 集群二 | 44.1% | 67.8% | 34.7% | 62.7% | 80.5% | 65.3% |
| 集群三 | 37.9% | 68.4% | 39.1% | 70.1% | 82.2% | 52.9% |
| 集群四 | 31.6% | 44.4% | 28.6% | 70.7% | 79.7% | 62.4% |
| 集群五 | 39.8% | 66.0% | 34.0% | 52.4% | 68.9% | 37.9% |

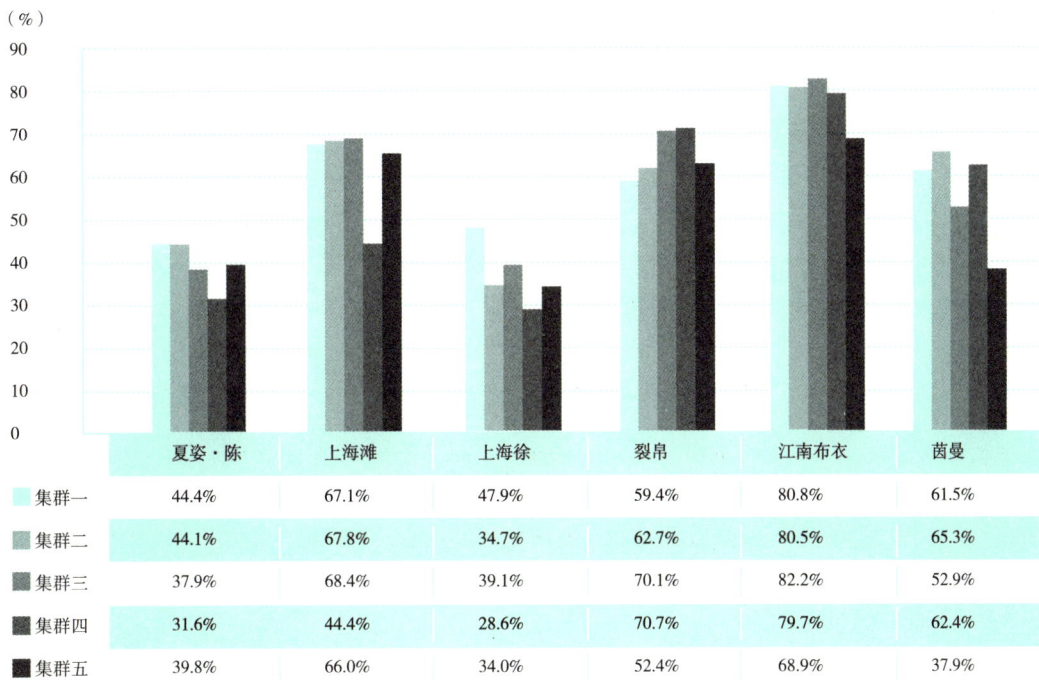

图 9　各集群知道的品牌对比

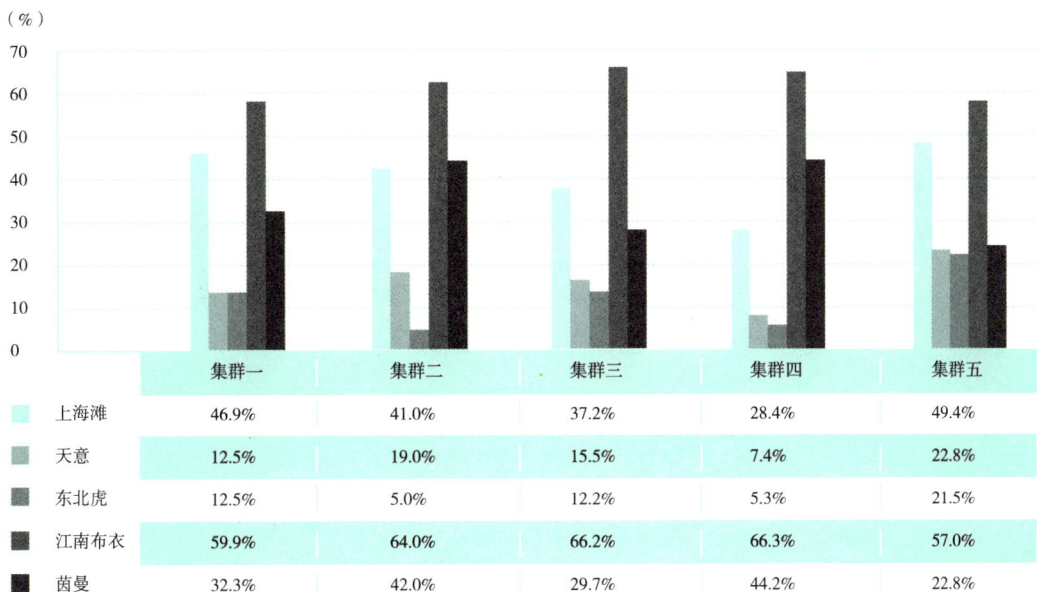

（%）

| | 集群一 | 集群二 | 集群三 | 集群四 | 集群五 |
|---|---|---|---|---|---|
| 上海滩 | 46.9% | 41.0% | 37.2% | 28.4% | 49.4% |
| 天意 | 12.5% | 19.0% | 15.5% | 7.4% | 22.8% |
| 东北虎 | 12.5% | 5.0% | 12.2% | 5.3% | 21.5% |
| 江南布衣 | 59.9% | 64.0% | 66.2% | 66.3% | 57.0% |
| 茵曼 | 32.3% | 42.0% | 29.7% | 44.2% | 22.8% |

图 10　各集群喜欢的品牌对比

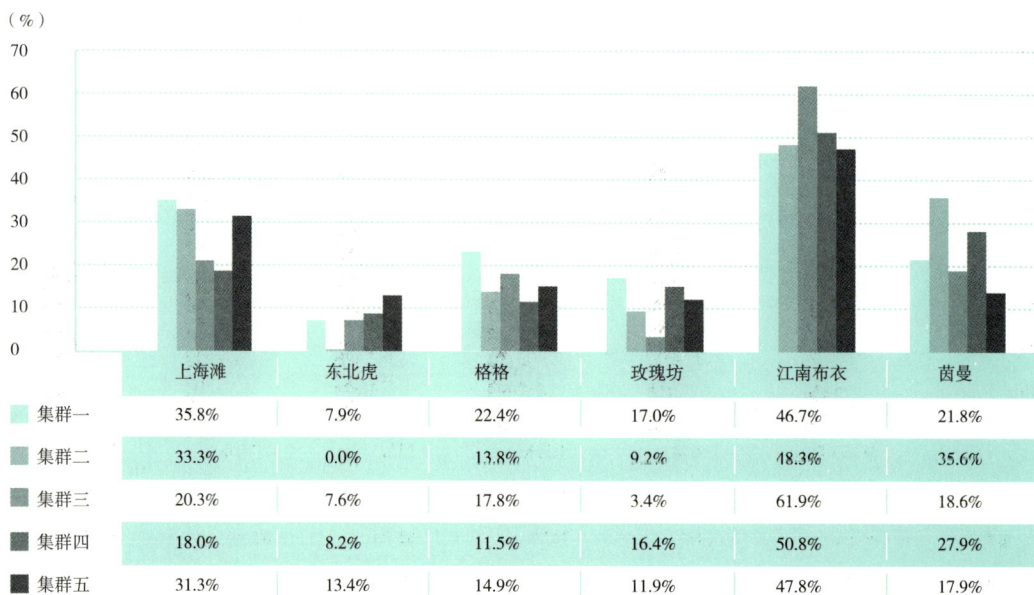

| | 上海滩 | 东北虎 | 格格 | 玫瑰坊 | 江南布衣 | 茵曼 |
|---|---|---|---|---|---|---|
| 集群一 | 35.8% | 7.9% | 22.4% | 17.0% | 46.7% | 21.8% |
| 集群二 | 33.3% | 0.0% | 13.8% | 9.2% | 48.3% | 35.6% |
| 集群三 | 20.3% | 7.6% | 17.8% | 3.4% | 61.9% | 18.6% |
| 集群四 | 18.0% | 8.2% | 11.5% | 16.4% | 50.8% | 27.9% |
| 集群五 | 31.3% | 13.4% | 14.9% | 11.9% | 47.8% | 17.9% |

图 11　各集群购买的品牌对比

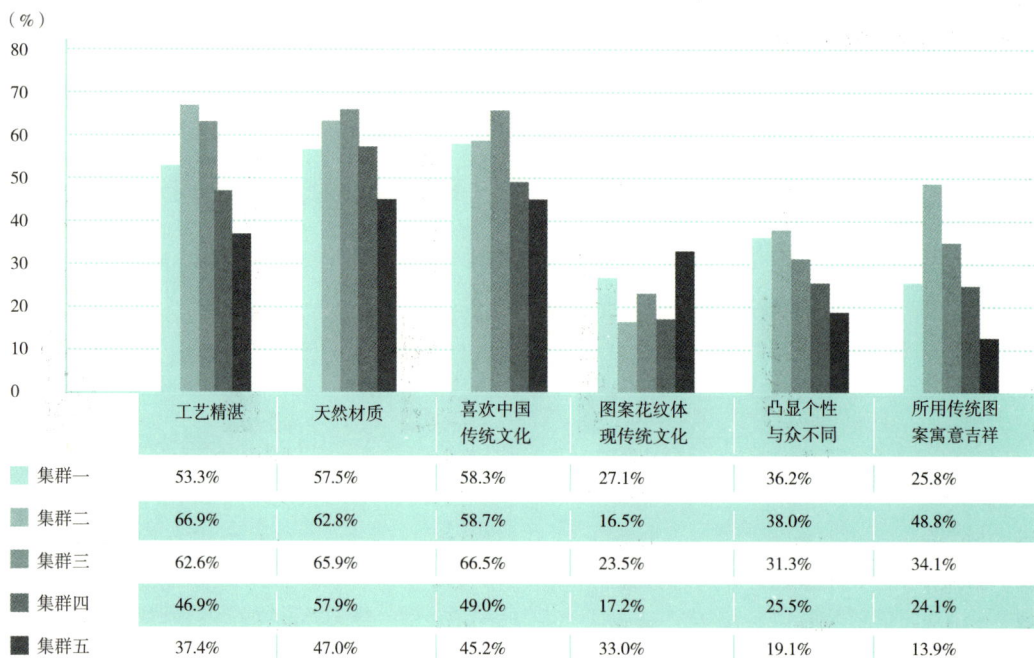

| | 工艺精湛 | 天然材质 | 喜欢中国传统文化 | 图案花纹体现传统文化 | 凸显个性与众不同 | 所用传统图案寓意吉祥 |
|---|---|---|---|---|---|---|
| 集群一 | 53.3% | 57.5% | 58.3% | 27.1% | 36.2% | 25.8% |
| 集群二 | 66.9% | 62.8% | 58.7% | 16.5% | 38.0% | 48.8% |
| 集群三 | 62.6% | 65.9% | 66.5% | 23.5% | 31.3% | 34.1% |
| 集群四 | 46.9% | 57.9% | 49.0% | 17.2% | 25.5% | 24.1% |
| 集群五 | 37.4% | 47.0% | 45.2% | 33.0% | 19.1% | 13.9% |

图 12　各集群喜欢该品牌的原因对比

6. 服装价位

对于日常穿着的中式服装，如图 13 所示，集群一、集群三和集群五的消费者可以接受价位在 201~500 元的占比最高；集群二的消费者可以接受的价位范围在 201~1000 元，累计占比 74.3%；集群四的消费者可以接受的价位在 500 元以下，累计占比 80.7%。

由图 14 所示可知，作为重要场合穿着的中式服装，集群一的消费者可接受的价位在 201~2000 元的占比较大，累计占比 71.3%；集群二的消费者可接受的价位为 1001~2000 元，占比 33.9%；集群三的消费者可接受的价位在 501~2000 元的占比较大，为 60.3%；集群四和集群五的消费者可接受的价位在 201~1000 元。

| | 200 元<br>及以内 | 201~<br>500 元 | 501~<br>1000 元 | 1001~<br>2000 元 | 2001~<br>3000 元 | 3001~<br>5000 元 | 5001~<br>10000 元 | 10000<br>元以上 |
|---|---|---|---|---|---|---|---|---|
| 集群一 | 12.1% | 38.3% | 27.1% | 13.8% | 5.4% | 2.5% | 0.4% | 0.4% |
| 集群二 | 11.6% | 38.8% | 35.5% | 11.6% | 2.5% | | | |
| 集群三 | 11.2% | 47.5% | 28.5% | 10.6% | 1.7% | 0.6% | | |
| 集群四 | 35.9% | 44.8% | 15.9% | 3.4% | | | | |
| 集群五 | 20.0% | 39.1% | 23.5% | 11.3% | 2.6% | 3.5% | | |

图 13　各集群日常穿着中式服装可接受价格对比

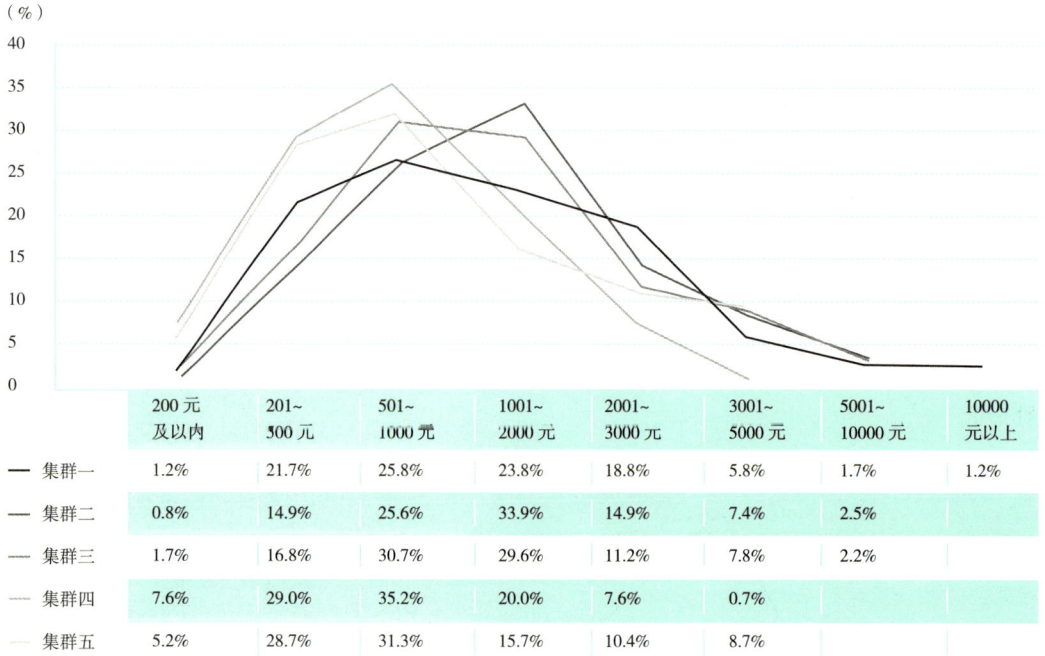

| | 200 元及以内 | 201~300 元 | 501~1000 元 | 1001~2000 元 | 2001~3000 元 | 3001~5000 元 | 5001~10000 元 | 10000 元以上 |
|---|---|---|---|---|---|---|---|---|
| 集群一 | 1.2% | 21.7% | 25.8% | 23.8% | 18.8% | 5.8% | 1.7% | 1.2% |
| 集群二 | 0.8% | 14.9% | 25.6% | 33.9% | 14.9% | 7.4% | 2.5% | |
| 集群三 | 1.7% | 16.8% | 30.7% | 29.6% | 11.2% | 7.8% | 2.2% | |
| 集群四 | 7.6% | 29.0% | 35.2% | 20.0% | 7.6% | 0.7% | | |
| 集群五 | 5.2% | 28.7% | 31.3% | 15.7% | 10.4% | 8.7% | | |

图 14　各集群重要场合穿着中式服装可接受的价位对比

（三）消费者态度的相关分析

1. 态度量表的信度和效度分析

如表 7 所示，在消费者态度的信度检验中，一致性系数 Cronbach's Alpha（即信度系数）为 0.850 大于 0.8，说明量表各题项之间的内在一致性比较高，数据具有较好的可靠性。对于效度检验，从检验结果可以看出，KMO 值为 0.907，Bartlett 的球形度检验中显著性水平 $P$ 值小于 0.001，说明数据来自正态分布，各变量之间彼此独立，非常适合进一步做因子分析。

2. 消费者态度因子分析

本论文运用 SPSS20.0 统计软件中的主成分分析法进行因子分析，在正交旋转后提取 2 个因子，在因子分析结果中的旋转成分矩阵中，剔除因子负荷绝对值小于 0.5 的变量，共剔除了 2 个因子；再进行下一步的因子分析，最后消费者态度量表的因子分析结果如表 8 所示。

表 7　消费者态度的信效度分析结果

| 量表信度分信 | | 值 |
|---|---|---|
| 一致性系数 Cronbach's Alpha | | 0.850 |
| KMO 和巴利特球度检验 | | 值 |
| Kaiser–Meyer–Olkin | 取样足够的度量 | 0.907 |
| Bartlett 的球形度检验 | 近似卡方 | 2486.310 |
| | 自由度 $DF$ | 45 |
| | $P$ 值 | 0.000 |

**表 8　消费者态度因子分析结果**

| 序号 | 题目 | 成分 | |
|---|---|---|---|
| | | 1 | 2 |
| $q_1$ | 领导人出访穿着的中国风格的服装很大气，让我觉得很骄傲 | 0.798 | |
| $q_{10}$ | 我认为让孩子从小了解中国传统文化很重要 | 0.768 | |
| $q_5$ | 穿有中国元素的服装让我内心愉悦，有民族自豪感 | 0.642 | |
| $q_6$ | 如果不考虑价格，当遇到非常喜欢的中式风格服装，我会考虑去购买 | 0.604 | |
| $q_3$ | 我会主动搜集中式服装的相关资料，尽力去了解相关信息 | | 0.836 |
| $q_9$ | 我认为在日常生活中提倡穿中式服装很有必要 | | 0.718 |
| $q_2$ | 我愿意在某些固定或者重要的场合穿着中国风格服装 | | 0.626 |
| $q_7$ | 民族节假日或者婚庆等礼仪场合我喜欢穿中国传统样式的服装 | | 0.601 |

对消费者态度量表的调查数据进行因子分析，提取了 2 个因子，累计贡献率为 58.472%，根据各个因子包含的题项，因子解释与命名如下：

第一个因子主要体现消费者对于中式服装的情感因素，因此命名为"情感偏好因子"。

第二个因子主要体现消费者是否愿意主动了解中式服装相关信息或者愿意穿着中式服装，因此命名为"行为意向因子"。

3. 各类型消费者对中式服装态度差异分析

本文通过均值和单因素方差分析的方法分析五类消费者集群对中式服装态度上的差异性，分析结果如表 9 所示。

表 9 中显示各类型生活方式的消费者在中式服装态度上存在显著差异。为了进一步研究各类型消费者在中式服装态度的各因子上的差异如何，利用之前态度量表的因子分析结果，进一步做方差分析，结果如表 10 所示。

**表 9　各集群消费者态度单因素方差分析**

| 类别 | 平方和 | 自由度 $DF$ | 均方 | $F$ 值 | $P$ 值 |
|---|---|---|---|---|---|
| 组间 | 79.521 | 4 | 19.880 | 96.507 | 0.000 |
| 组内 | 163.768 | 795 | 0.206 | | |
| 总数 | 243.289 | 799 | | | |

**表 10　各类型消费者态度各因子上单因素方差分析**

| 因子 | 类别 | 平方和 | 自由度 *DF* | 均方 | *F* 值 | *P* 值 |
|------|------|--------|-----------|------|--------|--------|
| 情感因子 | 组间 | 199.034 | 4 | 49.759 | 65.934 | 0.000 |
|  | 组内 | 599.966 | 795 | 0.755 |  |  |
|  | 总数 | 799.000 | 799 |  |  |  |
| 意向因子 | 组间 | 201.828 | 4 | 50.457 | 67.172 | 0.000 |
|  | 组内 | 597.172 | 795 | 0.751 |  |  |
|  | 总数 | 799.000 | 799 |  |  |  |

由表 10 中可以看出，各类型消费者在中式服装态度的情感因子、行为意向因子上的 *P* 值都小于 0.001，说明各类消费者在中式服装态度的两个因子上都存在显著差异。

**（四）结果讨论及营销建议**

**1. 结果讨论**

（1）本研究的生活方式量表和消费者态度量表，是在阅读大量文献的基础上，借鉴前人的研究，对量表进行了重新设计；结合中式服装的特点，对题项的描述进行了删改，结果仍符合文献中生活方式和消费者态度量表的分类。

（2）通过对生活方式量表进行因子分析，可提取出"家庭事业""前卫时尚""偏爱传统""安逸保守"和"价格敏感"五个因子，在此基础上进行聚类分析，消费者可划分为"追求价值的安逸型""重视家庭的自我型""偏爱传统的稳重型""理性保守的顾家型""缺乏兴趣的中庸型"五种类型。这与文献研究中潘煜（2009 年）在研究生活方式、感知价值对中国消费者购买行为的影响的研究中将生活方式概括为时尚品位、中庸内敛、完美主义、积极进取和崇尚自由比较接近。说明生活方式的分类符合消费者的基本情况。

（3）通过交叉分析和单因素方差分析得出，各类型消费者在中式服装的购买原因、信息来源、获得方式、穿着场合等方面存在显著差，验证了提出的假设。

（4）通过方差分析发现，各类型消费者在对中式服装的态度上存在显著差异，从而验证了之前提出的假设，结论与 Blackwell、Miniard & Engel（2001 年）关于生活方式与态度的表述一致，说明消费者的生活方式会对中式服装态度产生影响。其中"追求价值的安逸型"这类消费者对中式服装态度的均值得分最高，"重视家庭的自我型"和"偏爱传统的稳重型"这两类消费者在对中式服装的态度上的均值得分紧随其后，只有"缺乏兴趣的中庸型"这类消费者对中式服装态度的均值得分最低，说明消费者对中式服装的态度是偏积极的，会因为产品或者文化而选择购买中式服装。

（5）从消费者态度的情感因子和意向因子上分析，"追求价值的安逸型"在"意向因子"上的得分高于"情感因子"上的得分，并且在"情感因子"上低于"偏爱传统的稳重型"，说明这类消费者追求时尚的服饰，对时尚流行服饰的行为意向比较强。"重视家庭的自我型"和"偏爱传统的稳重型"这两类消费者在态度上的均值得分相似，但"重视家庭的自我型"对于中式服装的热情很高，但很少去购买，因此，通过企业的营销，这类消费者将可能变成中式服装的消费者；"偏爱传统的稳重型"在"情感因子"和"意向因子"上的得分都很高，说明这类消费者不但在情感上喜欢中式服装，也会选择购买或者穿着中式服装，这类人将会是中式服装的忠实消费者，但这类人的行为意向的均值得分没有"追求价值的安逸型"人的高，说明"偏爱传统的稳重型"对于中式服装的要求比较高，对中式服装也有自己的理解，不会很随意地去购买一件中式服装。"缺乏兴趣的中庸型"这类消费者对中式服装态度的均值得分最低，说明这类消费者对于流行时尚或者中国传统都不太关注。

2.营销建议

本文通过利用生活方式量表对中式服装的消费者进行了分类，并对各类型消费者中式服装购买的动机、信息来源、穿着场合、关注属性、可接受的价位等消费行为和对中式服装的态度做了差异分析，对中式服装企业的消费人群定位、产品定位以及制定相应的营销策略都有一定的参考价值。

根据本文的生活方式细分，对于中式服装企业来说，这5个类型的消费者中，"偏爱传统的稳重型"和"追求价值的安逸型"是最大的目标消费人群，其次是"重视家庭的自我型"和"理智保守的顾家型"，而"缺乏兴趣的中庸型"这类人群的市场开发则相对比较困难。对于中式服装的态度最积极的两个集群是"偏爱传统的稳重型"和"追求价值的安逸型"。"偏爱传统的稳重型"这类型的消费者非常喜欢中国传统文化和民间艺术，对于这类消费者营销者需要提供高品质、有韵味的产品；"追求价值的安逸型"这类型的消费者比较年轻，关注最新的流行，但是这类人对于价格比较敏感，对于这类消费者，营销者应该提升产品品牌的时尚形象，提供款式比较新颖的产品，并采取一些促销策略，引发购买行为。"重视家庭的自我型"和"理智保守的顾家型"这两个类型的消费者在情感上比较喜欢中式服装，但实际的购买行为比较弱，这两个类型的消费者属于可挖掘的潜在消费者。针对这一类型的消费者，在产品上要注重品质和流行，营销人员要制订相应的销售策略，引导消费者进行购买。"缺乏兴趣的中庸型"消费者对于各个方面都没有太强烈的兴趣，针对这一类型的消费者，营销者可以根据他们购买中式服装的动机，在一些特殊

的节日做一些宣传来促进消费。

## 五、结论

本论文在对生活方式和消费者态度进行文献研究的基础上，对生活方式对中式服装消费行为的影响进行了实证研究，得到的结论如下：

首先，通过借鉴前人研究，并结合中式服装的相关特点，探讨了生活方式对中式服装消费行为影响的社会心理机制，构建理论模型，修订形成了消费者生活方式量表和态度量表，实证研究证明这两个量表的信度和效度良好。

其次，通过对生活方式量表进行因子分析，可提取出"家庭事业""前卫时尚""偏爱传统""安逸保守"和"价格敏感"五个因子，在此基础上进行聚类分析，消费者可划分为"追求价值的安逸型""重视家庭的自我型""偏爱传统的稳重型""理智保守的顾家型""缺乏兴趣的中庸型"五种类型。各类型消费者在中式服装的购买原因、信息来源、获得方式、穿着场合等方面存在显著差异。

最后，各类型消费者在对中式服装态度上存在显著差异，"追求价值的安逸型"这类消费者对中式服装的购买最积极，"重视家庭的自我型"和"偏爱传统的稳重型"这两类的消费者对中式服装的情感强烈，但"偏爱传统的稳重型"这类型人的购买行为更积极，只有"缺乏兴趣的中庸型"这类消费者对中式服装态度最消极。

**参考文献**

[1] 朱瑜.基于生活方式的"80后"消费行为特征研究 [D].

成都：西南财经大学，2008．

[2] 潘煜．影响中国消费者行为的三大因素 [M].上海：上海三联书店，2009.

[3] 刘枚莲.电子商务环境下的消费者行为建模与模拟研究 [M].上海：上海财经大学出版社，2008.

[4] 姜素芳.网络服装消费行为影响因素实证研究 [D].杭州：浙江财经学院，2009.

[5] 德尔·I.霍金斯，等.消费者行为学（原书第 8 版）[M].符国群，等译.北京：机械工业出版社，2003，4.

[6] 陈晓穗.中式服装的休闲化设计研究 [D].北京：北京服装学院，2002.

[7] 文英玉，邵英姿."90 后"大学生生活方式与服装网络消费行为 [J].经营与管理，2013（8）:137-140.

[8] 冷滨.90 后的价值观、族群分类与消费行为——以运动休闲服装为例 [J].营销传播论坛，2008（3）:26-45.

[9] 刘智杨.基于生活方式的新生代农民工网络消费行为差异研究 [D].上海：东华大学，2013.

[10] 郑苗秧，阎玉秀.基于生活形态的女性品牌服装消费实证研究 [J].丝绸，2008（10）:10-14.

[11] 李臻颖.江南乡村中年女性生活方式与服装消费行为分析 [J].现代丝绸科学与技术，2010（6）:30-36.

[12] 孙荪.中式服装的流行及心理探析 [J].东华大学学报，2001（2）:61-64.

[13] 杨涛.中式服装的现状及发展趋势 [J].苏州大学学报，2002（3）:126-128.

[14] 张小卉.探索中式服装发展之路之我见 [J].科技信息，2007（34）:249-251.

[15] 杨笑冰.中式服装发展的制约因素及对策 [J].丝绸，2010（8）：61-65.

[16] 魏媛.上海地区中式服装品牌形象模型构建及对比研究 [D].上海：东华大学，2009.

[17] 刘丁.上海中式服装市场细分及消费心理研究 [J].经济研究导刊，2011（118）:146-153.

# Influence of Consumer Lifestyle on the Cultural Identity of Traditional Chinese Costume

Sui Xiaohui, Zhaoping, Wangyu, Jin Gaoxia

Beijing Institute of Fashion Technology

Corresponding author's email：zhaobaiou@139.com

Abstract

Based on the literatures related to lifestyle, traditional Chinese costume culture and cultural identity, this study built a research model of lifestyle's influence on the cultural identity of traditional Chinese costumes. Besides, we also conducted an empirical study by using the cultural identity scale of traditional Chinese costume and the lifestyle scale. Through the lifestyle factor analysis, we can divided consumers into four types: self-oriented consumers with preference for traditions; rational, conservative and family-oriented consumers; value-driven pursuers of comfortable life; lack-of-interest mean ( Zhongyong ) consumers. There are distinct differences in the cultural identity of traditional Chinese costume among different types of consumers. Among the four types, the self-oriented consumers with preference for traditions show high degree of "pride recognition" to the traditional Chinese costume culture. The value-driven pursuers of comfortable life show high degree of "style perception" of the traditional Chinese costume culture and strong interest and support. The mean time-servers show the lowest level of cultural identity to traditional Chinese costumes.

Keywords: lifestyle, traditional costume, cultural identity, scale, influence.

## 1. Introduction

### 1.1  Research Content

As early as 1977, scholars Wells and Tigert ( 1977 ) argued that lifestyle can be utilized in the following aspects: market segmentation; consumer behavior classification by marketing personnel; positioning and repositioning of products and services in the target market; study on customers of retail channels; making of advertising and marketing strategies. To adapt to the changes of consumption tendency, the lifestyle-based market segmentation receives increasingly more attention. Lifestyle-based market segmentation studies are mainly carried out from two perspectives. The first one is the segmentation of general lifestyle and the other focuses on the product-related lifestyle. The general lifestyle segmentation is to define the category of consumers according to the lifestyle they choose and the collected information is about consumers' lifestyle and outlooks on life. The particular product-or service-based lifestyle segmentation is conducted on the basis of given consumption problems.

There are many researches on traditional Chinese costume culture. Most of them are performed from such perspectives as history of costume, theory of costume culture or design reinvention, but few from the perspective of social psychology and consumer behavior, and none of them from the angle of lifestyle. Empirical studies of cultural identity mainly focus on organizational cultural identity, corporate cultural identity, minority cultural identity in mainstream culture, cross-cultural identity and so on, but few of them are centered on the cultural identity of traditional costume.

On the basis of literature researches on lifestyle, traditional Chinese costume culture, and cultural identity, we divided

consumers into different living types through empirical study. Meanwhile, we analyzed their difference in the cultural identity of traditional Chinese costume and built a research model of lifestyle's influence on the cultural identity of traditional Chinese costume. Thus, we can provide references for the making of marketing strategies to relevant companies and theoretical guidance for studies of traditional Chinese costume culture.

## 1.2　Research Objectives and Significance

### 1.2.1　Research Objectives

（1）To explore the psychosocial mechanism of how lifestyle influences the cultural identity of traditional Chinese costume and build a theoretical model;

（2）To analyze and compare the differences in cultural identity of traditional Chinese costume by groups of different lifestyles and define the major characteristics of consumer groups who show a high degree of identity;

（3）To provide suggestions for design of Chinese costumes and brand marketing.

### 1.2.2　Research Significance

Theoretical significance: this work explores the difference in cultural identity of traditional Chinese costume from the perspective of lifestyle, which is conducive to the construction and development of Chinese costume cultural theories and has a certain value in exploring how to carry forward traditional Chinese costume culture.

Realistic significance: it facilitates clearly understanding current consumers' identity to traditional Chinese costume culture and provides guidance for the design of Chinese costumes and development of brand marketing strategies.

## 2. Literature Review

### 2.1 Lifestyle

The term "lifestyle" was firstly created by Max Weber. Its concept firstly appeared in the fields of social science and psychology to study the lifestyle of different groups or social status and their mobility. In 1963, Willi and Lazer introduced it into the marketing field. Since then the concept of lifestyle has drawn the wide attention of the marketing community and been applied in market segmentation. Definitions of lifestyle in different fields of study are different. This article studied the influence of consumer lifestyle on the cultural identity of traditional Chinese costume, and therefore laid an emphasis on sorting out the definitions of lifestyle from the angle of marketing. According to the research nature and objectives, this study defined lifestyle as the way of consumption, leisure and social communication of individuals or groups, which is expressed by explicit activities, interests and ideas and influenced by themselves or external environment. The common lifestyle measurement scales include AIO (activities, interests, and opinions), LOV (lists of values), VALS (values and lifestyles), and eastern consumer-oriented E-ICP (Eastern integrated consumer profile).

Lifestyle is one of the most important factors influencing consumers, so the consumption of traditional costumes is definitely affected by lifestyle. At present, domestic studies of traditional costumes remain in the primary stage and most of their focuses are on market segmentation or brand building. Through scientific statistical analysis, Liu (2011) subdivided the Shanghai market of Chinese costumes according to demographic variables. On this basis, he started from psychological variable and found out the internal factors which grouped consumers with the use of factor analysis, which provided reference for operating Chinese costume brands in a more scientific and rational manner. Jin (2014) applied lifestyle scale and divided consumers into five types through a quantitative analysis. Results show that there were significant differences in the attitude that different types of consumers held towards Chinese costume and in reason for purchase, information source, obtaining means, wearing occasions of Chinese costumes. According to the features of consumers of each type and the property of Chinese costumes they pay attention to in purchase, Jin provided suggestions for marketing of Chinese costume companies from such three aspects as market positioning, target market-oriented product analysis and promotion.

## 2.2 Cultural Identity

Identity covers a large range of fields and its connotation differs greatly in different fields of study. Identity researches include ethnic identity, national identity, state identity, organizational identity, etc., while the cultural identity is the core. Most scholars mainly define cultural identity from the angle of psychology, i.e., cultural identity, based on the cognition of cultural objects, is expressed through the attitude to them and relevant behaviors, and the subjects realize their self-extension and self-expression through the identified culture. As far as the constitution of cultural identity is concerned, Yong et

al. argued that cultural identity contains three parts, individuals' understanding of culture (cognition), emotional recognition (feeling) and their behavioral perseverance (behavior) (Yong and Wan, 2003).

Both domestic and foreign empirical studies of cultural identity mainly concentrate on the identity of external cultures by culture-shifted communities, and identity of the minority to their ethnic culture under the impact of mainstream culture. Different cultural intersections lead to different cultural identity. The most authoritative one is the orthogonal cultural identification scale (OCIS) compiled by Oetting and Beauvais (1990).

Researches on traditional costume culture are mainly qualitative ones and most of them focus on the inheritance of traditional costume culture from ethnic groups. From the perspective of anthropology, Zhang (2014) conducted a field investigation on the inheritance of traditional costume culture in families of Miao Minority in the Dehang Village, Aizhai Town, Xiangxi Prefecture. He analyzed the inheritance content, process and effect of Miao Minority's traditional costume culture in the family education, as well as the attitude and opinions for costume culture inheritance held by educators and the educated in families. Then he proposed a rational way of inheriting traditional costume culture of Miao Nationality in family education. From the angle of design science, He (2012) analyzed the reflection of traditional Chinese culture in Chinese costumes, all styles and types of Chinese costumes and their correspondence withtraditional Chinese culture. Besides, he also summarized the common characteristics of the essence of traditional Chinese culture in ancient and contemporary cotton garment, and the new features of contemporary cotton garment. He explored the potential new design languages for contemporary cotton garment while ensuring the inheritance of traditional Chinese culture.

The subjects of this research are consumers, so the cultural identity of traditional costume is defined as follows: based on the cognition of traditional costume culture, consumers show their identity through their attitude towards the traditional costume culture and the relevant behaviors, and meanwhile, they realize the self-extension and self-expression through the identified culture.

2.3  Influence of Lifestyle on Cultural Identity

Although there is no literature directly pointing out that lifestyle has significant influence on the cultural identity, many scholars have indicated that external environment affects cultural identity by influencing lifestyle. Studies show that the media environment established by Internet terminals (computer and mobile phone) influences Yunnan ethnic groups' perception of their own culture, and it plays a certain role in destructing their national culture identification (Du, 2015). Some literatures point out that the cultural identity of college students is influenced by social culture and education factors, their personal factors, and interpersonal communications (Yang, 2014). The level of cultural identity that Uyghur undergraduates show to their ethnic culture decreases gradually with the increase of their grades. The major factors influencing cultural identity are family location and the duration of Chinese learning (Dong, 2014).

3. Development And Testing Of Scale

3.1  Development and Testing of Lifestyle Scale

3.1.1  Selection and Revision of Lifestyle Scale

The lifestyle scale of this study was compiled by referring to AIO (activities, interests and opinions) lifestyle scale and E-ICP (Eastern integrated consumer profile ) lifestyle scale. According to open interviews and previous researches, 51 questions were selected in the dimensions of lifestyle-related activities ( social activities, work ), interests ( entertainment, media, fashion ), opinions ( on self, future, consumption, family and business ), which are closely connected with consumption behaviors. A pilot survey was performed for the preliminary scale. Then, some questions were deleted and the remaining 28 ones constituted the formal scale of lifestyle.

All the questions on customer lifestyles scale employ the five-point Likert scale for measurement, Likert scale is an ordinal scale with five or seven points, reflecting different evaluations of respondents level by level. In the lifestyles scale, 1 refers to "strongly disagree", 2 "slightly disagree", 3 "not sure", 4 "somewhat agree", and 5 "quite agree" . The higher the score, the higher the level of acceptance of the respondents for description of the question will be.

The lifestyle scale chose the 25-65 years-old as the objects. To ensure the appropriate gender and age proportion in samples, the survey adopted the quota sampling method ( the proportion of men no less than 40%, and that of each age group not lower than 15% ) . By sorting

out the questionnaires, a total of 900 questionnaires were issued finally and 892 were confirmed to be valid, with the effective rate of 99%. The questionnaires were issued and collected via a professional questionnaire survey website ( http:// www.sojump.com/ ) . During the formal investigation stage, the collected questionnaires were screened manually according to screening questions, answer time and IP address.

Reliability test results shows that the reliability coefficients of both lifestyle scale and cultural identity scale of traditional costumes were greater than 0.9. It indicates that the internal consistency among all questions of the scale is very high, and the data are of good reliability. The validity test shows that the significance level of Bartlett's sphericity test is 0 ( <0.001 ) . It reflects that the data belong to a set of normal distribution, all variables are independent of each other, and a further factor analysis is very suitable. It was verified that the two scales are of good reliability and validity.

3.1.2  Factor Analysis of Consumer Lifestyle Scale

Principal component analysis was employed to extract factors. Rotation converged in 6 iterations, and 5 factors with the eigenvalue greater than 1 were obtained, explaining 59.063% of the total variation. Four questions were removed as the absolute value of their factor loading was lower than 0.5. According the questions contained in each factor, the name and explanation of the five factors are as follows:the factor 1 including 8 questions is named as "family & career" factor, mainly reflecting the attitudes towards family and career. The factor 2 containing 6 questions is named as "fashion" factor, mainly reflecting the passion for fashion.The factor 3 including 5 questions is named as "traditional cultural preference" factor, mainly reflecting the degree of fondness for traditional cultural items. The factor 4 containing 3 questions is named as "conservative" factor, mainly reflecting the attitude of unwillingness to changelife, job and self.The factor 5 including 2 questions is named as "price sensitivity" factor, mainly reflecting the sensitivity to prices.

### 3.2  Revision and Testing of the Cultural Identity Scale of Chinese Traditional Costumes

#### 3.2.1  Revision of the Cultural Identity Scale of Chinese Traditional Costumes

As there is no existing measurement scale for the cultural identity of Chinese traditional costumes, this study compiled it by combining Chinese traditional costumes with cultural identity according to research needs and the requirements for scale development. Then through interviews, some questions were adjusted, combined and supplemented, achieving the preliminary scale composed of 42 questions. At last, the formal scale for cultural identity of Chinese traditional costumes composed of 31 questions was formed according to the pilot survey.

All the questions on cultural identity of traditional costumes employ the five-point Likert scale for measurement, where 1 refers to "strongly disagree", 2 "slightly disagree", 3 "not sure", 4 "somewhat agree", and 5 "quite agree". The higher the score, the higher the level of acceptance of the respondents for description of the question will be.The Cultural Identity Scale of Chinese Traditional Costumes chose the same objects as lifestyle scale.

Reliability test results shows that the reliability coefficient of cultural identity scale of traditional costumes is greater than 0.9. It indicates that the internal consistency among all questions of the scale is very high, and the data are of good reliability. The validity test shows that the significance level of Bartlett's sphericity test is 0（<0.001）. It reflects that the data belong to a set of normal distribution, all variables are independent of each other, and a further factor analysis is suitable.

### 3.2.2 Factor analysis for the cultural identity scale of Chinese traditional costumes

Principal component analysis was used to extract factors. Rotation converged in 8 iterations, and 4 factors with the eigenvalue greater than 1 were obtained, explaining 55.299% of the total variation. Four questions were removed because the absolute value of their factor loading was lower than 0.5. Based on the contents and meaning of the questions contained by each factor, the extracted four factors were named: the factor 1, including 11 questions, is named as "pride recognition" factor, for it mainly reflects the consumers' pride and knowledge of Chinese traditional clothing culture. The factor 2 containing 8 questions is named as "interest & support" factor, as it mainly reflects the expression of interest and support for traditional Chinese clothing culture. The factor 3 containing 6 questions is named as "etiquette consumption" factor. It mainly indicates that consumers express etiquette through traditional Chinese clothing culture. The factor 4 with 2 questions is named as "style perception" factor, mainly

reflecting consumers' perception of the style of traditional Chinese clothing.

### 3.3 Cluster Analysis of Lifestyle

Cluster analysis was conducted on the sample data using K-means algorithm, taking the five factors of lifestyle scale as clustering variables. The consumers were finally divided into four types based on their lifestyles. Thus according to the average scores of lifestyle factors of each cluster and the information contained in each factor, each cluster is described and named as follows:

In cluster 1, there are 183 samples, accounting for 20.5% of the total. The consumers got higher scores for family & career factor, fashion factor, and traditional cultural preference factor, but lower scores for conservative factor and price sensitivity factor. These indicate that the consumers of this type have strong sense of responsibility for family, wishing to bring happiness to their family through their own efforts, and feeling unsatisfied for the comfortable life devoid of challenges. Besides, they enjoy Chinese traditional culture and they are also concerned with fashion. Thereby they are named as the "individualist with preference to tradition".In cluster 2, there are 171 samples, accounting for 19.2% of the total. The consumers got negative scores for all the factors and the lowest score for family & career factor. These reflect that the consumers do not hold strong sense of responsibility for family and career, neither are they concerned with fashion and traditional cultures. Thus the consumers of this type are named as the "mean (zhongyong) type lacking interests". In cluster 3, there are 224 samples, accounting for 25.1% of the total. The consumers got the highest score for family & career factor, and the lowest one for traditional cultural preference factor. These indicate that the consumers of this type are willing to make efforts for their family, but they are insensitive to fashion with little interest on traditional culture. Therefore, they are named as "rational, conservative and family-oriented type". In cluster 4, there are 314 samples, accounting for 35.2% of the total. The consumers got higher scores for price sensitivity factor, fashion factor, and conservative factor. It can be seen that these consumers are highly concerned with fashion, and insusceptible to the surroundings. But they are very sensitive to prices. Thus the consumers of cluster 4 are named as the "value-driven pursuer of comfortable life".

4. Research Model And Research Hypothesis

According to factor analysis and cluster analysis of lifestyle, the research model of Lifestyle-Traditional Costume Cultural Identity is shown as Figure 1:

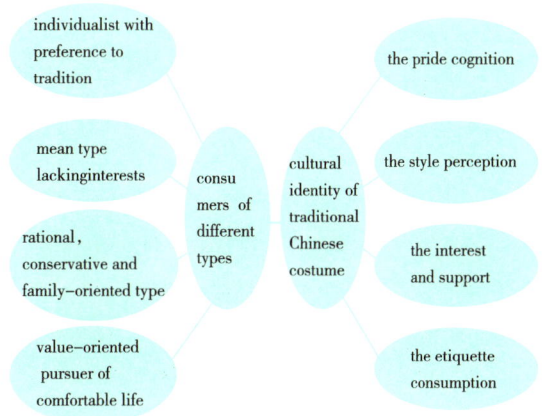

Figure 1 ResearchModel

To sum up, we can come up with the following hypotheses:

H1: Consumers of different types have significant differences in cultural identity of traditional Chinese costume.

H2: Consumers of different types have significant differences in the pride cognition for traditional Chinese costume.

H3: Consumers of different types have significant differences in the style perception for traditional Chinese costume.

H4: Consumers of different types have significant differences in the interest and support for traditional Chinese costume.

H5: Consumers of different types have significant differences in the etiquette consumption for traditional

Chinese costume.

## 5. Relationship Between Lifestyle And Cultural Identity Of Traditional Costume

### 5.1 Analysis on differences of cultural identity of traditional costume by various consumers

Through averaging and one-way ANOVA, we analyzed the differences of cultural identity of traditional costume in the four consumer clusters. Table 1 shows that the average scores of cultural identity of traditional costume had significant difference between the consumers of varying types of lifestyles (p<0.05). It reflects that the consumers of each cluster have distinctively different attitude on the traditional costume.

According to the average score of cultural identity of traditional costume in each cluster, it can be seen that the cultural identity for traditional costumes by all types of consumers was relatively high. Specifically, the consumers of cluster 1 held the highest cultural identity, while those of cluster 2 held the lowest cultural identity. It indicates that the former were most active for the traditional costume, while the latter were least active. To further study how all types of consumers differ from each other on the cultural identity of traditional costumes, another ANOVA was performed by using the former factor analysis results of cultural identity scale. The ANOVA results are shown in Table 2.

Table 1　One-way ANOVA on the cultural identity of traditional costume in each cluster

|  | Sum of squares | DF | Mean square | F | P |
|---|---|---|---|---|---|
| Intergroup | 87.476 | 3 | 29.159 | 173.022 | 0.000 |
| Intragroup | 149.651 | 888 | 0.169 | | |
| Total | 237.127 | 891 | | | |

Table 2　ANOVA on all factors concerning the cultural identity of traditional costumes in each cluster

| Factor | | Sum of squares | DF | Mean square | F | P |
|---|---|---|---|---|---|---|
| Pride recognition factor | Intergroup | 251.302 | 3 | 83.767 | 116.282 | 0.000 |
| | Intragroup | 639.698 | 888 | 0.720 | | |
| | Total | 891.000 | 891 | | | |
| Interest &support factor | Intergroup | 196.901 | 3 | 65.634 | 83.969 | 0.000 |
| | Intragroup | 694.099 | 888 | 0.782 | | |
| | Total | 891.000 | 891 | | | |
| Etiquette consumption factor | Intergroup | 115.080 | 3 | 38.360 | 43.901 | 0.000 |
| | Intragroup | 775.920 | 888 | 0.874 | | |
| | Total | 891.000 | 891 | | | |
| Style perception factor | Intergroup | 30.178 | 3 | 10.059 | 10.377 | 0.000 |
| | Intragroup | 860.822 | 888 | 0.969 | | |
| | Total | 891.000 | 891 | | | |

It can be seen from Table 2 that for all types of consumers, the P values of pride recognition factor, style perception factor, interest & support factor and etiquette consumption factor in the cultural identity scale of traditional costumes were less than 0.05. It indicates that all types of consumers were different from each other on the four factors. According to the average scores of each type of consumers in four factors concerning the cultural identity of traditional costumes, it can be seen that the consumers of cluster 1 got higher scores on interest & support factor, etiquette consumption factor, and pride recognition factor; the consumers of cluster 2 got negative values for all the four factors; the consumers of cluster 3 got the highest score on the pride recognition factor, and negative scores for the rest; the consumers of cluster 4 got highest score on the interest & support factor.

5.2　Results and Discussion

（1）By the factor analysis of lifestyle scale, five factors were extracted, namely "Family & Career", "Fashion", "Traditional Cultural Preference", "Conservative" and "Price Sensitivity". Then cluster analysis was performed based on these factors. Consumers were thus divided into four types, "individualist with preference to tradition", "mean type lacking interests", "rational, conservative and family-oriented type", and "value-oriented pursuer of comfortable life". This classification is close to that in the study of Bi（2009）and Pan（2009）. In the former lifestyles were divided into rationally pursuing career, quiet and well-off life, pursuing fashion and enjoyment, realistic life, and traditional and conservative life. In the research of Pan（2009）on the influence of lifestyle and perceived value on the buying behaviour, lifestyles were classified into pursuing fashion, mean and reserved, perfectionistic, aggressive, and advocating freedom. It can be seen that the classification of lifestyles is consistent with the basic situation of consumers.

（2）The analysis of variance indicates that all types of consumers greatly differed from each other in the cultural identity of traditional costumes, and thus it proves the hypothesis proposed formerly. That is, the lifestyles of consumers have effect on the cultural identity of traditional costumes. Specifically speaking, the consumers belonging to the "individualist with preference to tradition" obtained the highest score in the cultural identity of traditional costumes, followed by those belonging to the "value-driven pursuer of comfortable life". And the mean consumers lacking interests got the lowest average score. These show that consumers had a high cultural identity for traditional costumes on the whole.

（3）From the analysis of the four factors of cultural identity for traditional costumes, the consumers belonging to the "individualist with preference to tradition" got relatively higher scores in "pride recognition", "interest & support" and "etiquette consumption" factor. Especially on the "etiquette consumption" factor they got the highest score. Consumers of this type pay more attention to fashion with high preference to traditional culture, and they are not sensitive to prices. Thus they become the loyal consumers of such products because of their proneness to purchasing traditional costumes. The consumers belonging to the "value-driven pursuer of comfortable life" had a higher score in "interest & support" factor and the highest score in "style perception" factor. This type of consumers pay much attention to fashion, but they are sensitive to price. Thereby, they are quite willing to buy traditional costumes, but the price and fashion element will impede their consumption. To enhance their consumption intention, fashion elements should be integrated with the traditional costumes through constant

innovations. "rational, conservative and family-oriented" consumers get a higher score in "pride recognition" factor but a low score in "etiquette consumption" factor. Consumers of this type that have ordinary incomes, pay little attention to fashion, and are family-oriented. Thus they just like traditional costumes, but seldom purchase them. To transform these consumers into the loyal ones of traditional clothes, relevant companies need to carry out marketing activities. The mean consumers lacking interests have low cultural identity for traditional costumes, which shows that these consumers pay little attention to fashion or Chinese tradition.

6. Conclusion

Based on the literature study of lifestyles and cultural identity for traditional costumes, this article conducted empirical research on the effect of consumer lifestyles on the cultural identity of traditional costumes, and reached the following conclusion:

（1）By referring to previous research and combining the relevant characteristics of traditional Chinese costumes, this article explored the psychosocial mechanisms on how lifestyles affect the cultural identity of traditional costumes, and constructed the theoretical model. The consumer lifestyle scale and the cultural identity scale of traditional costumes were finally formed. The empirical research proves that these two scales are of good reliability and validity, and the theoretical model that consumer lifestyle has effect on the cultural identity of traditional costumes is tenable.

（2）Through the factor analysis of lifestyle scale, five factors were extracted, i.e., "family & career", "fashion", "traditional cultural preference", "conservative" and "price sensitivity". On this basis the cluster analysis was conducted. Consumers were thus divided into four types, "individualist with preference to tradition", "rational, conservative and family-oriented type", "value-driven pursuer of comfortable life", and "mean type lacking interests".

（3）Through the factor analysis of the cultural identity scale of traditional Chinese costumes, four factors were extracted, i.e., "pride recognition", "interest & support", "etiquette consumption" and "style perception".

（4）On the whole, most consumers have high cultural identity for traditional costumes, but consumers of varying types differ greatly from each other in

this point. Specifically, the consumers belonging to the "individualist with preference to tradition" have the highest cultural identity for traditional costumes, followed by those belonging to the "value-driven pursuer of comfortable life". The consumers belonging to the "mean type lacking interests" have the lowest cultural identity for traditional costumes.

Acknowledgement

Firstly I want to thank my supervisor-Professor Zhao Ping who affected me with his rigorous academic attitude and work style of keeping improving, which made a good foundation for my to complete this article. Professor Zhao was always patiently guiding and helping me from choosing topics, conducting interviews and investigations to completing the thesis, which I appreciate very much. Secondly I would like to thank my friends who gave me a hand in finishing the research. They accepted my interviews and gave me some advice on this article.

References
[1]Bi Haixia. Market segmentation and research on mobile commerce consumers [J]. Decision and Information, 2009（7）: 42-45.
[2]Chen Shilian, Liu Yunyan. A comparative study of ethnic cultural identity of children from six minorities

in Southwest China [J]. Studies in Early Childhood Education, 2006 (11) : 12-15.

[3]Dong Li, Li Qingan, Li Chongde. Cultural identity from psychological perspective [J]. Journal of Beijing Normal University (Social Science), 2014 (1) : 68-75.

[4]Dong Li, Zhang Yuezhi. Development and influence factors of cultural identity of Uyghur undergraduates [J]. Education and Teaching Research, 2014, 27 (4) : 55-58.

[5]Du Zhongfeng. Threshold of media technology: An empirical analysis on the net surfing habits and cultural identity of Yunnan minority [J]. Academic Exploration, 2015 (4) : 124-129.

[6]He Yingli. Heritage of the essence of traditional Chinese culture through Chinese cotton garment [D]. South China University of Technology, 2012.

[7]Jin Gaoxia. Influence of lifestyle on the consuming behavior of Chinese costumes [D]. Beijing Institute of Fashion Technology, 2014.

[8]Liu Ding. Segmentation of Shanghai market of Chinese costumes and research on consumer psychology [J]. Economic Research Guide, 2011 (118) :146-153.

[9]Pan Yu. Three Factor Influencing the Behaviors of Chinese Consumers [M]. Shanghai: Shanghai Joint Publishing, 2009: 42-58.

[10]Pan Yu, Gao Li, Wang Fanghua. Influences of Lifestyle and Customer Perceived Values on Chinese Consumer Purchasing Behaviors [J]. Journal of Systems & Management, 2009. 18 (6) : 601-607.

[11]Wells, W.D. Lifestyle and psychographics: Definitions, uses, and problems [M]. Chicago: AMA. 1974.

[12]Wells, W, Tigert D. Activities, interests, and opinions [J].Journal of Advertising Research, 1977 (11) :27-35.

[13] Yang Jie. Research on the cultural identity and education of undergraduates in the context of globalization – Based on Investigation of College Students in Jiangsu Province [D]. Nanjing Normal University, 2014.

[14]Yong Lin, Wan Minggang. Factors affecting the identity of Tibetan undergraduates for Tibetan and Chinese culture [J]. Studies of Psychology and Behavior, 2003, 1 (3) :181-185.

[15]Zhang Jinling. Heritage of the Miao nationality's traditional costume culture in family education [D]. Northeast Normal University, 2014.

# 大学生中国传统服饰文化认同与自我意识的关系研究

林荫 赵平 撰写　王秋月 眭晓慧 审校

摘要：基于大学生认知特点，对王玉（2014年）编制的中国传统服饰文化认同量表进行修订，形成大学生中国传统服饰文化认同量表。在探讨大学生自我意识类型与中国传统服饰文化认同的关系、大学生自我意识对中国传统服饰文化认同的影响机制的基础上，提出了研究假设并构建了理论模型。采用蒋灿（2007年）翻译并修订的自我意识量表和大学生中国传统服饰文化认同量表进行实证研究。研究结果表明：

（1）构建的大学生中国传统服饰文化认同量表，分为三个因子：行为意向、认知自豪、个性情感。大学生在"认知自豪"因子的得分最高，在"行为意向"因子的得分最低。大学生的中国传统服饰文化认同度在性别方面存在显著差异，大学本科生在"行为意向"和"认知自豪"方面的得分要显著高于其他大学生。

（2）大学生自我意识对中国传统服饰文化认同有显著影响，其中"自我反省"对"行为意向""认知自豪"和"个性情感"都有显著的正向影响；"内部状态觉察"对"认知自豪"和"个性情感"有显著的正向影响；"风格意识"对"认知自豪"和"个性情感"有显著的正向影响；"外表意识"对"行为意向"有显著的正向影响；"社交焦虑"维度对"认知自豪"有显著的正向影响。

关键词：中国传统服饰文化；文化认同；量表修订；自我意识；大学生

## 一、绪论

### （一）研究背景

当前世界正处于大发展、大变革时期，在经济全球化、政治多极化、文化多元化的冲击下，人们超越本土文化的文化认同和价值认同趋向，使国人的民族文化、本土文化意识有所淡漠。马兰（2008年）的一项调查中显示，有71.6%的民众对于中国传统文化表示认同，同时有高达58.2%的民众感觉到我国的传统文化正在逐渐流失。传统服饰文化认同的研究对于传统服饰的传承、设计创新、品牌经营和文化传播等都具有重要意义。然而，我国关于传统服饰文化的研究主要集中在历史学、艺术设计学领域，围绕探讨史料史实、探究传统服饰设计元素、保护和传承传统服饰工艺及文化等内容展开研究，大都局限于理论分析，没有上升到实证研究阶段。

文化认同是人们对文化现象的心理倾向。文化认同受多种因素的影响，与个人的自我意识有关。最初的自我意识研究主要是由精神分析领域的学者进行探讨和研究，后来心理学家、社会学家、教育学家逐步开始使用自我、自我概念、自我意识等概念进行实证研究，其中也包括很多对于大学生自我意识的相关领域研究。虽然一些研究者对自我意识和传统服饰文化认同的关系有所论述，但自我意识是如何影响传统服饰文化认同的，影响的机制是什么等问题仍然需要通过实证研究来获得答案。

大学生群体是国家未来先进技术文化的传承人，是未来文化市场重要的消费主力军，同时他们也具有很强的自我意识。因此，本文以大学生为对象，通过研究他们的中国传统服饰文化认同和自我意识这一影响因素，探讨自我意识对中国传统服饰文化影响的心理机制，为化解认同危机、改善中式服装品牌的设计提供一定的帮助。

（二）研究目的及意义

1. 研究目的

（1）通过对文化认同相关文献的梳理，分析文化认同、传统服饰文化认同的影响因素，探讨自我意识与文化认同、传统服饰文化认同的关系，构建理论模型。

（2）根据前人开发的适用于测量中国传统服饰文化认同的量表，并结合大学生的认知特点，对已有的中国传统服饰文化认同量表进行修订，完善关于服饰文化实证研究的测量工具。

（3）实证研究大学生中国传统服饰文化认同现状，以及自我意识对中国传统服饰文化认同的影响机制和特点。

2. 研究意义

（1）理论方面，本文将心理学与服饰文化学等研究领域联系在一起，通过定量研究的数据分析结果验证有关专家提出的理论，填补了这一领域的研究方法的空白，丰富了这一领域

的研究视角。

（2）现实方面，本文通过探讨大学生自我意识对中国传统服饰文化认同的影响，有助于认识和理解大学生传统服饰文化认同现状，对有针对性地开展大学生传统服饰文化教育，提高大学生自我意识和传统服饰文化认同度有较高的现实意义，也可对化解大学生文化认同危机提供一定的参考和帮助。

二、文献综述

（一）中国传统服饰文化的相关研究

《现代汉语词典》（修订本）对服饰的释义是，"服：衣服、衣裳。""饰：①装饰、修饰；②装饰品。""服饰：衣着和装饰"。《辞海》的解释是："服：①泛指供人服用的东西，一般指衣服。②衣着、佩戴。""饰：增加人物形貌的华美。如修饰，装饰。亦指装饰品"。由上述定义可以看出，服饰即是衣服和饰物的融合体，是服装的物质形态，在现代生活中作为人们日常重要的物质形式之一而存在。

文化，是一种群体成员之间获得且可以分享的复杂系统，通过一定的方式在成员之间交流并一代一代传递下去。文化是由各种外显或内隐的行为模式构成的，又可以分为物质层面的显形文化和精神层面的隐形文化，服饰文化也分为两个层面，物质方面的表层文化和精神方面的深层文化。武力红（2009年）认为由于时代和社会制度的差异，人们对服饰的穿着行为和意识观念也有所差异，因此对服饰文化的研究还应该从意识形态的角度对服饰文化的各种现象进行研究。国内学者对服饰文化相关概念的理解如表1所示。

**表1 服饰文化内容总结一览表**

| 学者 | 服饰文化相关概念 |
| --- | --- |
| 曾艳红（2013） | 服饰是一种文化，同时又是文化的一种载体。服饰承载着民俗、制度和审美文化。服装不是面料的简单拼接而是民俗生活、伦理道德和审美情趣以服装为符号的表达 |
| 邢烨丹（2013） | 服饰文化是指具体实在的服饰式样以及着装方式折射出来的文化内涵与时代观念。前者构成服饰文化的表层，后者则构成了服饰文化的深层 |
| 曲媛（1999） | 服装包括服装，但又不仅仅包括服装。它是指服装、饰物、穿着方式、装扮，包括发型、化妆在内的多种因素的有机整体。所谓"服饰文化"正是指这一整体文化 |
| 张席森（2009） | 服饰文化的内在本质是各民族发展过程中的政治、信仰、思想、经济和审美观念为内核的文化支撑。服饰上某些特定的信息会因某种原因失去继续流传下去的机会，但是服饰文化中精神上的固有信息大都不会以断然的方式消失 |
| 苑涛,章亚昕（1991） | 服饰文化包括与服饰有关的全部的生活方式、行为、穿衣观念、社会心理等。就文化结构而言，服饰首先带有物质文化的属性 |

中国传统服饰文化的研究一直是我国文化学者们关注的对象，从内容上来看主要集中在历史学、艺术设计学领域，围绕探讨史料史实、探究传统服饰设计元素、保护和传承传统服饰工艺及文化等内容展开研究，研究方法也大都基于定性分析的层面上，鲜有学者对中国传统服饰文化进行定量分析。王玉（2014年）对这一领域的研究进行了创新，她采用定性与定量混合的研究方法提出利用认同度这一概念来测量对于中国传统服饰文化的认同程度，通过对中国传统服饰文化的形式、特点、含义等内容进行梳理，初步制订出中国传统服饰文化认同度的测量模型和量表。本研究将采用王玉构建的中国传统服饰文化认同量表，针对大学生群体进行修订并使用其做进一步的研究。

（二）文化认同的相关研究

1. 认同与文化认同

认同是指对共同或相同的事物产生的某种趋同。在实证研究中，认同这一概念通常使用认同度来进行测量，维度主要有认知、情感以及行为。在研究的内容方面，文化认同及其概念定义是所有其他研究的基础，然而目前国内外学者对这一概念并没有一个相对一致的界定。

学术界普遍认为文化认同是人类对于文化的共同倾向认可和一定社会的成员对特定社会、民族文化表现出的真诚信仰、精神追求及其价值共识。在文化认同的测量方面，最权威的是Oetting，Beauvaism（1990年）编制的直交文化认同量表。

2. 大学生文化认同的相关研究

从文化认同的角度来看，大学生文化认同包含了四个层次的要求，即大学生对中国特色社会主义文化的认同，大学生对中华民族优秀传统文化的认同，大学生对西方文化的认同以及除此之外对其他文化模式的认同。从大学生文化认同的研究对象来看，目前学者们主要从少数民族文化认同、认同危机、民族精神培育以及价值观引导等方面展开研究工作。

3. 大学生文化认同的影响因素

为了更好地对大学生中国传统服饰文化认同影响因素进行定量研究，首先对大学生文化认同影响因素进行理论分析整理。通过对前人有关文化认同文献研究的梳理，可以得出，影响文化认同的影响因素有年龄、性别、教育、就读年级等人口统计学变量；有爱好、人际关系等态度因素；有家庭、工作、媒介等兴趣因素；

有经济、认知、社会等意见因素；有人格、个性因素；有自我意识因素等。

服饰文化认同是文化认同的一个部分，由此可得出影响大学生中国传统服饰文化认同的因素主要来自三个层面：一是来自社会方面的因素，包括人际关系、社会文化、社会舆论、即时情景、宗教、教育等方面；二是来自家庭方面的因素，主要包括父母的教育程度、收入、职业以及家庭所在地等；三是来自个人方面的因素以及包括个性、自我意识、个人人口统计学因素以及对中国传统服饰文化的认知、情感、行为等，其中对中国传统服饰文化的认知、情感、行为属于中国传统服饰文化认同的三个维度。因此除了个人人口统计学因素，从内容上来说，影响因素可以主要概括为四个方面：社会环境、自我意识、个性和生活方式。本文认为，社会环境会对个性、自我意识和生活方式产生很大的影响，同时个性、自我意识与生活方式之间又有着错综复杂的关系，而这四者最终会对大学生的中国传统服饰文化认同造成影响。本文将提取自我意识这一因素进行实证研究，认为有着不同自我意识的大学生在对中国传统服饰文化认同方面会产生差异。

（三）自我意识的相关研究

自我意识是意识的一种，是人类特有的大脑机能，是意识发展到高级阶段的产物。由于文化差异和个体思维差异的存在，中西方学者对这个定义的看法也不尽相同，如表2所示。

自我意识的量表中比较有代表性的是1975年 Fenigstein 等人编制的自我意识量表（self-consciousness scale，SCS）、Bumhant 和 Page 在1984年提出的四因子结构以及1987年 Mittal 和 Balasubramanian 提出的五因子结构。国内学者范志伟、何淑嫦在2013年针对北京市高校大学生采用SCS进行了自我意识研究，所得结果表明当代内地在校大学生的自我意识结构符合五因子结构。

**表2 关于自我意识定义的研究观点总结一览表**

| 作者 | 主要观点 |
| --- | --- |
| 弗洛伊德 | 自我意识是个体对自身生理、心理和社会功能状态的知觉和主观评价，包含个体在社会实践中自己对自己、自己对他人、自己对社会、自己对自然等关系的意识 |
| 张增杰（1986） | 自我意识是一个人对他自己的心理过程和心理内容的反映，包含两个层次，一是能体验或意识到自己心理活动的结果，二是能意识到自己心理活动的内容 |
| 时蓉华（1986） | 自我意识，也称自我，是自己对自己身心状况的认识 |
| 沙莲香（1987） | 自我意识，即关于主体的自我意识，特别是人我关系的意识 |
| 黄希庭、徐凤姝（1988） | 自我意识是指一个人对自己的意识，是一种多纬度、多层次的心理系统 |
| 张春兴（1989） | 自我意识是指个体了解自己当时的心理活动情形和觉知到自身存在的心理历程 |
| 朱智贤（1989） | 自我意识，即主体对其自身的意识，包括三个层次：对自己机体及其状态的意识；对自己肌体活动状态的意识；对自己的思维、情感、意志等心理活动的意识 |
| 梅传强（2001） | 自我意识又称自我观念，简单地说，就是自己对自己的认识，是指一个人对自己各种身心状况以及自己和周围关系的一种认识，也是认识自己和对待自己的统一 |
| 姚本先（2005） | 自我意识是指个体对自己的身心状况、自己与周围世界关系的认知、情感以及由此而产生的意向 |

（四）自我意识与文化认同和服饰文化的相关研究

1.自我意识与文化认同的关系研究

目前，国内学术界对于自我意识与文化认同的探讨已有了一些理论成果。焦丽萍（2008年）在《个体自我意识与文化认同》一文中提出个体自我意识的确立、形成和发展与文化认同紧密地联系在一起，而个体自我意识的确立是文化认同的前提。邢媛（2014年）在《文化认同中自我确证的系统分析》一文中认为自我意识是文化认同的前提和保障，文化认同的形成离不开个体自我意识的确立。同时，另一些学者们在研究文化认同机制时提到了个体自我意识对文化认同的影响。邓治文（2005年）在《论文化认同的机制与取向》中提到，认同是个人或社会根据自身标准（即自我意识）对自身和外界做出识别的态度或行为。通过以上学者的理论研究，可以看出人们是在自我成长及社会交往中首先形成自我意识，以此作为标准，在一定的条件下可以根据需求和利益选择或改变文化认同，同时文化认同也不是一成不变的，它可以在某些特定事件发生的影响下产生消极或积极的变化。

教育学者认为，自我意识主要有以下几个功能：影响其对活动的选择和行为的坚持性、影响其面对困难的态度和行为、影响其在参加活动时的情绪、影响新意识的形成和习得行为的表现。他们认为提高大学生的自我意识水平，能使其更加善于调节和培养自己的非智力因素，改进方法，从而达到对行为认知和学习活动的再认识。而文化认同是基于人们对于某种特定文化对象的认识和理解而产生的认知、情感和态度的移入，之所以能够产生这一"移入"结果，个体必然要通过对该种文化的学习和了解，同时自我意识又对学习这一行为能够产生积极的影响。综上所述，本文认为自我意识同样能够对文化认同产生积极的正向影响。

2.自我意识与服饰文化的关系研究

目前国内服装心理学领域关于自我与服饰文化的研究主要有两种方法，一是结合实际情况和相关理论进行的定性分析研究方法，如明成龙（2014年）做的本我自我超我概念在服装中的理论研究、孙玉荣，胡辉（2012年）做的唐代女性服饰与自我意识的觉醒研究、王霄月（1992年）做的服装与自我概念研究等；二是采用自编问卷或翻译修订过的国外相关研究量表进行问卷调查的定量分析研究方法，如鲜维葭（2011年）做的大学生身体自我与服装选择动机的关系、郑晓丹（2010年）做的杭州女大学生自我概念一致性对服装购买意愿的影响研究、陈延斌（2007年）所做的大学生服装消费决策风格量表编制及其与自我概念关系研究等。在研究内容上，国内学者更着重于自我、自我意识或自我概念等与着装行为、消费行为等的研究，如钟敏维（2013年）做的女性自我概念与着装态度研究、陈燕（2012年）做的浅谈着装自我认知对服装消费心理的影响研究等。

在自我意识与中国传统服饰文化研究方面，目前国内学术界也有一些理论成果。孙荪（2001年）认为，成熟的自我意识和深厚的民族情感是中式服装再度流行的重要因素之二；李艺（2013年）认为，中国女性服饰审美的变化与女性自我意识的觉醒有关，女性对某类服饰产生认同感进而又产生某些服饰行为。目前学术界对有关自我与中国传统服饰文化关系的研究凤毛麟角，而且大都局限于理论分析，没有上升到使用大规模调查数据进行实证研究的阶段。因此，本文除了基础理论探讨、逻辑分析和个案访谈外，也将对自我和中国传统服饰文化认同的关系针对大学生群体进行进一步的大样本问卷调查，以填补这一实证研究领域的不足。

## 三、研究设计

### （一）研究目的

本研究的主要目的是修订大学生中国传统服饰文化认同量表、研究大学生中国传统服饰文化认同现状并探讨大学生群体的自我意识对中国传统服饰文化认同的影响，因此本文在进行研究前应首先对两者在理论上提出研究假设。

### （二）研究假设与研究模型

本文对大学生中国传统服饰文化认同现状及大学生群体的自我意识与中国传统服饰文化认同的关系提出如下假设：大学生的中国传统服饰文化认同在一定程度上存在性别差异、年级差异、专业差异和家庭所在地差异；大学生自我意识及其具体的五个结构维度（自我反省、内部状态觉察、风格意识、外表意识和社交焦虑）与中国传统服饰文化认同之间存在显著的相关关系（图1）。

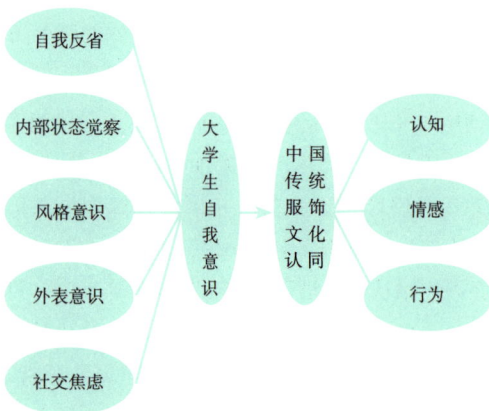

**图1 研究模型**

### （三）测量工具的选择

通过文献整理及量表筛选，在中国传统服饰文化认同方面，本研究选择采用王玉在2014年构建的中国传统服饰文化认同量表；在自我意识方面选择采用蒋灿在2007年翻译并修订的自我意识量表。

#### 1.中国传统服饰文化认同量表

在前人研究的基础上，北京服装学院王玉（2014年）初步编制出了中国传统服饰文化认同量表，该量表共由28个题项组成，采用里克特（Likert）5级评分，主要针对大众消费者进行测试，通过主成分分析法共提取出五个因子，分别是意愿行为、自豪认知、风格感知、款式材质和礼仪消费。在信度方面，中国传统服饰文化认同量表的一致性系数Cronbach's Alpha为0.916，折半信度系数为0.838。在效度检验方面，王玉对其构建的量表做了内容效度和结构效度的探讨，并就大众消费者对中国传统服饰文化的特征认知、消费特点等内容对该量表做了进一步的应用研究。综合以上研究发现，王玉在论文中并没有对该量表进行重测信度检验，因此本文也将对此做进一步的研究说明。

#### 2.访谈及量表评价

结构化访谈共访谈了10名大学生，其中6名女生、4名男生；北京服装学院2名、北京中医药大学4名、对外经济贸易大学4名。同时，邀请有关专家及服装专业研究生共8人，对中国传统服饰文化认同量表整体进行评价，讨论该量表对大学生群体的适用性并提出相关修订意见。通过访谈，发现中国传统服饰文化认同量表基本涵盖了大学生群体对中国传统服饰文化的认知、情感、行为特征，本研究将根据大样本实测数据分析结果对该量表题项进行适当删减。

### 3.自我意识量表

本研究中的自我意识部分采用 Fenigstein 等人在 1975 年编制的自我意识量表（self-consciousness scale，SCS），用来测量大学生群体在各个方面对自我形成的意识水平，这三因子分别是私我意识、公我意识和社交焦虑。自我意识部分之所以选择使用 SCS 量表作为测量工具的原因主要有两个方面，一是由于国内外已经有大量学者对该量表进行行实证研究，测量的可靠性得到了学术界的一致认可，同时该量表在效度方面也有很多的探讨；二是因为该量表在发展的过程中，Mittal 和 Balasubramanian 对其提出了五因子结构，符合范志伟、何淑嫦（2013年）针对北京市高校大学生进行调查所得出的当代内地在校大学生的自我意识结构，且其中风格意识和外表意识均与服饰文化中的行为层面有直接关系，符合本研究的目的。同时，考虑到中西方文化的差异和不同人种对语言理解的差异，采用由西南大学的蒋灿翻译并修订的 SCS 原始量表进行测试，并根据 Mittal 和 Balasubramanian 的研究，对共 19 个主观题项进行数据分析，量表采用 Likert 5 级评分。

### 4.程序

本研究正式施测时问卷发放方式主要通过网络调研平台——问卷星发放和实地问卷调查，共收回问卷1097份，有效问卷978份，有效率为89.15%。期间，在北京服装学院随机抽取了一个班级共61人，在第一次测验（T1）后的第 14 天进行了第二次测验（T2），用以检验大学生中国传统服饰文化认同量表的重测信度。

## 四、数据分析

### （一）大学生中国传统服饰文化认同量表的构建及信效度研究

#### 1.项目分析与探索性因子分析

（1）项目分析：因原中国传统服饰文化认同量表在进行项目分析时的样本量有限且不是大学生群体，因此本研究在构建大学生中国传统服饰文化认同量表时首先对原量表进行项目分析检验。本研究主要采取以下两种方法：

①临界比值法：通过处理数据发现，两组被试在所有题项的得分均有显著性差异，说明量表没有项目需要被删除。

②检验项目区分度指数：数据分析结果显示，中国传统服饰文化认同量表中 28 个项目的鉴别度指数 0.455~0.747，此次筛选没有项目被删除。

（2）探索性因子分析：本文通过探索性因子分析来探索量表的结构，删除某些不适合的题项。第一次因子分析后，删除q3、q15、q20、q23、q24、q26，共 6 个题项。第二次因子分析各项指标良好，数据结果显示，当采用模型一剔除q7时累积方差最大，本文采用模型一的题项。最后共余下 21 个题项，组成大学生中国传统服饰文化认同量表的定稿（表3）。

**表3　模型修订数据结果汇总**

| 修订模型 | 删除项 | KMO 值 | 近似卡方 | 自由度 *DF* | *P* 值 | 累积方差 |
|---|---|---|---|---|---|---|
| 模型一 | q7 | 0.953 | 10172.155 | 210 | 0.000 | 58.176 |
| 模型二 | q12 | 0.954 | 10011.212 | 210 | 0.000 | 57.804 |
| 模型三 | q22 | 0.953 | 9909.371 | 210 | 0.000 | 57.655 |

### 2.因素提取

在本研究的第一次因子分析中KMO值为0.953，同时Bartlett球形检验近似卡方值 = 10172.155，且 $P$ 值小于0.001达到显著水平，证明本研究因子的相关矩阵为非单位矩阵，此量表适合做因子分析（表4）。采用主成分分析法抽取因子，共得到三个特征值大于1的因子，解释总变异的58.176%，项目负荷均在0.5以上，因子提取效果较好。根据每个因子所包含

的题项内容和含义，请教专家意见之后，对提取的3个因子命名（表5）。因子1共包含11

**表4　KMO和Bartlett的检验**

| KMO和巴利特球度检验 | | 值 |
|---|---|---|
| Kaiser-Meyer-Olkin | 取样足够的度量 | 0.953 |
| Bartlett的球形度检验 | 近似卡方 | 10172.155 |
| | 自由度 DF | 210 |
| | P 值 | 0.000 |

**表5　因素负荷矩阵**

| 题项 | 选　项 | 因子1 | 因子2 | 因子3 |
|---|---|---|---|---|
| q12 | 我会去看中国传统服饰的各种展览 | 0.746 | | |
| q11 | 我想学习传统刺绣和编织 | 0.735 | | |
| q14 | 我会主动搜集中式服装的相关资料，尽力去接触相关信息 | 0.733 | | |
| q21 | 我会收藏中国传统的面料和服饰品 | 0.731 | | |
| q27 | 我愿意花更多的时间去了解中国传统服饰 | 0.691 | | |
| q22 | 每次逛博物馆时，展出的中国古代服饰品都很吸引我 | 0.686 | | |
| q28 | 如果市场上没有我喜欢的中国风格的服装，我会去定制 | 0.638 | | |
| q8 | 逛街的时候我会去中国风格服装店里逛逛 | 0.630 | | |
| q9 | 见到中国传统风格的服装我很想用手机拍下来 | 0.625 | | |
| q25 | 如果不考虑价格，我会考虑去购买中国风格服装 | 0.559 | | |
| q13 | 我愿意在某些固定的场合穿着中国风格服装 | 0.505 | | |
| q5 | 我为中国有灿烂的服饰文化而自豪 | | 0.762 | |
| q2 | 中国传统服装常用的面料有麻、丝绸和棉 | | 0.756 | |
| q4 | 我认为中国传统服饰是很有深厚底蕴的 | | 0.743 | |
| q6 | 领导人出访穿着的中国风格的服装很大气 | | 0.739 | |
| q1 | 中国红是最有代表性的传统服装色彩之一 | | 0.696 | |
| q10 | 我觉得丝绸的衣服高贵大气 | | 0.545 | |
| q18 | 我喜欢传统服装给人的那种无拘无束的感觉 | | | 0.747 |
| q17 | 中国传统服装的宽松感是为了体现人与自然的和谐 | | | 0.707 |
| q16 | 我觉得穿中国风格的服装能够表现我的与众不同 | | | 0.660 |
| q19 | 穿有中国元素的服装让我内心愉悦 | | | 0.620 |

　注　提取方法：主成分。旋转法：具有Kaiser标准化的正交旋转法。旋转在5次迭代后收敛。

个题项，所涉及内容为与中国传统服饰文化相关的学习行为、消费行为及着装意向等，因此将因子1命名为"行为意向因子"。因子2共包含6个题项，所涉及内容为对于中国传统服饰及其文化的自豪感和认知情况，因此将因子2命名为"认知自豪因子"。因子3共包含4个题项，所涉及内容为中国传统服饰及其文化带给人的个性感受和愉悦情感，因此将因子3命名为"个性情感因子"。

3.信度检验

（1）同质信度：

①一致性系数Cronbach's Alpha：Cronbach's Alpha系数是对量表可靠性与稳定性考察的常用信度测量指标。分别计算各分量表与总量表的Cronbach's Alpha系数，结果显示总量表和三个分量表的Cronbach's Alpha系数均大于

0.80，说明此量表已有很高的信度水平（表6）。

②折半信度系数Guttman Split-Half：Guttman Split-Half系数即折半信度系数，是常用的另一信度测量指标。分别计算各分量表与总量表的Guttman Split-Half系数，显示此量表折半信度良好（表7）。

以上各研究结果显示，大学生中国传统服饰文化认同量表的同质信度非常理想，各题项之间的内部一致性较高。

（2）重测信度：本研究对61名在校大学生在完成第一次测验后的第14天进行第二次测验，再分别计算单个项目、分量表和总量表的重测信度，结果显示大部分题项的重测信度在0.5以上（表8、表9）。由以上结果可知，大学生中国传统服饰文化认同量表具有良好的跨时间的稳定性和一致性。

**表6　各分量表与总量表的Cronbach's Alpha系数**

| | 行为意向因子 | 认知自豪因子 | 个性情感因子 | 总量表 |
|---|---|---|---|---|
| 项目数 | 11 | 6 | 4 | 21 |
| Cronbach's Alpha系数 | 0.911 | 0.846 | 0.821 | 0.929 |

**表7　各分量表与总量表的Guttman Split-Half系数**

| | 行为意向因子 | 认知自豪因子 | 个性情感因子 | 总量表 |
|---|---|---|---|---|
| 项目数 | 11 | 6 | 4 | 21 |
| Guttman Split-Half系数 | 0.882 | 0.835 | 0.805 | 0.838 |

表 8　各个题项的重测信度

| 题项 | 重测信度 | *P*值 | 题项 | 重测信度 | *P*值 | 题项 | 重测信度 | *P*值 |
|---|---|---|---|---|---|---|---|---|
| q1 | 0.728 | 0.000 | q10 | 0.633 | 0.000 | q18 | 0.578 | 0.000 |
| q2 | 0.689 | 0.000 | q11 | 0.817 | 0.000 | q19 | 0.529 | 0.000 |
| q4 | 0.559 | 0.000 | q12 | 0.624 | 0.000 | q21 | 0.722 | 0.000 |
| q5 | 0.495 | 0.000 | q13 | 0.372 | 0.000 | q22 | 0.715 | 0.000 |
| q6 | 0.538 | 0.000 | q14 | 0.726 | 0.000 | q25 | 0.470 | 0.000 |
| q8 | 0.689 | 0.000 | q16 | 0.449 | 0.000 | q27 | 0.333 | 0.000 |
| q9 | 0.782 | 0.000 | q17 | 0.520 | 0.000 | q28 | 0.514 | 0.000 |

表 9　各分量表与总量表的重测信度

| | 行为意向因子 | 认知自豪因子 | 个性情感因子 | 总量表 |
|---|---|---|---|---|
| 重测信度 | 0.825 | 0.761 | 0.680 | 0.796 |
| *P*值 | 0.000 | 0.000 | 0.000 | 0.000 |

4. 效度检验

（1）内容效度：本量表是基于王玉（2014年）对中国传统服饰文化认同量表的研究所做的进一步的量表修订研究，样本是在全国范围内的线上取样和在北京地区高校的随机抽样。在此基础上，本研究在开始修订项目时，首先对相关文献进行了进一步的梳理，同时对大学生进行了有关中国传统服饰文化认同的深度访谈，并请教有关专家及服装专业研究生对现有量表进行评价，然后通过对访谈内容及评价的整理分析，提出相关修订意见，并结合测试数据进行进一步的题项删减。以上工作对所修订量表的内容效度起到了良好的保障。

（2）结构效度：本研究首先对分量表间以及分量表与量表总分，项目与各所在分量表和量表总分之间进行相关分析，通过检验量表内部的一致性来检验量表的结构效度。研究结果显示各题项与量表、三个分量表与量表总分以及各分量表间的相关关系非常显著，表明本研究具有良好的内部一致性（表10）。再通过因子分析结果来分析量表的结构效度，从因子分析的结果来看，因子的累积贡献率超过58%，证明所提取的因子有较好的解释能力，各题项的因子负荷0.505~0.762，以上说明本量表总体结构效度较好。

**表 10　各分量表与量表总分的相关分析结果**

|  | 量表总分 | 行为意向因子 | 认知自豪因子 |
|---|---|---|---|
| 行为意向因子 | 0.934 | | |
| 认知自豪因子 | 0.733 | 0.483 | |
| 个性情感因子 | 0.841 | 0.688 | 0.586 |

注：以上各项均在 0.01 水平（双侧）上显著相关。

（二）样本特征描述统计

对样本的性别、年龄、年级、就读专业、家庭所在地、兴趣爱好等数据进行描述性统计分析，其中有 7 人未报告年龄。被调查大学生的基本情况特征描述如表 11 所示：其中女大学生样本为 613 人，占 62.68%，男大学生样本为 365 人，占 37.32%；年龄在 21~24 岁的占比最多，占 51.74%，16~20 岁的占 38.14%，25~30 岁的占 9.41%；所在年级多数处于本科生阶段，占到总样本的 82%；就读专业覆盖了大部分高等教育所设专业，其中理工类占到总样本的 40.9%；家庭所在地在城市的占

43.97%，其余占 56.03%。

（三）大学生中国传统服饰文化认同度分析

1. 大学生中国传统服饰文化认同度总体特点

为分析大学生中国传统服饰文化认同度的总体特点，对大学生中国传统服饰文化认同量表的总分、项目平均分和各维度得分进行描述统计分析，分析发现大学生的中国传统服饰文化总体认同度较高，其中对中国传统服饰文化的认同在认知自豪方面表现最好，其次是个性情感方面，最后是行为意向方面。

2. 性别差异分析

社会学研究普遍表明，男女的性别不同会导致很多方面产生显著差异，因此本研究除了对研究内容进行总体分析以外还将进行具体的性别差异分析。结果显示，性别在认同量表总分、行为意向因子、认知自豪因子、个性情感因子方面均存在显著差异，女大学生对中国传统服饰文化的各方面认同度都要高于男大学生。

**表 11　大学生中国传统服饰文化认同度的性别差异分析结果**

| 文化认同量表总分与各因子得分 | 男生 | | 女生 | | 差异分析 | |
|---|---|---|---|---|---|---|
| | 平均值（Mean） | 标准差（SD） | 平均值（Mean） | 标准差（SD） | T 值 | P 值 |
| 认同量表总分 | 75.553 | 14.430 | 81.597 | 12.660 | −6.626 | 0.000 |
| 行为意向因子 | 35.959 | 8.973 | 39.902 | 8.066 | −6.898 | 0.000 |
| 认知自豪因子 | 24.756 | 4.417 | 26.400 | 3.478 | −6.075 | 0.000 |
| 个性情感因子 | 14.838 | 3.419 | 15.295 | 3.112 | −2.140 | 0.033 |

3. 年级、专业和家庭所在地差异分析

在对其他领域的大学生文化认同相关研究中，一些学者的研究结果表明大学生文化认同会在年级、专业和家庭所在地等因素上产生一定的差异，因此本研究以大学生中国传统服饰文化认同量表总分和各维度得分为因变量，分别以年级、专业和家庭所在地为自变量进行单因素方差分析。分析发现只有不同年级状态的大学生在中国传统服饰文化认同量表总分和行为意向因子得分方面有差异，多重比较显示本科生在这两方面得分高于硕士生和其他。而不同专业类型和不同家庭所在地的大学生在中国传统服饰文化认同及各个维度方面并不存在显著差异（表12）。

表12　大学生中国传统服饰文化认同度的年级差异分析结果

| 文化认同量表总分与各因子得分 | 本科（1） | | 硕士（2） | | 其他（3） | | 差异分析 | | |
| --- | --- | --- | --- | --- | --- | --- | --- | --- | --- |
| | 平均值（Mean） | 标准差（SD） | 平均值（Mean） | 标准差（SD） | 平均值（Mean） | 标准差（SD） | $F$ 值 | $P$ 值 | 多重比较 |
| 认同量表总分 | 79.709 | 13.698 | 77.943 | 13.651 | 76.222 | 10.735 | 1.942 | 0.044 | 1>2*，1>3* |
| 行为意向因子 | 38.653 | 8.628 | 37.525 | 8.789 | 36.444 | 6.345 | 1.617 | 0.039 | 1>2*，1>3* |
| 认知自豪因子 | 25.859 | 3.905 | 25.576 | 4.034 | 25.389 | 4.258 | 1.5 | 0.224 | |
| 个性情感因子 | 15.197 | 3.261 | 14.842 | 3.104 | 14.389 | 3.202 | 1.27 | 0.181 | |

（四）大学生自我意识分析

1. 大学生自我意识总体特点

为了解和分析大学生自我意识的总体特点，对大学生自我意识量表的总分和各分量表得分进行描述统计分析，结果如表13所示，可见所调查大学生的自我意识水平良好。

表13　大学生自我意识描述统计分析

| | 量表总分 | 自我反省总分 | 内部状态觉察总分 | 风格意识总分 | 外表意识总分 | 社交焦虑总分 |
| --- | --- | --- | --- | --- | --- | --- |
| 均值 | 51.61 | 11.41 | 10.81 | 11.52 | 7.94 | 9.93 |
| 标准差 | 8.84 | 2.45 | 2.39 | 2.66 | 2.31 | 3.37 |
| 项目平均值 | 2.72 | 2.85 | 2.70 | 2.88 | 2.65 | 2.48 |

2.性别差异分析

以自我意识量表总分和各分量表得分为因变量，性别为自变量进行独立样本 T 检验，结果显示不同性别的大学生在自我意识量表总分及内部状态觉察、风格意识、外表意识三个分量表方面存在显著差异，而在自我反省和社交焦虑方面无明显差异。总的来说，女大学生的自我意识要明显高于男大学生，尤其是在外表意识方面（表14）。

**表 14　大学生自我意识的性别差异分析结果**

| 自我意识量表总分与各因子得分 | 男生 | | 女生 | | 差异分析 | |
| --- | --- | --- | --- | --- | --- | --- |
| | 平均值（Mean） | 方差（SD） | 平均值（Mean） | 方差（SD） | T 值 | P 值 |
| 自我意识量表总分 | 50.353 | 9.288 | 52.357 | 8.479 | −3.448 | 0.001 |
| 自我反省总分 | 11.293 | 2.418 | 11.478 | 2.470 | −1.141 | 0.254 |
| 内部状态觉察总分 | 10.485 | 2.447 | 10.997 | 2.335 | −3.256 | 0.001 |
| 风格意识总分 | 11.266 | 2.764 | 11.672 | 2.589 | −2.314 | 0.021 |
| 外表意识总分 | 7.581 | 2.507 | 8.157 | 2.152 | −3.658 | 0.000 |
| 社交焦虑总分 | 9.729 | 3.316 | 10.054 | 3.402 | −1.459 | 0.145 |

（五）相关分析

采用相关分析，分别从大学生自我意识及其各个维度与中国传统服饰文化认同度总分之间以及自我意识及其各个维度与中国传统服饰文化认同各个维度之间进行相关分析，从数据的角度考察大学生自我意识与中国传统服饰文化认同之间的关系。相关系数与统计检验值如表15所示。

**表 15　大学生自我意识及其各个结构维度与认同度总分之间的相关分析**

| | | 自我意识总分 | 自我反省 | 内部状态觉察 | 风格意识 | 外表意识 | 社交焦虑 |
| --- | --- | --- | --- | --- | --- | --- | --- |
| 文化认同 | Pearson 相关系数 | 0.436 | 0.459 | 0.332 | 0.379 | 0.303 | 0.068 |
| 量表总分 | P 值 | 0.000 | 0.000 | 0.000 | 0.000 | 0.000 | 0.033 |

大学生总体自我意识及自我反省、内部状态觉察、风格意识、外表意识四个自我意识的结构维度与大学生中国传统服饰文化认同之间呈现极其显著的正相关关系，而社交焦虑与大学生中国传统服饰文化认同之间的关系虽然没有达到极其显著的水平，但也呈现出了显著的正相关关系（表16）。

**表16　大学生自我意识及其各个结构维度与认同各因子之间的相关分析**

| | | 自我意识总分 | 自我反省 | 内部状态觉察 | 风格意识 | 外表意识 | 社交焦虑 |
|---|---|---|---|---|---|---|---|
| 行为意向因子 | Pearson 相关系数 | 0.319 | 0.364 | 0.235 | 0.275 | 0.250 | 0.017 |
| | P 值 | 0.000 | 0.000 | 0.000 | 0.000 | 0.000 | 0.588 |
| 认知自豪因子 | Pearson 相关系数 | 0.504 | 0.459 | 0.385 | 0.440 | 0.305 | 0.160 |
| | P 值 | 0.000 | 0.000 | 0.000 | 0.000 | 0.000 | 0.000 |
| 个性情感因子 | Pearson 相关系数 | 0.378 | 0.411 | 0.308 | 0.333 | 0.240 | 0.048 |
| | P 值 | 0.000 | 0.000 | 0.000 | 0.000 | 0.000 | 0.136 |

从大学生的自我意识及其各个结构维度与中国传统服饰文化认同各因子之间的相关分析结果可以看出，大学生自我意识总分及自我反省、内部状态觉察、风格意识、外表意识四个结构维度分别与中国传统服饰文化认同的三个维度存在正相关关系，而自我意识里的社交焦虑只与大学生中国传统服饰文化认同的认知自豪因子存在显著的正相关关系。

（六）回归分析

回归分析是进一步探寻大学生自我意识各个结构维度对大学生中国传统服饰文化认同各个维度的影响程度，以便建立自我意识对中国传统服饰文化认同影响的模型。回归分析采用SPSS统计分析中运用最为广泛的复回归分析方法之一——逐步回归法（Stepwise），本研究报告调整后的多元决定系数调整 $R^2$ 和 $T$ 与 $F$ 检验系数。

1. 大学生自我意识对中国传统服饰文化认同度影响的回归分析

把自我意识的五个结构维度作为自变量，文化认同量表总分作为因变量，进行回归分析。经 $F$ 检验，"自我反省""风格意识""外表意识"和"内部状态觉察"四个维度进入回归方程，如表17所示，得到大学生自我意识与中国传统服饰文化认同的回归模型：中国传统服饰文化认同度 =43.415+1.712 自我反省 +0.705 风格意识 +0.466 外表意识 +0.423 内部状态觉察。

表 17　大学生自我意识对中国传统服饰文化认同总分影响的回归分析

| 模型 | 非标准化回归系数 | 标准回归系数 | T 值 | P 值 | F 值 | 调整 $R^2$ |
|---|---|---|---|---|---|---|
| （常量） | 50.136 | | 27.118 | 0.000 | 261.052 | 0.210 |
| 自我反省 | 2.560 | 0.459 | 16.157 | 0.000 | | |
| （常量） | 46.110 | | 23.203 | 0.000 | 147.033 | 0.230 |
| 自我反省 | 2.008 | 0.360 | 10.572 | 0.000 | | |
| 风格意识 | 0.896 | 0.175 | 5.124 | 0.000 | | |
| （常量） | 44.992 | | 22.292 | 0.000 | 101.462 | 0.236 |
| 自我反省 | 1.911 | 0.343 | 9.944 | 0.000 | | |
| 风格意识 | 0.706 | 0.138 | 3.787 | 0.000 | | |
| 外表意识 | 0.555 | 0.094 | 2.857 | 0.004 | | |
| （常量） | 43.415 | | 20.221 | 0.000 | 77.500 | 0.239 |
| 自我反省 | 1.712 | 0.307 | 8.017 | 0.000 | | |
| 风格意识 | 0.705 | 0.137 | 3.786 | 0.000 | | |
| 外表意识 | 0.466 | 0.079 | 2.351 | 0.019 | | |
| 内部状态觉察 | 0.423 | 0.074 | 2.125 | 0.034 | | |

为了能更加深入的分析自我意识各个维度对中国传统服饰文化认同度的影响程度，下面对中国传统服饰文化认同的三个因子：行为意向、认知自豪、个性情感，分别作为自变量来做回归分析。

2.大学生自我意识对"行为意向"因子影响的回归分析

把自我意识的五个结构维度作为自变量，行为意向因子作为因变量，进行回归分析。经过 F 检验，"内部状态觉察""风格意识"和"社交焦虑"三个维度被剔除，"自我反省"和"外表意识"进入回归方程，回归分析的结果如表 18 所示。

从以上回归分析结果可以看出，"自我反省"和"外表意识"对"行为意向"因子的预测回归系数通过了 0.01 水平上的显著性检验，解释变异量为 14.3%，说明"自我反省"和"外表意识"对"行为意向"具有一定的影响作用。

3. 大学生自我意识对"认知自豪"因子影响的回归分析

把自我意识的五个结构维度作为自变量，认知自豪因子作为因变量，进行回归分析。经过 F 检验，"外表意识"被剔除，而"自我反省""风格意识""内部状态觉察"和"社交焦虑"四个维度进入回归方程，回归分析的结果如表 19 所示。

表 18　大学生自我意识对"行为意向"影响的回归分析

| 因变量 | 行为意向因子 | | |
|---|---|---|---|
| 自变量 | 标准化回归系数 | T 值 | P 值 |
| 自我反省 | 0.314 | 9.674 | 0.000 |
| 外表意识 | 0.122 | 3.762 | 0.000 |
| 调整 $R^2$ | 0.143 | | |
| F 值 | 82.525 | | |
| P 值 | 0.000 | | |

表 19　大学生自我意识对"认知自豪"影响的回归分析

| 因变量 | 认知自豪因子 | | |
|---|---|---|---|
| 自变量 | 标准化回归系数 | T 值 | P 值 |
| 自我反省 | 0.225 | 6.032 | 0.000 |
| 风格意识 | 0.217 | 6.022 | 0.000 |
| 内部状态觉察 | 0.181 | 5.304 | 0.000 |
| 社交焦虑 | 0.072 | 2.362 | 0.018 |
| 调整 $R^2$ | 0.277 | | |
| F 值 | 94.674 | | |
| P 值 | 0.000 | | |

从以上回归分析结果可以看出,"自我反省""风格意识"和"内部状态觉察"对"认知自豪"因子的预测回归系数通过了 0.01 水平上的显著性检验,而"社交焦虑"对"认知自豪"因子的预测回归系数通过了 0.05 水平上的显著性检验。解释变异量为 27.7%,说明"自我反省""风格意识""内部状态觉察"和"社交焦虑"对"行为意向"具有一定的影响作用。

4. 大学生自我意识对"个性情感"因子影响的回归分析

把自我意识的五个结构维度作为自变量,个性情感因子作为因变量,进行回归分析。经过 F 检验,"外表意识"和"社交焦虑"被剔除,而"自我反省""风格意识"和"内部状态觉察"三个维度进入回归方程,回归分析的结果如表 20 所示。

表 20　大学生自我意识对"个性情感"影响的回归分析

| 因变量<br>自变量 | 行为意向因子<br>标准化回归系数 | T 值 | P 值 |
|---|---|---|---|
| 自我反省 | 0.276 | 6.983 | 0.000 |
| 风格意识 | 0.139 | 3.954 | 0.000 |
| 内部状态觉察 | 0.098 | 2.793 | 0.005 |
| 调整 $R^2$<br>F 值<br>P 值 | | 0.187<br>76.023<br>0.000 | |

从以上回归分析结果可以看出,"自我反省""风格意识"和"内部状态觉察"对"个性情感"因子的预测回归系数通过了 0.01 水平上的显著性检验。解释变异量为 18.7%,说明"自我反省""风格意识"和"内部状态觉察"对"行为意向"具有一定的影响作用。综合以上的分析,得到大学生自我意识各结构维度对中国传统服饰文化认同各因子的影响系数模型,如图 2 所示。

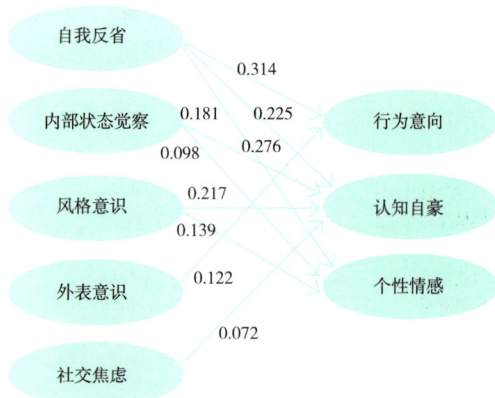

图 2　大学生自我意识对中国传统服饰文化认同的影响模型

（七）结果与讨论

本论文的大学生自我意识量表使用的是蒋灿在 2007 年翻译并修订的自我意识量表,大学生中国传统服饰文化认同量表是在王玉于 2014 年编制的中国传统服饰文化认同量表的基础上,对题项重新进行了分析和删减,但仍符合本研究的出发点。

通过对大学生中国传统服饰文化认同量表的因子分析,得出大学生的中国传统服饰文化认同可以划分为"行为意向""认知自豪""个性情感"三个因子,这符合原假设中认同的三维度结构。且大学生在"认知自豪"因子的项目平均分上得分最高,在"行为意向"因子的项目平均分上得分最低。通过对量表总分及三个因子进行性别差异检验,发现女大学生在总分及三个因子上的得分均显著高于男大学生;通过对年级进行方差分析,发现大学本科生在"行为意向"和"认知自豪"方面的得分要显著高于其他学生;而在其他影响变量方面无显著差异。

之前的访谈研究也从定性角度验证了以上的部分结论。当谈到是否关注中国传统服饰时,被访大学生表示基本不是很关注这方面的信息，只有当电视新闻上出现相关报道或时下有重大事件发生或者学校组织相关活动时会偶尔关注一下，且只有在极特殊的情况下才可能穿着中式的传统服装；同时大学生们普遍缺乏对于中式服装风格和中国传统服饰文化的了解，但却都知道旗袍、汉服、刺绣等少量名词。然而大学生们普遍表示中国传统服饰文化是属于我们中国人自己的传统文化，尤其在着装礼仪方面应该得到更好的发扬。可见，大学生关注时事新闻，易受国内外重大事件报道的影响，爱国主义热情高。受媒体宣传影响，加上各种重大活动中传统服饰的展示等，易于激发大学生的民族情结，产生自豪感和认同感。但由于现在的中式服装大多数只适合特定场合穿着，缺乏日常可穿着的样式，使得大学生在行为意向方面的表现不如认知自豪和个性情感。

大学生对中国传统服饰的文化认同总体是偏向积极的，同时他们的自我意识的五个结构维度"自我反省""内部状态觉察""风格意识""外表意识"和"社交焦虑"对中国传统服饰文化认同都有显著影响。这也验证了论文第三部分提出的理论假设。说明大学生的中国传统服饰文化认同会受到自身自我意识的影响。这与前人有关认同的研究结论是一致的。

大学生的自我意识五个维度分别与中国传统服饰文化认同度总分和三个因子进行了回归分析。大学生自我意识的"自我反省""内部状态觉察""风格意识"和"外表意识"均对认同度总分有显著的正向影响，说明平时懂得反省自己、关注内心世界、在乎他人看法并关注自己仪容仪表的大学生更加认同中国传统服饰

文化。其中，大学生自我意识中的"自我反省"维度对中国传统服饰文化认同的"行为意向""认知自豪"和"个性情感"三个因子都有显著的正向影响。这可能是因为善于自我反省的大学生在表达和分析不愉快的经历时，更愿意重新体验自己的感受、想法和动机，从而能够尝试去理解当时的情景并总结经验，进而对文化认同主体产生一定的期待和个人情感。大学生自我意识中的"内部状态觉察"维度对中国传统服饰文化认同的"认知自豪"和"个性情感"两个因子有显著的正向影响。这可能是由于内部状态觉察越高的大学生越是能够把注意力由外部世界转向自己的内心，从而也越能够深刻的体验中国传统服饰文化所带给自己的精神财富和内心感受。大学生自我意识中的"风格意识"维度对中国传统服饰文化认同的"认知自豪"和"个性情感"两个因子有显著的正向影响。这可能是因为越是在乎别人如何看待自己，越是想要自己的风格更加突出而有个性，就文化认同对象来说，就越是想要本民族的传统文化更加强大，因此能够从认知和情感上更加认同中国传统服饰文化。大学生自我意识中的"外表意识"维度对中国传统服饰文化认同的"行为意向"因子有显著的正向影响。显而易见，个体对于自己外表的重视程度能够直接影响个体的着装行为和意向，这也符合服装心理学学者们的研究结论。大学生自我意识中的"社交焦虑"维度对中国传统服饰文化认同的"认知自豪"因子有显著的正向影响。这可能是因为对于在意公众场合表现的大学生更能够关注公众所关注的信息，加上生活环境和大众传媒的影响，更容易对中国传统服饰文化产生更深的理解。

## 五、结论

（1）通过文献研究、访谈、问卷评价和问卷调查等修订了由 21 个题项组成的大学生中国传统服饰文化认同量表，该量表具有较高的信度和效度。

（2）通过因子分析，确定了大学生中国传统服饰文化认同量表由"行为意向""认知自豪"和"个性情感"三个因子构成。且大学生在"认知自豪"因子的项目平均分上得分最高，在"行为意向"因子的项目平均分上得分最低。

（3）通过方差分析，发现大学生的中国传统服饰文化认同度在性别方面存在显著差异，且女大学生得分高于男大学生。而大学本科生在"行为意向"和"认知自豪"方面的得分要显著高于其他学生。

（4）通过相关分析和回归分析，得出大学生自我意识对中国传统服饰文化认同有显著影响，并构建相应的影响模型。其中"自我反省"维度对"行为意向""认知自豪"和"个性情感"三个因子都有显著的正向影响；"内部状态觉察"维度对"认知自豪"和"个性情感"两个因子有显著的正向影响；"风格意识"维度对"认知自豪"和"个性情感"两个因子有显著的正向影响；"外表意识"维度对"行为意向"因子有显著的正向影响；"社交焦虑"维度对"认知自豪"因子有显著的正向影响。

参考文献

[1] 马兰 . 中国人，文化认同感与危机感并存 [J]. 北京纪事，2008（6）:53.

[2] 马存芳 . 大学生自我意识研究述评 [J]. 青海师专学报（教育科学版），2006（1）:82-85.

[3] 武力宏 . 浅谈服饰文化研究的跨学科性 [J]. 中华女子学院山东分院学报，2009（6）:81-84.

[4] 华梅 .21 世纪服饰文化研究 [J]. 天津工业大学学报，2004，23（5）:1-4.

[5] 曾艳红 . 服饰：文化的一种载体及传播媒介 [J]. 丝绸，2013，50（1）:58-62.

[6] 邢烨丹 . 浅论中国服饰文化的传承与发展 [J]. 太原城市职业技术学院学报，2013（7）:67-68.

[7] 张席森 . 论中华民族传统服饰文化的审美特质 [J]. 宁波大学学报（人文科学版），2009，22（5）:136-140.

[8] 苑涛，章亚昕 . 中国服饰文化与角色心态 [J]. 齐鲁学刊，1991（5）:22-28.

[9] 王玉 . 中国传统服饰文化认同量表的构建 [D]. 北京：北京服装学院，2014，12.

[10] 李文瑞 . 大学生文化认同研究综述 [J]. 安康学院学报，2013，25（4）:99-103.

[11] 樊娟 . 新生代大学生文化认同危机及其应对 [D]. 杭州：浙江大学，2009.

[12] 张增杰 . 论大学生心理 [M]. 重庆：西南师范大学出版社，1986：53.

[13] 时蓉华 . 社会心理学 [M]. 上海：上海人民出版社，1986，228-229.

[14] 沙莲香 . 社会心理学 [M]. 北京：中国人民大学出版社，1987：167.

[15] 黄希庭，徐凤姝 . 大学生心理学 [M]. 上海：上海人民出版社，1988：6.

[16] 张春兴 . 张氏心理学辞典 [M]. 台北：东华书局，1989：586.

[17] 朱智贤 . 心理学大词典 [M]. 北京：北京师范大学出版社，1989：997.

[18] 梅传强 . 大学生心理健康教育 [M]. 北京：中国法制出版社，2001：8.

[19] 姚本先 . 心理学 [M]. 北京：高等教育出版社，2005：3.

[20] 范志伟，何淑嫦 . 北京市大学生自我意识的水平、结构及其与心理健康的关系 [J]. 卫生研究，2013，6（42）:960-964.

[21] 邢媛 . 文化认同中自我确证的系统分析 [J]. 山西大学学报（哲学社会科学版），2014，37，（2）:46-51.

[22] 邓治文. 论文化认同的机制与取向 [J]. 长沙理工大学学报（社会科学版），2005，20（2）:30-34.

[23] 魏青. 试论当代大学生自我意识的重构 [J]. 四川理工学院学报（社会科学版），2006，21（3）:116-118.

[24] 明成龙. 本我自我超我概念在服装中的理论研究 [D]. 南昌：江西师范大学，2014.

[25] 孙玉荣，胡辉. 唐代女性服饰与自我意识的觉醒 [J]. 黑龙江史志，2012（274）:18-20.

[26] 王霄月. 服装与自我概念 [J]. 戏剧艺术，1992:82-90.

[27] 鲜维葭. 大学生身体自我与服装选择动机的关系 [D]. 重庆：西南大学，2011，5.

[28] 郑晓丹. 杭州女大学生自我概念一致性对服装购买意愿的影响研究 [D]. 杭州：浙江理工大学，2010.

[29] 陈延斌. 大学生服装消费决策风格量表编制及其与自我概念关系研究 [D]. 北京：首都师范大学，2007.

[30] 钟敏维. 女性自我概念与着装态度研究 [J]. 轻纺工业与技术，2013（4）:77-78.

[31] 陈燕. 浅谈着装自我认知对服装消费心理的影响 [J]. 商场现代化，2012（688）:23-24.

# 怀旧心理对中国传统服饰文化认同的影响研究

轩静 赵平 撰写　王秋月　眭晓慧 审校

摘要：基于服装怀旧的特点，对路曼曼（2008年）编制的怀旧量表进行修订，形成适合本文研究的怀旧测量量表。在探讨怀旧与中国传统服饰文化认同的关系的基础上，分析了怀旧对中国传统服饰文化的影响机制，提出了研究假设并构建了怀旧心理对中国传统服饰文化认同影响的理论模型。选用修订后的怀旧测量量表和中国传统服饰文化认同量表进行实证研究。研究结果如下：（1）修订后的怀旧量表和中国传统服饰文化认同量表具有较高的信效度，其中怀旧量表由20个题项组成，分为三个因子：个人怀旧因子、社会怀旧因子和家庭怀旧因子。中国传统服饰文化认同量表由29个题项组成，同样分为三个因子：感知意识、行为意向和认知自豪，符合原假设中三维度结构。（2）怀旧心理的三个维度与中国传统服饰文化认同之间存在显著的相关关系，并构建对应的影响模型。其中"个人怀旧"对"感知意识""行为意向"和"认知自豪"三个因子都有显著的正向影响；"社会怀旧"对"行为意向"有显著负向影响，对"认知自豪"具有显著正相关；"家庭怀旧"对"感知意识""行为意向"和"认知自豪"三个因子都有显著的正向影响。

关键词：怀旧心理；中国传统服饰文化；文化认同；认同度；量表。

## 一、绪论

### （一）研究背景

21世纪初，国内掀起一阵浓郁的怀旧风。人们渐渐开始渴望回归田园的粗茶淡饭生活方式，"复古风格"，如古朴风格的建筑和家居装修；"中国风"风格的音乐，越来越受到青睐，尤其备受中青年群体的追捧。"黑白艺术""老照片""难忘金曲，流金岁月"、建筑界的"老房子"系列、文学界的"怀旧系列丛书"、影视界的"经典老片新拍"、服装领域的"复古服饰"，这些都体现了现代人的怀旧心理。怀旧多表达的是人们思念家乡、思念亲人，想回归到过去的情感。而如今随着社会经济的发展，怀旧被广泛运用到营销、文艺创作以及老年人的团体干预中，更是一种消费态度与社会思潮。

"文化认同"像所有的研究热点一样，当理论研究成熟后开始转向实证研究，文化认同的研究正处于这个过渡阶段。在全球化的背景下，文化的侵蚀、身份的焦虑，势必把文化认同的研究落实到大众身上。本研究探讨怀旧心理与中国传统服饰文化认同的关系，中国服装文化源远流长，作为人们记忆中的一个组成部分，中国传统服饰文化的认同与怀旧心理是否有内在的关系，其中的影响机制值得探讨。19 世纪末，国外的一些学者已开始研究怀旧心理，而在我国文化心理学的研究尚处于起步阶段。针对国内民众怀旧情结日渐兴起这一现象，我国心理学者探索在中国文化背景下，展开怀旧心理的本土化研究，并探讨与中国传统服饰文化认同的关系，是具有理论和现实意义的。

（二）研究目的和意义

1. 研究目的

本研究基于怀旧心理相关理论和文化认同理论，通过定性研究和定量研究的有机结合，构建怀旧心理对中国传统服饰文化认同影响的理论模型。修正完善现有的怀旧量表和中国传统服饰文化认同量表，为研究怀旧心理对传统服饰文化认同的影响提供理论支撑。并通过实证研究，验证怀旧心理对中国传统服饰文化认同影响的理论模型和假设。

2. 研究意义

理论方面，丰富传统服饰文化和文化认同理论，为更好的传承和保护传统服饰文化提供理论基础，发现传统服饰文化研究的空白点，新视角下的中国传统服饰文化研究，通过对服饰文化身份的怀旧影响的研究，使服装文化的研究上升到实证研究的阶段。现实方面，为增强国民的传统服饰文化认同提供途径，对推动中国传统服饰文化的保护传承和创新有实际意义，为中式服装消费和品牌经营提供有价值的建议。有助于中式服装公司制订合理的营销策划，为设计师设计出适合大众需求的新中式服装提出建议，为营销人员提供有针对性的营销策略的实施提供帮助。

二、文献综述

（一）怀旧心理的相关理论

1. 怀旧心理的定义

怀旧心理的界定从最初的生理疾病到目前认为是一种普遍存在的情感体验，经历了漫长的时间。17~18 世纪，瑞士医生霍弗（Hofer，1688 年）对瑞士的雇佣兵身上普遍存在的怀旧病或思乡病进行了分析，认为一系列的身体失调现象是中枢神经方面的疾病；同时代的瑞士医师启译（Scheuchzer）认为怀旧是由于身体过度加压，血液被迫从心脏回流到脑部而导致的痛苦情绪，实质上是一种生理疾病(Sedikides Wildschut，& Baden，2004）。

现代意义上的怀旧被视为一种普遍的喜忧参半的情绪体验。戴维斯（Davis，1979 年）认为怀旧是一种正向的情感体验，能够唤醒美好的情绪。卡普兰（Kaplan，1987 年）则认为怀旧与美好的感受相连，是一种充满快乐的回忆。塞迪克斯（Sedikides，2004 年）等学者倾向积极作用论。但也有学者认为怀旧是一种负性的情绪，认为是对现实生活的无奈和不满（霍尔布鲁克 & 辛德勒，Holbrook & Schindler，1991 年）。此外，一些学者认为怀旧情绪是中性的，喜忧参半。约翰逊·莱尔德（Johnson-Laird）和奥特里（Oatley）（1989 年）认为怀旧以高水平的认知评价为特征，是一种包含失望的积极情绪。

综上所述，现代意义上的怀旧普遍被认为是一种苦乐参半的情绪体验。其内涵加以扩展，更多的是指向个人意识和社会文化，不分年龄和性别，是一种稳定的心理倾向。而且这种体验是跨文化、跨代际以及跨区域的，在不同的社会经济文化背景下，又表现出不同的差异。

## 2. 怀旧的种类及发展

怀旧心理在发展的过程中不同的学者从不同的角度出发，曾有过不同种类的分类。有横向研究分类，也有纵向研究分类。本文结合前人的研究，对怀旧心理的分类加以整合。

从宏观的社会角度划分：戴维斯（1979年）把怀旧心理分为个人怀旧、集体怀旧。个人怀旧是与个体密切相连的生活经历，内容往往感触最深刻，体验情绪最强烈，记忆保留最鲜明。集体怀旧则倾向于群体共同的意识，是过去的符号象征在外界的诱因下所唤起的怀旧，大多属于群体共同的记忆。而这些记忆具有普遍适用性、相似性，发生印象深刻，容易引起人们的共鸣。

哈夫莱纳（Havlena）与霍拉克（Holak）（1998年）根据怀旧来源的路径，直接或间接，将怀旧分为个人怀旧、代际怀旧、文化怀旧、虚拟怀旧。此外，戴维斯（1979年）从怀旧的层级结构上，通过纵向分析，把怀旧分为三个层次：第一个是简单怀旧，它指个体自主地认为过去经历的比现在好，想要回到过去的时光；第二个是反思怀旧，相对于简单怀旧，中间夹杂着个人意识的思考与反思，寻求简单怀旧中的积极意义而诱发的怀旧；第三个是解释怀旧，它是对怀旧的起因、意义等做出的深层次的思考与探究，它的关注点回归到更深的层次，如"我为什么会怀旧"。

华东师范大学路曼曼（2008年）结合中国特殊的文化背景，将怀旧分为：家庭怀旧，个人与社会相关的怀旧，个人怀旧三个维度。怀旧内容的设计更加符合中国人成长的时代特征。还有一些其他类型的分类，但是归结起来都是从怀旧心理的不同角度做出的解释与分析。

## 3. 怀旧心理对行为意识的影响

国内近几年围绕怀旧心理对行为意识的影响展开，通过实证研究对怀旧心理与中国结的发展、对老字号品牌的偏好、消费者购买意愿等作了许多研究。国内学者从不同角度研究了怀旧的作用和影响。中国消费者在具有怀旧倾向的同时，还具有持续性取向。怀旧作为一种心理现象，其表达方式可谓是复杂多样的，就怀旧的图文表征系统（如图片、图画、书名、各种宣传说明文字）等都能够直接表达怀旧的主题。张艳（2012年）通过一系列研究，得出怀旧倾向能够影响老龄消费者的中华老字号品牌偏好，怀旧倾向作为一个心理变量，形成于青春期和成年早期，对消费者尤其是高龄消费者的消费生活产生重大影响。老龄消费者对过去的人际关系和家庭生活所发生的事情有很久的记忆，对于过去的美好时光的怀恋倾向与中华老字号品牌偏好的品牌内涵相契合。何佳讯（2007年）认为怀旧倾向与老品牌态度之间存在正相关关系。通过怀旧倾向可以唤起消费者对中华老字号品牌的文化认同。通过对参照群体的研究发现，参照群体对老龄消费者的中华老字号品牌偏好有重要的影响作用。

## （二）文化认同相关理论

认同有多种定义，这些定义大致是从心理学和社会学两个领域进行界定的。

### 1. 从心理学角度

心理学领域的"认同"，最权威的概念是精神分析大师弗洛伊德（Freud）提出的"认同是个体与他人群体或被模仿人物在感情上，心理上趋同的过程"。弗洛伊德（1899年）、多纳文（Donavan，2005年）等都是从心理学的角度研究认同的，认为"认同"是通过认知、情感和态度移入认同对象的过程建立起来的，后来有研究者认为行为也是表达认同的方式。汝门斯（Rummens，1993年）认为在学术研究领域"认同"这个术语具有比较的性质，他强调认同是在一个特定的领域或者在某一点上，一个东西与另一些东西相似性的程度。

### 2. 从社会学角度

从社会学的角度看认同，通常分为个体认同和社会认同。埃里克松（Erikeon，2001年）认为个体认同是个体通过吸收和接纳外部事物进而对自己人格的完善过程。由此文化认同中的个体认同是自我认为文化能够表现出个性，用文化多少表现自我个性的程度衡量。凯尔曼（Kelman）、阿伦逊（Aroson）等人（1998年）把认同看成个人因为想要获得某一群体的认可和自我的归属感而同群体建立或维持一种令人满意的关系。总之，社会学领域的认同是一种归属。

## 三、研究设计

### （一）研究模型与假设

社会心理学家凯尔曼通过研究人类的态度变化过程，认为认同是从服从到内化的过渡阶段，具有一定的可塑性。而现代信息传播迅速且途径繁多，大众处于不断接收新资讯、不断学习的状态，外部环境中对事物不同的评论在交流过程中会对其自身文化认同产生很大的影响。何佳讯（2007年）认为怀旧倾向与老品牌态度、品牌的文化认同之间存在正相关关系，通过怀旧倾向可以唤起消费者对中华老字号品牌的文化认同。

中国传统服饰文化认同与中华老字号品牌的文化认同有共通之处，路曼曼（2008年）、张艳（2012年）的相关研究证实怀旧心理对个人行为意识具有影响作用，因此假设大众的中国传统服饰文化认同是受其怀旧心理影响的。林荫（2015年）修订构建的大学生中国传统服饰文化认同量表将中国传统服饰文化认同分为三个维度，分别为"行为意向""认知自豪""个性情感"。根据以上两种中国传统服饰文化认同量表，以及研究初期的访谈情况，初步将中国传统服饰文化认同分为"感知""认知""行为"三个维度，并在后期进行深入研究，对其修订和验证。根据路曼曼（2008年）修订构建的怀旧量表，初步将大众的怀旧分为个人怀旧、社会怀旧和家庭怀旧，并后续对其进行验证。

综上所述，本文对于怀旧心理对中国传统服饰文化认同的影响提出研究模型和假设（图1）。

**图 1 研究模型**

本文对怀旧心理对中国传统服饰文化认同的影响关系假设如下：

假设 H1：怀旧心理越强烈的被调查者对中国传统服饰文化认同的程度越高。

假设 H2：家庭怀旧对中国传统服饰文化认同行为因子有显著影响。

假设 H3：家庭怀旧对中国传统服饰文化认同认知因子有显著影响。

假设 H4：家庭怀旧对中国传统服饰文化认同感知因子有显著影响。

假设 H5：个人怀旧对中国传统服饰文化认

同行为因子有显著影响。

假设 H6: 个人怀旧对中国传统服饰文化认同认知因子有显著影响。

假设 H7: 个人怀旧对中国传统服饰文化认同感知因子有显著影响。

假设 H8: 社会怀旧对中国传统服饰文化认同行为因子有显著影响。

假设 H9: 社会怀旧对中国传统服饰文化认同认知因子有显著影响。

假设 H10: 社会怀旧对中国传统服饰文化认同感知因子有显著影响。

（二）测量工具的选择

通过文献整理及量表筛选，在怀旧心理方面，本研究选择路曼曼在 2008 年构建的怀旧量表，并对其进行修订；在中国传统服饰文化认同方面，选择王玉在 2014 年构建的中国传统服饰文化认同量表。

1. 怀旧量表、中国传统服饰文化认同量表修订

（1）目的和方法：本研究通过访谈抽取高频题项，对已有的怀旧量表和中国传统服饰文化认同量表进行补充修订，经过对被研究对象进行深度、细致的交流，了解和发掘他们的怀旧心理现状、中国传统服饰文化认同现状以及两者的相关影响，为后期验证理论假设以及定量研究打好基础。

（2）结构化访谈：访谈对象是对外经济贸易大学、北京服装学院以及元大都公园三个地点的随机人员，年龄、性别无限制；单次访谈人数根据实际情况限定在 1~2 人；访谈地点选择在教学楼前和公园草坪；每次访谈时长控制在 10~30 分钟；访谈根据实际情况具有一定开放性，总体按照提纲内容顺序进行，访谈结束后按提纲顺序

进行归类整理。

（3）补充新题项：经过对访谈结果的分析和总结，对于怀旧量表和中国传统服饰文化认同量表分别补充新题项，如表 1 所示。

**表 1 量表补充题项**

| 怀旧量表 | 过去艰难、痛苦的经历，现在回想起来别有一番滋味<br>我常常想起儿时的环境和场景<br>儿时发生的社会事件仍然记忆犹新<br>儿时春节穿新衣的情节让我记忆深刻<br>现在社会风气比以前差多了 |
|---|---|
| 中国传统服饰文化认同量表 | 我会购买有中国元素的服装<br>我认为中国传统服饰文化的推动有利于增强民族凝聚力<br>我觉得国服热代表了中国生活方式的提升<br>我会在电视上看中国传统服饰的纪录片<br>我希望以后穿着中式服装的氛围能浓郁起来<br>我不会用异样的眼光打量常穿中国传统服装的人们 |

2. 预调查与量表修订

（1）描述性分析：预调查采用线上调查，当问卷星编辑以问卷并发放在朋友圈的形式收集问卷时，总收集问卷 160 份，其中有效问卷 145 份，样本结构通过被调查者的年龄、受教育程度和月收入来体现。具体分析情况如表 2 所示。测试样本被调查者中 18~29 岁的占 64.14%，30~39 岁的占 8.97%，40~49 岁的占 17.93%，50 岁以上的占 8.97%。

**表 2 预测试样本年龄结构**

| 年龄 | 频率 | 百分比（%） | 有效百分比（%） | 累积百分比（%） |
|---|---|---|---|---|
| 18~29 岁 | 93 | 64.14 | 64.14 | 64.14 |
| 30~39 岁 | 13 | 8.97 | 8.97 | 73.11 |
| 40~49 岁 | 26 | 17.93 | 17.93 | 91.03 |
| 50 岁以上 | 13 | 8.97 | 8.97 | 100.00 |
| 合计 | 145 | 100.0 | 100.0 | |

如表 3 所示，测试样本被调查者中大专以下的占 12.42%，大学或大专的占 53.79%，本科及以上的占 33.79%。

**表 3　预测试样本学历结构**

| 学历 | 频率 | 百分比（%） | 有效百分比（%） | 累积百分比（%） |
|---|---|---|---|---|
| 大专以下 | 18 | 12.42 | 12.42 | 12.42 |
| 大学或大专 | 78 | 53.79 | 53.79 | 66.21 |
| 本科以上 | 49 | 33.79 | 33.79 | 100.0 |
| 合计 | 145 | 100.0 | 100.0 | |

如表 4 所示，测试样本被调查者中未婚的占 53.8%，已婚的占 46.2%。

**表 4　预测试样本婚姻状况**

| 婚姻状况 | 频率 | 百分比（%） | 有效百分比（%） | 累积百分比（%） |
|---|---|---|---|---|
| 未婚 | 78 | 53.8 | 53.8 | 53.8 |
| 已婚 | 67 | 46.2 | 46.2 | 100.0 |
| 合计 | 145 | 100.0 | 100.0 | |

（2）量表信度分析：

①怀旧量表信度分析：通常情况下，将 Cronbach's Alpha 系数值作为信度的评价标准，Cronbach's Alpha 值越高则信度越好。根据多数学者的观点，任何测验或量表的信度系数如果在 0.9 以上，则该测验和量表的信度甚佳，0.8 以上均为信度很高。而本研究中开发的 26 个测项量表的 Cronbach's Alpha 系数值为 0.927，由此可见信度已非常高。

怀旧量表的这 26 个题项之中有多余的句子，因此需要删除那些多余的句子，而剔除的标准则是根据信度分析的结果，若某个句子删除后整体量表的信度提高，那么就剔除该句。对整体进行信度分

析的可信度从表 5 所示中可以看出为 0.926，从表 6 所示中可以看出删除 $X_{24}$ 之后整体的信度会提高至 0.927，所以删除这一句，留下 25 句。

**表 5　怀旧量表可靠性统计量**

| Cronbach's Alpha | 项数 |
|---|---|
| 0.926 | 26 |

**表 6　怀旧量表项总计统计量**

| | 项已删除的刻度均值 | 项已删除的刻度方差 | 校正的项总计相关性 | 项已删除的 Cronbach's Alpha 值 |
|---|---|---|---|---|
| $X_{24}$、我至今还保留着小时候玩的一些玩具、东西 | 138.32 | 417.776 | 0.331 | 0.927 |

②中国传统服饰文化认同量表信度分析：通过信度分析，可以判断出中国传统文化认同量表中是否有多余的题项，若存在多余的题项需进行删除，删除的标准是根据信度分析的结果，如果某个句子删除之后整体的信度提高，则删除该句。对整体进行信度分析的可信度已知为 0.964，从表 7 所示中可以看出量表的可靠性系数为 0.964，从表 8 所示中可以看出，删除 $Y_1$ 之后整体的信度会提高，所以删除这一句，留下 33 句。

**表 7　中国传统服饰文化认同量表可靠性统计量**

| Cronbach's Alpha | 项数 26 |
|---|---|
| 0.964 | 34 |

**表 8　中国传统服饰文化认同量表项总计统计量**

| | 项已删除的刻度均值 | 项已删除的刻度方差 | 校正的项总计相关性 | 项已删除的 Cronbach's Alpha 值 |
|---|---|---|---|---|
| $Y_1$、中国红是最有代表性的传统服装色彩之一 | 172.94 | 942.475 | 0.370 | 0.965 |

3. 探索性因子分析

为了简化 25 个题项的怀旧量表，筛选出与整体量表相关程度较高的题项进行保留，删除与整个量表相关程度较低的题项，用更少的题项来代表整个怀旧量表。因子分析是通过研究多个变量间相关系数的内部依赖关系，找出能综合所有变量的少数几个随机变量，根据相关性的大小把变量分组，使得同组内的相关性较高，而不同组的变量相关性较低。实际应用中，KMO 统计值在 0.7 以上代表效果比较好。

（1）怀旧量表探索性因子分析：

①因子分析：本研究中，25 个测项怀旧态度测量量表 KMO 值为 0.881。具体如表 9 所示。

表 9　怀旧量表 KMO 和 Bartlett 的检验

| 取样足够度的 Kaiser-Meyer-Olkin 度量 | 0.881 |
|---|---|
| Bartlett 的球形度检验 | |
| 近似卡方 | 2179.763 |
| 自由度 DF | 325 |
| P 值 | 0.000 |

由表 9 可以看出变量间具有较强的相关性，KMO 统计值为 0.881，说明该量表适合利用因子分析法进行分析。在得到初始的因子模型后，往往因子载荷矩阵会比较复杂，不利于对因子进行解释，所以需要通过旋转因子轴，使载荷矩阵中各个题项的数值向 0 和 1 之间分化，同时保持同一行中各元素平方和不变。因子分析常要反复尝试旋转多次，以获得比较好的因子载荷矩阵，以得到更好的因子分析结果。本研究对 25 个题项的怀旧量表进行了因子分析，最终得到了较好的因子分析结果。

图 2 所示为怀旧量表因子分析碎石图，可以显示各因子的重要性，横轴代表因子的序号，纵轴为因子的特征值大小。碎石图会将因子按照特征值的大小顺序排列，能够直观观察出主要因子的个数和序号。碎石图中的前的三个因子位于曲线较陡的地方，而之后的因子均散落的曲线位置几乎形成了平台，因此可以得出前三个因子为主要因子。如表 10 所示，三个因子的累计贡献率为 53.432%。

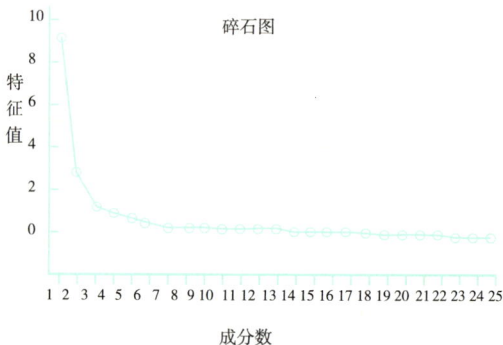

图 2　怀旧量表因子分析碎石图

表 10　25 个题项的怀旧量表方差贡献率

| 成分 | 提取平方和载入 | | | 旋转平方和载入 | | |
|---|---|---|---|---|---|---|
| | 合计 | 方差的 % | 累积的 % | 合计 | 方差的 % | 累积的 % |
| 因子1 | 9.831 | 39.324 | 39.324 | 7.894 | 31.578 | 31.578 |
| 因子2 | 2.426 | 9.704 | 49.028 | 3.422 | 13.687 | 45.264 |
| 因子3 | 1.101 | 4.404 | 53.432 | 2.023 | 8.168 | 53.432 |

采用正交旋转法进行因子旋转之后，得到的因子载荷矩阵如表 11 所示。

**表 11　怀旧量表结构探索因子分析结果**

| | 成分 | | |
|---|---|---|---|
| | 1 | 2 | 3 |
| $X_4$、我很珍惜小时候那些好朋友的友情 | 0.801 | | |
| $X_3$、我经常想起小时候难忘的往事 | 0.727 | | |
| $X_2$、看到小时候熟悉的东西，就让我想起那时候的时光 | 0.717 | | |
| $X_1$、我至今还经常想起小时候的那些好朋友 | 0.704 | | |
| $X_6$、我常常想起儿时生活的环境和场景 | 0.646 | | |
| $X_7$、小时候听的那些歌，现在听起来让人回想起很多 | 0.621 | | |
| $X_9$、小时候看的那些电视剧和电影，至今我仍然喜欢看 | 0.596 | | |
| $X_8$、小时候吃过的东西，那个味道至今都忘不了 | 0.548 | | |
| $X_{15}$、现在的人情比以前漠然了 | | 0.892 | |
| $X_{14}$、现在的人们越来越功利了 | | 0.862 | |
| $X_{16}$、现在的人活着比以前累多了 | | 0.858 | |
| $X_{17}$、现在的人际关系比以前复杂多了 | | 0.838 | |
| $X_{11}$、现在的人不如以前朴实了 | | 0.736 | |
| $X_{18}$、现在人们的生活节奏太快了 | | 0.690 | |
| $X_{21}$、我怀念过去和家人在一起的时光 | | | 0.787 |
| $X_{22}$、童年无忧无虑的时光让人怀念 | | | 0.740 |
| $X_{20}$、我经常想起小时候家人对我的关爱 | | | 0.713 |
| $X_{23}$、儿时春节穿新衣的情景让我记忆深刻 | | | 0.655 |
| $X_{25}$、童年的时光是我最开心的 | | | 0.613 |
| $X_{13}$、过去我应该更珍惜和家人在一起的时光 | | | 0.597 |

从表 11 可以看出，第一个因子在前 8 个变量（$X_4$、$X_3$、$X_2$、$X_1$、$X_6$、$X_7$、$X_9$、$X_8$）上有较大的载荷。第二个因子在 $X_{15}$、$X_{14}$、$X_{16}$、$X_{17}$、$X_{11}$、$X_{18}$ 六个变量上的载荷比较大。第三个因子在 $X_{21}$、$X_{22}$、$X_{20}$、$X_{23}$、$X_{25}$、$X_{13}$ 上有较大的载荷。而题项 $X_{12}$、$X_{10}$、$X_5$、$X_{19}$、$X_{26}$ 没有在任何一个因子上有较大载荷，因此删除这 5 个题项。通过因子分析，得到了一个 20 个题项的怀旧态度测量量表。

②因素提取与权重确定：首先做样本适当性考察，对实测所得数据进行 KMO 和 Bartlett 球形度检验。根据 Kaiser（1974 年）的 KMO 在 0.9 以上为非常好，0.8~0.9 为较好，0.7~0.8 为一般，0.6~0.7 为平庸，0.5 以下是不能接受的度量标准。如表 12 所示，在本研究的第二次因子分析中 KMO 值为 0.937，同时 Bartlett 球形度检验值为 4877.512，且 P 值小于 0.001 达到显著水平，证明本研究因子的相关矩阵为非单位矩阵，此量表适合做因子分析。

表 12  20 个题项的怀旧量表 KMO 和 Bartlett 的检验

| 取样足够度的 Kaiser–Meyer–Olkin 度量 | 0.937 |
| --- | --- |
| Bartlett 的球形度检验 | |
| 近似卡方 | 4877.512 |
| 自由度 DF | 190 |
| P 值 | 0.000 |

根据每个因子所包含的题项内容和含义，请教专家意见之后，对提取的 3 个因子命名。

因子 1 共包含 8 个题项，包括"我很珍惜小时候那些好朋友的友情""我经常想起小时候难忘的往事""看到小时候熟悉的东西，就让我想起那时候的时光""我至今还经常想起小时候的那些好朋友"等，所涉及内容为与怀旧心理相关的个人生活怀旧、个人物品怀旧等。因此将因子 1 命名为"个人怀旧因子"。

因子 2 共包含 6 个题项，包括"现在的人情比以前漠然了""现在的人们越来越功利了""现在的人活着比以前累多了"等，所涉及内容为怀旧心理的社会风气和环境的怀旧。因此将因子 2 命名为"社会怀旧因子"。

因子 3 共包含 6 个题项，包括"我怀念过去和家人在一起的时光""童年无忧无虑的时光让人怀念"等，所涉及内容为怀旧心理中的与家庭相关的怀旧。因此将因子 3 命名为"家庭怀旧因子"。

（2）中国传统服饰文化认同量表探索性因子分析：

①因子分析：如表 13 所示，中国传统服饰文化认同量表 KMO 值为 0.935，可以进行探索性因子分析。

表 13  33 个题项的中国传统服饰文化认同量表 KMO 和 Bartlett 的检验

| 取样足够度的 Kaiser–Meyer–Olkin 度量 | 0.935 |
| --- | --- |
| Bartlett 的球形度检验 | |
| 近似卡方 | 3683.937 |
| 自由度 DF | 528 |
| P 值 | 0.000 |

由表 13 可以看出变量间具有较强的相关性，KMO 统计值为 0.935，说明该量表适合利用因子分析法进行分析。本研究对 33 个题项的中国传统服饰文化认同量表进行了因子分析，最终得到了较好的因子分析结果。

如图 3 所示为中国传统服饰文化认同量表因子分析碎石图，从图中可以显示各因子的重要性，横轴代表因子的序号，纵轴为因子的特征值大小。碎石图中的前三个因子位于曲线较陡的地方，而之后的因子均散落的曲线位置几乎形成了平台，因此可以得出前三个因子为主要因子。

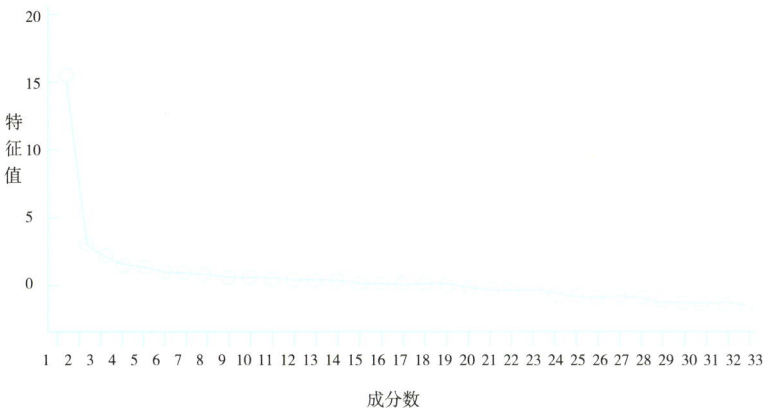

**图 3 中国传统服饰文化认同量表因子分析碎石图**

采用正交旋转法进行因子旋转之后，得到的因素特征值及解释总变异百分比和因子载荷矩阵如表 14 所示。

**表 14 33 个题项的中国传统服饰文化认同量表的方差贡献率**

| 成分 | 提取平方和载入 | | | 旋转平方和载入 | | |
|------|------|------|------|------|------|------|
| | 合计 | 方差的 % | 累积的 % | 合计 | 方差的 % | 累积的 % |
| 因子 1 | 13.827 | 41.931 | 41.931 | 6.095 | 18.471 | 18.471 |
| 因子 2 | 2.659 | 8.058 | 49.990 | 5.994 | 18.163 | 36.634 |
| 因子 3 | 1.085 | 3.287 | 53.277 | 5.492 | 16.643 | 53.277 |

从表 15 可以看出，第一因子在前 13 个变量（$Y_{31}$、$Y_{18}$、$Y_{23}$、$Y_{33}$、$Y_{17}$、$Y_{19}$、$Y_{26}$、$Y_{25}$、$Y_{16}$、$Y_{30}$、$Y_{32}$、$Y_{34}$、$Y_{20}$）上有较大的载荷。第二因子在 $Y_{12}$、$Y_{11}$、$Y_{14}$、$Y_{22}$、$Y_{21}$、$Y_{28}$、$Y_8$、$Y_7$、$Y_9$、$Y_{13}$、$Y_{29}$ 这十一个变量上的载荷比较大。第三因子在 $Y_5$、$Y_4$、$Y_6$、$Y_2$、$Y_{10}$ 上有较大的载荷。而 $Y_{24}$、$Y_{27}$、$Y_3$、$Y_{15}$ 四个题项没有在任何一个因子上有较大载荷，或有两个及以上的较高载荷，因此删除这四个题项。通过因子分析，得到了一个 29 个题项的中国传统服饰文化认同量表。

根据每个因子所包含的题项内容和含义，请教专家意见之后，对提取的 3 个因子命名。

因子 1 共包含 13 个题项，包括"我觉得国服热代表了国人生活方式的提升""我喜欢传统服装给人的那种无拘无束的感觉""我觉得材质更能体现服装的中国风格""我希望以后穿着中式服装的氛围能浓郁起来"等，所涉及内容为中国传统服饰及其文化带给人的感知体会和有

意识的思考。因此将因子 1 命名为"感知意识因子"。

因子 2 共包含 11 个题项，包括"我会去看中国传统服饰的各种展览""我想学习传统刺绣和编织""我会主动搜集中式服装的相关资料，尽力去接触相关信息""每次逛博物馆时，展出的中国古代服饰品都很吸引我""我会收藏中国传统的面料和服饰品"等，所涉及内容为与中

**表 15　33 个题项的中国传统服饰文化认同量表旋转成分矩阵 a**

| 题　项 | 成分 | | |
|---|---|---|---|
| | 1 | 2 | 3 |
| $Y_{31}$、我觉得国服热代表了国人生活方式的提升 | 0.800 | | |
| $Y_{18}$、我喜欢传统服装给人的那种无拘无束的感觉 | 0.775 | | |
| $Y_{23}$、我觉得材质更能体现服装的中国风格 | 0.753 | | |
| $Y_{33}$、我希望以后穿着中式服装的氛围能浓郁起来 | 0.730 | | |
| $Y_{17}$、中国传统服装的宽松感是为了体现人与自然的和谐 | 0.724 | | |
| $Y_{19}$、穿有中国元素的服装让我内心愉悦 | 0.705 | | |
| $Y_{26}$、民族节假日或者婚庆等礼仪场合我喜欢穿中国传统样式的服装 | 0.675 | | |
| $Y_{25}$、如果不考虑价格，我会考虑去购买中国风格服装 | 0.672 | | |
| $Y_{16}$、我觉得穿中国风格的服装能够表现我的与众不同 | 0.668 | | |
| $Y_{30}$、我认为中国传统服饰文化的推广有利于增强民族凝聚力 | 0.618 | | |
| $Y_{32}$、如果电视上有中国传统服饰的纪录片我会观看 | 0.600 | | |
| $Y_{34}$、我不会用异样的眼光打量日常穿着中国传统服装的人 | 0.546 | | |
| $Y_{20}$、我觉得工艺更能体现服装的中国风格 | 0.530 | | |
| $Y_{12}$、我会去看中国传统服饰的各种展览 | | 0.815 | |
| $Y_{11}$、我想学习传统刺绣和编织 | | 0.763 | |
| $Y_{14}$、我会主动搜集中式服装的相关资料，尽力去接触相关信息 | | 0.746 | |
| $Y_{22}$、每次逛博物馆时，展出的中国古代服饰品都很吸引我 | | 0.706 | |
| $Y_{21}$、我会收藏中国传统的面料和服饰品 | | 0.706 | |
| $Y_{28}$、如果市场上没有我喜欢的中国风格的服装，我会去定制 | | 0.700 | |
| $Y_{8}$、逛街的时候我会去中国风格的服装店里逛逛 | | 0.673 | |
| $Y_{7}$、我会去民族服饰博物馆参观 | | 0.653 | |

续表

| 题 项 | 成分 | | |
|---|---|---|---|
| | 1 | 2 | 3 |
| $Y_9$、见到中国传统风格的服装我很想用手机拍下来 | | 0.612 | |
| $Y_{13}$、我愿意在某些固定的场合穿着中国风格的服装 | | 0.593 | |
| $Y_{29}$、我会购买有中国元素的服装 | | 0.592 | |
| $Y_5$、我为中国有灿烂的服饰文化而自豪 | | | 0.791 |
| $Y_4$、我认为中国传统服饰是很有深厚底蕴的 | | | 0.779 |
| $Y_6$、领导人穿着的中国风格的服装很大气 | | | 0.716 |
| $Y_2$、中国传统服装常用的面料有麻、丝绸和棉 | | | 0.590 |
| $Y_{10}$、我觉得丝绸的衣服高贵大气 | | | 0.500 |

提取方法：主成分。旋转法：具有 Kaiser 标准化的正交旋转法。a. 旋转在 7 次迭代后收敛

国传统服饰文化相关的学习行为、消费行为及着装意向等。因此将因子 2 命名为"行为意向因子"。

因子 3 共包含 5 个题项，包括"我为中国有灿烂的服饰文化而自豪""我认为中国传统服饰是很有深厚底蕴的""领导人穿着的中国风格的服装很大气"等，所涉及内容为对中国传统服饰及其文化的自豪感和认知情况。因此将因子 3 命名为"认知自豪因子"。

②因素提取与权重确定：如表 16 所示，在本研究的第二次因子分析中 KMO 值为 0.962，同时 Bartlett 球形检验值为 8097.114，且 $P$ 值小于 0.001 达到显著水平，证明本研究因子的相关矩阵为非单位矩阵，此量表适合做因子分析。

**表 16 29 个题项的中国传统服饰文化认同量表 KMO 和 Bartlett 的检验**

| 取样足够度的 Kaiser-Meyer-Olkin 度量 | 0.962 |
|---|---|
| Bartlett 的球形度检验 | |
| 近似卡方 | 8097.114 |
| 自由度 $DF$ | 406 |
| $P$ 值 | 0.000 |

## 四、数据分析

正式问卷调查的发放方式为通过网络在线调查平台发放并回收，共发放问卷 806 份，有效回收 523 份，回收率为 64.9%。

（一）样本背景特征描述

样本的性别、婚姻状况、年龄、受教育程度、收入水平、职业的一般描述如表 17 所示。

**表 17　被测样本背景描述统计**

| 变量 | 变量意义 | 人数 | 百分比（%） |
|---|---|---|---|
| 性别 | 男 | 285 | 54.5 |
| | 女 | 238 | 45.5 |
| 婚姻状况 | 未婚 | 106 | 20.3 |
| | 已婚 | 417 | 79.7 |
| 年龄 | 18~29 岁 | 146 | 27.9 |
| | 30~39 岁 | 178 | 34.0 |
| | 40~49 岁 | 130 | 24.9 |
| | 50~59 岁 | 55 | 10.5 |
| | 60 岁以上 | 14 | 2.7 |
| 受教育程度 | 大专以下 | 41 | 7.9 |
| | 大专 | 116 | 22.2 |
| | 本科 | 329 | 62.9 |
| | 研究生及以上 | 37 | 7.1 |
| 职业 | 公司职员 | 145 | 27.7 |
| | 公务员 | 84 | 16.1 |
| | 学生 | 18 | 3.4 |
| | 科教文卫人员 | 85 | 16.3 |
| | 公司管理人员 | 136 | 26 |
| | 个体经营者 | 18 | 3.4 |
| | 无工作或退休人员 | 17 | 3.25 |
| | 自由职业者 | 17 | 3.25 |
| | 其他 | 3 | 0.6 |

**（二）信效度检验**

**1. 信度检验**

从表 18 所示的分析结果可以看出，本研究中怀旧量表的信度系数 Cronbach's Alpha 值为 0.920，说明怀旧测量量表具有良好的内部一致性，怀旧测量的三个维度的信度系数均在 0.8 以上，中国传统服饰文化认同量表的信度系数为

**表 18　正式调查量表的信度检验结果**

| 变量 | 指标 | Cronbach's Alpha | 指标 | Cronbach's Alpha |
|---|---|---|---|---|
| 个人怀旧 | 8 | 0.862 | | |
| 社会怀旧 | 6 | 0.868 | 20 | 0.920 |
| 家庭怀旧 | 6 | 0.852 | | |
| 感知意识 | 13 | 0.917 | | |
| 行为意向 | 11 | 0.898 | 29 | 0.949 |
| 认知自豪 | 5 | 0.819 | | |

0.949，说明数据可以继续用于分析。

**2. 效度检验**

由于林荫（2015 年）的大学生中国传统服饰文化认同与大学生自我意识的关系研究中已经对王玉（2014 年）所构建的中国传统服饰文化认同量表再一次进行了效度分析，因此本研究效度检验主要针对怀旧量表进行。

内容效度指的是系统检查量表的具体内容，从而确定量表是否符合研究所需测量的内容以及在其领域的代表性取样。内容效度的建立依赖于两个条件：一是内容范围明确，二是取样具有代表性。本文的怀旧量表是基于路曼曼（2008 年）对怀旧心理的研究所做的进一步的量表修订研究，首先是对怀旧心理和怀旧测量的相关文献进行进一步的整理，同时对大众进行了有关怀旧的深入访谈，然后通过对访谈内容及评价的分析筛选，得出修订意见，最后结合搜集的预问卷数据进行题项删减。以上工作对所修订量表的内容效度起到了良好的保障。

本研究首先对怀旧的分量表间数据以及分量表得分与量表总分，题项与各所在分量表和量表总分之间进行相关分析，怀旧量表内部的一致性检验得出该量表的结构效度。从表 19 所示的数据分析结果可以看出，各个题项与量表总分间的相关系数为 0.478~0.714，相关关系显著。对于分量表之间的相关，一般来说，分量表的相关性应该较低，分量表与量表总分之间的相关性应该较高，则证明所得量表具有较好的结构效度。从研究结果可以看出（表 20），三个分量表与量表总分的相关系数分别为 0.875、0.764、0.889，各分量表间的相关系数为 0.435~0.726，并且均达到了显著水平。而各分量表相关系数为 0.1~0.6 的理论，说明本研究具有良好的内部一致性。

表 19 怀旧量表的内部相关性

| 题项 | 与量表总分相关性 | 与所在分量表相关性 | 题项 | 与量表总分相关性 | 与所在分量表相关性 |
|---|---|---|---|---|---|
| $X_1$ | 0.604 | 0.724 | $X_{14}$ | 0.620 | 0.806 |
| $X_2$ | 0.714 | 0.742 | $X_{15}$ | 0.611 | 0.820 |
| $X_3$ | 0.617 | 0.754 | $X_{16}$ | 0.541 | 0.791 |
| $X_4$ | 0.628 | 0.706 | $X_{17}$ | 0.600 | 0.788 |
| $X_6$ | 0.654 | 0.742 | $X_{18}$ | 0.482 | 0.768 |
| $X_7$ | 0.624 | 0.702 | $X_{20}$ | 0.478 | 0.571 |
| $X_8$ | 0.673 | 0.698 | $X_{21}$ | 0.482 | 0.581 |
| $X_9$ | 0.494 | 0.643 | $X_{22}$ | 0.573 | 0.526 |
| $X_{11}$ | 0.615 | 0.773 | $X_{23}$ | 0.487 | 0.542 |
| $X_{13}$ | 0.650 | 0.724 | $X_{25}$ | 0.664 | 0.835 |

表 20 怀旧量表各因子的相关性

| | | 个人怀旧因子 | 社会怀旧因子 | 家庭怀旧因子 | 总体认同 |
|---|---|---|---|---|---|
| 个人怀旧因子 | Pearson 相关性 | 1 | 0.435** | 0.726** | 0.875** |
| 社会怀旧因子 | Pearson 相关性 | 0.435** | 1 | 0.539** | 0.764** |
| 家庭怀旧因子 | Pearson 相关性 | 0.726** | 0.539** | 1 | 0.889** |

注 ** 表示在 0.01 水平（双侧）上显著相关。

（三）相关分析

相关分析是指研究现象之间是否存在某种依存关系，对两个或多个具备相关性的变量进行分析，从而衡量变量的相关密切程度。相关系数则是用以反映变量之间相关关系密切程度的统计指标。当 $r<0$ 时，变量间是负相关；当 $r=0$ 时，变量间是无线性相关；当 $r>0$ 时，变量间是正向相关。$|r|>0.95$ 存在显著性相关；$|r|>0.8$ 高度相关；$0.5<|r|<0.8$ 中度相关；$0.3<|r|<0.5$ 低度相关；$|r|<0.3$ 关系极弱，认为不相关。

相关分析结果如表 21 所示，总体怀旧与中国传统服饰文化认同总体认同度呈显著正相关（$r=0.563$）。从相关系数矩阵分析可知，怀旧心理的三个维度中，个人怀旧和家庭怀旧与中国传统服饰文化总体认同有显著相关的关系，相关系数均达到 0.01 的显著性水平。其中，个人怀旧与中国传统服饰文化总体认同的相关系数最高（$r=0.592$），家庭怀旧次之（$r=0.544$），相关系数最低的为社会怀旧（$r=0.269$）。

**表 21　怀旧量表和中国传统服饰文化认同量表相关分析**

| | | 感知意识因子 | 行为意向因子 | 认知自豪因子 | 总体认同度 |
|---|---|---|---|---|---|
| 个人怀旧 | Pearson 相关性<br>P 值<br>样本数 N | 0.579**<br>0.000<br>523 | 0.459**<br>0.000<br>523 | 0.575**<br>0.000<br>523 | 0.592**<br>0.000<br>523 |
| 社会怀旧 | Pearson 相关性<br>P 值<br>样本数 N | 0.328**<br>0.000<br>523 | 0.054<br>0.000<br>523 | 0.452**<br>0.000<br>523 | 0.269**<br>0.000<br>523 |
| 家庭怀旧 | Pearson 相关性<br>P 值<br>样本数 N | 0.571**<br>0.000<br>523 | 0.347**<br>0.000<br>523 | 0.600**<br>0.000<br>523 | 0.544**<br>0.000<br>523 |
| 总体怀旧 | Pearson 相关性<br>P 值<br>样本数 N | 589**<br>0.000<br>523 | 0.352**<br>0.000<br>523 | 0.644**<br>0.000<br>523 | 563<br>0.000<br>523 |

### （四）回归分析

Pearson 相关分析的结果只能解释变量之间是否存在显著的相关关系，但不一定表示变量之间有因果关系，如果要确定怀旧心理各维度变量对中国传统服饰文化认同的影响关系，则需要使用线性回归来验证研究假设。

1. 怀旧心理对中国传统服饰文化认同影响的回归分析

把怀旧心理的三个结构维度以及总体怀旧作为自变量，文化认同量表总分作为因变量，进行回归分析。经 F 检验，"个人怀旧""家庭怀旧"两个维度和"总体怀旧"进入回归方程，如表 22 所示，得到怀旧心理对中国传统服饰文化认同影响的回归模型。

分析结果表明，怀旧心理各维度对中国传统文化认同的影响程度不同。标准回归系数绝对值的大小，直接反映了自变量对因变量的影响程度。对于怀旧各维度对中国传统服饰文化总体影响的标准回归系数绝对值排序为：个人怀旧（0.417）＞家庭怀旧（0.241），社会怀旧未能进入回归方程，说明社会怀旧未能较好地解释中国传统服饰文化认同。

**表 22　怀旧心理对中国传统服饰文化认同影响的回归模型**

| 模型 | 非标准化系数 | 标准误差 | 标准系数 | T 值 | P 值 | F 值 |
|---|---|---|---|---|---|---|
| 1（常量） | 2.263 | 0.179 | | 12.624 | 0.000 | 280.666 |
| 个人怀旧因子 | 0.545 | 0.033 | 0.592 | 16.753 | 0.000 | |
| 总体怀旧 | 0.586 | 0.038 | 0.563 | 15.563 | 0.000 | |
| 2（常量） | 1.957 | 0.187 | | 10.473 | 0.000 | 157.742 |
| 个人怀旧因子 | 0.384 | 0.046 | 0.417 | 8.277 | 0.000 | |
| 家庭怀旧因子 | 0.210 | 0.044 | 0.241 | 4.794 | 0.000 | |
| 总体怀旧 | 0.893 | 0.056 | 0.858 | 16.033 | 0.000 | |

为了能更加深入地分析怀旧心理对中国传统服饰文化认同的影响，将中国传统服饰文化认同的三个因子：感知意识、行为意向、认知自豪，分别作为因变量来做回归分析。

2. 怀旧心理对"感知意识"影响的回归分析

把怀旧心理的三个结构维度"个人怀旧""社会怀旧""家庭怀旧"以及"总体怀旧"作为自变量，感知意识作为因变量，进行回归分析。

经 F 检验，"社会怀旧"被剔除，"个人怀旧""家庭怀旧"两个维度进入回归方程，如表 23 所示，得到怀旧心理对"感知意识"影响的回归模型，可以看出"个人怀旧"和"家庭怀旧"对"感知意识"因子的预测回归系数通过了 0.01 水平上的显著性检验，解释变异量为 38.1%，说明"个人怀旧"和"家庭怀旧"对"感知意识"具有一定的影响作用。

表 23　怀旧心理对"感知意识"影响的回归分析

| 模型 | 非标准化系数标 | 标准误差 | 标准系数 | T 值 | P 值 | F 值 | 调整 $R^2$ |
|---|---|---|---|---|---|---|---|
| 1（常量） | 2.218 | 0.196 | | 11.344 | 0.000 | 262.068 | 0.333 |
| 个人怀旧因子 | 0.574 | 0.035 | 0.579 | 16.189 | 0.000 | | |
| 2（常量） | 1.780 | 0.201 | | 8.878 | 0.000 | 161.402 | 0.381 |
| 个人怀旧因子 | 0.344 | 0.050 | 0.346 | 6.910 | 0.000 | | |
| 家庭怀旧因子 | 0.300 | 0.047 | 0.320 | 6.383 | 0.000 | | |

注　a. 因变量：感知意识因子。

3. 怀旧心理对"行为意向"影响的回归分析

把怀旧心理的三个结构维度"个人怀旧""社会怀旧""家庭怀旧"作为自变量，行为意向作为因变量，进行回归分析。经 F 检验，"个人怀旧""社会怀旧""家庭怀旧"三个维度均进入回归方程。如表 24 所示，得到怀旧心理对"行为意向"影响的回归模型，可以看出"个人怀旧""社会怀旧"和"家庭怀旧"对"行为意向"因子的预测回归系数通过了 0.01 水平上的显著性检验，解释变异量为 23.9%，说明"个人怀旧""社会怀旧"和"家庭怀旧"对"行为意向"具有一定的影响作用。

表 24　怀旧心理对"行为意向"影响的回归分析

| 模型 | 非标准化系数 | 标准误差 | 标准系数 | T 值 | P 值 | F 值 | 调整 $R^2$ |
|---|---|---|---|---|---|---|---|
| 1（常量） | 2.231 | 0.229 | | 9.745 | 0.000 | 139.086 | 0.209 |
| 个人怀旧因子 | 0.490 | 0.042 | 0.459 | 11.793 | 0.000 | | |
| 2（常量） | 2.752 | 0.257 | | 10.701 | 0.000 | 80.611 | 0.234 |
| 个人怀旧因子 | 0.573 | 0.045 | 0.537 | 12.618 | 0.000 | | |
| 社会怀旧因子 | −0.173 | 0.041 | −0.179 | −4.205 | 0.000 | | |
| 3（常量） | 2.665 | 0.259 | | 10.277 | 0.000 | 55.712 | 0.239 |
| 个人怀旧因子 | 0.489 | 0.059 | 0.458 | 8.226 | 0.000 | | |
| 社会怀旧因子 | −0.208 | 0.044 | −0.215 | −4.722 | 0.000 | | |
| 家庭怀旧因子 | 0.131 | 0.060 | 0.130 | 2.179 | 0.030 | | |

注　a. 因变量：行为意向因子。

4. 怀旧心理对"认知自豪"影响的回归分析

把怀旧心理的三个结构维度"个人怀旧""社会怀旧""家庭怀旧"作为自变量，认知自豪作为因变量，进行回归分析。经 F 检验，"个人怀旧""社会怀旧""家庭怀旧"三个维度均进入回归方程。如表 25 所示，得到怀旧心理对"认知自豪"影响的回归模型，可以看出"个人怀旧"、"社会怀旧"和"家庭怀旧"对"认知自豪"因子的预测回归系数通过了 0.01 水平上的显著性检验，解释变异量为 41.7%，说明"个人怀旧""社会怀旧"和"家庭怀旧"对"认知自豪"具有一定的影响作用。

表 25　怀旧心理对"认知自豪"影响的回归分析

| 模型 | 非标准化系数 | 标准误差 | 标准系数 | T 值 | P 值 | F 值 | 调整 $R^2$ |
|---|---|---|---|---|---|---|---|
| 1（常量） | 2.380 | 0.194 | | 12.272 | 0.000 | 293.094 | 0.359 |
| 家庭怀旧因子 | 0.581 | 0.034 | 0.600 | 17.120 | 0.000 | | |
| 2（常量） | 1.904 | 0.204 | | 9.329 | 0.000 | 174.016 | 0.399 |
| 家庭怀旧因子 | 0.374 | 0.048 | 0.386 | 7.825 | 0.000 | | |
| 个人怀旧因子 | 0.302 | 0.051 | 0.294 | 5.960 | 0.000 | | |
| 3（常量） | 1.554 | 0.218 | | 7.123 | 0.000 | 125.292 | 0.417 |
| 家庭怀旧因子 | 0.299 | 0.050 | 0.309 | 5.923 | 0.000 | | |
| 个人怀旧因子 | 0.286 | 0.050 | 0.279 | 5.724 | 0.000 | | |
| 社会怀旧因子 | 0.153 | 0.037 | 0.164 | 4.133 | 0.000 | | |

注　a. 因变量：认知自豪因子。

综上分析，得到怀旧心理各个维度对中国传统服饰文化认同各个因子的影响系数模型，如图 4 所示。

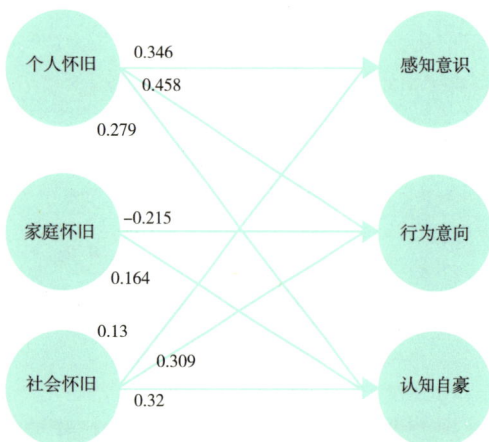

图 4　怀旧心理各维度对中国传统服饰文化认同各因子的影响

假设 H1：总体怀旧正向影响中国传统服饰文化认同。成立。

假设 H2：个人怀旧正向影响中国传统服饰文化认同感知意识因子。成立。

假设 H3：个人怀旧正向影响中国传统服饰文化认同行为意向因子。成立。

假设 H4：个人怀旧正向影响中国传统服饰文化认同认知自豪因子。成立。

假设 H5：社会怀旧正向影响中国传统服饰文化认同感知意识因子。不成立。

假设 H6：社会怀旧正向影响中国传统服饰文化认同行为意向因子。不成立。

假设 H7：社会怀旧正向影响中国传统服饰文化认同认知自豪因子。成立。

假设 H8：家庭怀旧正向影响中国传统服饰文化认同感知意识因子。成立。

假设 H9：家庭怀旧正向影响中国传统服饰文化认同行为意向因子。成立。

假设 H10：家庭怀旧正向影响中国传统服饰文化认同认知自豪因子。成立。

## 五、研究结论

（1）通过文献研究、访谈、问卷评价和问卷调查等修订了由 20 个题项组成的怀旧量表和 29 个题项组成的中国传统服饰文化认同量表，两个量表具有较高的信度和效度。

（2）通过对被调查对象的中国传统服饰文化认同量表所得数据的因子分析，确定了中国传统服饰文化认同可以划分为"感知意识""行为意向"和"认知自豪"三个因子，这符合原假设中认同的三维度结构。

（3）通过对被调查对象的怀旧量表所得数据的因子分析，得出被调查对象的怀旧心理可以划分为"个人怀旧""社会怀旧"和"家庭怀旧"三个因子，与原假设中怀旧的三维度结构一致。

（4）通过相关分析和回归分析，得出怀旧心理的三个维度与中国传统服饰文化认同之间存在显著的相关关系，并构建对应的影响模型。其中"个人怀旧"对"感知意识""行为意向"和"认知自豪"三个因子都有显著的正向影响；"社会怀旧"对"行为意向"有显著负向影响，对"认知自豪"具有显著正相关；"家庭怀旧"对"感知意识""行为意向"和"认知自豪"三个因子都有显著的正向影响。

本文在怀旧心理、中国传统服饰文化认同相关文献回顾的基础上，修订相关量表，并通过实证研究探讨怀旧心理对中国传统服饰文化认同的影响，丰富了中国传统服饰文化认同量表的相关理论。并构建了怀旧心理三维度对中国传统服饰文化认同影响的理论模型，通过实证研究对模型进行了验证并得出结论：（1）怀旧心理对中国传统服饰文化认同有显著的正向影响。（2）由回归分析结果可知，个人怀旧、家庭怀旧对中国传统服饰文化认同存在程度不同的、显著的正向影响，社会怀旧对中国传统服饰文化认同具有正向和负向影响。

**参考文献**

[1]Sedikides，C.，Wildschut，T.& Baden，Davis，F. Yearning for Yesterday：A Sociology of Nostalgia[M]. New York：Free Press，1979.

[2]Kaplan，H. A. The Psychopathology of Nostalgia[J]. Psychoanalytic Review，1987，74（4）：465 - 486.

[3]Holbrook，M. B.& Schindler，R. M.. Echoes of the Dear Departed Past：Some Work in Progress on Nostalgia[J]. Advances in Consumer Research，1991，18（1）：330 - 333.

[4] 路曼曼. 中国背景下消费者怀旧测量及与老品牌信任关系的初步研究 [D]. 上海：华东师范大学，2008.

[5] 胡发稳. 哈尼族青少年学生文化认同及与学校适应行为的关系研究 [D]. 昆明：云南师范大学，2007.

[6] 程慧芳. 闽、台大学生对中华传统文化的态度研究 [D]. 福州：福建师范大学，2011.

[7] 张繁荣. 论中国传统服饰文化 [J]. 纺织导报，2007( 11 )：95-97.

[8] 叶永敏. 浅谈中国古典服饰美学 [J]. 广西轻工业，2010（10）：131-132.

[9] 曲媛. 服饰文化溯源 [J]. 吉林艺术学院学报，1999( 3 )，63-64.

[10] 张席淼. 论中华民族传统服饰文化的审美特质 [J]. 宁波大学学报（人文科学版），2009，22（5）：136-140.

[11] 邢烨丹. 浅论中国服饰文化的传承与发展 [J]. 太原城市职业技术学院学报，2013（7）：67-68.

[12] 苑涛，章亚昕. 中国服饰文化与角色心态 [J]. 齐鲁学刊，

1991（5）：22-28.

[13] 黄燕敏 . 服饰文化研究的社会学维度 [J]. 学术交流，
2004（7）：95-97.

[14] 张晓霞 . 有感于民族服饰的文化底蕴 [J]. 丝绸，2001
（11）：36-37.

[15] 尚莹 . 简述中国传统服饰文化与西方之差别 [J]. 丝绸，
2004（3）：44-45.

[16] 孙迎 . 意境之美——浅析中国百家思想对服饰文化的影
响 [J]. 天津美术学院学报，2013（2）：88-89.

[17] 李昕 . 论民族服饰文化对现代服饰的影响 [J]. 艺海，
2013（3）：114.

[18] 张春兴 . 心理学概要 [M]. 台北：东华书局，1977.

[19]A. Belen DelRio, RodolfoVazqueZ, Victor
Iglesias. The Effect of Brand Associations On
Consumer Response[J]. Journal of Consumer
Marketing, 2001, 18（5）：410-425.

[20]Belk, R. W. Possession And the Extended Self[J].
Journal of Consumer Research, 1988, 15：139-168.

[21] 金立印 . 基于品牌个性及品牌认同的品牌资产驱动模
型研究 [J]. 北京工商大学学报（社会科学版），2006，21
（1）：38-43.

[22] 赵静蓉 . 现代人的认同危机与怀旧情结 [J]. 暨南学报
（哲学社会科学版），2006（5）：31-36.

[23] 黄希庭，杨治良，林崇德 . 心理学大辞典 [M]. 上海：
上海教育出版社，2003.

[24] 张建梅，李宏翰 . 大学生的角色退行与心理健康 [J].
中国健康心理学杂志，2006，14（2）：235-237.

[25] 张世富 . 人本主义心理学与马斯洛的需要层次论 [J].
学术探索，2003（9）：66-68.

[26] 王佳琪 . 亘古的呼吁——浅谈荣格集体无意识和原型的
美学观点 [J]. 北方文学（下），2013（2）：135.

[27] 余杰 . 心理学视野下的现代人的怀旧情结 [J]. 黄河科
技大学学报，2007，9（2）：66-68.

[28] 钟雪丹 . 探析我国青少年心理健康发展——基于埃里克森
自我同一性理论 [J]. 读写算（教研版），2013（23）：284.

[29] 石杨，刘妤 . 从埃里克森自我同一性理论探析我国青少年
心理健康发展 [J]. 牡丹江教育学院学报，2008（6）：85-86.

[30]SM Bbker, PF kennedy. Death by nostalgia：A
diagnosis of context-specific cases[J]. Advances in
Consumer Research, 1994, 21(1)：169-174.

[31]SBluck, NAlea. Remembering being me：The
self-continuity function of autobiographical memory in
younger and older adults[J]. Journal of Nepal Health
Research Council, 2008, 10（1）：55-70.

[32] 裴佳 . 基于品牌态度的消费者怀旧倾向对品牌忠诚的影
响研究 [D]. 杭州：杭州电子科技大学，2013.

[33] 曾艳红 . 服饰：文化的一种载体及传播媒介 [J]. 丝绸，
2013，50（1）：58-62.

[34] 符小聪 . 服饰蕴藏的显形文化与隐形文化 [J]. 艺术研
究，2010（4）:36-37.

[35] 张野萍 . 中国传统文化与现代化契合中的文化构建 [D].
延吉：延边大学，2012.

[36] 朱雪 . 中国传统文化的当代价值研究 [D]. 成都：西华
大学，2013.

[37] 齐志家 . 谈中国服饰观念的现代转换 [J]. 武汉科技学
院学报，2004，17（6）：90-92，95.

[38] 林萌 . 大学生中国传统服饰文化认同及与自我意识的关
系研究 [D]. 北京：北京服装学院，2015.

[39] 王玉 . 中国传统服饰文化认同量表的构建 [D]. 北京：
北京服装学院，2014.

[40] 罗伯特·F. 德威利斯 . 量表编制：理论与应用（原书
第 2 版）[M]. 魏永刚，龙长权，宋武，译 . 重庆：重庆大学
出版社，2004.

[41] 方开泰，潘恩沛 . 聚类分析 [M]. 北京：地质出版社，1982.

[42]Dehyle, D. Comtructing Failure and Maintaining
Cultural Identity：Navajo and Ute School Leavers[J]. Journal
of American Indian Education, 1991, 3l（2）：25-46.

[43] 刘明峰 . 文化创意与数位内容产品知识对文化认同及来
源国形象的创造效应 [D]. 台北：铭传大学，2006.

# 传播媒介形式和诉求对大学生中国传统服饰文化认同影响的实验研究

王丽丽 赵平 撰写　王秋月 眭晓慧 审校

摘要：基于大学生认知的特点，采用林荫（2015年）修正的大学生中国传统服饰文化认同量表，借鉴广告学和传播学领域的相关研究，首次尝试将媒介的概念运用到文化认同的研究中，通过控制传播媒介的内容诉求和媒介形式，探讨传播媒介的形式和内容诉求与大学生中国传统服饰文化认同之间的关系，之后提出了研究假设并构建了相应的理论模型，采用2×2实验法进行实验验证，得到如下结论：（1）大学生对中国传统服饰文化认同的三个维度中，认知自豪维度得分最高，其次是个性情感维度，行为意向维度最低。大学生中国传统服饰文化认同度在性别方面存在显著性差异，且女大学生文化认同量表总分高于男大学生。（2）在传播媒介形式不变的条件下，媒介的内容诉求对大学生中国传统服饰文化认同的影响受媒介形式控制。当媒介形式固定为图片时，媒介内容诉求对大学生中国传统服饰文化认同没有显著性影响；当媒介形式固定为图片＋文字时，媒介内容诉求对大学生中国传统服饰文化认同具有显著性影响，且理性诉求明显高于感性诉求。同时媒介内容诉求对大学生中国传统服饰文化认同的个性情感维度和行为意向维度均具有显著性影响，理性图片＋文字在这两个因子上的得分高于感性图片＋文字。（3）在传播媒介内容诉求不变的条件下，传播媒介的不同形式对大学生中国传统服饰文化认同具有显著性影响。图片＋文字的形式对认同度的影响明显优于图片形式。且媒介形式对大学生中国传统服饰文化认同量表的个性情感因子和行为意向因子均具有显著性影响，感性图片＋文字在这两个因子上的得分高于感性图片。在大学生中国传统服饰文化传播效果上：理性图片＋文字＞感性图片＋文字＞理性图片＞感性图片；在大学生中国传统服饰文化认同上：认知自豪＞个性情感＞行为意向。

关键词：媒介形式；内容诉求；中国传统服饰文化；大学生；文化认同

## 一、绪论

### （一）研究背景

2014年亚太经合组织（APEC）第22次会议在北京召开，会议招待晚宴上身着"新中装"出席的各国领导人及其家属的亮相，再一次向世界展示了中国传统服饰的深厚底蕴，引起了国人的热烈追捧和广泛关注。中国传统服饰文化的抢救、传承和创新又一次引起了政府、学术界和行业的高度重视。随着经济、信息、文化的全球化发展，人们超越本土文化的文化认同和价值认同趋向使国人的民族文化意识淡漠，中国人正在经历前所未有的认同危机。

"认同"原是心理学当中的一个概念，是指"个体认知与模仿他人或团体之态度行为，使其成为个人人格一个部分的心理历程"。认同涉及的领域很多，它的内涵在不同的学科内有着很大的不同。社会学者把认同的概念引入到社会学领域中，并对社会认同、组织认同、国家认同和民族认同进行了系统研究。认同进入营销学领域后，企业认同、品牌认同、顾客认同和组织文化认同成为研究热点。在心理学领域，自我认同、职业认同、角色认同、文化身份认同成为研究重点。其中，关于文化认同，学者们也尝试在各个领域从多个维度对其进行分析研究，文化认同正由理论研究开始转向实证研究，文化认同的研究势必最终要落实到大众身上。长期以来，中国传统服饰文化研究主要集中在历史学、设计学领域，主要围绕史料分析、传统服饰设计元素的应用，传统服饰工艺的保护和传承等方面展开。中国传统服饰文化研究的成果和信息主要是作为专业知识在服装专业和历史学、考古学领域传播，对于其他领域的人来说，中国传统服饰文化的传播受到很大的局限，这也恰恰导致了对传统服饰文化认同度的降低。然而，没有有效地传播，就难以达到真正的认同，传统服饰文化的继承和发展更是难以实现。在中国传统服饰文化传播的过程中，媒介作为传达信息的一种方式或者说是载体，如何有效利用各种传播媒介的形式，确立最有效的传播内容和传播形式，将传统服饰文化相关的研究成果及时而准确地传达给服装专业的学生、服装产业界和广大民众，增加民众对传统服饰文化的了解和认同，从而推动中国传统服饰文化的可持续发展，成为中国传统服饰文化研究面临的新课题。一方面，随着媒介市场化发展的要求，传播媒介形式和内容诉求向多样化方向发展，媒介融合的新趋势推动了传统服饰研究达到一个新的高度。学术界开始关注媒介形式之外的其他要素，比如媒体元素的个数，信息内容本身是逻辑说理还是情感诉求等。传播媒介的形式和内容诉求要素是否会影响中国传统服饰文化的传播效果，进而影响大学生对传统服饰文化的认知和态度，这正是本研究想要解决的问题所在。

（二）研究目的及意义

（1）通过对文化认同、服饰文化认同以及传播媒介形式、内容等相关文献的梳理，结合定量分析和定性分析的方法，将媒介概念引入到认同研究当中，探究媒介形式、内容与传统服饰文化认同之间的关系，并构建相应的理论模型。

（2）基于大学生的认知特点，利用已有大学生中国传统服饰文化认同量表对实验前后大学生的传统服饰文化认同进行测量，探究不同媒介形式和内容诉求对认同度的影响，并找到对大学生的传统服饰文化认同而言最为有效的媒介形式和内容诉求组合，从传播的角度提高大学生的中国传统服饰文化认同。

（3）实践方面，可以为中国风格服装品牌企业和设计师准确把握大众对传统服饰文化的认知和态度，并为企业在广告宣传、产品推广、新闻发布等方面提供参考，使其确立有效的广告宣传策略，为营销者实施有针对性的营销策略提供帮助。另一方面，研究结果对提高传统服饰文化传播的有效性和针对性有一定的指导意义，可以更有效地使大学生更加了解自己民族的服饰文化，提升民族自豪感和认同感。

## 二、实验研究

### （一）研究对象

中国传统服饰文化作为传统文化中重要的一部分，在全球化背景下，多元文化不断融合，本土文化受到外来文化的冲击，国人尤其是大学生群体的民族文化、本土文化意识有所淡漠。大学生群体作为中国传统服饰文化未来的传承人和接班人，他们的本土意识和本土文化认同对中国传统服饰文化的发展至关重要，通过研究他们的中国传统服饰文化认同和媒介因素之间的影响机制，对化解当代大学生的认同危机，提高传统服饰文化的传播效果具有重要的意义。

1. 研究模型构建

根据前人的研究，本研究将从媒介形式、内容诉求两个角度，对其在大学生中国传统服饰文化认同的认知自豪、个性情感、行为意向三个维度上的影响做进一步研究；态度的改变是文化认同改变的内在原因，将态度改变理论纳入到研究模型当中，对研究结论做进一步解释；同时，将大学生性别作为协变量，探讨男女大学生在中国传统服饰文化认同上的差异；通过小样本实验研究初始认同对大学生中国传统服饰文化认同的影响。基于以上构想，本研究拟用图1所示的模型来探究传播媒介的形式和内容诉求对大学生中国传统服饰文化认同的影响机制和特点。

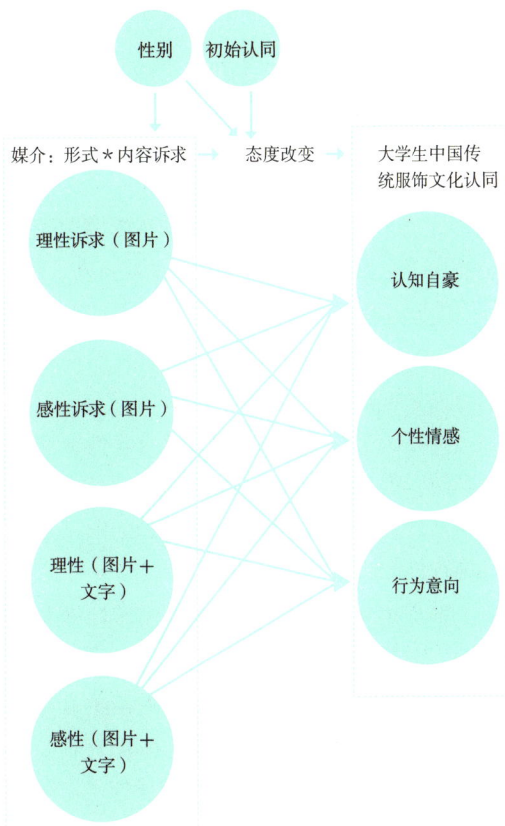

图 1　研究模型

2. 相关假设的提出

基于以上研究，本研究提出以下假设：

假设 H1：在媒介内容诉求不变的条件下，媒介形式对大学生中国传统服饰文化认同的影响具有显著性差异。

假设 H1a：在媒介内容诉求为理性诉求的条件下，图片＋文字的媒介形式对大学生中国传统服饰文化认同的影响显著优于图片形式。

假设 H1b：在媒介内容诉求为感性诉求的条件下，图片＋文字的媒介形式对大学生中国传统服饰文化认同的影响显著优于图片形式。

假设 H2：在媒介形式不变的条件下，媒介内容诉求对大学生中国传统服饰文化认同的影响具有显著性差异。

假设 H2a：在媒介形式为图片形式的条件下，理性诉求内容对大学生中国传统服饰文化认同的影响显著优于感性诉求内容。

假设 H2b：在媒介形式为图片＋文字形式的条件下，理性诉求内容对大学生中国传统服饰文化认同的影响显著优于感性诉求内容。

假设 H3：在媒介内容诉求不变的条件下，媒介形式对大学生中国传统服饰文化认同个性情感因子的影响具有显著性差异。

假设 H3a：在媒介内容诉求为理性诉求的条件下，图片＋文字的媒介形式对大学生中国传统服饰文化认同个性情感维度的影响显著优于图片形式。

假设 H3b：在媒介内容诉求为感性诉求的条件下，图片＋文字的媒介形式对大学生中国传统服饰文化认同个性情感维度的影响显著优于图片形式。

假设 H4：在媒介形式不变的条件下，媒介内容诉求对大学生中国传统服饰文化认同个性情感因子没有显著性影响。

假设 H5：在媒介内容诉求不变的条件下，媒介形式对大学生中国传统服饰文化认同的行为意向因子的影响具有显著性差异。

假设 H5a：在媒介内容诉求为理性诉求的条件下，图片＋文字的形式对大学生中国传统服饰文化认同行为意向维度的影响显著优于图片形式。

假设 H5b：在媒介内容诉求为感性诉求的条件下，图片＋文字的形式对大学生中国传统服饰文化认同行为意向维度的影响显著优于图片形式。

假设 H6：在媒介形式不变的条件下，不同

媒介内容诉求对大学生中国传统服饰文化认同的行为意向因子的影响具有显著性差异。

假设 H6a：在媒介形式为图片的条件下，理性诉求内容对大学生中国传统服饰文化认同行为意向维度的影响显著优于感性诉求内容。

假设 H6b：在媒介形式为图片＋文字的条件下，理性诉求内容对大学生中国传统服饰文化认同行为意向维度的影响显著优于感性诉求内容。

假设 H7：传播媒介的形式和内容诉求对大学生中国传统服饰文化认同的认知自豪因子没有显著性影响。

假设 H8：与男性相比，女性较易受到媒介形式和内容诉求的影响，产生较好的大学生中国传统服饰文化认同。

（二）中国传统服饰文化认同量表的选取

本论文采用的大学生中国传统服饰文化认同量表是林荫在 2015 年修正的中国传统服饰文化认同量表，是在王玉（2014 年）编制的中国传统服饰文化认同量表的基础上，结合大学生的认知特点，通过量表项目分析检验对中国传统服饰文化认同量表的题项进行了分析和删除，形成了包含 21 个题项的大学生中国传统服饰文化认同量表（表 1）。根据每个因子所包含的题项内容和意义在相关专家的建议下，将三个因子分别命名为"行为意向因子""认知自豪因子""个性情感因子"。行为意向因子共包含 11 个题项，包括题项 $q_6$、$q_7$、$q_9$、$q_{10}$、$q_{11}$、$q_{12}$、$q_{17}$、$q_{18}$、$q_{19}$、$q_{20}$、$q_{21}$；认知自豪因子共包含 6 个题项，包括题项 $q_1$、$q_2$、$q_3$、$q_4$、$q_5$、$q_8$；个性情感因子共包含 4 个题项，包括题项 $q_{13}$、$q_{14}$、$q_{15}$、$q_{16}$。

**表 1　大学生中国传统服饰文化认同量表**

| 题项 | 1. 很不同意 | 2. 不太同意 | 3. 一般 | 4. 比较同意 | 5. 非常同意 |
|---|---|---|---|---|---|
| $q_1$ 中国红是最具有代表性的传统服装色彩之一 | | | | | |
| $q_2$ 中国传统服装常用的面料有麻、丝绸和棉 | | | | | |
| $q_3$ 我认为中国传统服饰是很有深厚底蕴的 | | | | | |
| $q_4$ 我为中国有灿烂的服饰文化而自豪 | | | | | |
| $q_5$ 领导人出访穿着的中国风格的服装很大气 | | | | | |
| $q_6$ 逛街的时候我会去中国风格服装店里逛逛 | | | | | |
| $q_7$ 见到中国传统风格的服装我很想用手机拍下来 | | | | | |
| $q_8$ 我觉得丝绸的衣服高贵大气 | | | | | |
| $q_9$ 我想学习传统刺绣和编织 | | | | | |
| $q_{10}$ 我会去看中国传统服饰的各种展览 | | | | | |
| $q_{11}$ 我愿意在某些固定场合穿着中国风格服装 | | | | | |
| $q_{12}$ 我会主动搜集中式服装的相关资料，尽力去接触相关信息 | | | | | |
| $q_{13}$ 我觉得穿中国风格的服装能够表现我的与众不同 | | | | | |
| $q_{14}$ 中国传统服装的宽松感是为了体现人与自然的和谐 | | | | | |
| $q_{15}$ 我喜欢传统服装给人的那种无拘无束的感觉 | | | | | |
| $q_{16}$ 穿有中国元素的服装能让我内心愉悦 | | | | | |
| $q_{17}$ 我会收藏中国传统的面料和服饰品 | | | | | |
| $q_{18}$ 每次逛博物馆的时候，展出的中国古代服饰品都很吸引我 | | | | | |
| $q_{19}$ 如果不考虑价格，我会考虑去购买中国风格服装 | | | | | |
| $q_{20}$ 我愿意花更多时间去了解中国传统服饰 | | | | | |
| $q_{21}$ 如果市场上没有我喜欢的中国风格的服装，我会去定制 | | | | | |

（三）开放式访谈

1. 访谈对象

开放式访谈主要选取了在校大学生 40 人，其中艺术设计类专业 19 人、理工类专业 9 人、经管类 5 人、医学类专业 7 人。

2. 访谈目的

了解目前大学生认知中的中国传统服饰及其代表性元素，以及近年来印象最深刻的中式服装或元素，对传播媒介的理解和看法，初步筛选正式实验图片和文字刺激材料。

3. 访谈过程

访谈以面对面的形式进行，依据提前设计好的访谈提纲为参考（附录一）。访谈过程中保持中立的态度，以访谈提纲为依据，但是不限制访谈对象的意见发表，同时在征得访谈对象同意的前提下，对整个访谈过程进行录音，访谈结束后，将录音转换成文字内容，并对访谈信息进行归类整理，整个访谈控制在 20 分钟以内。

4.访谈结果

在本次开放式访谈中发现，几乎每位受访者都会提及他们印象最深的一次关于中国传统服饰的事件就是"亚太经合组织（APEC）第22次会议"，身着"新中装"的各国领导人及家属的亮相，引起了国人对中国传统服饰的广泛关注，多数受访者表达了这件事所带给他们的民族自豪感和文化认同感。

基于以上开放式访谈的内容，本研究在接下来的实验部分，将选用2014年APEC领导人及配偶所着"新中装"作为实验刺激图片。

（四）预实验

1.实验图片的确定

（1）被试：随机选取在校大学生60名，视力或矫正视力正常，且自愿参加实验。

（2）实验程序：通过前期开放式访谈，确立图片材料为访谈中提及率以及认知程度最高的"2014APEC领导人及配偶服饰"共10幅，接下来对10幅图片进行以下三项预实验的初步筛选。

2.图片内容诉求的确定

图片诉求方式需要在正式实验开始之前被检测，根据霍姆斯（Holmes）和克罗克（Crocker）的设计，被设定的诉求在所有回答中的人数达到50％就被视为达到预先设定的诉求目标。为了使被测试者对于"媒介内容诉求"这一概念有更好的理解，以保证实验的准确性。本研究在测试中采取了"您认为这幅图片采用了什么样的表达方式"的提问方式。根据被试的量表打分数统计（表2），最终筛选出感性诉求图片和理性诉求图片各1张。

表2 图片内容诉求测定结果

| 图片序号 | N | 均值 | 标准差 | 均值的标准误差 |
|---|---|---|---|---|
| 图片5 | 60 | 3.60 | 1.028 | 0.133 |
| 图片6 | 60 | 2.38 | 0.940 | 0.121 |

对初步确定的感性诉求图片和理性诉求图片的诉求得分进行单因素方差分析（置信水平为0.05），结果（表3）表明感性诉求和理性诉求的实验刺激图片的得分之间存在显著性差异。

表3 图片内容诉求方差分析结果

| | 平方和 | DF | 均方 | F值 | P值 |
|---|---|---|---|---|---|
| 组间 | 44.408 | 1 | 44.408 | 45.733 | 0.000 |
| 组内 | 114.583 | 118 | 0.971 | | |
| 总数 | 158.992 | 119 | | | |

3.文字信息及其诉求的确定

（1）被试：随机选取在校大学生64名，视力或矫正视力正常，且自愿参加实验。

（2）实验程序：根据每张图片的信息和之前设定的内容诉求编写与之相一致的描述性文字信息；将被试分为两组并随机抽取图片和文字，让被试评估图片的信息与内容诉求中文字所表达的内容是否一致；使用1~5级评分对内容的一致性和文字的诉求方式进行打分，最终生成正式实验所需的"文字"材料（表4~表6）。

表4 文字与图片内容一致性测定结果

| | 序号 | N | 均值 | 标准差 | 均值的标准误差 |
|---|---|---|---|---|---|
| 得分 | 感性文字 | 32 | 4.31 | 0.592 | 0.105 |
| | 理性文字 | 32 | 4.38 | 0.554 | 0.098 |

**表5　文字内容诉求测定结果**

| | 序号 | *N* | 均值 | 标准差 | 均值的标准误差 |
|---|---|---|---|---|---|
| 得分 | 理性文字 | 32 | 4.31 | 0.592 | 0.105 |
| 得分 | 感性文字 | 32 | 4.38 | 0.554 | 0.098 |

**表6　文字内容诉求的独立样本检验**

| | 方差方程的 Levene 检验 | | 均值方程的 *T* 检验 | | | | | 95% 置信区间 | |
|---|---|---|---|---|---|---|---|---|---|
| | *F* 值 | *P* 值 | *T* 值 | 自由度 *DF* | *P* 值 | 均值差值 | 标准误差值 | 下限 | 上限 |
| 假设方差相等 | 0.007 | 0.935 | 14.330 | 62 | 0.000 | 2.406 | 0.168 | 2.071 | 2.742 |
| 假设方差不相等 | | | 14.330 | 61.280 | 0.000 | 2.406 | 0.168 | 2.071 | 2.742 |

（五）正式实验

实验 1. 大学生中国传统服饰文化认同影响的初始研究

（1）研究目的：基于大学生群体初始中国传统服饰文化的认知，在接受实验刺激后，是否会产生传统服饰文化认同的改变。并进一步探讨在中国传统服饰文化不同维度上的影响。

（2）被试：从北京服装学院随机抽取 34 名大学生（男 14 名，女 20 名）作为被试。视力（或矫正视力）1.0 以上，色觉感知正常。

（3）实验程序：本实验分为前测实验和后测实验两个阶段。

①第一阶段：前测实验。

依次给 34 名大学生进行 1~34 号的编号，然后向 34 名被试大学生发放大学生中国传统服饰文化认同量表，要求被试仔细阅读量表要求，按照自己的实际情况对量表进行 1~5 级评分。

②第二阶段：后测实验。

后测实验在被试完成前测实验的一个月之后进行，以消除前测实验对被试的影响。重新召集前测实验中的 34 名大学生，按照前测实验

中的编号随机抽取预实验中生成的图片和图片 + 文字材料中的一项，接下来对抽取的材料进行 50 秒阅读。最后要求被试对大学生中国传统服饰文化认同量表进行打分。

③实验结果：结果显示前测实验和后测实验的大学生中国传统服饰文化认同之间存在显著性差异，正式实验所用图片和文字确实对大学生中国传统服饰文化认同产生了影响（表7~表9）。

**表7　前测实验和后测实验的成对样本统计量**

| | 均值 | 样本数 *N* | 标准差 | 均值的标准误差 |
|---|---|---|---|---|
| 初始认同 | 75.65 | 34 | 5.592 | 0.959 |
| 测试后认同 | 82.68 | 34 | 4.558 | 0.782 |

**表8　成对样本相关系数**

| | 样本数 *N* | 相关系数 | *P* 值 |
|---|---|---|---|
| 初始认同 & 测试后认同 | 34 | 0.626 | 0.000 |

表9　前测实验和后测实验的配对样本检验

| | 均值 | 标准差 | 均值的标准误差 | 95% 置信区间 | | T 值 | 自由度 DF | P 值 |
|---|---|---|---|---|---|---|---|---|
| | | | | 下限 | 上限 | | | |
| 初始认同－测试后认同 | −7.029 | 4.489 | 0.770 | −8.596 | −5.463 | −9.131 | 33 | 0.000 |

　　通过本实验的成对样本的配对 T 检验结果，该研究中所用的实验刺激图片和文字确实可以对大学生的中国传统服饰文化认同产生显著性影响，实验材料具有有效性。

　　实验2.传播媒介的形式和内容诉求对大学生中国传统服饰文化认同影响的实验研究

　　（1）实验目的：探究传播媒介的不同形式（图片/图片＋文字）和内容诉求（感性/理性）对大学生中国传统服饰文化认同的影响机制。

　　（2）被试：要求年龄为18~30岁的在校大学生群体，包括硕士及以上学历。视力或矫正视力正常，男女比例为1∶1.2。

　　（3）实验材料：经过预实验的测试，共生成感性诉求图片1张、理性诉求图片1张、感性诉求图片＋文字1张、理性诉求图片＋文字1张，共4组实验材料。

　　（4）实验过程：实验采取2×2的实验设计，同时将性别作为协变量进行研究。正式实验选择在专业问卷调查网络平台问卷星上进行，并且不再重复进行预实验当中的初始传统服饰文化认同的测试。正式实验开始时，被试进入问卷星测试平台后只能随机抽取四组实验材料中的一组，实验第一步需要先认真观看实验材料50秒，然后需要被试按1~5级打分完成量表的打分。本次实验共回收问卷1100份，其中有效问卷1000份，男女比例为1∶1.2。

## 三、数据分析

　　（一）传播媒介的形式和诉求对大学生中国传统服饰文化认同的影响

　　1. 在传播媒介诉求不变的条件下，形式对大学生中国传统服饰文化认同的影响

　　（1）对感性图片组和感性图片＋文字组的中国传统服饰文化认同量表得分进行独立样本检验，结果显示两者之间具有显著性差异，且感性图片＋文字组（M=79.84，SD=12.872）得分高于感性图片（M=78.01，SD=12.478）组得分。结果如表10所示。

表10　感性图片和感性图片＋文字的独立样本检验

| | 方差方程的 Levene 检验 | | 均值方程的 T 检验 | | | | | 95% 置信区间 | |
|---|---|---|---|---|---|---|---|---|---|
| | F 值 | P 值 | T 值 | 自由度 DF | P 值 | 均值差值 | 标准误差值 | 下限 | 上限 |
| 假设方差相等 | 2.281 | 0.132 | 4.837 | 498 | 0.000 | 5.484 | 1.134 | 3.256 | 7.712 |
| 假设方差不相等 | | | 4.837 | 497.519 | 0.000 | 5.484 | 1.134 | 3.256 | 7.712 |

（2）对理性图片组和理性图片+文字组的中国传统服饰文化认同量表得分进行独立样本检验，结果显示两者之间具有显著性差异，且理性

图片+文字组（M=82.8，SD=8.986）得分高于理性图片组（M=78.61，SD=10.810）得分。结果如表 11 所示。

**表 11　理性图片和理性图片+文字独立样本检验**

| | 方差方程的 Levene 检验 | | 均值方程的 $T$ 检验 | | | | | 95% 置信区间 | |
| --- | --- | --- | --- | --- | --- | --- | --- | --- | --- |
| | $F$ 值 | $P$ 值 | $T$ 值 | 自由度 $DF$ | $P$ 值 | 均值差值 | 标准误差值 | 下限 | 上限 |
| 假设方差相等 | 6.634 | 0.019 | −5.786 | 498 | 0.000 | −5.144 | 889 | −6.891 | −3.397 |
| 假设方差不相等 | | | −5.786 | 481.895 | 0.000 | −5.144 | 889 | −6.891 | −3.397 . |

通过以上两组实验结果可知，传播媒介的内容诉求不变时，图片形式和图片+文字形式在大学生中国传统服饰文化认同量表的得分上具有显著性差异，且图片+文字形式得分明显高于图片形式得分。

2.在传播媒介形式不变的条件下，诉求对大学生中国传统服饰文化认同的影响

（1）对理性图片组和感性图片组的中国传统服饰文化认同量表得分进行独立样本检验，结果显示两者之间没有达到显著性差异（表12）。

**表 12　理性图片和感性图片的独立样本检验**

| 均值方程的 T 检验 | | | | | | | |
| --- | --- | --- | --- | --- | --- | --- | --- |
| $T$ 值 | 自由度 $DF$ | $P$ 值 | 均值差值 | 标准误差值 | 95% 置信区间 | |
| | | | | | 下限 | 上限 |
| 732 | 498 | 465 | 764 | 1.044 | −1.28 | 2.816 |
| 732 | 488.08 | 465 | 764 | 1.044 | −1.288 | 2.816 |

（2）对理性图片+文字组与感性图片+文字组的中国传统服饰文化认同量表的得分进行

独立样本检验，结果显示两者之间达到显著性差异（表13、表14）。

**表 13　理性图片+文字和感性图片+文字的独立样本检验**

| | 方差方程的 Levene 检验 | | 均值方程的 $T$ 检验 | | | | | 95% 置信区间 | |
| --- | --- | --- | --- | --- | --- | --- | --- | --- | --- |
| | $F$ 值 | $P$ 值 | $T$ 值 | 自由度 $DF$ | $P$ 值 | 均值差值 | 标准误差值 | 下限 | 上限 |
| 假设方差相等 | 34.993 | 0.000 | −9.935 | 498 | 0.000 | −9.864 | 0.993 | −11.815 | −7.913 |
| 假设方差不相等 | | | −9.935 | 445.099 | 0.000 | −9.864 | 0.993 | −11.815 | −7.913 |

**表 14　四组实验描述统计分析**

| | 图片 | | 图片 + 文字 | |
|---|---|---|---|---|
| | 感性诉求 | 理性诉求 | 感性诉求 | 理性诉求 |
| 样本数 N | 250 | 250 | 250 | 250 |
| 平均值 Mean | 78.01 | 78.61 | 79.84 | 82.8 |
| 标准差 SD | 12.478 | 10.810 | 12.872 | 8.986 |
| 均值的标准误差 | 0.789 | 0.684 | 0.814 | 0.814 |

从以上实验可以得出，图片 + 文字形式的传播效果要大于图片形式的传播效果。而图片的内容诉求是否有助于信息的传播取决于传播媒介的形式。

（二）传播媒介的形式和内容对大学生中国传统服饰文化认同各维度影响不同实验组的比较

1. 个性情感因子

感性图片组与理性图片组相比，两种诉求方式并没有影响大学生中国传统服饰文化认同在个性情感维度上的打分。$P=0.104 > 0.05$，两者没有达到显著性差异（表 15）。

**表 15　个性情感因子上的独立样本检验**

| | | 方差方程的 Levene 检验 | | 均值方程的 T 检验 | | | | | 95% 置信区间 | |
|---|---|---|---|---|---|---|---|---|---|---|
| | | F 值 | P 值 | T 值 | 自由度 DF | P 值 | 均值差值 | 标准误差值 | 下限 | 上限 |
| 感性图片 vs 感性图片 = 文字 | 假设方差相等 | 2.632 | 0.000 | -4.414 | 498 | 0.000 | -1.236 | 0.280 | -1.786 | -0.686 |
| | 假设方差不相等 | | | -4.414 | 492.799 | 0.000 | -1.236 | 0.280 | -1.786 | -0.686 |
| 感性图片 vs 理性图片 | 假设方差相等 | 3.374 | 0.067 | -1.272 | 498 | 0.204 | -320 | 0.252 | -0.814 | 0.174 |
| | 假设方差不相等 | | | -1.272 | 491.832 | 0.204 | -320 | 0.252 | -0.814 | 0.174 |
| 感性图片 + 文字 vs 理性图片 + 文字 | 假设方差相等 | 5.696 | 0.017 | -1.629 | 498 | 0.104 | -0.444 | 0.273 | -0.980 | 0.092 |
| | 假设方差不相等 | | | -1.629 | 485.058 | 0.104 | -.0444 | 0.273 | -0.980 | 0.092 |
| 理性图片 vs 理性图片＋文字 | 假设方差相等 | 1.325 | 0.250 | -5.591 | 498 | 0.000 | -1.360 | 0.243 | -1.838 | -0.882 |
| | 假设方差不相等 | | | -5.591 | 496.724 | 0.000 | -1.360 | 0.243 | -1.838 | -0.882 |

2. 认知自豪因子

独立样本 T 检验结果表明，在 95% 的置信区间内，两组实验结果均没有达到显著性差异。说明在认知自豪因子上，在媒介的内容诉求不变的条件下，对媒介形式的操控是无效的。当传播媒介的形式不变时，接受媒介内容诉求操控的被试在认知自豪因子题项的打分上没有显著性差异。说明在传播媒介形式不变的条件下，对媒介内容诉求的操控是无效的（表 16）。

**表 16　认知自豪因子上的独立样本检验**

| | | 方差方程的 Levene 检验 | | 均值方程的 T 检验 | | | | | 95% 置信区间 | |
|---|---|---|---|---|---|---|---|---|---|---|
| | | F 值 | P 值 | T 值 | 自由度 DF | T 值 | 均值差值 | 标准误差值 | 下限 | 上限 |
| 感性图片 vs 图片 + 文字 | 假设方差相等 | 3.468 | 0.063 | −1.146 | 498 | 0.252 | −0.404 | 0.352 | −1.096 | 0.288 |
| | 假设方差不相等 | | | −1.146 | 469.841 | 0.252 | −0.404 | 0.352 | −1.096 | 0.288 |
| 感性图片 vs 理性图片 | 假设方差相等 | 4.865 | 0.028 | −0.890 | 498 | 0.374 | −0.308 | 0.346 | −0.988 | 0.372 |
| | 假设方差不相等 | | | −0.890 | 459.455 | 0.374 | −0.308 | 0.346 | −0.988 | 0.372 |
| 感性图片 + 文字 vs 理性图片 + 文字 | 假设方差相等 | 0.795 | 0.373 | −0.180 | 498 | 0.857 | −0.052 | 0.289 | −0.619 | 0.515 |
| | 假设方差不相等 | | | −0.180 | 490.260 | 0.857 | −0.052 | 0.289 | −0.619 | 0.515 |
| 理性图片 vs 理性图片 + 文字 | 假设方差相等 | 0.276 | 0.600 | −0.527 | 494.998 | 0.599 | −0.148 | 0.281 | −0.700 | 0.404 |
| | 假设方差不相等 | | | −0.527 | 498 | 0.599 | −0.148 | 0.281 | −0.700 | 0.404 |

3. 行为意向因子

独立样本检验结果，在 95% 的置信区间内，两组实验结果均没有达到显著性差异。说明在行为意向因子上，在媒介内容诉求为感性诉求的条件下，媒介形式的操控对被试是无效的。在媒介形式为图片的条件下，媒介内容诉求的操控对被试无效（表 17）。

**表 17　行为意向因子上的独立样本检验**

| | | 方差方程的 Levene 检验 | | 均值方程的 T 检验 | | | | | 95% 置信区间 | |
|---|---|---|---|---|---|---|---|---|---|---|
| | | F 值 | P 值 | T 值 | 自由度 DF | P 值 | 均值差值 | 标准误差值 | 下限 | 上限 |
| 感性图片 vs 感性图片 + 文字 | 假设方差相等 | 0.603 | 0.438 | −0.245 | 498 | 0.807 | −0.188 | 0.768 | −1.697 | 1.321 |
| | 假设方差不相等 | | | −0.245 | 497.993 | 0.807 | −0.188 | 0.768 | −1.697 | 1.321 |
| 感性图片 vs 理性图片 | 假设方差相等 | 0.380 | 0.538 | 0.258 | 498 | 0.797 | 0.188 | 0.729 | −1.245 | 1.621 |
| | 假设方差不相等 | | | 0.258 | 492.573 | 0.797 | 0.188 | 0.729 | −1.245 | 1.621 |
| 感性图片 + 文字 vs 理性图片 + 文字 | 假设方差相等 | 17.548 | 0.000 | −3.783 | 498 | 0.000 | −2.612 | 0.690 | −3.968 | −1.256 |
| | 假设方差不相等 | | | −3.783 | 470.275 | 0.000 | −2.612 | 0.690 | −3.969 | −1.256 |
| 理性图片 vs 理性图片 + 文字 | 假设方差相等 | 8.247 | 0.004 | −4.618 | 498 | 0.000 | −2.988 | 0.647 | −4.259 | −1.717 |
| | 假设方差不相等 | | | −4.618 | 488.729 | 0.000 | −2.988 | 0.647 | −4.259 | −1.717 |

## 四、结果分析与建议

通过前面对实验数据的统计分析，对本文提出的 8 个假设进行了假设检验，假设检验的情况如表 18 所示。

**表 18　假设检验情况**

| 研究假设 | 结果 |
| --- | --- |
| 假设 H1：在媒介内容诉求不变的条件下，媒介形式对大学生中国传统服饰文化认同的影响具有显著性差异 | 接受 |
| 假设 H1a：在媒介内容诉求为理性诉求的条件下，图片＋文字的媒介形式对大学生中国传统服饰文化认同的影响显著优于图片形式 | 接受 |
| 假设 H1b：在媒介内容诉求为感性诉求的条件下，图片＋文字的媒介形式对大学生中国传统服饰文化认同的影响显著优于图片形式 | 接受 |
| 假设 H2：在媒介形式不变的条件下，媒介内容诉求对大学生中国传统服饰文化认同的影响具有显著性差异 | 拒绝 |
| 假设 H2a：在媒介形式为图片形式的条件下，理性诉求内容对大学生中国传统服饰文化认同的影响显著优于感性诉求内容 | 拒绝 |
| 假设 H2b：在媒介形式为图片＋文字形式的条件下，理性诉求内容对大学生中国传统服饰文化认同的影响显著优于感性诉求内容 | 接受 |
| 假设 H3：媒介内容诉求不变的条件下，媒介形式对大学生中国传统服饰文化认同个性情感因子的影响具有显著性差异 | 接受 |
| 假设 H3a：在媒介内容诉求为理性诉求的条件下，图片＋文字的媒介形式对大学生中国传统服饰文化认同个性情感维度的影响显著优于图片形式 | 接受 |
| 假设 H3b：在媒介内容诉求为感性诉求的条件下，图片＋文字的媒介形式对大学生中国传统服饰文化认同个性情感维度的影响显著优于图片形式 | 接受 |
| 假设 H4：在媒介形式不变的条件下，媒介内容诉求对大学生中国传统服饰文化认同个性情感因子的影响没有显著性差异 | 接受 |
| 假设 H5：在媒介内容诉求不变的条件下，媒介形式对大学生中国传统服饰文化认同的行为意向因子的影响具有显著性差异 | 拒绝 |
| 假设 H5a：在媒介内容诉求为理性诉求的条件下，图片＋文字的形式对大学生中国传统服饰文化认同行为意向维度的影响显著优于图片形式 | 接受 |
| 假设 H5b：在媒介内容诉求为感性诉求的条件下，图片＋文字的形式对大学生中国传统服饰文化认同行为意向维度的影响显著优于图片形式 | 拒绝 |
| 假设 H6：在媒介形式不变的条件下，不同媒介内容诉求对大学生中国传统服饰文化认同的行为意向因子的影响具有显著性差异 | 拒绝 |
| 假设 H6a：在媒介形式为图片的条件下，理性诉求内容对大学生中国传统服饰文化认同行为意向维度的影响显著优于感性诉求内容 | 拒绝 |
| 假设 H6b：在媒介形式为图片＋文字的条件下，理性诉求内容对大学生中国传统服饰文化认同行为意向维度的影响显著优于感性诉求内容 | 接受 |
| 假设 H7：传播媒介的形式和内容诉求对大学生中国传统服饰文化认同的认知自豪因子没有显著性影响 | 接受 |
| 假设 H8：与男性相比，女性较易受到媒介形式和内容诉求的影响，产生较好的大学生中国传统服饰文化认同 | 接受 |

## （一）讨论

### 1. 媒介形式

研究结果显示，在传播信息的内容诉求一定的条件下，图片＋文字形式的传播效果明显大于图片形式传播效果。究其原因，对于中国传统服饰文化这种复杂抽象的概念，仅靠图片是难以表达尽其所包含的深厚的文化底蕴、复杂的传统技艺、丰富多彩的传统符号象征意义。由于认知水平和所学专业的限制，非艺术类专业的学生对中国传统服饰文化方面的了解少之又少，单纯的一张图片在他们看来或许只是一件简单的传统服装，而对于传统服饰文化所要传达的文化精髓，对他们来讲是晦涩难懂的。图片的表达具有丰富性和开放性，每个人的成长经历和学习经历不同，对于同一张图片的理解也是不一样的，关注的点自然也就不一样。对于非艺术专业的学生，使用文字解释可以帮助他们加深对中国传统服饰文化的理解。接受图片+文字形式操控的被试在设定的中国传统服饰文化的信息学习过程中获得了更多准确、直接的信息，因而态度改变也更加明显，外在的表现即中国传统服饰文化认同的提高。

2.媒介内容诉求

在本研究中借鉴前人在广告领域的相关研究，结合大学生的认知特点，对图片的感性诉求和理性诉求分别进行了界定。认为理性诉求的图片以传达出服装本身的技术、工艺质量、价值等内容为核心，以激发诉求对象的理性思考和判断为目标。感性诉求是指以传递出服装的精神属性和象征意义、文化内涵等内容为核心，以引起诉求对象的情感反应为目标。本研究发现，对于大学生中国传统服饰文化认同，感性诉求的图片和理性诉求的图片都能引起大学生较为积极的反应。从霍夫兰德（Hovland）提出的态度改变的说服模型来看，不同诉求的图片对传播媒介过程中的感情迁移产生影响，但无论是感性诉求还是理性诉求，其感情迁移的程度不足以引起态度改变之间的差异，故两者对大学生传统服饰文化认同的影响均不存在显著性差异。

（二）建议

研究发现：媒介形式、内容诉求、受众性别这三种因素都在一定程度上对大学生中国传统服饰文化认同的认知自豪、个性情感和行为意向层面造成了影响。研究所得出的结论具有一定的理论意义和实践价值。

（1）对于中国传统服饰文化相关的传播内容，图文并茂的传播形式优于纯图片形式的传

播。因而，中国传统服饰相关的内容更适合搭配以理性叙说方式对服装技术、工艺质量、价值等进行解释的文字说明，这样的传播形式能在最大程度上获得受众情感和认知上的认可。由此可知，大多数服装类杂志上最常采用的没有任何文字说明的单页大彩图的传播形式，只会在短时间内引起消费者的情感维度上的共鸣，本质上并不会引起消费者认同的改变，故也不会产生相应的购买行为意向。

（2）中式服装企业在进行产品宣传和品牌传播过程中，在同样选择图片配文字的传播形式下，建议剔除宣传文字中过多的情感铺垫和无病呻吟，专注于能深刻表达服装本身的技术、工艺、质量等核心内容的可靠信息，以获得消费者理性上的认可，增强消费者对品牌文化的认可和信任。

## 五、结论与展望

（一）结论

（1）通过四组独立实验数据分析可知，在传播媒介内容诉求不变的条件下，传播媒介的不同形式对大学生中国传统服饰文化认同具有显著性影响；图片+文字的形式在量表总分上高于纯图片的传播形式。

（2）在传播媒介形式不变的条件下，媒介的内容诉求对大学生中国传统服饰文化认同没有显著性影响。当媒介形式固定为图片时，媒介内容诉求对大学生中国传统服饰文化认同没有显著性影响；当媒介形式固定为图片+文字时，媒介内容诉求对大学生中国传统服饰文化认同具有显著性影响；且理性诉求量表总分高于感性诉求量表得分。

（3）在大学生中国传统服饰文化认同量表

的"认知自豪因子""行为意向因子""个性情
感因子"三个因子中，认知自豪因子得分均值
最高，行为意向因子得分均值最低。个性情感
因子得分基本持平。大学生群体在接受中国传
统服饰文化信息刺激后，在认知自豪因子和个
性情感因子的得分上表现最为显著，在行为意
向因子上则没有显著性改变。

（二）局限与展望

由于国内外对大学生中国传统服饰文化认
同的实验研究较少，可借鉴的实验方法有限，
而从传播媒介的形式和内容入手的研究几乎没
有。前人在广告领域对广告的诉求影响方面和
多媒体传播组合效果方面进行了大量研究，但
是由于实验样本和控制条件的差异，实验结论
不一。本研究中借鉴广告学领域对感性诉求和
理性诉求的定义对实验中的内容诉求进行了界
定，不一定完全适用于作为图片内容诉求的界
定，由于本人专业能力有限，在图片内容诉求
这一概念上未做出准确界定，未来的研究者可
以在这个角度更加深入分析，提出相关建议。

参考文献

[1] 赵菁，张胜利，廖建太.论文化认同的实质与核心 [J].
兰州学刊，2013（6）：184-189.

[2] 高良，王子怡.新媒体环境下传统文化的传播和可持续
发展——以中国服饰文化为例 [J].艺术百家，2011（7）：
179-182.

[3] 琼恩·基顿.传播研究方法 [M].邓建国，张国良，译.上
海：复旦大学出版社，2009：146-147.

[4] 张繁荣.论中国传统服饰文化 [J].纺织导报，2007（11）：
95-97.

[5] 曾艳红.服饰：文化的一种载体及传播媒介 [J].丝绸，
2013，50（1）：58-62.

[6] 曲媛.服饰文化溯源 [J].吉林艺术学院学报，1999（3），
63-64.

[7] 苑涛，章亚昕.中国服饰文化与角色心态 [J].齐鲁学刊，
1991（5）：22-28.

[8] 张席淼.论中华民族传统服饰文化的审美特质 [J].宁波
大学学报（人文科学版），2009，22（5）：136-140.

[9] 邢烨丹.浅论中国服饰文化的传承与发展 [J].太原城市
职业技术学院学报，2013（7）：67-68.

[10] 齐志家.谈中国服饰观念的现代转换 [J].武汉科技学
院学报，2004（6）：90-93.

[11] 梁英.大学生对社会主义核心价值体系的认同及其影响
因素 [J].学习与实践，2009（8）：89-93.

[12] 李文瑞.大学生文化认同研究综述 [J].安康学院学报，
2013（4）：99-103.

[13] 李素华.对认同概念的理论述评 [J].兰州学刊，2005
（4）：201-203.

[14] 奚彦辉.大学生思想形成的认同机制探究 [J].思想理
论教育导刊，2011（4）：99-102.

[15] 安玉杰.延边朝鲜族高中生民族认同状况及其影响因素
的研究 [D].延吉：延边大学，2010.

[16] 陈晶.延边朝鲜族高中生民族认同状况及其影响因素的
研究 [D].武汉：华中师范大学，2010.

[17] 陈万柏，朱秀琴.关于大学生国家认同的研究综述 [J].
思想政治教育研究，2013（4）：47-50.

[18] 郑晓云.文化认同与文化变迁 [M].北京：中国社会科
学出版社，1992.

[19]Sigmund Freud. The Complete Letters of
Sigmund Freud to Wilhelm Fliess，1887-1904[M].
Belknap Press，1986.

[20]ER Oet ting, F Beauvais.Orthogonal Cultural
Identification Theory：The Cultural Identification of
Minority Adolescents[J]. International Journal of the
Addictions，1991，25（5）：655-685.

[21] 樊娟.新生代大学生文化认同危机及其应对 [D].杭州：
浙江大学，2009.

[22] 周海华.大学生对汉服的内隐态度研究 [D].重庆：西
南大学，2011.

[23] 董巍.态度改变——说服模型的理论传承及其简化 [J].黑龙
江教育学院学报，2009（5）：75-76.

[24] 王贺峰.消费者态度改变的影响因素与路径分析——基于消费者饮料购买行为的实证研究 [D].长春：吉林大学，2008.

[25]T Mainiefi, EG Barnett, T Valdero, S Dskamp. Green Buying: The Influence of Environmental Concern on Consumer Behavior[J]. Journal of Social Psychology, 1997, 137（2）: 189-204.

[26]M Laroche, J Bergeron, G Barbaro—Forleo. Targeting Consumers Who Are Willing to Pay More for Environmentally Friendly Products[J]. Journal of Consumer Marketing, 2013, 18（6）: 503-520.

[27]PM Homer, LR KaMeL. A Structural Equation Test of the Value-Attitude-Behavior Hierarchy[J]. Journal of Personality&Social Psychology, 1988, 54（5）: 638-646.

[28] 杨鹏.厘清"媒介"概念规范学术用语——兼及"媒体""新闻媒介"等概念的辨析 [J].当代传播，2001（2）: 18-20.

[29] 高海波.拉斯韦尔 5W 模式探源 [J].国际新闻界，2008（10）: 37-40.

[30] 闫岩.媒介形式与受众认知：门槛效应及其中观理论综览 [J].国际新闻界，2010（12）: 23-29.

[31]Clark J.M., Paivio A. , A Dual Coding Perspective on Encoding Processes[M]. Imagery and Related Mnemonic Processes. Spring New York,1987:5-33.

[32] 迟爽.网络新闻传播中多媒体信息呈现方式的传播效果研究 [D].长春：东北师范大学，2014.

[33] 陶云，申继亮.不同呈现方式和难度影响图文课文即时加工的研究 [J].心理学探新，2003, 86（2）: 26-29.

[34] 中国社会科学院语言研究所词典编辑室.现代汉语词典 [M].5 版.北京：商务印书馆，2007.

[35] 田婷婷.诉求方式、表现形式及网络口碑对微博广告心理效果的影响 [D].苏州：苏州大学，2012.

[36]Kara K.W.Chan.Chinese Viewer's Perception of Informative and Emotional Advertising[J]. International Journal of Advertising, 1996, 15（2）: 152-166.

[37]H C Zinn, M J Manfredo.An Experimental Test of Rational and Emotional Appeals about a Recreation Issue[J]. Leisure Sciences, 2000, 22（3）: 183-194.

[38] 王晓华.广告诉求与广告效果 [J].深圳大学学报（人文社会科学版），2001（4）: 90-95.

[39]Salvador Ruiz, Maria Sicilia.The Impact of Cognitive and/or Affective Processing Styles on Consumer Response to Advertising Appeals[J]. Journal of Business Research, 2004, 57（6）: 657-664.

[40] 涂勇.广告诉求与情绪状态对信息加工模式的影响 [J].重庆商学院学报，2002（6）: 59-62.

[41]John H.Holmes, Kenneth E.Crocker.Predispositions and the Comparative Effectiveness of Rational, Emotional and Discrepant Appeals for Both High Involvement and Low Involvement Products[J].Journal of the Academy of Marketing Science,1987, 15（1）: 27-35.

[42] 李叶.卷入度、诉求方式对公益广告效果的影响研究 [D].广州：暨南大学，2010.

[43] 李兰，黄柳双，肖丽辉，周萍.图片和词语阈下情绪启动效应的比较 [J].中国临床心理杂志，2008, 16（5）: 495-497.

[44] 许志忠.广告诉求方式对消费者产品创新性感知的影响研究 [D].长沙：中南大学，2007.

[45] 吴丽颖.诉求方式与产品类型对广告心理效果的影响 [D].大连：辽宁师范大学，2010.

[46] 彭伟步.网络不同媒体组合的传播效果检测分析 [J].国际新闻界，2002, 02: 42-46.

[47] 陈丽娟.情感诉求广告及其心理效应分析 [D].武汉：华中科技大学，2004.

[48] 孟昕.卷入程度、广告诉求方式以及产品价格对广告效果影响的实证研究 [D].苏州：苏州大学，2009.

[49] 吴明隆.SPSS 统计应用实务 [M].北京：中国铁道出版社，2000: 8-9.

# 附录

Appendix

# 附录一　中国概念服饰研究访谈提纲

## 一、深访提纲

（一）热身

1.自我介绍，说明访谈目的。

2.了解受访者的职业和工作概况。

（二）对中国概念的基本认识

1.提到中国概念，您都会联想到什么？

2.您觉得什么样/具备什么元素的衣服会让人感觉很中国？

3.您觉得什么衣服最能代表中国？为什么？

（三）对中国风格服饰的感觉和评价

1.您喜欢中国风格的服饰吗？为什么？（追求独特、文化传统、信仰、体型限制、迎合国际、气氛热闹等）

2.您觉得中国风格的服饰表现出的气质或感觉是什么样的？

3.您觉得中式风格的服装的美是什么样的美？跟西式或其他风格服装相比，中式服装体现的是什么特点的美？如果用一些词来形容中式服装的美，您会用哪些词来形容？

4.什么样的中式风格服装给您奢华的感觉？可不可以举个例子，您觉得这种奢华是从哪些方面体现出来的？

5.什么样的中式风格服装给您高贵的感觉？可不可以举个例子，您觉得这种高贵是从哪些方面体现出来的？

6.您觉得什么样的人穿着中国风格的服饰会比较好看？

（四）对中国风格服饰的消费和穿着情况

1.在您的服装服饰中，中国风格的大概占多少？其他比较主要的风格或类型是什么？

2.一般来说，您更喜欢款式、做工都比较传统的中式服装，还是经过改良的中国风格的服装，甚至是融合了其他风格、元素的服装？为什么？

3.在您的中国风格的服装服饰中，成衣和定制的比例大致是多少？

4.如果购买过成衣，请问是在哪里购买的？通常购买什么品牌？大概什么价位？您还知道哪些主打中式风格的服装品牌？

5.如果定制过，请问您在哪里定制？大概什么价位？您从什么渠道了解定制方面的信息？选择该定制的原因主要是什么？

6.请问您在购买中国服装的时候比较关注哪些因素？（从品牌、面料、裁剪、做工、搭配、装饰、服装是否便于打理等方面追问）最重要的因素是什么？跟购买非中式服装时的考虑有什么不同？

7.您通常在什么情况下（季节、场合）穿中国风格的服装？为什么？

8.您觉得什么场合适合穿中式服装，什么场合不适合？为什么？

9.您在穿着中式服装的时候是否有遇到搭配、打理、保养方面的问题？

10.您穿着中式风格的服装对周围的人有影响吗？他们是否会跟随或模仿？

11.如果不考虑现实的因素（如价格、穿着场合等），为您定做一件中国风格的服装，您希望它是什么样子的？

（五）对中国风格服饰的展望

1.您觉得有必要将一些传统款式、工艺的中式服装作为特定礼仪活动的服装，固定下来么？

2.您觉得中国风格的服饰怎样才能更好地融入现代人的生活？

3.您觉得中国风格的服饰怎样更时尚？

4.除了服饰以外，您觉得中国传统文化还体现在哪些方面？哪些是你比较感兴趣的？

## 二、座谈会提纲

（一）事前准备

请受访者带（穿）一件自己最喜欢的中式风格的服装或穿着该服装的照片来参加座谈会，如果没有购买过中式服装，则请受访者带（穿）一件出席正式场合的服装。

（二）热身（5 min）

介绍座谈会的目的，告知录音录像，创造轻松气氛，鼓励被访者积极发言，相互认识。

（三）对中国概念的基本认识（25 min）

说到中国概念的衣服，您想到些什么？（先写在纸上，后讨论）

如果要大家评选一下中国的国服，您觉得什么衣服最能代表咱们中国人？（先写在纸上，后请受访者逐一解释、讨论，如写唐装，唐装具有什么特点？如写旗袍，旗袍是什么特点的服装？）

您觉得什么样的衣服让人一看就感觉很中国？先写在纸上，后引导受访者从廓型（服装的外部造型线，也称轮廓线）、款式（服装的内部结构设计，具体可包括服装的领、袖、肩、门襟等细节部位的造型设计）、面料、工艺、图案、色彩等方面进行讨论。

下面我们来看一些图片，请问您觉得哪些图片中的衣服可以算是中式的服装？（向受访者展示图片：传统中式的、不同程度改良的、与其他风格相结合的等）为什么？您最喜欢哪一张图片中的服装？为什么？（先写编号在纸上，后讨论）

您觉得中、日、韩三国的服装有什么区别？是什么元素让人觉得一件衣服是中国的、日本的或是韩国的？

（四）中国概念的常服（25 min）

您平时经常穿中式服装吗？为什么穿？（追求独特、文化传统、信仰、体型限制、迎合国际、气氛热闹等）如果平时不经常穿，那平时穿什么样的？中式服装主要在什么场合穿？为什么？对于完全不穿的受访者，询问不穿中式服装的原因。

您是否在不同的场合穿不同的中式服装？在什么场合穿什么样的中式服装？总体来说，您认为中式服装适合什么场合穿着？什么场合不适合穿着？

（请受访者展示带来的中式服装，大家逐一讨论）先问该服装的主人，当时为什么会购买？

在哪里买的，多少钱？您喜欢它的哪些地方？您觉得它的哪些地方比较中国？其他人参与评价，觉得这件衣服哪些地方体现了中国概念或元素？觉得这件衣服应该如何搭配？

日常您还会穿着其他的中式服装吗？如果有的话，都是什么样的？（从季节、廓型、款式、面料、工艺、图案、色彩等方面进行描述）

您喜欢穿中式风格的服装吗？为什么？

您觉得什么人更适合穿中式的服装？什么人穿好看？什么人穿不好看？（穿衣者的长相、气质、身材、文化、信仰等）

您觉得穿中式风格的服装，表现出的气质或感觉是什么样的？好的或不好的，都可以。

您觉得在穿着中式服装时，有没有觉得在搭配、保养和打理方面有什么问题？怎么解决的？

（五）中国概念的礼服（15 min）

一般大家都会出席哪些比较正式的场合？通常会选择什么样的服装？为什么？

您在出席正式场合的时候，对服装有什么要求？希望能达到什么效果？

您通常在出席正式场合时会选择什么样的衣服？都考虑什么因素？有没有碰到不知道穿什么好的情况？（显得过于正式／随意、给人过于传统／前卫的感觉、与自身气质不符、内外衣的搭配、发型与服装的搭配、服装与首饰的搭配、服装与其他配饰的搭配、服装的保养／打理等）

如果现在您来定制一件中式礼服，您希望它是什么样子的？

（六）对中式服饰的消费（20 min）

您在购买服装的时候会关注哪些因素？最重要的因素是什么？（价格、风格、图案、装饰、配色、使用场合等）

购买中式服装时与购买非中式服装时的考虑有什么不同吗？有哪些不同？

您知道哪些中式服装的品牌？（提示）喜欢哪些品牌？消费过哪些品牌？有什么感受？为什么？（选择重点品牌进行评价）

（针对购买过中式服装的受访者）您通常购买中式服装的价位如何？

您通常通过哪些渠道来了解中国传统服饰方面的信息？

（七）中国概念与传统文化、现代时尚的融合（25 min）

除了服饰以外，中国传统文化还体现在哪些方面？哪些是您比较感兴趣的？

（八）总结（5 min）

# 附录二  中式服装消费者小组访谈提纲

一、热身（5min）

1.自我介绍，说明访谈目的。

2.了解受访者的职业和工作概况。（年龄、职业、工作概况、教育程度、爱好等）

二、对传统服饰的记忆（30min）

1.您能记忆起来的关于中国传统的服装服饰是什么？能够联想到的中国传统服装服饰有哪些？

2.（针对受访者提及的这些服装服饰）这些服装服饰类型代表了您哪些情感或经历？

3.如果提到中国传统服饰，现在若要播放一个关于中国传统服饰的题材的电影，您认为这部电影应该是什么样子的？

4.大家回忆一下过去，有没有与服装有关的难忘的经历？您是如何看待自己的过去？用具体事例说明。

5.您觉得现在生活的时代与您小时候生活的时代有什么区别？ 哪些方面有差别？您认为当下国人着装的观念与以前相比有了怎样的变化？用具体事例说明。

三、中国传统服饰文化认同（60min）

1.谈到中国传统的服装（中国传统服饰文化）您会想到什么？

2.谈及中国传统服装，如果用一些词来形容的话，您会想到哪些形容词？

3.您对中国传统服装的印象是什么？

4.您听说过中国风格的服装吗？通过什么样的方式了解到的？

5.您觉得中国风格的服装有哪些突出的特点？（款式、板型、材质、工艺、图案、颜色、功能等）

6.您觉得服饰中哪些元素最能体现中国的风格？质量如何？

7.您曾经是否有过购买中式服装或中国风格的服装？您能描述一下购买的经历吗？因为什么去购买，购买的驱动因素？购买中式或中国风格的服装与购买其他服装在选择考虑因素上会有不同吗？ 中式服装会看重哪些？其他服装会看重哪些？如果有不同，为什么会不同？

8.在您购买过的中国风格服装服饰中，成衣和定制的比例大致是多少？关于成衣（购买的渠道、购买的品牌、价位、还知道哪些主打中式风格的服装品牌）？关于定制（定制渠道、价位、什么渠道了解定制信息、选择定制的原因）？

9. 现在中学生或大学生在成人式或重大节日时，会穿着传统中式服装举行仪式，有些年轻人也会在结婚典礼上穿着中式服装，您如何看待这一现象呢？

10. 除了服饰以外，您觉得中国传统文化还体现在哪些方面？哪些是您比较感兴趣的？参观展览、博物馆，参加书法、绘画活动、收藏活动、修禅？大家对这些活动是如何看待的？

11. 现在您穿中式风格的服装主要是在哪些场合？或者没有区分场合？为什么？您穿着中式风格的服装对周围的人有影响吗？他们是否会跟随或模仿？

12. 如果现在提倡在日常生活中广为穿着中式服装，您认同这种做法吗？为什么？

13. 请大家谈谈穿中式服装与弘扬中国传统文化的关系？ 有人认为中式服装是中国传统文化的载体，有利于传承和弘扬中国传统文化，您认同吗？为什么？能举几个例子吗？您觉得中国风格的服饰怎样才能更好地融入现代人的生活？您觉得中国风格的服饰怎样更时尚？

14. 如果去逛街的话，经过中国风格的服装店，您会不会进去逛一逛呢？

15. 您觉得除了购买这种风格的服装之外，您还可以做些什么表达您对中国传统服饰文化的认同？

# 附录三　四城市中式服装消费行为调研问卷

中式服装消费行为调查

您好！我们正在进行一项关于中式服装消费行为调查，您的所有回答，没有对错好坏之分；结果只会用于统计研究，并绝对为您保密！请您在回答时不要有任何顾虑，将您的真实状况和想法告诉我们，谢谢您的合作！

第一部分　主问卷

本调查中的中式服装指：源于中国民族文化特色的服装，带有明显的"中国元素"或平面结构裁剪方式或服饰风格韵味的一类服装的总称，包括中国传统服饰和具有以上特点的现代服饰。其中"中国元素"是指中国本民族所特有的装饰工艺、面料、款式、色彩特点等。

问题1　您觉得哪个时代的服装最能代表中国传统服装？（单选）

1. 汉朝

2. 唐朝

3. 宋朝

4. 明朝

5. 清朝

6. 民国

7. 其他（请注明）

问题2　您觉得，中式服装最重要的特点有哪些？（限选三项）

1. 中国的传统款式

2. 纯天然的面料

3. 制作及手工艺

4. 中式图案

5. 中国文化内涵

6. 中国本土的色彩

7. 配饰及装饰细节

8. 其他（请注明）

问题3　从款式来看，对于中式服装，您比较偏爱哪一种？（单选）

1. 传统基本款

2. 改良款

3. 加入中国元素的西式款

4. 其他（请注明）

问题4　从颜色来看，您觉得最能代表中式服装的是哪几种？（限选三项）

1. 红

2. 黄

3. 蓝

4. 白

5. 黑

6. 绿

7. 金

8. 银

9. 其他（请注明）

问题 5　从图案来看，您觉得最能代表中式服装的是什么？（限选三项）

1. 龙凤

2. 松竹梅

3. 牡丹

4. 荷花

5. 福禄寿等吉祥字

6. 祥云、如意等

7. 其他（请注明）

问题 6　从工艺来看，您觉得最能代表中式服装的是什么？（限选两项）

1. 盘扣

2. 刺绣

3. 扎染 / 蜡染

4. 手绘

5. 其他（请注明）

问题 7　您是否拥有下列样式的中式服装呢？（可多选）

1. 含有中国元素的服装（立领、盘扣、民族图案等）

2. 唐装

3. 旗袍

4. 中山装

5. 没有【跳过问题 8 ~ 问题 11 的，答问题 12】

问题 8　您拥有多少件（套）中式服装？（单选）

1. 1~2 件

2. 3~5 件

3. 5 件以上

问题 9　您的中式服装是通过哪些方式得到的？（可多选）

1. 自己购买或定做

2. 妻子（女朋友）或丈夫（男朋友）购买的

3. 子女送的

4. 亲戚朋友送的

5. 工作需要发的（或定制的）

6. 单位活动发的

7. 其他（请注明）

问题 10　您穿着中式服装的场合主要有哪些？（可多选）

1. 日常穿着

2. 正式会议

3. 婚礼 / 庆典

4. 发布会

5. 商务酒会

6. 晚会

7. 宴会

8.私人聚会

9.其他（请注明）

10.颜色

11.商店形象

12.其他（请注明）

问题 11　您穿着中式服装的目的有哪些？（限选两项）

1.满足审美需求

2.体现对中国传统文化的认同

3.与众不同，表现自我个性

4.适应场合氛围

5.其他（请注明）

问题 14　请问您知道下列哪些品牌？在您知道的品牌中，您喜欢哪些品牌？您购买过哪些品牌？（可多选）

| 品牌名称 | 知道的品牌 | 喜欢的品牌 | 购买过的品牌 |
| --- | --- | --- | --- |
| 夏姿·陈 | 1 | 1 | 1 |
| 上海滩 | 2 | 2 | 2 |
| 源 | 3 | 3 | 3 |
| 上下 | 4 | 4 | 4 |
| 东北虎 | 5 | 5 | 5 |
| 瑞蚨祥 | 6 | 6 | 6 |
| 木真了 | 7 | 7 | 7 |
| 格格 | 8 | 8 | 8 |
| 天意 | 9 | 9 | 9 |
| 阿尤 | 10 | 10 | 10 |
| 裂帛 | 11 | 11 | 11 |
| 五色风马 | 12 | 12 | 12 |
| 吉祥斋 | 13 | 13 | 13 |
| 花笙记 | 14 | 14 | 14 |
| 曾凤飞 | 15 | 15 | 15 |
| 其他（请注明） | | | |

问题 12　您没有中式服装的原因有哪些？（限选两项）【回答问题 8～问题 11 的，跳过本题】

1.对中式服装没有兴趣

2.没有穿着的场合

3.价格太贵

4.买不到合适的样式

5.其他（请注明）

问题 13　如果您购买中式服装，会重点考虑哪些因素？（可多选）

1.品牌

2.款式

3.板型

4.价格

5.做工

6.购买环境

7.面料材质

8.产地

9.流行性

问题 15　如果您选择中式服装（喜欢该品牌服装），最主要的原因是什么？（可多选）

1.传统工艺精致

2.天然材质，穿着舒适

3.与现代时尚结合

4.喜欢中国传统文化

5.能代表中国人

6. 颜色搭配美观

7. 图案花纹体现出传统文化色彩

8. 凸显个性，与众不同

9. 所用的传统图案寓意吉祥

10. 品牌知名度高

11. 广告宣传做得好

12. 符合我的职业和喜好

13. 其他（请注明）

问题16　您认为目前市场上的中式服装存在哪些主要问题？（限选两项）

1. 样式过于传统

2. 做工质量不好

3. 服装合体性差

4. 面料难保养

5. 其他（请注明）

问题17　中式服装需要改进的地方有哪些？（限选两项）

1. 款式能够更多样，适合不同的场合

2. 面料多样化，适合不同场合且方便打理

3. 扩大群众认知基础，使更多人接受在不同场合穿着中式服装

4. 其他（请注明）

问题18　如果您购买中式服装作为日常穿着，会偏向哪种选择？哪种价位？（单选）

| 日常服装 | 500元及以内 | 501~1000元 | 1001~3000元 | 3001~5000元 | 5001~10000元 | 1万元以上 |
|---|---|---|---|---|---|---|
| 成衣 | | | | | | |
| 定制 | | | | | | |

问题19　如果您购买中式服装作为重要场合穿着（如结婚、出席重要活动等），会偏向哪种选择？哪种价位？（单选）

| 重要场合服装 | 1000元及以内 | 1001~3000元 | 3001~5000元 | 5001~10000元 | 1万~2万元 | 2万元以上 |
|---|---|---|---|---|---|---|
| 成衣 | | | | | | |
| 定制 | | | | | | |

问题20　下面是一些观点陈述，请根据您同意的程度选择相应的答案。（单选）

| 序号 | | 非常同意 | 比较同意 | 不一定 | 不太同意 | 非常不同意 |
|---|---|---|---|---|---|---|
| 1 | 中式服装服饰不太适合年轻人 | 5 | 4 | 3 | 2 | 1 |
| 2 | 中式服装服饰应该走高档化的路线 | 5 | 4 | 3 | 2 | 1 |
| 3 | 中式服装服饰应该回归传统形成规矩 | 5 | 4 | 3 | 2 | 1 |
| 4 | 中式服装服饰更适合定制（量体裁衣） | 5 | 4 | 3 | 2 | 1 |
| 5 | 中国服装服饰很难融入现代生活 | 5 | 4 | 3 | 2 | 1 |
| 6 | 中式服装服饰不好搭配 | 5 | 4 | 3 | 2 | 1 |
| 7 | 中式服装服饰可以包含其他风格和元素 | 5 | 4 | 3 | 2 | 1 |
| 8 | 中式服装服饰现在正流行 | 5 | 4 | 3 | 2 | 1 |

问题 21　如果用一些形容词来表示您对中式服装的总体印象，您会用到什么词？

_____

问题 22　请问您一般是从哪些渠道知道或了解中式服装品牌及产品信息？（可多选）

1. 电视
2. 服装表演或展示会
3. 时尚类杂志
4. 家人 / 亲戚 / 朋友介绍
5. 商场内的专柜
6. 户外广告牌
7. 网络
8. 名人、明星穿着
9. 其他（请注明）

问题 23　请问您如果从网络获得中式服装品牌或产品信息，一般是从哪些网络获取的？（可多选）

1. 微信公众号
2. 微信朋友圈
3. 微博
4. 网络广告
5. 网购平台
6. 其他（请注明）

问题 24　请问给您影响较大或印象较深的关于中式服装的报道和信息有哪些？

_____

问题 25　请问您每天上网的时间大约是多长时间？

_____

问题 26　请问您喜欢阅读哪些杂志？（可多选）

1.《瑞丽服饰美容》
2.《瑞丽伊人风尚》
3.《瑞丽时尚先锋》
4.《时尚芭莎》
5.《时尚健康》
6.《嘉人》
7.《ELLE - 世界时装之苑》
8.《悦己》
9.《健康之友》
10.《米娜》
11.《VOGUE 服饰与美容》
12.《昕薇》
13.《时尚》(伊人版)
14.《希望》
15.《都市丽人》
16. 其他（请注明）

问题 27　您平时喜欢上哪些网站呢？（可多选）

1.BT@CHINA.
2. 豆瓣
3.Google
4. 搜狐
5. 新浪
6. 百度
7. 网易
8. 腾讯网
9. 天涯
10. 猫扑
11. 淘宝
12. 卓越网
13. 土豆网

14.YAHOO

15.STYLE

16.其他（请注明）

问题28　您上网主要做些什么呢？（可多选）

1.查阅资料

2.写博客

3.与朋友聊天

4.与陌生人聊天

5.购物

6.看视频

7.玩游戏

8.听流行音乐

9.看新闻

10.其他（请注明）

问题29　您平时喜欢看哪些类型的电视节目？（可多选）

1.生活百科

2.人物访谈

3.综艺类节目

4.时尚类节目

5.影视剧

6.新闻或社会焦点

7.体育

8.科技知识

9.经济类节目

10.中医养生

11.文玩收藏

12.其他（请注明）

第二部分　背景资料

问题30　请问您的学历？（单选）

1.初中及以下

2.高中/中专/技校

3.大专

4.本科

5.硕士及以上

问题31　您的婚姻状况？（单选）

1.已婚

2.未婚

问题32　您的性别？（单选）

1.男

2.女

问题33　您的年龄？（单选）

1.18~25岁

2.26~35岁

3.36~45岁

4.45岁以上

问题34　您的职业？（单选）

1.公务员

2.教师/教授/医生/护士/律师

3.个体/私营业主

4.企事业/公司管理人员

5.企事业/公司职员

6.工人

7.家庭主妇

8.学生

9.自由职业者

10.退休人员

11.不工作／无工作

12.其他（请注明）

问题 35　您本人平均月收入大约是多少?
（单选）

1.无收入

2. 3000 元以下

3. 3000~4999 元

4. 5000~9999 元

5. 1 万 ~2 万元

6. 2 万元以上

# 附录四　中国传统服装文化认同研究问卷

尊敬的先生／女士：您好！

我是北京服装学院的研究生，正在做一项中国传统服饰文化认同度的研究。目的主要是了解普通消费者对中式风格服装的认知和看法等，为设计出更符合现代需要的中式风格服装，传承优秀的传统服饰文化提供参考。希望您能抽出宝贵的时间，将您的真实状况和看法告诉我们。您提供的信息对我们的研究非常重要。对您的回答，我们承诺将负责予以严格保密。感谢您的支持！

过滤题

1. 您的年龄？

18岁（不含）以下【停止回答】18岁以上【继续回答】

2. 您是否直接从事与中国传统服饰相关的工作（如传统服饰设计、营销等）？

是【停止回答】否【继续回答】

第一部分　主问卷

问题1　您觉得中国哪个朝代的服装最具有代表性？（单选）

1. 汉朝 □　2. 唐朝 □　3. 宋朝 □　4. 元朝 □　5. 明朝 □　6. 清朝 □　7. 其他（请注明）□

问题2　请问您对中国风格的服装服饰是否感兴趣？（单选）

1. 没有兴趣 □　2. 有一点兴趣 □　3. 比较感兴趣 □　4. 非常有兴趣 □

问题3　您觉得中国风格的服装最重要的特点是什么？（限选三项）

1. 中国的传统款式 □　2. 纯天然的面料 □　3. 制作及手工艺 □　4. 中式图案 □　5. 中国文化内涵 □　6. 中国本土的色彩 □　7. 配饰及装饰细节 □　8. 其他（请注明）□

问题4　请选出您认为最能表现中国服饰风格的面料。（最多选三项）

1. 原色棉 □　2. 原色麻 □　3. 丝绸 □　4. 纱 □　5. 绸缎 □　6. 其他（请注明）□

问题5　请选出您经常见到的服装中运用到的传统工艺。（可多选）

1. 刺绣 □　2. 盘扣 □　3. 绳边 □　4. 镶嵌 □　5. 蜡染 □　6. 其他（请注明）□

问题6　请选出您认为最能表现中国服饰风格的款型。（最多选三项）

1. 马褂 □　2. 大褂 □　3. 旗袍 □　4. 中山装 □　5. 肚兜 □　6. 其他（请注明）□

问题7　请选出您认为最能表现中国风格的款式细节。（最多选三项）

1. 小立领 □　2. 旗袍领 □　3. 偏襟 □　4. 中国结 □　5. 侧开衩 □　6. 大襟 □　7. 其他

（请注明）□

问题8　从颜色来看，您觉得最能代表中式风格的是何种颜色？（限选三项）

1. 红 □　2. 黄 □　3. 蓝 □　4. 白 □　5. 黑 □　6. 绿 □　7. 金 □　8. 银 □　9. 青 □　10. 其他（请注明）□

问题9　从款式来看，对于中式风格的服装服饰，您比较偏爱哪一种？（单选）

1. 传统基本款□　2. 改良款□　3. 加入中国元素的西式款□　4. 其他（请注明）□

问题10　请选出您经常在服装上见到的传统服饰图案。（可多选）

1. 龙□　2. 凤□　3. 喜鹊□　4. 梅、兰、竹、菊□　5. 鹤□　6. 牡丹□　7. 松、竹□　8. 鱼□　9. 寿、福字　10. 石榴□　11. 其他（请注明）□

问题11　请选出中国传统服装给您的印象。（可多选）

1. 从容平和□　2. 典雅端庄□　3. 清秀雅致□　4. 恬淡闲适□　5. 自然朴素□　6. 文质彬彬□　7. 追求精神的美□　8. 随意的□　9. 有禅的意蕴□　10. 烦琐神秘□　11. 其他（请注明）□

问题12　请您选出知道的传统服装元素及工艺。（可多选）

1. 蓝印花布□　2. 香云纱□　3. 云锦□　4. 缂丝□　5. 蜡染□　6. 扎染□　7. 编织□　8. 其他（请注明）□

问题13　您是否拥有下列样式的中式风格的服装呢？（可多选）

1. 含有中国传统元素的服装（立领、盘扣、民族图案等）□　2. 唐装□　3. 旗袍□　4. 中山装□　5. 没有□

问题14　您拥有多少件（套）中国传统服

装呢？

1. 1~2 件 □　2. 3~5 件 □　3. 5 件以上 □　4. 没有□

问题15　您的中国传统服装是通过哪些方式得到的？（可多选）

1. 自己购买或定做 □　2. 妻子（女朋友）或丈夫（男朋友）购买的 □　3. 子女送的 □　4. 亲戚朋友送的□　5. 工作需要发的（或定制的）□　6. 单位活动发的 □　7. 其他（请注明）□

问题16　您穿着中国传统服饰的场合主要为哪几种？（可多选）

1. 日常穿着 □　2. 正式会议 □　3. 婚礼 / 宴会 □　4. 商务酒会 □　5. 新闻发布会 □　6. 私人聚会 □　7. 工作场所 □　8. 晚会 □　9. 其他（请注明）□

问题17　您是否购买过中式风格的服装？

1. 购买过 □【继续回答问题18】　2. 未购买过 □【跳过问题18，回答问题19】

问题18　您购买中式风格服装的原因有哪些？（可多选）

1. 婚礼礼服□　2. 赠送父母□　3. 赠送亲戚朋友□　4. 个人喜爱□　5. 旅游纪念□　6. 其他（请注明）□

问题19　您没有购买中式服装的原因有哪些？（可多选，没有中式服装的人回答）

1. 对中式服装没有兴趣□　2. 没有穿着的场合□　3. 价格太贵□　4. 买不到合适的样式□　5. 其他（请注明）□

问题20　如果您选择中式风格的服装（喜欢该品牌服装），最主要的原因是什么？（可多选）

1. 传统工艺精致□　2. 天然材质，穿着舒适□　3. 与现代时尚结合□　4. 喜欢中国传统文化□　5.能代表中国人□　　6.颜色搭配美观 □　7.图案花纹体现出传统文化色彩 □ 8.凸显个性，与众不同□　9.所用的传统图案寓意吉祥□　10.品牌知名度高□　11. 广告宣传做得好□　12. 符合我的职业和喜好□ 13.其他（请注明）□

问题21　如果您购买一件日常穿的中式风格服装，您会选择哪种价位？（单选）

1. 200 元及以内　2. 201~500 元　3. 501~ 1000 元　4. 1001~2000 元　5. 2001~3000 元　6. 3001~5000 元　7. 5001~10000 元　8.10000 元以上

问题22　如果您购买一件重要场合穿着的中式风格服装，您会选择哪种价位？（单选）

1. 200 元及以内　2. 201~500 元　3. 501~1000 元　4.1001~2000 元　5. 2001~ 3000 元　6.3001~

5000 元　7.5001~10000 元　8.10000 元以上

问题23　如果您购买中式风格的服装，会重点考虑哪些因素？（可多选）

1.品牌□　2.价格□　3. 面料材质□　4.款式□　5.做工□　6.板型□　7.商店形象□　8.购买环境□　9.流行性□　10.颜色□　11.花型□　12.其（请注明）□

问题24.您一般是从哪些渠道了解中式服装品牌或产品信息的？（可多选）

1.电视　□2.服装展示会　□3.时尚类杂志□　4.家人 / 亲戚 / 朋友介绍□　5.商场专柜 □　6.户外广告牌□　7.网络□　8.其他（请注明）□

问题25　对下表中的陈述，根据您的自身情况与想法作出判断，对各项的同意程度在适当的空格内打"√"。

| | 题项 | 很不同意 | 不太同意 | 一般 | 比较同意 | 非常同意 |
|---|---|---|---|---|---|---|
| 1 | 中国红是最有代表性的传统服装色彩之一 | | | | | |
| 2 | 中国传统服装常用的面料有麻、丝绸和棉 | | | | | |
| 3 | 我对旗袍这样的服装有依恋 | | | | | |
| 4 | 我认为中国传统服饰是很有深厚底蕴的 | | | | | |
| 5 | 我为中国有灿烂的服饰文化而自豪 | | | | | |
| 6 | 领导人出访穿着的中国风格的服装很大气 | | | | | |
| 7 | 我会去民族服饰博物馆参观 | | | | | |
| 8 | 逛街的时候我会去中国风格服装店里逛逛 | | | | | |
| 9 | 见到中国传统风格的服装我很想用手机拍下来 | | | | | |
| 10 | 我觉得丝绸的衣服高贵大气 | | | | | |
| 11 | 我想学习传统刺绣和编织 | | | | | |
| 12 | 我会去看中国传统服饰的各种展览 | | | | | |
| 13 | 我愿意在某些固定的场合穿着中国风格服装 | | | | | |
| 14 | 我会主动搜集中式服装的相关资料，尽力去接触相关信息 | | | | | |
| 15 | 我觉得穿旗袍的人很美 | | | | | |
| 16 | 我觉得穿中国风格的服装能够表现我的与众不同 | | | | | |
| 17 | 中国传统服装的宽松感是为了体现人与自然的和谐 | | | | | |
| 18 | 我喜欢传统服装给人的那种无拘无束的感觉 | | | | | |
| 19 | 穿有中国元素的服装让我内心愉悦 | | | | | |
| 20 | 我觉得工艺更能体现服装的中国风格 | | | | | |
| 21 | 我会收藏中国传统的面料和服饰品 | | | | | |
| 22 | 每次逛博物馆时，展出的中国古代服饰品都很吸引我 | | | | | |
| 23 | 我觉得材质更能体现服装的中国风格 | | | | | |
| 24 | 如果我有外国朋友我会送中国传统的服饰用品给他们 | | | | | |
| 25 | 如果不考虑价格，我会考虑去购买中国风格的服装 | | | | | |
| 26 | 民族节假日或者婚庆等礼仪场合我喜欢穿中国传统样式的服装 | | | | | |
| 27 | 我愿意花更多的时间去了解中国传统服饰 | | | | | |
| 28 | 如果市场上没有我喜欢的中国风格的服装，我会去定制 | | | | | |

问题 26　您喜欢以下哪些中国传统活动及习俗呢？（多选）

1. 垂钓、遛鸟□　2. 中国画、书法□　3. 看传统戏剧□　4. 品茶、茶道□　5. 武术□　6. 下围棋、象棋□　7. 听评书、相声□　8. 剪纸等民间艺术□　9. 民族音乐舞蹈□

10.传统家具、艺品收藏□ 11.其他（请注明）□ 12.都不喜欢□

问题27 请问您闲暇时喜欢从事哪些活动？（限选三项）

1.参加培训班运动□ 2.看电视□ 3.与朋友聚会□ 4.逛街购物□ 5.听音乐□ 6.旅游□ 7.烹饪□ 8.阅读书报杂志□ 9.看电影□ 10.上网□ 11.去KTV□ 12.健身□ 13.网上购物□ 14.其他（请注明）□

问题28 您平时喜欢上哪些网站呢？（多选）

1.BT@CHINA□ 2.豆瓣□ 3.Google□ 4.搜狐□ 5.新浪□ 6.百度□ 7.网易□ 8.腾讯网□ 9.天涯□ 10.猫扑□ 11.淘宝□ 12.卓越网□ 13.土豆网□ 14.YAHOO□ 15.STYLE□ 16.其他（请注明）□

问题29 您上网主要做些什么呢？（多选）

1.查阅资料□ 2.写博客□ 3.与朋友聊天□ 4.与陌生人聊天□ 5.购物□ 6.玩游戏□ 7.听流行音乐□ 8.其他（请注明）□

问题30 您平时喜欢看哪些类型的电视节目？（多选）

1.生活百科□ 2.人物访谈□ 3.综艺类节目□ 4.时尚类节目□ 5.影视剧□ 6.新闻或社会焦点□ 7.体育□ 8.科技知识□ 9.经济类节目□ 10.中医养生□ 11.文玩收藏□ 12.其他（请注明）□

第二部分 个人基本情况

问题31 您的性别？

1.男□ 2.女□

问题32 您的婚姻状况？

1.未婚□ 2.已婚□ 3.其他□

问题33 您的年龄？

1.18~25岁□ 2.26~35岁□ 3.36~50岁□ 4.50岁以上□

问题34 您的受教育程度？

1.高中、中专、职高及以下□ 2.大专□ 3.大学本科□ 4.研究生及以上□

问题35 您的职业：

1.公司职员□ 2.公务员□ 3.学生□ 4.科教文卫人员□ 5.公司管理人员□ 6.工人□ 7.个体经营者□ 8.服务业人员□ 9.无工作或退休人员□ 10.自由职业者□ 11.其他□

问题36 您个人月收入水平？

1.无收入□ 2.3000元及以下□ 3.3001~5000元□ 4.5001~10000元□ 5.10001~15000元□ 6.15000元以上□

# 附录五　生活方式与中式服装消费研究问卷

您好！我是北京服装学院的学生，正在进行关于中式服装和生活方式的问卷调查。希望您能抽出宝贵的时间，将您的真实状况和看法告诉我们。您提供的信息对我们的研究非常重要。对您的回答，我们承诺将负责予以严格保密。感谢您的支持！

本调查中的中式服装是指：源于中国民族文化特色的服装，带有明显的"中国元素"或者民族风格韵味的一类服装的总称，或者说是具有以上特点的现代服装，其中中国元素是指中国本民族所特有的装饰工艺、面料、款式、色彩特点等。

过滤题

1.您的年龄？

18岁(不含)以下【停止回答】18岁以上【继续回答】

2.您是否直接从事与中国传统服饰相关的工作（如传统服饰设计、营销等）？

是【停止回答】否【继续回答】

第一部分　主问卷

问题1　您觉得中国哪个朝代的服装最具有代表性？（单选）

1.汉朝□　2.唐朝□　3.宋朝□　4.元朝□
5.明朝□　6.清朝□　7.其他（请注明）□

问题2　您对中式服装服饰是否感兴趣？（单选）

1.没有兴趣□　2.有一点兴趣□　3.比较感兴趣□　4.非常有兴趣□

问题3　您觉得中式服装最重要的特点是什么？（限选三项）

1.中国的传统款式□　2.纯天然的面料□　3.制作及手工艺□　4.中式图案□
5.中国文化内涵□　6.中国本土的色彩□
7.配饰及装饰细节□　8.其他（请注明）□

问题4　从款式来看，对于中式服装服饰，您比较偏爱哪一种？（单选）

1.传统基本款□　2.改良款□　3.加入中国元素的西式款□　4.其他（请注明）□

问题5　您是否拥有下列样式的中式服装呢？（可多选）

1.含有中国元素的服装（立领、盘扣、民族图案等）□　2.唐装□　3.旗袍□　4.中山装□　5.没有□

问题6　您拥有多少件（套）中国传统服装呢？

1.1~2件□　2.3~5件□　3.5件以上□　4.没有□

问题7　您的中国传统服装是通过哪些方式

得到的？（可多选）

1.自己购买或定做□ 2.妻子（女朋友）或丈夫（男朋友）购买的□ 3.子女送的□ 4.亲戚朋友送的□ 5.工作需要发的（或定制的）□ 6.单位活动发的□ 7.其他（请注明）□

问题8 您穿着中国传统服饰的场合主要为哪种？（可多选）

1.日常穿着□ 2.正式会议□ 3.婚礼/宴会□ 4.商务酒会□ 5.新闻发布会□ 6.私人聚会□ 7.工作场合□ 8.晚会□ 9.其他（请注明）□

问题9 您是否购买过中式服装？

1.购买过□【继续回答问题10】 2.未购买过□【跳过问题10，回答问题11】

问题10 您购买中式服装的原因有哪些？（可多选）

1.婚礼礼服□ 2.赠送父母□ 3.赠送亲戚朋友□ 4.个人喜爱□ 5.旅游纪念□

6.其他（请注明）□

问题11 您没有购买中式服装的原因有哪些？（可多选，没有中式服装的人回答）

1.对中式服装没有兴趣□ 2.没有穿着的场合□ 3.价格太贵□ 4.买不到合适的样式□ 5.其他（请注明）□

问题12 如果您购买中式服装，会重点考虑哪些因素？（可多选）

1.品牌□ 2.价格□ 3.面料材质□ 4.款式□ 5.做工□ 6.板型□ 7.商店形象□ 8.购买环境□ 9.流行性□ 10.颜色□ 11.花型□ 12.其他（请注明）□

问题13 请问您知道下列哪些品牌？（可多选）

问题14 在您知道的品牌中，您喜欢哪些品牌呢？（可多选）

问题15 您购买过哪些品牌呢？（可多选）

| | 夏姿·陈 | 上海滩 | 例外 | 上海徐 | 梁子·天意 | 东北虎 | 木真了 | 格格旗袍 | 裂帛 | 玫瑰坊 | 江南布衣 | 茵曼 |
|---|---|---|---|---|---|---|---|---|---|---|---|---|
| 知道的品牌 | 1 | 2 | 3 | 4 | 5 | 6 | 7 | 8 | 9 | 10 | 11 | 12 |
| 喜欢的品牌 | 1 | 2 | 3 | 4 | 5 | 6 | 7 | 8 | 9 | 10 | 11 | 12 |
| 买过的品牌 | 1 | 2 | 3 | 4 | 5 | 6 | 7 | 8 | 9 | 10 | 11 | 12 |

问题16 您一般是从哪些渠道了解中式服装品牌或产品信息的？（可多选）

1.电视□ 2.服装展示会□ 3.时尚类杂志□ 4.家人/亲戚/朋友介绍□ 5.商场专柜□ 6.户外广告牌□ 7.网络□ 8.其他（请注明）□

问题17 如果您选择中式服装（喜欢该品牌服装），最主要的原因是什么？（可多选）

1.传统工艺精致□ 2.天然材质，穿着舒适□ 3.与现代时尚结合□ 4.喜欢中国传统文化□ 5.能代表中国人□ 6.颜色搭配美观□ 7.图案花纹体现出传统文化色彩□ 8.凸显个性，与众不同□ 9.所用的传统图案寓意吉祥□ 10.品牌知名度高□ 11.广告宣传做得好□ 12.符合我的职业和喜好□ 13.其他（请注明）□

问题 18　如果您要购买一件日常穿着的中式服装，您会选择哪种价位？

1. 200 元及以内□　2. 201~500 元□　3. 501~ 1000 元 □　4. 1001~2000 元 □　5. 2001~3000 元 □　6. 3001~5000 元 □　7. 5001~10000 元□　8.10000 元以上□

问题 19　如果您需要购买一件重要场合穿着的中式服装，您会选择哪种价位？

1. 200 元及以内□　2. 201~500 元□　3. 501~ 1000 元 □　4. 1001~2000 元 □　5. 2001~3000 元□　6. 3001~5000 元□　7. 5001~10000 元□ 8. 10000 元以上□

**问题 20**　对于下表中的陈述，根据您的自身情况与想法作出判断，对各项的同意程度在适当的空格内打"√"。

| 序号 | 题项 | 非常不同意—非常同意 | | | | |
| --- | --- | --- | --- | --- | --- | --- |
| 1 | 领导人出访穿着的中国风格的服装很大气，让我觉得很骄傲 | 1 | 2 | 3 | 4 | 5 |
| 2 | 我愿意在某些固定或者重要的场合穿着中国风格的服装 | 1 | 2 | 3 | 4 | 5 |
| 3 | 我会主动搜集中式服装的相关资料，尽力去了解相关信息 | 1 | 2 | 3 | 4 | 5 |
| 4 | 我觉得穿中国风格的服装能够表现我的与众不同 | 1 | 2 | 3 | 4 | 5 |
| 5 | 穿有中国元素的服装让我内心愉悦，有民族自豪感 | 1 | 2 | 3 | 4 | 5 |
| 6 | 如果不考虑价格，当遇到非常喜欢的中国风格的服装，我会考虑去购买 | 1 | 2 | 3 | 4 | 5 |
| 7 | 民族节假日或者婚庆等礼仪场合我喜欢穿着中国传统样式的服装 | 1 | 2 | 3 | 4 | 5 |
| 8 | 我认为穿着中式服装有利于传承和弘扬中国传统服饰文化 | 1 | 2 | 3 | 4 | 5 |
| 9 | 我认为在日常生活中提倡穿中式服装很有必要 | 1 | 2 | 3 | 4 | 5 |
| 10 | 我认为让孩子从小了解中国传统文化很重要 | 1 | 2 | 3 | 4 | 5 |

**问题21** 以下是有关生活方式的陈述，请根据您在日常生活中可能遇到的情形，在适当的空格内对各项的同意程度打"√"。

| 序号 | 题项 | 非常不同意—非常同意 | | | | |
|---|---|---|---|---|---|---|
| 1 | 我非常愿意从事安定有保障的工作 | 1 | 2 | 3 | 4 | 5 |
| 2 | 我会时常翻阅流行时尚杂志，观看介绍流行的时尚类节目 | 1 | 2 | 3 | 4 | 5 |
| 3 | 我喜欢有艺术气息的东西 | 1 | 2 | 3 | 4 | 5 |
| 4 | 我在别人眼中是一个时髦的人 | 1 | 2 | 3 | 4 | 5 |
| 5 | 我喜欢精致、高雅的生活 | 1 | 2 | 3 | 4 | 5 |
| 6 | 我喜欢用自己的努力为家人带来快乐 | 1 | 2 | 3 | 4 | 5 |
| 7 | 在工作中，我可以和其他人合作，很好地完成要做的事 | 1 | 2 | 3 | 4 | 5 |
| 8 | 我喜欢自己进行服饰搭配，突出个性 | 1 | 2 | 3 | 4 | 5 |
| 9 | 我喜欢独一无二的东西 | 1 | 2 | 3 | 4 | 5 |
| 10 | 我觉得一个人的穿着打扮应该和身份场合相符 | 1 | 2 | 3 | 4 | 5 |
| 11 | 我希望我的生活中充满艺术气息 | 1 | 2 | 3 | 4 | 5 |
| 12 | 我对家庭有强烈的责任感 | 1 | 2 | 3 | 4 | 5 |
| 13 | 我有明确的目标、计划和梦想 | 1 | 2 | 3 | 4 | 5 |
| 14 | 我喜欢茶道、花艺、书法、象棋、剪纸、武术、京剧等传统的项目 | 1 | 2 | 3 | 4 | 5 |
| 15 | 我对时尚的事物很感兴趣，并且对时尚有自己的理解，比较清楚将流行什么 | 1 | 2 | 3 | 4 | 5 |
| 16 | 我喜欢中式家具，它具有古典、简约、温馨的感觉 | 1 | 2 | 3 | 4 | 5 |
| 17 | 我喜欢追求潮流、前卫 | 1 | 2 | 3 | 4 | 5 |
| 18 | 购物前，我通常会比较几家商店同类商品的价格 | 1 | 2 | 3 | 4 | 5 |
| 19 | 家庭是我强有力的后盾和支撑 | 1 | 2 | 3 | 4 | 5 |
| 20 | 工作能带来成就感 | 1 | 2 | 3 | 4 | 5 |
| 21 | 我非常愿意从事和传统文化相关的工作 | 1 | 2 | 3 | 4 | 5 |
| 22 | 我希望我的家中可以摆放中式茶台或者中式家具 | 1 | 2 | 3 | 4 | 5 |
| 23 | 我通常在折扣期间消费，平时只是看看参考 | 1 | 2 | 3 | 4 | 5 |
| 24 | 我非常欣赏在事业上有成就的人 | 1 | 2 | 3 | 4 | 5 |
| 25 | 我很喜欢中国传统民间艺术 | 1 | 2 | 3 | 4 | 5 |
| 26 | 因他人和环境而改变自己，对于我而言是件很困难的事情 | 1 | 2 | 3 | 4 | 5 |
| 27 | 我希望我平静的生活不要有太大的改变 | 1 | 2 | 3 | 4 | 5 |
| 28 | 我希望我的生活掌握在我自己的手里 | 1 | 2 | 3 | 4 | 5 |

**问题22** 您喜欢以下哪些中国传统活动及习俗？

1.垂钓、遛鸟□ 2.中国画、书法□ 3.看传统戏剧□ 4.品茶、茶道□ 5.武术□ 6.下围棋、象棋□ 7.听评书、相声□ 8.剪纸等民间艺术□ 9.民族音乐、舞蹈□ 10.传统家具、

工艺品收藏□　11.其他（请注明）□　12.都不喜欢□

问题23　请问您闲暇时喜欢从事哪些活动？（限选三项）

1. 参加培训班运动□　2.看电视□　3.与朋友聚会□　4.逛街购物□　5.听音乐□　6.旅游□　7.烹饪□　8.阅读书报杂志□　9.看电影□　10.上网□　11.去KTV□　12.健身□　13.网上购物□　14.其他（请注明）□

问题24　您平时喜欢上哪些网站呢？（多选）

1. BT@CHINA.□　2.豆瓣□　3.Google□　4.搜狐□　5.新浪□　6.百度□　7.网易□　8.腾讯网□　9.天涯□　10.猫扑□　11.淘宝□　12.卓越网□　13.土豆网□　14.YAHOO□　15.STYLE□　16.其他（请注明）□

问题25　您上网主要做些什么呢？（多选）

1. 查阅资料□　2.写博客□　3.与朋友聊天□　4.与陌生人聊天□　5.购物□　6.看电视□　7.玩游戏□　8.看综艺节目□　9.听流行音乐□　10.看新闻□　11.其他（请注明）□

问题26　您平时喜欢看哪些类型的电视节目？（多选）

1. 生活百科□　2.人物访谈□　3.综艺类节目□　4.时尚类节目□　5.影视剧□　6.新闻或社会焦点□　7.体育□　8.科技知识□　9.经济类节目□　10.中医养生□　11.文玩收藏□　12.其他（请注明）□

第二部分：个人基本情况

问题27　您的性别？

1. 男□　2.女□

问题28　您的婚姻状况？

1. 未婚□　2.已婚□　3.其他（请注明）□

问题29　您的年龄？

1. 18~25岁□　2.26～35岁□　3.36~45岁□　4.45岁以上□

问题30　您的受教育程度？

1. 高中、中专、职高及以下□　2.大专□　3.大学本科□　4.研究生及以上□

问题31　您的职业？

1. 公司职员□　2.公务员□　3.学生□　4.科教文卫人员□　5.公司管理人员□　6.工人□　7.个体经营者□　8.服务业人员□　9.无工作或退休人员□　10.自由职业者□　11.其他（请注明）□

问题32　您从事的工作是否与下列传统文化或行业有关？

1. 武术□　2.民族音乐、舞蹈□　3.剪纸等民间艺术传承者□　4.相声/评书□　5.国画□　6.书法□　7.中医□　8.陶瓷雕塑、玉器古玩□

问题33　您个人的月收入水平？

1. 无收入□　2.3000元及以下□　3.3001~5000元□　4.5001~10000元□　5.10001~15000元□　6.15000元以上□

# 附录六 大学生自我意识与中国传统服饰文化认同研究问卷

同学，你好！我是北京服装学院的研究生，正在做一项关于大学生中国传统服饰文化认同及自我意识的相关研究。以下的问题会涉及你对自己及对中国传统服饰文化的一些看法，请务必据实回答，你的参与将有助于弘扬我国优秀的传统文化，感谢你的配合！

第一部分：中国传统服饰文化认同度量表

对下表中的陈述，请根据你的自身情况与想法做出判断，在适当空格内对各项的同意程度打"√"。

**第一部分：中国传统服饰文化认同度量表**

| 题项 | 1. 很不同意 | 2. 不太同意 | 3. 一般 | 4. 比较同意 | 5. 非常同意 |
|---|---|---|---|---|---|
| 中国红是最有代表性的传统服装色彩之一 | | | | | |
| 中国传统服装常用的面料有麻、丝绸和棉 | | | | | |
| 我对旗袍这样的服装有依恋 | | | | | |
| 我认为中国传统服饰是很有深厚底蕴的 | | | | | |
| 我为中国有灿烂的服饰文化而自豪 | | | | | |
| 领导人出访穿着的中国风格的服装很大气 | | | | | |
| 我会去民族服饰博物馆参观 | | | | | |
| 逛街的时候我会去中国风格服装店里逛逛 | | | | | |
| 见到中国传统风格的服装我很想用手机拍下来 | | | | | |
| 我觉得丝绸的衣服高贵大气 | | | | | |
| 我想学习传统刺绣和编织 | | | | | |
| 我会去看中国传统服饰的各种展览 | | | | | |
| 我愿意在某些固定的场合穿着中国风格服装 | | | | | |
| 我会主动搜集中式服装的相关资料，尽力去接触相关信息 | | | | | |
| 我觉得穿旗袍的人很美 | | | | | |

续表

| 题项 | 1. 很不同意 | 2. 不太同意 | 3. 一般 | 4. 比较同意 | 5. 非常同意 |
|---|---|---|---|---|---|
| 我觉得穿中国风格的服装能够表现我的与众不同 | | | | | |
| 中国传统服装的宽松感是为了体现人与自然的和谐 | | | | | |
| 我喜欢传统服装给人的那种无拘无束的感觉 | | | | | |
| 穿有中国元素的服装让我内心愉悦 | | | | | |
| 我觉得工艺更能体现服装的中国风格 | | | | | |
| 我会收藏中国传统的面料和服饰品 | | | | | |
| 每次逛博物馆时，展出的中国古代服饰品都很吸引我 | | | | | |
| 我觉得材质更能体现服装的中国风格 | | | | | |
| 如果我有外国朋友我会送中国传统的服饰用品给他们 | | | | | |
| 如果不考虑价格，我会考虑去购买中国风格的服装 | | | | | |
| 民族节假日或者婚庆等礼仪场合我喜欢穿着中国传统样式的服装 | | | | | |
| 我愿意花更多的时间去了解中国的传统服饰 | | | | | |
| 如果市场上没有我喜欢的中国风格的服装，我会去定制 | | | | | |

第二部分：自我意识量表

对下表陈述，请根据你的自身情况与想法做出判断，在适当的空格内对各项的同意程度打"√"。

**第二部分：自我意识量表**

| 题项 | 1. 很不同意 | 2. 不太同意 | 3. 一般 | 4. 比较同意 | 5. 非常同意 |
|---|---|---|---|---|---|
| 我总是试着去了解我自己 | | | | | |
| 我在意自己的做事方式 | | | | | |
| 我一般很少意识到自己 | | | | | |
| 在新场合中，我需要花力气去克服自己的害羞 | | | | | |
| 我对自己的反省很多 | | | | | |
| 我在意如何在别人面前表现我自己 | | | | | |
| 当我工作时，如果有人在看着我，我会觉得很不自在 | | | | | |
| 我很容易觉得尴尬 | | | | | |
| 我很注意自己的仪容 | | | | | |
| 我通常会很关注自己的内在感受 | | | | | |
| 我常常担忧如何给别人留下一个好印象 | | | | | |
| 我经常想自己做某些事情的理由 | | | | | |
| 当我在众人面前说话时，我感到紧张 | | | | | |
| 我常常注意自己的外表 | | | | | |
| 我有时候会退一步来反省自己 | | | | | |
| 我在意别人对我的看法 | | | | | |
| 我可以实时察觉自己的情绪变化 | | | | | |
| 我出门前的最后一件事就是照镜子 | | | | | |
| 当我处理事情时，我知道自己心里是怎么想的 | | | | | |

第三部分：基本信息

请根据你的自身情况回答下列问题，选择题请在相应的选项处打"√"。

1.年龄：

2.性别：（1）男 （2）女

3.所在学校名称：

4.所在年级：

（1）大一 （2）大二 （3）大三 （4）大四 （5）研一 （6）研二 （7）研三 （8）其他

5.家庭所在地：

（1）城市 （2）县城乡镇 （3）农村 （4）其他

6.你目前就读的专业属于：

（1）理工类 （2）医学类 （3）文史哲

类 （4）经管类 （5）艺术类 （6）其他

    7.你的兴趣爱好有哪些？（多选）

    （1）运动 （2）舞蹈 （3）唱歌 （4）绘

画 （5）书法 （6）阅读 （7）烹饪 （8）瑜伽

（9）其他

    填写完毕，再次感谢你的配合！

# 附录七 怀旧心理对中国传统服饰文化认同影响研究问卷

尊敬的先生/女士：

您好！

我是北京服装学院的研究生，正在做一项怀旧心理对中国传统服饰文化认同影响的研究。目的主要是了解怀旧心理与中国传统服饰文化认同度的影响关系，为传承优秀的传统服饰文化提供参考。希望您能抽出宝贵时间，将您的真实状况和看法告诉我们，您提供的信息对我们的研究非常重要。对您的回答，我们承诺将负责予以严格保密，感谢您的支持！

**1. 对于下表中的陈述，请根据您的自身情况作出选择。**

| 题项 | 完全不同意 | 很不同意 | 比较不同意 | 一般 | 比较同意 | 非常同意 | 完全同意 |
|---|---|---|---|---|---|---|---|
| 我至今还经常想起小时候的那些好朋友 | ○ | ○ | ○ | ○ | ○ | ○ | ○ |
| 看到小时候熟悉的东西，就让我想起那时候的时光 | ○ | ○ | ○ | ○ | ○ | ○ | ○ |
| 我经常想起小时候难忘的往事 | ○ | ○ | ○ | ○ | ○ | ○ | ○ |
| 我很珍惜小时候那些好朋友的友情 | ○ | ○ | ○ | ○ | ○ | ○ | ○ |
| 我常常想起儿时生活的环境和场景 | ○ | ○ | ○ | ○ | ○ | ○ | ○ |
| 小时候听的那些歌，现在听起来能让人回想起很多 | ○ | ○ | ○ | ○ | ○ | ○ | ○ |
| 小时候吃过的东西，那个味道至今都忘不了 | ○ | ○ | ○ | ○ | ○ | ○ | ○ |
| 小时候看的那些电视剧和电影，至今我仍然喜欢看 | ○ | ○ | ○ | ○ | ○ | ○ | ○ |
| 现在的人不如以前朴实了 | ○ | ○ | ○ | ○ | ○ | ○ | ○ |
| 我应该更珍惜过去和家人在一起的时光 | ○ | ○ | ○ | ○ | ○ | ○ | ○ |
| 现在的人们越来越功利了 | ○ | ○ | ○ | ○ | ○ | ○ | ○ |
| 现在的人情比以前淡漠了 | ○ | ○ | ○ | ○ | ○ | ○ | ○ |
| 现在的人活着比以前累多了 | ○ | ○ | ○ | ○ | ○ | ○ | ○ |
| 现在的人际关系比以前复杂多了 | ○ | ○ | ○ | ○ | ○ | ○ | ○ |
| 现在人们的生活节奏太快了 | ○ | ○ | ○ | ○ | ○ | ○ | ○ |
| 我至今还保留着小时候玩过的一些玩具、东西 | ○ | ○ | ○ | ○ | ○ | ○ | ○ |
| 我经常想起小时候家人对我的关爱 | ○ | ○ | ○ | ○ | ○ | ○ | ○ |
| 我怀念过去和家人在一起的时光 | ○ | ○ | ○ | ○ | ○ | ○ | ○ |
| 童年无忧无虑的时光让人怀念 | ○ | ○ | ○ | ○ | ○ | ○ | ○ |
| 童年的时光是我最开心的 | ○ | ○ | ○ | ○ | ○ | ○ | ○ |

**2. 请您根据实际情况选择最符合的选项 [ 矩阵量表题 ] [ 必答题 ]**

| 题项 | 完全不同意 | 很不同意 | 比较不同意 | 一般 | 比较同意 | 非常同意 | 完全同意 |
|---|---|---|---|---|---|---|---|
| 中国传统服装常用的面料有麻、丝绸和棉 | | | | | | | |
| 我认为中国传统服饰是很有深厚底蕴的 | | | | | | | |
| 我为中国有灿烂的服饰文化而自豪 | | | | | | | |
| 领导人穿着中国风格的服装很大气 | | | | | | | |
| 我会去民族服饰博物馆参观 | | | | | | | |
| 逛街的时候我会去中国风格的服装店里逛逛 | | | | | | | |
| 见到中国传统风格的服装我很想用手机拍下来 | | | | | | | |
| 我觉得丝绸的衣服高贵大气 | | | | | | | |
| 我想学习传统刺绣和编织 | | | | | | | |
| 我会去看中国传统服饰的各种展览 | | | | | | | |
| 我愿意在某些固定的场合穿着中国风格的服装 | | | | | | | |
| 我会主动搜集中式服装的相关资料，尽力去接触相关信息 | | | | | | | |
| 我觉得穿中国风格的服装能够表现我的与众不同 | | | | | | | |
| 中国传统服装的宽松感是为了体现人与自然的和谐 | | | | | | | |
| 我喜欢传统服装给人的那种无拘无束的感觉 | | | | | | | |
| 穿有中国元素的服装让我内心愉悦 | | | | | | | |
| 我觉得工艺更能体现服装的中国风格 | | | | | | | |
| 我会收藏中国传统的面料和服饰品 | | | | | | | |
| 每次逛博物馆时，展出的中国古代服饰品都很吸引我 | | | | | | | |
| 我觉得材质更能体现服装的中国风格 | | | | | | | |
| 如果不考虑价格，我会考虑去购买中国风格的服装 | | | | | | | |
| 民族节假日或者婚庆等礼仪场合我喜欢穿中国传统样式的服装 | | | | | | | |
| 如果市场上没有我喜欢的中国风格的服装，我会去定制 | | | | | | | |
| 我会购买有中国元素的服装 | | | | | | | |
| 我认为中国传统服饰文化的推广有利于增强民族凝聚力 | | | | | | | |
| 我觉得国服热代表了国人生活方式的提升 | | | | | | | |
| 如果电视上有中国传统服饰的纪录片我会观看 | | | | | | | |
| 我希望以后穿着中式服装的氛围能浓郁起来 | | | | | | | |
| 我不会用异样的眼光打量日常穿着中国传统服装的人 | | | | | | | |

3. 您的年龄？[单选题] [必答题]

○ 18~29 岁
○ 30~39 岁
○ 40~49 岁
○ 50~59 岁
○ 60 岁及以上

4. 您的性别？[单选题] [必答题]

○ 男
○ 女

5. 您目前的学历？[单选题] [必答题]

○ 初中及以下
○ 高中 / 中专 / 技校
○ 大专
○ 本科
○ 本科以上

6. 您本人的平均月收入大约是多少？[单选题] [必答题]

○ 1500 元以下
○ 1500~3000 元
○ 3001~4500 元
○ 4501~6000 元
○ 6000 元以上

7. 您主要从事什么职业？[单选题] [必答题]

○ 公务员 / 事业单位职员

○ 企业 / 公司其他职员
○ 企业 / 公司中层管理者
○ 企业 / 公司专业技术人员
○ 自由创业者
○ 销售 / 市场人员
○ 个体户
○ 学生
○ 退休
○ 无工作（非学生）
○ 其他

8. 您现在的工作单位属于？[单选题] [必答题]

○ 国有工商企业
○ 政府机关
○ 银行金融业
○ 外企独资企业
○ 中外合资企业
○ 民营（私营）企业
○ 科教文卫等事业单位
○ 集体企业
○ 学校
○ 其他

9. 您的婚姻状况？[单选题] [必答题]

○ 未婚
○ 已婚

问卷已结束，再次感谢您的配合！

# 附录八　传播媒介形式和诉求对大学生中国传统服饰文化认同实验研究问卷

亲爱的朋友，您好！我是北京服装学院的研究生，正在做一项关于中国传统服饰文化的研究。以下的问题会涉及您对自己及对中国传统服饰文化的一些看法，请务必据实回答，这项研究将有助于我们传承和弘扬我国优秀的传统文化，感谢您的积极参与！

第一部分：请您仔细观察附表中与中国传统服饰相关的图片／图片＋文字。

第二部分：填写中国传统服饰文化认同度量表。

对于附表中的陈述，请根据您的自身情况与想法作出选择。计分标准：很不同意 1 分；不太同意 2 分；一般 3 分；比较同意 4 分；非常同意 5 分。

### 中国传统服饰文化认同度量表

| 题项 | 1 | 2 | 3 | 4 | 5 |
| --- | --- | --- | --- | --- | --- |
| 1. 中国红是最具有代表性的传统服装色彩之一 | ○ | ○ | ○ | ○ | ○ |
| 2. 中国传统服装常用的面料有麻、丝绸和棉 | ○ | ○ | ○ | ○ | ○ |
| 3. 我认为中国传统服饰是很有深厚底蕴的 | ○ | ○ | ○ | ○ | ○ |
| 4. 我为中国有灿烂的服饰文化而自豪 | ○ | ○ | ○ | ○ | ○ |
| 5. 领导人出访穿着的中国风格的服装很大气 | ○ | ○ | ○ | ○ | ○ |
| 6. 逛街的时候我会去中国风格的服装店里逛逛 | ○ | ○ | ○ | ○ | ○ |
| 7. 见到中国传统风格的服装我很想用手机拍下来 | ○ | ○ | ○ | ○ | ○ |
| 8. 我觉得丝绸的衣服高贵大气 | ○ | ○ | ○ | ○ | ○ |
| 9. 我想学习传统刺绣和编织 | ○ | ○ | ○ | ○ | ○ |
| 10. 我会去看中国传统服饰的各种展览 | ○ | ○ | ○ | ○ | ○ |
| 11. 我愿意在某些固定场合穿着中国风格的服装 | ○ | ○ | ○ | ○ | ○ |
| 12. 我会主动搜集中式服装的相关资料，尽力去接触相关信息 | ○ | ○ | ○ | ○ | ○ |
| 13. 我觉得穿中国风格的服装能够表现我的与众不同 | ○ | ○ | ○ | ○ | ○ |
| 14. 中国传统服装的宽松感是为了体现人与自然的和谐 | ○ | ○ | ○ | ○ | ○ |
| 15. 我喜欢传统服装给人的那种无拘无束的感觉 | ○ | ○ | ○ | ○ | ○ |
| 16. 穿有中国元素的服装能让我内心愉悦 | ○ | ○ | ○ | ○ | ○ |
| 17. 我会收藏中国传统的面料和服饰品 | ○ | ○ | ○ | ○ | ○ |
| 18. 每次逛博物馆的时候展出的中国古代服饰品都很吸引我 | ○ | ○ | ○ | ○ | ○ |

续表

| 题项 | 1 | 2 | 3 | 4 | 5 |
|---|---|---|---|---|---|
| 19. 如果不考虑价格，我会考虑去购买中国风格的服装 | ○ | ○ | ○ | ○ | ○ |
| **20. 我愿意花更多的时间去了解中国传统服饰** | ○ | ○ | ○ | ○ | ○ |
| 21. 如果市场上没有我喜欢的中国风格的服装，我会去定制 | ○ | ○ | ○ | ○ | ○ |

第三部分：填写基本信息。

请根据您的自身情况回答下列问题。

1. 年龄：

2. 所在学校名称：

3. 性别：

○ 男

○ 女

4. 所在年级：

○ 大一

○ 大二

○ 大三

○ 大四

○ 研一

○ 研二

○ 研三

○ 其他

5. 家庭所在地：

○ 城市

○ 县城乡镇

○ 农村

○ 其他

6. 您目前就读的专业属于：

○ 理工类

○ 文史哲类

○ 医学类

○ 经管类

○ 艺术类

○ 其他

7. 您的兴趣爱好有哪些？

□ 运动

□ 舞蹈

□ 唱歌

□ 绘画

□ 摄影

□ 书法

□ 阅读

□ 瑜伽

□ 旅游

□ 其他

8. 您平时通过哪些渠道了解中国传统服饰文化相关的内容？

□ 报章杂志

□ 教科书

□ 电视节目

□ 微信公众号

□ 微博

□ 博物馆

□ 网页

□ 学校

□ 其他

9. 您认为目前中国传统服饰文化的传播存在的问题有哪些？

□ 内容乏味没有吸引力

□ 形式呆板，缺乏生机

□ 缺少知名人士的宣传与推送

□ 民众认可度和接受度较低

□ 其他

填写完毕，谢谢您的配合！